Timm Beichelt

Die Europäische Union nach der Osterweiterung

Timm Beichelt

Die Europäische Union nach der Osterweiterung

Springer Fachmedien Wiesbaden GmbH

Bibliografische Information Der Deutschen Bibliothek
Die Deutsche Bibliothek verzeichnet diese Publikation in der Deutschen
Nationalbibliografie; detaillierte bibliografische Daten sind im Internet über
<http://dnb.ddb.de> abrufbar.

1. Auflage November 2004
Unveränderter Nachdruck der 1. Auflage Juni 2006

Alle Rechte vorbehalten
© Springer Fachmedien Wiesbaden 2006
Ursprünglich erschienen bei VS Verlag für Sozialwissenschaften |
GWV Fachverlage GmbH, Wiesbaden 2006

Lektorat: Frank Schindler

Der VS Verlag für Sozialwissenschaften ist ein Unternehmen von
Springer Science+Business Media.
www.vs-verlag.de

Umschlaggestaltung: KünkelLopka Medienentwicklung, Heidelberg

Gedruckt auf säurefreiem und chlorfrei gebleichtem Papier

ISBN 978-3-8100-4129-6   ISBN 978-3-322-80999-5 (eBook)
DOI 10.1007/978-3-322-80999-5

Inhalt

Tabellenverzeichnis

Einleitung

In dieser Untersuchung wird der Frage nachgegangen, welche Parameter der Europäischen Union und des Prozesses der europäischen Integration sich durch die Osterweiterung verschoben haben oder verschieben. Oder, noch etwas allgemeiner formuliert: Was ändert sich in der EU durch den Schritt von der EU-15 auf die EU-25, der in der Nacht zum 1.5.2004 vollzogen wurde?

Mein Anliegen ist damit in erster Linie ein analytisches. Es ist eingebettet in die seit Beginn des realen europäischen Einigungsprozesses geführte Diskussion, mit welchen Zielen die europäische Einigung verbunden ist, was souveräne Nationalstaaten zur Abgabe von Souveränitätsrechten bewegt und inwiefern von der Verlagerung von Kompetenzen auf die europäische Ebene Wohlfahrts- und Sicherheitsvorteile zu erwarten sind. Die Osterweiterung stellt in dieser Hinsicht ein besonderes Ereignis in der Integrationsgeschichte Europas dar, denn bei keiner Beitrittswelle hat sich der Charakter der bestehenden Gemeinschaft umfassender verändert. Es sind nicht weniger als zehn neue Mitglieder beigetreten, deren Wirtschafts- und Sozialsysteme sich vom westeuropäischen Modell, oder präziser: den westeuropäischen Modellen, durch deutliche Charakter- und Niveauunterschiede abheben. Dadurch ist die Heterogenität der Union stark angestiegen, und die Nationalstaaten der EU müssen sich umso dringender fragen, inwiefern die mittlerweile friedlichen innereuropäischen Konflikte zwischen Bevölkerungen, gesellschaftlichen Gruppen und Institutionen sowohl auf der nationalen wie der europäischen Ebene produktiv zu bewältigen sind.

Neben der analytisch-explorativen Frage steht ein weiteres Anliegen. In den letzten Jahren, ja in den letzten Tagen vor dem Abschluss dieses Buches Anfang Juli 2004 unterlag die Europäische Union einer in ihrer Geschichte beispiellosen Dynamik. Während die frühen 1980er-Jahre als Jahre der "Euro-Sklerose" bezeichnet wurden (Dinan 2000c: 228), sind seit der Einheitlichen Akte von 1986 nicht ein einziges Mal wenigstens sechs Jahre vergangen, ohne dass wesentliche Bestandteile der europäischen Architektur substanziell verändert wurden. Im Vertrag von Maastricht (1991) wurde die Europäische Union geschaffen, in den Vertrag von Amsterdam (1997) wurden wichtige Änderungen u.a. im Hinblick auf die nichtgemeinschaftlichen Säulen der EU – die Justiz- und Innenpolitik sowie die Gemeinsame Außen- und Sicherheitspolitik – geschrieben. Der Vertrag von Nizza (2000) schuf die institutionellen Voraussetzungen für die Osterweiterung (Church/Phinnemore 2002), die Europäische Verfassung entstand schließlich im Anschluss an den Entwurf des Europäischen Konvents, der im Juni 2003 der Öffentlichkeit vorgestellt wurde (vgl. Berg/Kampfer 2004).

Wie bei einem Patienten, dessen medikamentöse Therapie ständig geändert wird, zeitigt die hohe Veränderungsdynamik in Europa Nebenwirkungen. Nicht nur über die institutionellen Determinanten, sondern auch über die

Zuständigkeiten in den Politikfeldern herrscht beim Publikum Verunsicherung. Ohne intensive Stützung auf das Internet oder eine äußerst aufmerksame Zeitungslektüre wurde selbst für Interessierte eine vollständige Information über den jeweiligen Stand des Einigungsprozesses eine Herausforderung. Einschlägige Handbücher (z.B. Weidenfeld 2002) mussten bei Darstellungen die schwierige Aufgabe meistern, a) auf Gipfeltreffen getroffene Entscheidungen nachzuzeichnen, b) auf den Ratifizierungsprozess zu verweisen (die Entscheidungen des Europäischen Rates treten häufig erst Jahre nach der Vereinbarung in Kraft), c) Absichtserklärungen mit einzubeziehen, d) Mutmaßungen über "*left-overs*" dieser oder jener Regierungskonferenzen anzustellen und e) häufig bereits parallel laufende Änderungsdiskussionen nachzuzeichnen. Nach dem Einschnitt durch die Osterweiterung und dem gleichzeitig (zunächst?) abgeschlossen Verfassungsprozess befinden wir uns daher womöglich am vorläufigen Ende einer historischen Phase, in der eine grundlegende Darstellung des Integrationsprozesses durchaus keine nachrangige Aufgabe ist.

Demzufolge habe ich mich entschieden, bei der Verfolgung der Leitfrage stärker als sonst in einem rein wissenschaftlichen Text üblich die Grundlinien des Gegenstandes, der Europäischen Union und ihrer Entwicklung, nachzuzeichnen. Wo immer es nötig erschien, habe ich mich um die Aufnahme von im Einzelnen stets leicht aufzufindenden, in der Zusammenschau aber eben doch nicht ohne weiteres vorliegenden Informationen bemüht. Der Anspruch des Textes besteht demzufolge zum einen darin, den Integrationsstand der Europäischen Union im Jahre 2004 nachzuzeichnen, und zum anderen der Erstellung einer Hypothese darüber, wie sich die Osterweiterung auf das innere Gefüge und das Funktionieren der EU auswirken wird. Eine meiner Grundüberzeugungen lautet dabei, dass hierzu auch eine Osterweiterung der Länderexpertise und eine "Osterweiterung des Denkens" (Sapper 2000) erforderlich ist. Die Bedeutung der Erweiterung kann nicht erfasst werden, wenn die Neumitglieder lediglich als Wurmfortsatz der alten EU-15 begriffen werden (vgl. Kovacs 2001; Osteuropa 2004).

Seit dem Anbeginn der supranationalen Zusammenarbeit europäischer Staaten nach dem Zweiten Weltkrieg hatte der Prozess der europäischen Integration einen offenen Charakter. Bereits Artikel 98 des Vertrags über die Gründung der Europäischen Gemeinschaft für Kohle und Stahl enthielt im Jahre 1951 genau wie später Artikel 237 der Römischen Verträge (1957) die Passage, "jeder europäische Staat" könne einen Antrag auf Beitritt zum Vertragsgebiet stellen (vgl. Gasteyger 1997: 100, 178). Von dieser Möglichkeit des Beitritts hat mittlerweile die überwiegende Mehrzahl der Staaten Europas Gebrauch gemacht. Nach dem Vollzug der ersten Osterweiterung im Mai 2004 steht nur noch eine Minderheit der europäischen Staatenwelt außerhalb der Europäischen Union: mit Island, Norwegen und der Schweiz drei westeuropäische Länder, mit Albanien, Bosnien-Hercegovina, Makedonien und Serbien vier Mitglieder der latent instabilen südosteuropäischen Flanke sowie mit Belarus, Moldova, Russland und der Ukraine vier Länder der geopolitisch – trotz gelegentlich anders lautender Äußerungen politischer Akteure aus einzelnen dieser Länder – nicht auf Westintegration ausgerichteten GUS. Selbst ohne die verbliebenen Beitrittskandidaten Bulgarien, Kroatien,[1] Rumänien und die Türkei gibt es also in Europa mit 25 mehr als doppelt so viele EU-Mitgliedsstaaten wie Staaten ohne mittelfristige EU-Beitrittsperspektive (vgl. Tabelle 0.1).

Tabelle 0.1: Erweiterungswellen der EG/EU

Gründungsmitglieder (1951/1958)	Erste Norderweiterung (1973)	Süderweiterung	Zweite Norderweiterung (1995)	Osterweiterung (2004)	Verbleibende europäische Flächenstaaten
Belgien	Dänemark	Griechenland	Finnland	Estland	Island
Deutschland	Groß-	(1981)	Österreich	Lettland	Norwegen
Frankreich	britannien	Portugal	Schweden	Litauen	Schweiz
Italien	Irland	(1986)		Malta	Albanien
Luxemburg		Spanien		Polen	Bosnien-
Niederlande		(1986)		Slowakei	Herc.
				Slowenien	Bulgarien*
				Tschechien	Kroatien*
				Ungarn	Makedo-
				Zypern	nien**
					Rumänien*
					Serbien
					Türkei**
					Belarus
					Moldova
					Russland
					Ukraine

* Beitrittsantrag gestellt, Beitritt noch vor 2010 wahrscheinlich.
** Beitrittsantrag gestellt, Beitritt nach 2010 wahrscheinlich bzw. insgesamt zweifelhaft.

Für die überwiegende Mehrheit der europäischen Staaten ist somit die Verlagerung von Souveränität auf die europäische Ebene zu einem zentralen Bestandteil nationaler Politik geworden. Aufgrund der wirtschaftlichen Vorteile des größeren Marktes und dem (z.T. indirekten, z.B. für die Nicht-NATO-Mitglieder der EU) erhöhten Sicherheitsschirm gab es seit etwa den 1960er-Jahren nur wenige Länder, die aus eigenen Stücken auf die EG- bzw. EU-Mitgliedschaft verzichteten. Die Bereitwilligkeit, mit der der Souveränitätsverzicht geschieht, stellt eines der wichtigsten Kriterien des vorliegenden

---

[1]   Kroatien hat im Februar 2003 einen Beitrittsantrag gestellt, woraufhin die Kommission in einer Stellungnahme im April 2004 die Empfehlung zur Aufnahme von Beitrittsverhandlungen abgegeben hat. Dem entsprach der Europäische Rat im Juni 2004; die Aufnahme der Verhandlungen wird zum Januar 2005 erwartet.

Bandes dar, nach dem sich die EU-Mitgliedsstaaten ordnen lassen. Innerhalb der Gemeinschaft stehen sich demzufolge zwei idealtypische Strategien gegenüber: die möglichst weitgehende Bewahrung der nationalstaatlichen Verfügungsgewalt in möglichst vielen Politikbereichen einerseits und die möglichst weitgehende Übertragung von Kompetenzen auf die europäische Ebene unter Verzicht auf die Möglichkeit eines nationalen Vetos auf der anderen Seite. Keiner der alten und sicherlich auch der neuen Mitgliedsstaaten liegt vollständig auf einer der beiden Linien. Schließlich haben die sukzessiven EU-Verträge in vielerlei Hinsicht Souveränitätsabgaben beinhaltet; gleichzeitig verfügen auch vermeintlich integrationsfreudige Staaten bei genauerer Betrachtung über Bereiche, in denen Präferenzen zugunsten der Souveränitätsbewahrung bestehen.

Dennoch sind auch Aussagen über Tendenzen möglich und überdies von großer Bedeutung für den Charakter der europäischen Politik. Die EU stellt keine eigene Demokratie, sondern bis dato nur eine Verbindung souveräner nationaler Demokratien dar. Daher bedürfen politische Entscheidungen auf europäischer Ebene immer dann einer besonderen Begründung, wenn sie gegen den erklärten Willen von einzelnen oder mehreren Mitgliedsregierungen getroffen werden (Kielmannsegg 2003). Dabei sind zwei Bereiche zu unterscheiden. Handelt es sich um einen Bereich, in dem Entscheidungen einstimmig gefällt werden müssen, bedeutet die offensive Auslegung des eigenen Souveränitätsanspruchs in der Regel eine Bewahrung des Status Quo. Im intergouvernementalen Modus steht die offensive Vertretung von Souveränitätsrechten für ein konservatives europäisches Staatenmodell.[2] Die Effizienz eines staatlichen Handelns, das lediglich koordiniert, nicht aber integriert ist, gerät damit in der dynamischen Welt und Umwelt der EU-Gesellschaften auf Dauer in Gefahr.

Demgegenüber ist in Bereichen, in denen der supranationale Modus vorherrscht, die Gefahr der Ineffizienz geringer. Dafür besteht jedoch das Problem der potenziellen Minorisierung von Untergruppen in der EU. Werden es die alten Kohäsionsländer im Verbund mit den Zahlerländern wie schon bei der Agenda 2000 schaffen, die Neumitglieder trotz deren größerer Bedürftigkeit deutlich zu benachteiligen (Axt 2000: 195), und welche Begründungen theoretischer und machtpraktischer Art lassen sich für dieses Verhalten finden? Die Legitimität eines Herrschaftsverbands ist eine fragile Sache. Aus der Geschichte und den Kulturen Europas kann lediglich ein begrenztes Gemeinschaftsgefühl abgeleitet werden. Daher lassen sich insbesondere Verteilungskonflikte in Europa schlecht schlichten; von nur einer Seite als ungerecht angesehene Lösungen bergen ein beträchtliches Potenzial für die

---

2   Intergouvernementaler Modus: Die Regierungen der Nationalstaaten behalten wegen des Erfordernisses der Einstimmigkeit ein Vetorecht. Supranationaler Modus: Entscheidungen von EU-Institutionen im institutionell geregelten Zusammenwirken von Kommission, Parlament und Rat müssen von nationalen Regierungen akzeptiert werden, selbst wenn diese einen gegenteiligen Standpunkt einnehmen.

Delegitimierung des gesamten politischen Gebildes. In diesem Sinne besteht zwischen den Zielen der Effizienz und der Legitimität auf der Europäischen Ebene ein nicht ohne weiteres zu überwindendes Spannungsverhältnis (Scharpf 1999).

Jede wissenschaftliche Arbeit operiert mit Annahmen oder Axiomen, die im Hinblick auf den gewählten Ansatz unhintergehbar sind. Dies gilt auch für diesen Text, nicht zuletzt da er nicht durch ein primär theoretisches Erkenntnisinteresse gekennzeichnet ist. Der größeren Klarheit wegen seien im Folgenden einige dieser Annahmen benannt. In der einschlägigen Fachliteratur werden diese mitunter kritisch diskutiert; auf die ausführliche Darstellung dieser Diskussionen verzichte ich aus Platzgründen. *Grosso modo* sind die Annahmen jedoch m.E. im Glaubens- oder Wissensbestand des *mainstream* der EU-Forschung etabliert.

Eine erste Annahme besteht in der Ableitbarkeit europapolitischer Entscheidungen aus nationalen gesellschaftlichen Präferenzen. Sie besagt, dass sich die Europa-Politik in der Form von Entscheidungen durch Regierende auf gesellschaftliche Voraussetzungen stützt, die in den einzelnen Nationalstaaten bestehen. Dieses Bild entspricht gängigen Modellen der politischen Systemforschung einerseits (Easton 1965; Almond/Powell/Mundt 1996) sowie dem demokratischen Modell der Elitenkonkurrenz (Schumpeter 1950; Dahl 1971) andererseits.[3] Im Verlauf der Arbeit wird daher mit der Annahme operiert, die europa-strategischen Handlungen der nationalen Eliten verfügten über einen – wenn auch mitunter an einer langen Leine befestigten – Legitimationsanker in den Einstellungen der nationalen Bevölkerungen.

Eine zweite Annahme betrifft die potenziell effizienzsteigernde Erweiterung von Handlungshorizonten durch europäische Integration. Die Haltung einzelner Länder zur Abgabe von Souveränitätsrechten macht, wie bereits angedeutet, sowohl im intergouvernementalen wie im supranationalen Modus einen deutlichen Unterschied. Damit wird die Diagnose übernommen, in einer sich "denationalisierenden" Welt müsse es zu Regierungsformen "jenseits des Nationalstaates" kommen, wenn Effizienzverluste aufgefangen werden sollen (Zürn 1998). Im Einzelnen ist natürlich empirisch offen, ob von souveränitätsbewahrenden Staaten oder Regierungen vorgeschlagene Lösungen im Vergleich stets suboptimal sind. Es ist der Verzicht auf den potenziell vorhandenen Handlungshorizont, der den Unterschied macht und der entsprechend einzuordnenden Staaten geringere Chancen zur Verwirklichung effizienter Politik zugesteht.

Eine dritte Annahme besteht in der (wenigstens in der Tendenz bestehenden) Konsistenz nationalstaatlicher Strategien im Hinblick auf die EU. Demnach werden sich Regierungen um die Verfolgung einer kohärenten EU-

---

[3] Im Einzelnen bestehen gewichtige Einwände gegen die Stabilität und Durchschlagskraft der politischen Kultur auf politische Ergebnisse (vgl. Pollack/Wielgohs 2000), die demzufolge in dieser Studie beiseite geschoben werden.

Politik bemühen, und das macht es unwahrscheinlich, dass z.B. Großbritannien sich in der Außen- und Sicherheitspolitik auf die nationale Souveränität beruft, sich in anderen Politikfeldern aber bereitwillig im Rat überstimmen lässt. Wenigstens in Zeiten des schnellen quasi-konstitutionellen Wandels erscheinen die politischen Öffentlichkeiten gewissermaßen auf *einen* dominanten Zugang zum Symbol Europa geeicht.[4]

Als Manifestation der dritten Annahme wird in Kapitel 1 dieser Untersuchung die *Europa-Strategie* eines Mitgliedsstaats als Variable eingeführt, mit der ein wichtiger Aspekt der Integrationsfähigkeit eines Staates abgedeckt werden soll. Integrationsfähigkeit wird dabei nicht per se als normativ wünschenswerter Zustand angesehen. Mit einem normativem Zungenschlag sind allerdings die gleichfalls verwendeten Begriffe der Effizienz und der Legitimität behaftet, die – unter der Voraussetzung einer sich wandelnden internationalen Umwelt und sich transformierender nationaler und transnationaler Gesellschaften – im Interesse ihrer eigenen Stabilität als zentrale Ziele einer jeden Politik in demokratischen Regimes angesehen werden (Lipset 1959; Easton 1965; Dahl 1971; Almond/Powell/Mundt 1996). Im Umkehrschluss wird damit annahmegemäß im Kontext der EU die fehlende – aber im Hinblick auf den nationalen Zuschnitt von politischen Kulturen und Institutionensystemen erklärbare – Bereitschaft zur Abgabe von Souveränitätsrechten als Hemmschuh für die Erlangung größerer Effizienz- und/oder Legitimitätspotenziale betrachtet.

In normativer Hinsicht bewegt sich die Arbeit damit auf einem schmalen Grat, auf dem auch politische Akteure bei der Formulierung von Europa-Strategien balancieren müssen (und häufig genug zu unbefriedigenden Ergebnissen kommen): Auf der einen Seite erzwingen nationale Bezugsräume eine Orientierung an kleinräumig geeichten politischen Öffentlichkeiten und Strukturen. Auf der anderen Seite konfligieren die Begründungs- und Legitimationserfordernisse der nationalen Räume häufig mit (potenziellen) Effizienzgewinnen jenseits der nationalen Ebene, ohne dass in der real existierenden EU ein – politisch oder theoretisch – belastbarer Mechanismus zur Verbindung der beiden Arenen bestünde.

Eine vierte und letzte Annahme muss im Hinblick auf die Vergleichbarkeit der alten und neuen Mitgliedsstaaten getroffen werden. Die Fragestellung verlangt, aus den Integrationserfahrungen in der alten EU Rückschlüsse auf die Integrationsfähigkeit der neuen Mitgliedsstaaten zu ziehen. Die Integrationsfähigkeit der Neumitglieder kann plausiblerweise nur mithilfe eines

---

4 Mit der Setzung dieser Annahme wird der konstruktivistische Zweig der EU-Forschung, der eine derart vereinfachte Repräsentation von Europabildern bei Bevölkerungen und Eliten hinterfragt, außen vor gelassen. Dies hat nichts mit der Geringschätzung dieses Ansatzes zu tun, der in manchen Bereichen zu bedeutenden Erkenntnisfortschritten geführt hat (vgl. Diez 1999; Christiansen/Jorgensen/Wiener 2001). Kurz nach Abschluss des Erweiterungs- und Verfassungsprozesses scheint jedoch eine Bestandsaufnahme von vorrangigem Interesse; deren Dekonstruktion kann gewissermaßen erst in einem nächsten Schritt erfolgen.

bestehenden Maßstabes eingeschätzt werden. Diesen Maßstab liefern bisherige Beitritte zur Europäischen Union bzw. zur Europäischen Gemeinschaft. Der Vergleich verschiedener Erweiterungswellen wurde und wird in der Politikwissenschaft mit unterschiedlichen Instrumentarien vorgenommen (Preston 1997; Bornschier 2000). An der Schwelle einer Erweiterung ist er besonders problematisch, denn die Integrationsfähigkeit oder -bereitschaft etablierter EU-Mitglieder lässt sich beobachten, während dies bei Neumitgliedern naturgemäß nicht möglich ist.

Demzufolge verbirgt sich in der Bezugsetzung von vergangenem Regierungshandeln in den alten EU-Mitgliedsstaaten und potenziellem Regierungshandeln auf Seiten der Neumitglieder ein nicht unproblematischer Schritt. Die Brücke für die Vergleichbarkeit ruht auf den beiden Pfeilern der gesellschaftlichen Voraussetzungen einerseits und des Regierungshandelns andererseits, die nach der ersten Annahme aufeinander bezogen sind. Allerdings fällt beim Beschreiten, ja schon beim Betrachten der Brücke auf, dass bei dieser Vorgehensweise das methodische Problem der stark voneinander abweichenden Kontextfaktoren besteht. Während die Staaten der EU-15 ihre Integrationsfähigkeit im Rahmen der EU entwickelt haben, konnten sich die Neumitglieder bisher nur prospektiv – z.B. im Rahmen von Beitrittsverhandlungen, im Europäischen Konvent – auf das Regierungshandeln in der EU einstellen, und dies unter den verzerrenden Bedingungen der immer noch anhaltenden Systemtransformation (Merkel 1999; vgl. Bönker/Müller/Pickel 2002). Beim Verfahren, beobachtbares Regierungshandeln in der EU-15 mit hypothetischem Regierungshandeln in den Neumitgliedern in Beziehung zu setzen, handelt es sich um eine zweitbeste Lösung, wobei die beste – nämlich die Beobachtung realen EU-bezogenen Regierungshandelns in den neuen EU-Mitgliedern – (noch) nicht möglich ist.

Die Struktur der Abhandlung leitet sich wesentlich aus der letztgenannten methodischen Schwierigkeit ab, indem nämlich im Verlauf der Arbeit die Alt- und Neumitglieder an vielen Stellen systematisch getrennt behandelt werden.

Kapitel 1 setzt sich mit zwei Möglichkeiten auseinander, die Integrationsstrategien der alten Mitgliedsstaaten zu erfassen. Zum einen handelt es sich dabei um die Europa-Strategien der Regierungen der Mitgliedsstaaten, zum anderen um Merkmale der Europäisierung der nationalen Systeme, die mit der Übernahme gemeinschaftlicher Vorgaben gemessen werden können.[5]

---

[5] Der Terminus der Gemeinschaftlichkeit bezieht sich im vorliegenden Text stets auf das Merkmal supranationalen Entscheidens auf europäischer Ebene, d.h. meistens auf den Regelungsbereich des Vertrags über die Europäische Gemeinschaft (EG-Vertrag) in der ersten Säule der Europäischen Union. In vielen Bereichen existiert dementsprechend eine *Gemeinsame* Politik, z.B. die Gemeinsame Agrarpolitik (GAP). Dieser Begriff lässt sich allerdings nicht gut durchhalten, denn z.B. die Gemeinsame Außen- und Sicherheitspolitik (GASP) – die zweite Säule der Union – trägt bekanntlich keinen supranationalen Charakter. Gemeinschaftlich und aus der dritten in die erste Säule der EU transferiert sind hingegen mittler-

Auf der Grundlage der beiden Elemente wird die erste Teilhypothese über die Integrationspräferenzen der Mitglieder der EU-15 vorgenommen.

In Kapitel 2 und den ersten Abschnitten von Kapitel 3 wird dieser Argumentationsgang dann zunächst zurückgestellt. In Kapitel 2 werden die wichtigsten Determinanten der Osterweiterung – rechtliche Grundlagen, chronologischer Ablauf, beteiligte Länder – kurz vorgestellt. In Kapitel 3.1 bis 3.3 werden die wichtigsten Instanzen des politischen Systems der EU – Bevölkerungen (Kap. 3.1), Parteien (Kap. 3.2), Institutionen (Kap. 3.3) – aufgearbeitet, indem allgemeine jüngere Entwicklungen mit besonderem Augenmerk auf die neuen Mitglieder nachgezeichnet werden. Neben den klassischen Ansätzen der Integrationsforschung wird in diesen Kapiteln vorrangig mit der vergleichenden Methode gearbeitet.

Erst diese Grundlagen ermöglichen es, in Kapitel 3.4 die Diskussion der Integrationsfähigkeit, diesmal für die zehn Neumitglieder, fortzusetzen. In diesem Unterkapitel wird die zweite Teilhypothese über die Integrationsfähigkeit der Neumitglieder erstellt. Die zentrale Antwort (= Gesamthypothese) auf die eingangs aufgeführte Fragestellung lautet dann, dass sich in der erweiterten EU ein höherer Anteil an Mitgliedern nicht mit integrationistischen, sondern mit eher souveränitätsorientierten Präferenzen befindet. Dies führt, so die Weiterführung der Hypothese, zu einer Neuverteilung der Europa-Strategien innerhalb der Union, was den Charakter des weiteren Integrationsprozesses deutlich verändern könnte.

Zur Illustrierung und Stützung der Gesamthypothese werden in Kapitel 4 wichtige Politikfelder der europäischen Ebene betrachtet. Dabei weiche ich ein wenig von der häufig praktizierten Gliederung entlang der Politiken des EG-Vertrags ab (Dinan 1999; Wallace/Wallace 1999). In Kapitel 4.1 wird nicht auf die Politik des Gemeinsamen Marktes, sondern in weiterer Perspektive auf die Wirtschaftspolitik und deren Möglichkeiten im EU-Raum geschaut. Dabei handelt es sich nicht zuletzt um eine Konsequenz aus der Interpretation der EU als politisches System, die sich auf eine sich immer stärker etablierende Praxis stützt (Hix 1999; Hartmann 2002; Landfried 2004). Ein Anklang daran findet sich auch in Kapitel 4.2, das die Verteilungsaspekte innerhalb der EU beleuchtet. Analysiert werden hier freilich die Auswirkungen des Beitritts in zwei klassischen EU-Politikfeldern, der Struktur- und der Agrarpolitik. Kapitel 4.3 und 4.4 wenden sich schließlich der Fortentwicklung der Säulen II und III der EU, der Gemeinsamen Außen- und Sicherheitspolitik (GASP) und der Zusammenarbeit in den Bereichen Justiz und Inneres (ZJI) zu, deren gemeinschaftlicher Anteil seit dem Vertrag von Nizza als "Raum der Freiheit, der Sicherheit und des Rechts" fungiert.

Kapitel 5 widmet sich abschließend einer kurzen Zusammenfassung und Zuspitzung auf das Problem der Legitimität europäischer Politik. Hier wer-

---

weile Teile der Zusammenarbeit in den Bereichen Justiz und Inneres (ZJI), die aber deswegen auch nicht das Attribut einer gemeinsamen Politik tragen.

den nochmals die Kriterien der Effizienz und der Legitimität aufgegriffen und im Hinblick auf die Politikfelder betrachtet. Die Gesamthypothese, dass sich aufgrund der Erweiterung der integrationistische Impetus der "immer engeren Union der Völker Europas" – wie es in der Präambel des EU-Vertrags heißt – abschwächen könnte, wird in drei mögliche Szenarien überführt. Demnach könnte der Union in den nächsten Jahren a) ein institutionelles Patt drohen. Dieses wäre durch Nichtaustragung grundsätzlicher Konflikte und letztlich dauerhaft institutionalisierte Ineffizienz gekennzeichnet. Weiterhin könnte sich b) in der Union eine neue Konfliktkultur entwickeln, in der gegensätzliche Interessen stärker als bisher üblich ausgetragen werden. Die erweiterte Union wäre demnach von sichtbareren Auseinandersetzungen geprägt. Daran müssten sich die politischen Öffentlichkeiten vielleicht erst gewöhnen; der Rationalität von Entscheidungen im europäischen politischen Raum wäre damit jedoch tendenziell gedient. Außerdem könnte die Union c) durch die Praktizierung stärkerer Solidarität als derzeit erkennbar die Souveränitätsorientierung der neuen Mitglieder abschwächen und sich die Fortsetzung des integrationistischen Entwicklungskurses der vergangenen zwanzig Jahre seit der Einheitlichen Europäischen Akte gewissermaßen erkaufen.

1 Europa-Strategien und Europäisierung: Die Erweiterungsrunden bis zur EU-15

Die Untersuchung der Integrationsfähigkeit neuer Mitgliedsstaaten kann auf zwei Stränge der politikwissenschaftlichen Europa-Forschung zurückgreifen: den Integrationsansatz und den Europäisierungsansatz. Der erstgenannte Ansatz ist eng mit der wichtigsten theoretischen Debatte der letzten vierzig Jahre verknüpft, der Auseinandersetzung zwischen der intergouvernementalistischen auf der einen und der neofunktionalistischen Schule auf der anderen Seite.

Der Intergouvernementalismus geht davon aus, dass in den Prozess der europäischen Integration geratene Staaten diesen zur Wahrung ihrer nationalen Interessen nutzen (Hoffmann 1966; Moravcsik 1991). Einer der Schlüsselbegriffe des intergouvernementalen Ansatzes ist Souveränität: Der Schutz der nationalen Souveränität, d.h. der Verfügungsgewalt nationalstaatlicher Institutionen über politische Entscheidungen, wurde als vorrangiges Ziel politischer Akteure unterstellt. Dem gegenüber steht der funktionalistische Ansatz, dessen Vertreter stets die Frage stellen, wieso bei einem auf Dauer unterstellten Souveränitätsvorbehalt der nationalen Akteure unverkennbare Integrationsschübe wie im Prozess der Europäischen Einigung überhaupt vonstatten gehen konnten. Vertreter des Neofunktionalismus (Haas 1968; Schmitter 1969; Sandholtz/Stone Sweet 1998) erklären Integration weniger mit nationalen Politikern und deren Handeln als mit Akteuren in den supranationalen Organisationen sowie nationalen Gruppen, die vom Integrationsprozess jenseits der stets zu beobachtenden Europa-Rhetorik in besonderer Weise profitieren konnten. Als Folge dieser Fokus-Verschiebung unterschied sich auch die Grundhypothese von Intergouvernementalisten – oder, wie sie im Kontext der über Europa hinausgehenden Theorie der Internationalen Beziehungen genannt wurden, der Realisten – von derjenigen der Neofunktionalisten. Während die einen das Verbleiben eindrucksvoller Souveränitätsbestände auf der nationalstaatlichen Ebene in den Mittelpunkt rückten, diagnostizierten die anderen einen bedeutenden Transfer von Souveränitätsrechten, der in Form von "Spill-overs" von einem Politikfeld auf das nächste übergriff.

Gemeinsam ist beiden Ansätzen die "Bottom-up"-Perspektive (Börzel 2003: 2). Zwar nehmen je nach Ansatz entweder politische Eliten und Administrationen oder Interessenvertreter Einfluss auf die Gestalt der EU. In beiden Fällen gehen die Impulse jedoch von der Ebene der Nationalstaaten aus. Der Charakter der Integration ergibt sich demzufolge aus dem Zusammenspiel der auf die EU einwirkenden Kräfte. Da in einigen Staaten eher souveränitätsorientierte, in anderen eher integrationistische Grundeinstellungen existieren, und da zudem Akteure auf der supranationalen Ebene selbst beachtet werden müssen, ergibt sich ein komplexes Kräfteparallelogramm. Dieses hat seinen Ausgangspunkt bei den Bevölkerungen der Nationalstaaten, die in den Regierungen die "Agenten" ihrer Interessen sehen. Diese wiederum schränken sich auf der europäischen Ebene in ihrem Handlungsspielraum wechselseitig ein und bringen unterschiedliche, d.h. konfliktbeladene Vorstellungen über den gewünschten Integrationsgrad in einer Fülle von Politikfeldern ein.

Im Kontrast zum "Bottom-up"-Ansatz wird seit einigen Jahren vermehrt die entgegengesetzte "Top-Down"-Perspektive des Europäisierungsansatzes eingenommen (Eising 2003). Diesem zufolge gehen von der europäischen Ebene vielfältige Impulse auf die an der EU beteiligten Nationalstaaten aus (Goetz/Hix 2000; Cowles/Caporaso/Risse 2001; Zeff/Pirro 2001). Mechanismen und Ergebnisse des nationalstaatlichen Wandels können demnach ohne die Betrachtung der europäischen Ebene nicht verstanden werden. Betroffen von der Europäisierung sind dabei Institutionen, Politikfelder und damit ganz allgemein die politischen Prozesse in den EU-Mitgliedsstaaten (Börzel 2003).

Beide Perspektiven sind für die Analyse der Politik in Europa generell von Bedeutung. Das komplementäre Verhältnis der beiden Wirkungsrichtungen ist aber auch zu beachten, wenn die Integrationsperspektiven der neuen Mitglieder untersucht werden sollen. Zum einen ist natürlich von Interesse, in welcher Weise sich das Kräfteparallelogramm auf europäischer Ebene durch das Hinzukommen von zehn neuen Mitgliedsstaaten ändert. Dieser Aspekt wird im Folgenden unter dem Stichwort der "Europa-Strategien" thematisiert. Darunter werden die von den Nationalstaaten auf die europäische Ebene ausgehenden Impulse verstanden, die im Hinblick auf die Bereitschaft von Bevölkerung, Parteien und Institutionen zur Bereitschaft der Souveränitätsaufgabe bzw. deren Wahrung konzipiert wird.

Zum anderen wird Integrationsfähigkeit aber auch durch die Kompatibilität der nationalen Strukturen mit der europäischen Ebene abgebildet. Der *acquis communautaire* mit seinen 80.000 Seiten rechtsrelevanter Vorschriften muss von den Mitgliedsstaaten übernommen werden, damit nicht dauerhaft Konflikte mit Brüssel – der Kommission – und Luxemburg – dem Europäischen Gerichtshof (EuGH) – entstehen oder bestehen. Zwar bedeutet der Abschluss der Beitrittsverhandlungen zunächst, dass der *acquis* im Beitrittsgebiet in vollem Umfang gilt, insofern die vereinbarten Übergangsregeln nicht greifen (siehe unten, Kap. 2). Doch der Gemeinschaftsbestand wird laufend fortgeschrieben, und die Qualität der Umsetzung auch des bestehenden *acquis* ist entscheidend von den Implementationsbedingungen in den Mitgliedsstaaten abhängig. Dazu wird im zweiten Teil dieses Kapitels am Beispiel der alten Mitglieder ein Bezugsrahmen präsentiert, der sich im Wesentlichen an der Fähigkeit zur "Adaption" (Anderson 2000) des Gemeinschaftsregelwerkes orientiert.

1.1 Europa-Strategien zwischen Integrationismus und Souveränitätsorientierung

In seinem meistrezipierten Werk "The Uniting of Europe" hat Ernst Haas politische Integration definiert als "Prozess, in dem politische Akteure (...) überzeugt werden, ihre Loyalitäten, Erwartungen und politischen Aktivitäten auf ein neues Zentrum zu richten" (Haas 1968: 16). Als ein solches Zentrum in den späten 1940er- und den 1950er-Jahren noch nicht etabliert war, herrschte noch eine Konkurrenz unterschiedlicher ordnungspolitischer Vorstellungen über den Charakter der europäischen Integration (vgl. Niess 2001). Demzufolge gab es auch unterschiedliche Vorschläge, wie die politische Integration auszugestalten sei. Einige Initiativen, wie zum Beispiel der Haager Kongress im Mai 1948, fanden nur geringen institutionellen Widerhall oder scheiterten ganz, wie die angestrebte Europäische Verteidigungsgemeinschaft in den Jahren 1952-1954. Die mit den Römischen Verträgen gegründete Europäische Wirtschaftsgemeinschaft (EWG) bekam 1959 mit der Europäischen Freihandelszone (EFTA) ein Pendant, das vorrangig an handelspolitischen Zielen orientiert war.

1.1.1 Gründungsmitglieder und Länder der ersten Norderweiterung

Der Integrationsraum der EWG und damit das gesamte integrationistische Projekt, bestehend aus Belgien, der Bundesrepublik Deutschland, Frankreich, Italien, Luxemburg und den Niederlanden, entfaltete ab den 1960er-Jahren eine Anziehungskraft, die die Gemeinschaft zum wichtigsten Zielobjekt westeuropäischer Integrationsüberlegungen machte. In Großbritannien war es zu jener Zeit die konservative Regierung unter Harold Macmillan, die u.a. wegen der höheren Wachstumsraten in der EWG einen Beitritt anstrebte. Zwar hatte damit der geplante Beitritt nicht zuletzt eine machtpolitische Wurzel, denn der britischen Regierung ging es mit ihren Beitrittsavancen nicht zuletzt darum, der sich abzeichnenden französischen Vorherrschaft in Europa etwas entgegenzusetzen (George 2000: 471). Dennoch markierte die Aufgabe der Idee des ausschließlichen Freihandels – denn darum ging es bei der EFTA – zugunsten eines explizit wirtschaftspolitischen Anspruchs den Anlass dafür, die europäische Einigung tatsächlich unter dem Begriff der Integration zu subsumieren.

Entgegen der Offenheitsrhetorik der ersten europäischen Verträge reagierte die Gemeinschaft zunächst durchaus nicht begeistert auf die ersten Beitrittsanträge, die im Juli und August 1961 von Dänemark, Großbritannien, Irland und Norwegen gestellt wurden. Insbesondere der französische Präsident Charles de Gaulle (1890-1970) wandte sich mit zwei Vetosprüchen in den Jahren 1963 und 1967 gegen den Beitritt Großbritanniens, durch den er die innere Kohärenz der jungen Gemeinschaft gefährdet sah (Dinan 2000a: 123). Zum einen stand die außenpolitische transatlantische Ausrichtung Großbritanniens in einem Spannungsverhältnis zu den französischen Vorstellungen eines militärisch von den USA unabhängigen Europa. Zum anderen bedeuteten die ersten Schritte in Richtung wirtschaftlicher Integration wie die Gemeinsame Agrarpolitik und die Europäische Gemeinschaft für Kohle und Stahl (EGKS) eine Konkurrenz zu dem allein freihändlerischen Modell des britischen Commonwealth und nicht zuletzt auch der EFTA, der immerhin drei der vier Beitrittskandidaten angehörten.

Die erste Erweiterung konnte erst stattfinden, nachdem de Gaulle 1968 von der politischen Bühne abgetreten war. Auf einem Gipfeltreffen in Den Haag im Jahre 1969 wurde das französische Veto gegen den britischen Beitritt zurückgezogen. Die Beitrittsverhandlungen mit den genannten vier Ländern begannen im Juni 1970, der Beitritt Dänemarks, Großbritanniens und Irlands erfolgte zum 1.1.1973. Norwegen hatte die Verhandlungen ein Jahr zuvor mit den übrigen drei Bewerbern abgeschlossen. Allerdings hatte das Beitrittsreferendum im September 1972 eine Ablehnungsquote von 53.3% ergeben (Matlary 2000: 363). Die erste Norderweiterung umfasste damit nur drei anstelle der avisierten vier Neumitglieder.

Materiell waren die Gegensätze zwischen den Neu- und Altmitgliedern, die de Gaulle so unübertrefflich zu formulieren vermocht hatte, dagegen nicht obsolet geworden. In einem Weißbuch zum Beitritt zu den Europäischen Gemeinschaften hatte die britische Regierung noch während der Beitrittsverhandlungen ihre grundsätzliche Zurückhaltung gegenüber vielen Vertiefungstendenzen herausgestellt. Die – seinerzeit durchaus beschränkte – Aufgabe von Souveränität seien als politische "Kosten des Beitritts zur Gemeinschaft" zu verstehen, dem im Gegenzug Vorteile für die eigene Volkswirtschaft entgegenstünden (vgl. Pfetsch 2001: 47-48).

Ironischerweise trat Großbritannien mit dieser Position in gewisser Weise das Erbe de Gaulles innerhalb der Gemeinschaft an. Denn dessen Beharren auf der Unvereinbarkeit der Leitmodelle für die politische Integration Europas bedeutete keine Abkehr von einer vorrangig auf die Nation bezogenen orientierten Europavision. Das von de Gaulle propagierte "europäische Europa", das sich "vom Atlantik bis zum Ural" erstrecken sollte (vgl. Axt 1999: 469), bezog sich zwar auf einen deutlich anderen geografischen Raum als das von der *special relationship* zu den USA geprägte britische Leitbild. Durchaus ähnlich war jedoch der Gedanke, jenseits ideeller Europaträume in den Europäischen Gemeinschaften vor allem eine Institutionenordnung zum Erreichen politischer Vorteile für die beteiligten Nationalstaaten zu sehen.

Hier lag der Kern des von de Gaulle propagierten "Europas der Nationen": Es ging weniger um ein Aufgehen der Nationalstaaten in einem europäischen Verband als um die Verwirklichung der gemeinsamen Interessen von starken Nationalstaaten. In den 1960er-Jahren hatte die Aussicht, ein französischer Fachminister könne in Agrarfragen im Ministerrat überstimmt werden, zur französischen Blockade des Rats im Rahmen der "Politik des leeren Stuhls" geführt. Erst die Feststellung der Unverletzlichkeit "vitaler nationaler Interessen" hatte die Gemeinschaft wieder zum Funktionieren gebracht; freilich unter intergouvernementalen, nicht unter supranationalen Vorzeichen. Der Begriff des "Kompromisses" von Luxemburg führt daher auch reichlich in die Irre: Frankreich hatte sich ganz einfach gegen die Vorstellungen der übrigen Mitgliedsstaaten durchgesetzt (Prate 1993: 209).

Die Mitgliedschaft Großbritanniens in der Europäischen Gemeinschaft lässt sich somit für die ersten Jahrzehnte auf einen de Gaulleschen Nenner bringen. Das Land überlässt die Integrationsbemühungen anderen und tendiert dazu, sich dann zu widersetzen, wenn mit Entscheidungen eine Einschränkung der Souveränität einhergeht. In wichtigen Fragen traten britische Regierungen für spezifische nationale Interessen ein und waren dabei hin und wieder auch bereit, sich mit anderen Regierungen oder den EG/EU-Institutionen offen anzulegen. Als herausragende Beispiele sind die Agrarpolitik und der von Margaret Thatcher in den frühen 1980er-Jahren geführte Kampf um den Beitragsrabatt oder die Zögerlichkeit beim Beitritt zur Wirtschafts- und Währungsunion zu nennen (Rasmussen 2001).

Das Bemühen, trotz aller über die Jahre vollzogenen Integrationsschritte die britische Souveränität in möglichst geringem Umfang einzuschränken, steht für das oben angeführte intergouvernementale Leitmodell des europäischen Einigungsprozesses (Hoffmann 1966; Rosamond 2000: 75-81), das im britischen Fall zu einer Orientierung der Europa-Politik auf die Bewahrung des nationalen Handlungsspielraums geführt hat. Gespeist wird diese Strategie durch Einsicht in die Kosten des Nichtbeitritts. Charakteristisch sind einige Passagen aus dem britischen Weißbuch zum EG-Beitritt, das noch heute Aktualität besitzt:[6]

> Wenn wir außerhalb der Gemeinschaften bleiben, müssten wir auf einer engeren Basis unsere nationalen Interessen wahrnehmen und unsere nationalen Ressourcen entwickeln. (...) Diese Aufgabe würde uns zunehmend schwerere Lasten aufbürden und würde in dem Maße immer schwieriger werden, wie die politische und wirtschaftliche Einheit Europas ohne uns in einer Nachbargemeinschaft voranschritte, die um ein Vielfaches größer ist als wir (zitiert nach Gasteyger 1997: 292).

Ein anderes Land der ersten Beitrittswelle, Irland, hebt sich von dieser vorrangig instrumentellen Sichtweise auf die Gemeinschaft ab. Zwar war es aufgrund des hohen Verflechtungsgrades mit Großbritannien für die irische Politik ein Zwangsgebot, der britischen Volkswirtschaft in die EG zu folgen. Auch gab es durchaus pragmatische Gründe für den irischen Beitritt. Sowohl die irische Landwirtschaft wie auch die Industrie waren dringend auf die

---

[6] In ähnlicher Weise argumentiert Pfetsch (Pfetsch 2001: 47-48).

Erschließung neuer Märkte angewiesen, und außerdem keimte bereits vor den starken Steigerungen in den 1980er-Jahren Hoffnung auf die Unterstützung durch die europäische Regionalpolitik (Finnegan 2001: 176).

Die Motive für den irischen Beitritt lassen sich also ähnlich wie beim britischen Fall auf nationalstaatlicher Ebene definieren. Dennoch besteht ein großer Unterschied im Umgang mit der EG und später der EU, da sich irische Regierungen in aller Regel europafreundlich, jedenfalls nicht integrationsfeindlich verhielten. Hier spielt ein traditioneller Aspekt der irischen politischen Kultur eine Rolle, der in der aktiven Mitarbeit Irlands im Völkerbund und damit nicht zuletzt in dem Versuch, die eigene Souveränität gegenüber britischen Ansprüchen zu behaupten, seine Wurzeln hat (Foster 1989: 559). Die EG/EU wurde nach dieser Interpretation nicht nur als Instrument zur Verhinderung von Nachteilen gesehen, vielmehr haben sich Regierungen und Bevölkerungen damit auseinandergesetzt, "dass es jenseits der britischen Nachbarinsel einen großen europäischen Kontinent gibt, der ihnen eine Reihe von vielversprechenden Möglichkeiten bietet" (Elvert 1997: 278).

In der ersten Erweiterungsrunde stehen Großbritannien und Irland damit für zwei unterschiedliche, nämlich eine *souveränitätsorientierte* und eine *integrationistische* Sicht auf den europäischen Einigungs- und Erweiterungsprozess. Britische Regierungen, die vor allem um die Souveränität Großbritanniens und seiner aus dem Parlament hervorgehenden Regierungen besorgt sind, geben nur dann Kompetenzrechte ab, wenn die daraus resultierenden Vorteile überschaubar und sicher sind. Im Bereich der *low politics*, also in nachgeordneten Politikfeldern ohne zentrale Bedeutung für die Legitimität nationalstaatlicher Regierungen, sind sie zur internationalen Kooperation bereit. Um einen solchen Bereich handelte es sich in Großbritannien bei der Landwirtschaft – einem der seinerzeit wenigen ansatzweise supranational organisierten Politikfelder – zu Beginn der 1970er-Jahre, da weniger als drei Prozent des Bruttoinlandsprodukts auf dem Agrarsektor erwirtschaftet wurden (OECD 2000: 62). Bis zur Verabschiedung der Einheitlichen Europäischen Akte, als sich Großbritannien den vor allem deutsch-französischen Wünschen nach verstärkter Integration beugte (Moravcsik 1991), wehrte sich Großbritannien jedoch gegen die Abgabe von Souveränitätsrechten in den Bereichen der *high politics*.

Irland dagegen folgte einem integrationistischen Impuls, indem es sich das Land auch unter unterschiedlich gefärbten Regierungen nicht der Verlagerung von Kompetenzen in die EG/EU verwehrt hat. Dies lässt sich an vielen Beispielen nachvollziehen, u.a. der Einführung des Europäischen Währungssystems (1979) oder dem Maastrichter Vertrag (1991), wo Irland jeweils eine aktive Rolle gespielt hat (vgl. nochmals Finnegan 2001). Für Irland scheint daher zuzutreffen, dass sachbezogene internationale Kooperation auf der Ebene der *low politics* zur Zusammenarbeit auf der Ebene der *high politics* führen. Dass Staaten über funktionale Notwendigkeiten zu institutionalisierten Formen der zwischenstaatlichen Kooperation gelangen würden, entsprach dem Kalkül führender Verfechter des Neofunktionalismus (Haas 1968; Schmitter 1969).

Die beiden geschilderten gegensätzlichen Fälle der ersten Norderweiterung bilden in gewisser Weise zwei Pole eines Kontinuums, die im Folgenden paradigmatisch verwendet werden. Großbritannien ist durch die Europa-Strategie gekennzeichnet, die eigenen Interessen tendenziell durch die Beibehaltung von Kompetenzen beim Nationalstaat zu verfolgen. Bei der Bereitschaft, Souveränitätsrechte abzugeben, ist nach Politikfeldern zu differenzieren. Dort, wo die europäische Integration den britischen Interessen – besser: wichtigen sektoralen, Gruppen- und institutionellen Interessen und/oder der breiten Mehrheit der Bevölkerung – dient, stellen sich britische Regierungen nicht gegen den Zug der Integration, sondern können sogar zu den "vertiefenden" Kräften innerhalb der EG/EU gehören. Da jedoch im britischen System die Parlamentshoheit als eines der höchsten Güter gilt (Hübner/Münch 1998: 33-35), und da einmal an die europäische Ebene abgegebene Kompetenzrechte dem *House of Commons* für immer entzogen bleiben, existiert ein institutioneller Mechanismus, der Souveränitätsrechte im Zweifelsfall beim Nationalstaat hält, anstatt diese nach Brüssel (Rat, Kommission), Straßburg (EP) und nicht zuletzt Luxemburg (EuGH) abzutreten.

Im Gegensatz dazu hat Irland die Strategie einer durchdringenden "Europäisierung des Regierungssystems in der Republik" verfolgt (Finnegan 2001: 187). Eliten und Bevölkerung orientieren sich eng am Brüsseler Regierungsstil (ebd.). Die Aufgabe der Souveränität wird insofern auf den wichtigsten Ebenen des politischen System akzeptiert und jedenfalls nicht dauerhaft und gezielt bekämpft. Dieses Bild, das in den ersten 25 Jahren der EG/EU-Mitgliedschaft entstanden ist, bekam mit dem ablehnenden Referendum des Vertrags von Nizza am 7.6.2001 einige Risse. Hier ist jedoch ins Feld geführt worden, dass die Ablehnung des Nizza-Vertrags weniger aus Misstrauen gegenüber dem europäischen Einigungsprozess erfolgte als vielmehr wegen mangelnder Aufklärungsarbeit und als von der EU-Ebene weitgehend unabhängiger Protest gegen die politische Klasse, die ihrerseits fast einstimmig die Annahme des Vertrags empfohlen hatte (Hummer/Obwexer 2001).

Dänemark als drittes Land der ersten Beitrittswelle wird eher in Nähe zum britischen Fall als zum irischen eingestuft. Zwar hat sich Dänemark durch entschlossenes Vorgehen in einigen Politikfeldern zu einem "kleinen Staat mit großer Stimme" (Eliason 2001) innerhalb der EG/EU entwickelt. Hilfreich hierfür war der traditionell korporatistische Politikstil der dänischen Eliten, die in den verschachtelten Brüsseler Kanälen vor allem der Sozial-, Frauen- und Umweltpolitik ihre eigenen Anliegen in europäische Rechtsetzung umgießen konnten (ebd.: 212). Daneben gibt es in Dänemark jedoch deutliche Anzeichen für Integrationsskepsis. Von Anbeginn der Mitgliedschaft haben dänische Politiker ihre Bevölkerung mit dem Argument zu gewinnen versucht, der Beitritt bedeute im Wesentlichen die Verwirklichung von Freihandel sowie die Beteiligung an der Gemeinsamen Agrarpolitik (Rasmussen/Hoekkerup 2000: 135). Da gleichzeitig Artikel 20 der dänischen Verfassung festlegt, die Ratifizierung europäischer Verträge müsse entweder durch eine 5/6tel-Mehrheit im *Folketing* oder durch ein Referendum entschieden werden, wohnt dem dänischen System eine starke Tendenz zur Abwehr von Integrationsschritten inne.

Am deutlichsten wurde dies beim gescheiterten Referendum zur Ratifizierung des Maastrichter Vertrags im Juni 1992. Dänemark schaffte es daraufhin, länderspezifische Sonderregelungen in Form von Zusatzprotokollen zum Maastrichter Vertrag im europäischen Vertragswerk zu verankern. Dabei ging es unter anderem um das Recht, in der Währungs- und Sicherheitspolitik sowie hinsichtlich des Erwerbs von Immobilien den impliziten und expliziten Integrationsforderungen der Gemeinschaft widerstehen zu dürfen. Das bedeutet nicht zuletzt, dass Dänemark wohl bis auf weiteres auf eigenen Wunsch Nichtteilnehmer der Wirtschafts- und Währungsunion bleibt. Insgesamt muss bei der Einordnung des dänischen Falles daher differenziert werden. In einigen Politikfeldern wird eine integrationistische Politik verfolgt. In vielen entscheidenden, eher dem Bereich der *high politics* zuzuordnenden Feldern, steht dagegen die Aufrechterhaltung der nationalen Verfügungsgewalt im Mittelpunkt. Die erste Erweiterung der EG/EU hatte damit zum Ergebnis, dass sich einer der drei neuen Mitgliedstaaten in das gemeinschaftliche bzw. integrationistische Profil der Gründungsmitglieder einordnete, während die beiden weiteren dagegen in einem oder mehreren Politikfeldern deutlich weniger integrationistisch agierten als die Gründungsgemeinschaft (seit dem Rücktritt von de Gaulle).

1.1.2 Länder der Süderweiterung

Die nächste Erweiterungswelle der Europäischen Gemeinschaft erfolgte in den 1980er-Jahren und wird häufig zur Süderweiterung um Griechenland (im Jahre 1981) sowie Portugal und Spanien (jeweils 1986) zusammengefasst. Anders als in der ersten Erweiterungswelle spielte das Element der Demokratisierung des europäischen Kontinents eine wichtige Rolle bei der Aufnahmeentscheidung. In allen drei Ländern hatten bis zur Mitte der 1970er-Jahre militärisch dominierte Autokratien bestanden, deren demokratische Nachfolgeregimes in den ersten Jahren nicht vollends konsolidiert erschienen. Daher dominierten letztlich auf Seiten der Gemeinschaft die politischen über die ökonomischen Aufnahmemotive. Während die Kommission eine negative Empfehlung zur Beitrittsfähigkeit Griechenlands abgab, setzte der Europäische Rat unter der Meinungsführerschaft des französischen Präsidenten Valéry Giscard d'Estaing und des deutschen Bundeskanzlers Helmut Schmidt die Aufnahme von Beitrittsverhandlungen mit Griechenland durch (vgl. Markou/Nakos/Zahariadis 2001: 225); gleichzeitig war damit der Weg für die übrigen Länder der Süderweiterung geebnet.

Mit Griechenland wurde die Gemeinschaft neben Dänemark und Großbritannien um einen weiteren Staat vergrößert, der mit einer gemeinschaftlichen Verschmelzung von Souveränitätsrechten keinesfalls das vorrangige Beitrittsziel verknüpfte (Wenturis 1990). Vielmehr steht der griechische Fall für die Instrumentalisierung internationaler und europäischer Themen im innenpolitischen Diskurs. Das Land war nicht nur mit dem Ziel der Festigung der Demokratie, sondern auch zur Bündnisfestigung im Hinblick auf die spannungsreiche Nachbarschaft zur Türkei der Europäischen Gemeinschaft beigetreten. Griechenland, erst recht nach dem Wahlsieg der sozialistischen PASOK im Oktober 1981, bediente sich in der Gemeinschaft häufig eines nationalistischen Kurses, bei dem die Türkeifrage als Argumentationsanker genutzt wurde. Aber auch in handelspolitischen Fragen, später bei der Einheitlichen Europäischen Akte, bei der Entwicklung des Binnenmarktes sowie bei den Balkankonflikten nach 1992 war die griechische EU-Politik durch Konflikte im Inneren und integrationsskeptisches Handeln nach außen geprägt (Markou/Nakos/Zahariadis 2001). Griechenland folgt damit wie Großbritannien der souveränitätsorientierten Strategie innerhalb der EG/EU.

Mit Spanien gab es auch in der zweiten Erweiterungsrunde einen Kontrastfall zu einem eher integrationsskeptischen Neumitglied. Spanien, das in der Demokratisierungsforschung als Beispiel für eine ausgehandelte Transition gilt (Colomer 1991; Banús 2002), steht für einen Pfad, auf dem innenpolitisch verfeindete Parteien sich im Zuge von Verhandlungen einander annähern und in einen produktiven politischen Dialog eintreten. Die Offensichtlichkeit politischer und ökonomischer Vorteile im Zusammenhang mit dem EG-Beitritt im Jahre 1986 bewirkte, dass der Machtwechsel zugunsten der *Sozialistischen Partei* im Oktober 1982 keine grundlegende Neuausrichtung der spanischen Beitrittsposition bedeutete (vgl. Jones 2000: 24-51). Schwierigkeiten gab es während der Beitrittsverhandlungen nicht nach innen, sondern nach außen, da Frankreich sich zunächst sträubte, die Konkurrenz des Nachbarn auf dem Agrarmarkt zuzulassen (Muns 2000: 431).

Damit waren die Voraussetzungen dafür geschaffen, dass Spanien innerhalb der Gemeinschaft bzw. später der Union sogar zu einer treibenden Kraft des Integrationsprozesses werden konnte. Die ungebrochene Zustimmung der Bevölkerung zum europäischen Einigungsprozess ermöglichte eine aktive Rolle spanischer Regierungen bei der Vertiefung in verschiedenen Politikfeldern, besonders im Zuge der Verhandlungen um den Maastrichter sowie den Amsterdamer Vertrag. Im Vorfeld des Maastrichter Vertrags profilierte sich der spanische Ministerpräsident Félipe Gonzalez mit dem Vorschlag zur Einführung der EU-Staatsbürgerschaft (Muns 2000: 432). Im Zuge der Verhandlungen um die Osterweiterung hat dieses Bild allerdings einige Risse bekommen (siehe hierzu Kap. 3.3 zu den institutionellen Konflikten sowie Kap. 4.2 zur Strukturpolitik).

Demgegenüber hat Portugal, auch wenn das Land keinesfalls als traditionell integrationsskeptisch gilt, keine vergleichbare aktive Rolle aufzuweisen. Ein wichtiger Grund hierfür ist der vergleichsweise große sozioökonomische Abstand Portugals zum EG/EU-Durchschnitt. 1974 arbeiteten noch 40% der Bevölkerung in der Landwirtschaft (Roy/Kanner 2001: 253). Im Beitrittsjahr 1986 lag das portugiesische Pro-Kopf-Einkommen bei lediglich 52% des EG-Durchschnitts (Magone 2000: 390). Mit weniger als zehn Millionen Einwohnern verfügt Portugal über ein geringeres spezifisches Gewicht in den EG/EU-Institutionen als Spanien. Da außerdem Griechenland mit dem Türkei-Konflikt – seit 1974 war der Nordteil Zyperns vom türkischen Militär besetzt – eine konfliktive Agenda in die EG einbrachte (vgl. Tsakalidis 1995) und daher in wichtigen Verhandlungen auf europäischer Bühne präsent war, blieb Portugal in gewisser Weise im Windschatten der beiden übrigen Staaten der Süderweiterung. Portugal wird daher als "unproblematisches Mitgliedsland" (Merkel/Stiehl 1997: 615) ohne Akzentsetzung in der Bewahrung von Souveränitätsrechten bewertet.

Durch die Süderweiterung wurde der Charakter der Gemeinschaft insgesamt deutlich verändert. Nicht nur kam mit der Stabilisierung junger Demokratien ein neues Motiv für die Erweiterung ins Spiel. Vor allem stieg die sozio-ökonomische Heterogenität der Gemeinschaft deutlich. Dadurch kam eine Formulierung aus der Präambel des EWG-Vertrags zu neuer Bedeutung, dass nämlich die Gemeinschaft gegründet wurde "in dem Bestreben, ihre Volkswirtschaften zu einigen und deren harmonische Entwicklung zu fördern, indem sie den Abstand zwischen einzelnen Gebieten und den Rückstand weniger begünstigter Gebiete verringert". Von integrationshistorischer Bedeutung war in diesem Zusammenhang der Amtsantritt des Kommissionspräsidenten Jacques Delors im Januar 1985, der nach den Jahren der "Eurosklerose" den Aufbruch in eine Phase der Vertiefung markierte. In der zwei Monate nach dem Beitritt Portugals und Spaniens verabschiedeten Einheitlichen Europäischen Akte (EEA) wurde die Kommission aufgefordert, einen Vorschlag für die Reform der Strukturpolitik "aus einem Guss" vorzulegen (Seidel 2002: 324).

Unter der bestimmten Führung von Delors gingen die neuen und alten Mitglieder der Gemeinschaft eine implizite Übereinkunft über eine starke Ausweitung der Fördermittel ein, die innerhalb weniger Jahre zu einer Vervielfachung des EG-Haushalts auf ECU 46,8 Mrd. im Jahre 1990 führte (Axt 2000: 208). Die finanziellen Auswirkungen der Transfers in die EG/EU waren nicht unbeträchtlich. Länder wie Deutschland, Luxemburg, die Niederlande oder Schweden mussten Mittel in Höhe von mehr als einem halben Prozentpunkt ihres jeweiligen Bruttoinlandsprodukts abführen. Im Falle Deutschlands machte dies im Jahr 1995 trotz des beitragsmindernden Effekts der EU-Transfers in die neuen Bundesländer immerhin einen Betrag von ECU 12.2 Mrd. ECU aus. Demgegenüber profitierten die Süderweiterungsstaaten und Irland in der zweiten Hälfte der 1990er-Jahre mit etwa 1% (Spanien), 3% (Portugal) und 4% (Griechenland, Irland) ihres jeweiligen Brutto-inlandsprodukts von den Zahlungen der EU.[7]

Mit der zweiten Erweiterungswelle waren somit die wichtigsten Brüche innerhalb der Gemeinschaft – der sich mit dem Maastrichter Vertrag 1992 die Europäische Union beigesellte und begrifflich die Epoche der Gemeinschaft in die Epoche der Union überführte – etabliert. Zum einen agierte ein Teil der Mitglieder integrationistisch und sah sich damit einer (kleineren) Gruppe von Ländern gegenüber, die gegenüber neuem und zusätzlichem Souveränitätsverzicht eher skeptisch eingestellt waren. Zum anderen zahlten einige Länder Umverteilungsmittel in einen Topf der EG/EU, aus dem andere Staaten Gelder zur Linderung der strukturellen Benachteiligung beantragen konnten.

1.1.3 Länder der zweiten Norderweiterung

Vor diesem Hintergrund gilt in der weiteren Ausdehnungsgeschichte der Beitritt der nächsten Mitglieder Finnland, Österreich und Schweden im Jahre 1995 nicht als Einschnitt, der den Charakter der EU massiv verändert hätte. Dies trifft trotz der sicherheitspolitischen Neutralität der drei Neumitglieder und selbst angesichts der Tatsache zu, dass sich zwischen dem Neumitglied Österreich und der EU im Jahre 2000 der massivste Konflikt in der Integrationsgeschichte abspielte und gleichzeitig Schweden nicht als traditionell integrationsfreudig, ja mancherorts sogar als ausgesprochen integrationsskeptisch gilt (Anderson 2001: 285).

Der Grund für die überwiegend reibungsfreie Eingliederung der drei Staaten liegt in deren allgemein hohem Wohlfahrtsniveau, das sich zum Zeitpunkt des Beitritts auf 120% bzw. 104% des BIP/Kopf zu Marktpreisen bzw. zu Kaufkraftpreisen belief (Woyke 2002: 9). Dadurch war im Zuge der Erweiterungsrunde keine massive Ausdehnung der finanziellen Belastungen der Union notwendig. Im Gegenteil, insgesamt flossen durch die zweite Norderweiterung – wie die Erweiterungswelle trotz der wenig nördlichen geographischen Lage Österreichs bisweilen genannt wird – sogar zusätzliche Mittel in den Unionshaushalt. Diese Tendenz hätte sich im Übrigen noch verstärkt, wenn nicht zwei weitere Staaten aus dem Kreis der dritten Erweiterungswelle ausgeschieden wären. Nachdem die Schweizer Bürger im Dezember 1992 in einen Referendum den Beitritt zum Europäischen Wirtschaftsraum mehrheitlich abgelehnt hatten, blieb den tendenziell integrationsfreudigeren Schweizer Eliten der Weg in die Union versperrt. In einem wesentlich späteren Stadium des Beitritts, nämlich wie bei der ersten Norderweiterung bereits nach

---

[7] Die Daten stammen aus dem Bericht "Allocation of 2000 EU operating expenditure by Member State", S. 126. Siehe http://europa.eu.int/comm/budget/agenda_2000/reports_en.htm.

Abschluss der Verhandlungen, entschied sich im November 1994 auch die norwegische Bevölkerung gegen den Beitritt.

Der finnische Fall hat sich auf Elitenebene zu einer treibenden Kraft des europäischen Einigungsprozesses entwickelt. Strukturpolitisch hatte Finnland – wie übrigens auch Österreich – bereits während der Beitrittsverhandlungen mit der Berücksichtigung besonders strukturschwacher Gebiete im damaligen Ziel 1 der EU-Kohäsionspolitik ein mögliches Momentum innenpolitischen Streits aus dem Weg geräumt. Trotz der Neutralität des Staates an der sicherheitspolitischen Trennlinie zwischen Westeuropa und der Sowjetunion bzw. Russland setzte Finnland selbst im Bereich der Gemeinsamen Außen- und Sicherheitspolitik (GASP) Akzente. Das Land befürwortete bald nach dem Beginn der Mitgliedschaft das Entscheidungsprinzip qualifizierter Mehrheiten nicht nur in der Außen-, sondern auch in der Sicherheitspolitik. Die Gemeinsame Strategie gegenüber Russland, die aufgrund der geschichtlichen Erfahrungen Finnlands als besonders heikel gelten musste, wurde maßgeblich von der finnischen Ratspräsidentschaft im zweiten Halbjahr 1999 vorangetrieben. Auch in der dritten Säule der EU, den Bereichen Justiz und Inneres, verfolgte Finnland nach dem Inkrafttreten des Vertrags von Amsterdam im Mai 1999 ein integrationistisches Konzept (Einschätzungen bei Stubb/Kaila/Ranta 2001). Auf der Bevölkerungsebene steht dem Integrationsimpuls der Eliten jedoch eine deutliche Skepsis gegenüber (vgl. Kap. 3.1). Daher kann in Frage gestellt werden, ob das integrationistische Auftreten der finnischen Eliten sich auf lange Sicht durchsetzen kann.

Die Rolle Österreichs in der EU wird aus heutiger Sicht nicht zuletzt im Lichte des Einfrierens der Beziehungen in Folge des Koalitionsbeschlusses zwischen der *Österreichischen Volkspartei* (ÖVP) und der *Freiheitspartei Österreichs* (FPÖ) im Januar 2000 gesehen (Gehler/Pelinka/Bischof 2003). Am 31.1.2000 beschlossen die Mitgliedsstaaten im Rat der Außenminister, mit dieser Maßnahme ihrem Protest gegen die Regierungsbeteiligung der rechtspopulistischen FPÖ unter Jörg Haider Ausdruck zu verleihen. Auch bis dahin hatte es zwischen Österreich und der Union eine Reihe von Konflikten gegeben, so z.B. bei der Anonymität von Spareinlagen, der Erhebung von Autobahngebühren und der Rolle staatlicher Monopole (Nentwich/Falkner 2000: 19).

Dennoch erscheint es zweifelhaft, Österreich in die Gruppe integrationsskeptischer Länder, z.B. auf einer Stufe mit Griechenland oder gar Großbritannien, einzuordnen. Beim Beitrittsreferendum gab es mit einer Zustimmungsrate von 66% bei einer Wahlbeteiligung von über 81% ein EU-freundlicheres Ergebnis als in den anderen Ländern der zweiten Norderweiterung. Auch hatten sich bis auf die Grünen – die nach dem Referendum ihre Bedenken allerdings zurücknahmen – und die FPÖ alle Parteien für den Beitritt ausgesprochen (Heinisch 2001). Die Bevölkerungseinstellungen gegenüber der EU weisen allerdings eine weit verbreitete Skepsis aus (vgl. Kap. 3.1). Für die mittelfristige Haltung Österreichs gegenüber der EU erscheint damit von entscheidender Bedeutung, ob sich die FPÖ dauerhaft als EU-relevanter Akteur etablieren kann. In der Substanz hat sich die FPÖ auch während ihrer Regierungsbeteiligung nicht durchgängig europaskeptisch verhalten. Anders als die Parteien des *mainstream* ist die Partei jedoch bereit, bestimmte Themen wie z.B. die Einwanderung oder den Zugang zum Arbeitsmarkt populistisch auszubeuten, selbst wenn dies einem Rückschritt gegenüber dem vom *acquis communautaire* vorgegebenen Integrationsniveau entspräche (vgl. Heinisch 2003).

Schweden hat sich in den ersten Jahren seiner EU-Mitgliedschaft nicht als treibende Kraft des europäischen Integrationsprozesses profiliert. Anders als in Österreich werden die Reibungsflächen mit der EU aber nicht durch etablierte oder gar an der Regierung beteiligte Parteien rhetorisch herausgekehrt, um latente Konflikte anzufeuern. Eindeutiger lässt sich auf der *Policy*-Ebene eine Distanz um europäischen Einigungsprozess nachvollziehen (Anderson 2001). Schweden beharrt in der Außen- und Sicherheitspolitik explizit auf Prämissen der Neutralität, es besteht auf der Beibehaltung seiner hohen Regelungsstandards in der Sozial-, Umwelt- und Frauenpolitik. In dem Bemühen, in der Wirtschafts- und Arbeitsmarktpolitik auf das Ziel der Vollbeschäftigung ausgerichtet zu bleiben, hat das Land 1999 auf den Beitritt zur Wirtschafts- und Währungsunion verzichtet. In vielerlei Hinsicht entspricht die schwedische EU-Politik damit der Haltung Dänemarks, das ebenfalls nicht bereit ist, das Paradigma des sozialdemokratischen Wohlfahrtsstaats (vgl. Esping-Andersen 1990) der europäischen Integration zu opfern. Bisweilen wird daher auch von einem sich abzeichnenden nordisch-sozialdemokratischen Block in der EU gesprochen (Anderson 2001: 302), der allerdings im geringen spezifischen Gewicht dieser Staaten im Institutionensystem der EU seine Bedeutungsgrenzen findet.

1.1.4 Fazit

Insgesamt lässt sich damit die Geschichte der bisherigen Erweiterungen der EG/EU als Entwicklung einer steigenden Diversifizierung lesen. Da es sich bei der Gemeinschaft der Sechs mit Ausnahme des italienischen Südens um eine recht homogene Staatengruppe handelte, mussten keine großen Differenzen überwunden werden. In den ersten Integrationsjahren stand zudem die Überwindung der Gewalttätigkeiten zwischen den Gründungsstaaten, die ein Jahrzehnt vor Gründung der EGKS noch im Krieg zueinander standen, im Vordergrund. Die Gründungsväter des europäischen Einigungsprozesses wie Konrad Adenauer (1876-1967), Alcide de Gasperi (1881-1954) oder Robert Schuman (1886-1963) fühlten sich eine historische Verpflichtung zum Abschluss von Kompromisspaketen z.B. zwischen den Interessen der deutschen Industrie, dem belgischen und niederländischen Handel, den französischen Bauern und dem italienischen Süden. Nach dem Rücktritt de Gaulles, also nach

1969, befanden sich die sechs Gründungsmitglieder vielleicht nicht stets im europastrategischen Gleichschritt. Sie schlugen jedoch ähnliche Richtungen und in etwa gleiche Geschwindigkeiten bei der Aufgabe von Souveränitätsrechten an.

Mit der Süderweiterung kam der neue Aspekt der Demokratisierungshilfe in die Gemeinschaft, dem aber – nicht zuletzt durch Forderungen der neuen Mitgliedsländern selbst – bald eine ökonomische Dimension hinzugefügt wurde. In der Präambel der Einheitlichen Europäischen Akte war von der Verpflichtung auf eine "Verbesserung der ökonomischen und sozialen Situation durch die Ausweitung der Gemeinsamen Politiken und das Verfolgen neuer Ziele" die Rede.[8] Für die Aussicht auf eine demokratisierte Südflanke waren die Mitgliedsstaaten zu finanziellen Transfers in strukturschwächere Regionen der vergrößerten EG bereit; im Übrigen lässt sich auch die Aufnahme der fünf neuen Länder der Bundesrepublik derart interpretieren.

Während mit der Süderweiterung die absolute sozio-ökonomische Diversifizierung stieg, brachte die Neuaufnahme etablierter Demokratien in den beiden Norderweiterungen neue Färbungen bei den sektoralen Interessen. In allen Politikfeldern der EG/EU galt seit dem Luxemburger Kompromiss, dass wichtige Interessen einzelner Mitgliedsstaaten der Entscheidungsfindung in den Institutionen der EG/EU nicht geopfert werden durften. Zwar hatten die EEA und die Maastrichter Verträge die supranationalen Organe der EG/EU gestärkt; dennoch kam es nur in Ausnahmefällen zu Entscheidungen gegen den Standpunkt einer Mitgliedsregierung. Dies bedeutet, dass partikuläre Interessen in einzelnen Mitgliedsstaaten auf der europäischen Ebene durchaus eine Rolle spielen können, wenn sie von den nationalen Regierungen deutlich genug vorgetragen werden und nicht auf fundamentalen Protest einer anderen Regierung (oder der Kommission) stoßen.

Auf der einen Seite musste also im Entscheidungsgefüge der EG/EU eine immer heterogenere pluralistische Struktur berücksichtigt werden. Nicht mehr "die Landwirtschaft" formuliert heute ihre Ansprüche an das Institutionensystem, sondern die (eher nordeuropäische) Molkereiwirtschaft konkurriert mit dem (südeuropäischen) Olivenanbau um Mittel aus dem Agrarfonds, während sich diese beiden agrarischen Wirtschaftszweige wiederum mit einem zunehmend als Landschaftspflege betriebenen Landwirtschaftsverständnis in den produktivitätsorientiertesten Volkswirtschaften auseinander zu setzen haben.

Auf der anderen Seite stand die EG/EU jedoch mit der Zunahme der gemeinschaftlichen Entscheidungskompetenzen immer stärker vor der Herausforderung, unterschiedliche Herrschaftskulturen integrieren zu müssen. Der auf dem europäischen Kontinent verbreitete korporatistische bzw. konservative Wohlfahrtsstaat konnte sich vom britischen liberalen Modell (vgl.

---

8   Siehe Abdruck des *Single European Act* in Official Journal of the European Communities, No. L 169/2.

nochmals Esping-Andersen 1990) durch einige Zusatzprotokolle zum Maastrichter Vertrag, die Ausnahmeregelungen für Großbritannien formulierten, distanzieren. Im Falle Finnlands und Schwedens, die nach 1995 plötzlich an der Seite Dänemarks standen, ließen sich unterschiedliche Interessenstrukturen jedoch nicht durch Kompensationszahlungen ausgleichen.

Insgesamt ist es wenig verwunderlich, dass mit dem Fortlauf der Erweiterungsgeschichte ein impliziter Trend zur verstärkten Formulierung nationalstaatlicher Interessen bzw. zum zunehmenden Beäugen der nationalstaatlichen Souveränität besteht. In dem Maße, in dem die Vermeidung kriegerischer Auseinandersetzungen innerhalb Europas als explizites Integrationsziel in den Hintergrund gerät, nimmt die moralische Verpflichtung der europäischen Staaten zur Zurückhaltung bei der Formulierung nationalstaatlich motivierter politischer Ziele ab. Eine Reihe von (Neu)-Mitgliedern der EG/EU wie Großbritannien oder Schweden gingen bereits mit der ausdrücklichen Position der ökonomischen Vorteilsnahme ohne besonderen Enthusiasmus für die Idee der europäischen Integration in die Beitrittsverhandlungen. Bei anderen Staaten verlor sich die traditionell integrationsfreundliche Linie zugunsten einer stärkeren Beachtung nationaler Befindlichkeiten. Spanien als größter Profiteur wehrte sich gegen die Aussicht, im Zuge der Osterweiterung nicht mehr so stark wie bisher von der gemeinschaftlichen Regional- und Strukturpolitik zu profitieren. Auch Deutschland ging den – vom Bundeskanzler im Bundestagswahlkampf 2002 auf den Begriff gebrachten – "deutschen Weg" nicht erst in der Außenpolitik der Schröder-Regierung. Bereits Helmut Kohl hatte bei den Amsterdamer Verhandlungen 1997 auf einem nationalen Vorbehalt bei der Asyl- und Zuwanderungspolitik bestanden.

Im Überblick lassen sich die Haltungen der bisherigen Mitglieder der Europäischen Union zwischen den Polen des Integrationismus und der Souveränitätsorientierung in Ländergruppen zusammenfassen. Zum Tragen kommt dabei eine Gesamtbilanz der EU-Mitgliedschaft; der wichtigste Indikator ist die Integrationsfreundlichkeit der politischen Eliten, die ihrerseits eine Verbindung zu den Einstellungen der nationalen Bevölkerungen aufweist.

Die erste Gruppe stellen die Gründungsmitglieder der EGKS dar, die nach wie vor eine Art Kerngemeinschaft bilden. Die Benelux-Staaten, Deutschland, Frankreich und Italien haben zwar im Laufe der Integrationsgeschichte in vielen Politikfeldern Konflikte untereinander und mit der Union ausgetragen, wenn man etwa an Frankreich und die Agrarpolitik oder Deutschland und die Asyl- und Einwanderungspolitik denkt. Häufig haben aber diese beiden Länder, aber mitunter auch Belgien und die Niederlande, auf Interessengegensätze zwischen sich und der EG/EU mit Impulsen zur Vertiefung reagiert (vgl. Tiersky 2000).

Eine andere Gruppe ergibt sich aus den tendenziell integrationistisch orientierten Nehmerländern Irland, Portugal und Spanien. Alle drei Länder haben in den ersten zehn bis fünfzehn Jahren finanziell in starkem Maße von der EG/EU profitiert und waren dabei in der Lage, die von der Gemeinschaft gewährten Finanzhilfen in sozio-ökonomische Konvergenz umzumünzen. Damit folgten sie dem Trend, dass die EU-Mitgliedschaft allgemein und insbesondere für die weniger entwickelten Mitglieder wirtschaftlich von Vorteil ist (Bornschier 2000: 199). Vor allem wegen ihrer harten Position im Hinblick auf die Reform der Regional- und Kohäsionspolitik im Zuge der Osterweiterung erscheint die integrationistische Zielsetzung der spanischen Politik in den letzten Jahren nicht mehr ganz so stark zu sein wie in den ersten Jahren der Mitgliedschaft (Banús 2002).

Der integrationistischen Südgruppe gegenüber steht der griechische Fall. Die Regierungen des Landes sahen sich aus innen- wie außenpolitischen Gründen immer wieder gezwungen, sich in der Gemeinschaft zu marginalisieren. Die deutlichsten Brüche mit der EG/EU traten im Bereich der Außenpolitik im Hinblick auf die unmittelbare geographische Umgebung auf. Insbesondere bei den Konflikten mit der Türkei und Makedonien seit dessen Unabhängigkeit zu Beginn der 1990er-Jahre hatte und hat Griechenland Positionen inne, die von der Mehrheit der Gemeinschaft deutlich abweichen (vgl. Tsakalidis 1995). Im Gegensatz zu den übrigen Nehmerländern der Gemeinschaft hat es Griechenland daneben aber nicht vermocht, die Wohlfahrtslücke zum Gemeinschaftsdurchschnitt zu schließen. Der relative sozioökonomische Abstand ist heute in etwa so groß wie zu Beginn der Mitgliedschaft (Bourdouvalis 2000: 258). Daher wird sowohl von griechischer Seite wie auch von Seiten der EU die stetig zunehmende Integration nicht vorbehaltlos als Positivsummenspiel begriffen. Dies wird zu einem Teil mit einer fehlenden Bereitschaft der griechischen Eliten erklärt, sich auf einen konsensualen Politikstil in der EG/EU einzulassen. Zu einem anderen Teil verfügt Griechenland in der Tat mit der instabilen balkanischen Nachbarschaft über ein im Vergleich problematischeres Umfeld als die übrigen Nehmerstaaten (Markou/Nakos/Zahariadis 2001: 231).

Eine letzte Gruppe ergibt sich schließlich um Großbritannien mit seiner charakteristischen Ablehnung allzu integrationistischer Impulse, ohne jedoch gleichzeitig wie Griechenland auf finanzielle Zuwendungen seitens der EG/EU angewiesen zu sein. Dänemark und Schweden gehören in diese Gruppe, weil sie in vitalen Politikfeldern der EU auf der Erhaltung ihrer nationalstaatlichen Souveränität beharren. Dennoch erscheint insgesamt die Ablehnung der meisten Vertiefungstendenzen in Großbritannien tiefer und auch lagerübergreifender zu sein. Während Großbritannien sein liberales wirtschafts- und sozialpolitisches Modell gegen die vermeintliche Regelungswut aus Brüssel abzuschirmen versucht, soll in Dänemark und Schweden gerade der Abbau staatlicher Gestaltungsmacht etwa in der Umwelt-, Sozial- oder Frauenpolitik verhindert werden.

Dadurch ergeben sich innerhalb der souveränitätsorientierten Gruppe vollkommen unterschiedliche Politikoptionen. Die Akteure der stärker regulierten sozialdemokratischen Regimes in Dänemark und Schweden können wenigstens in einigen Politikfeldern immer wieder versuchen, die Kommission oder eine Gruppe anderer Staaten von der Vorteilhaftigkeit höherer Regelungsniveaus zu überzeugen und so strategische Allianzen zu bilden. Britische Akteure dagegen, die die Grundregel der Parlamentssouveränität in fast allen Politikfeldern gefährdet sehen, sind wegen der politischen Kultur des Vereinigten Königsreiches in aller Regel auf eine Bremserrolle festgelegt.

1.2 Europäisierung

Wie eingangs ausgeführt, hängt die Integrationsfähigkeit einzelner Mitgliedsstaaten nicht ausschließlich von der jeweiligen Europa-Strategie ab. Auf einer anderen Ebene von Bedeutung ist die Adaptionsfähigkeit und der Adaptionswillen der Mitgliedsstaaten im Hinblick auf das in Brüssel Beschlossene. Die Aussagen zu den Europa-Strategien der Altmitgliedsstaaten enthalten nicht automatisch eine Aussage über deren Europäisierung.

Europäisierung lässt sich daher besser über die Adaption der in Brüssel beschlossenen Politikvorgaben durch die Nationalstaaten beurteilen. Hierzu gehören drei Elemente (McCormick 2001): a) die Übersetzung von EU-Recht in nationales Recht, b) die Umsetzung des nationalen Rechts sowie c) die Überwachung der Effekte von EU-induzierter Politik. Tabelle 1.1 listet den Stand der Umsetzung von EU-Richtlinien in nationales Recht auf.[9] Bemerkenswert ist vor allem, dass in den letzten Jahren die sogenannte *compliance* der Mitgliedsstaaten stark zugenommen hat. Noch zu Beginn der 1990er-Jahre wurde das Implementationsdefizit als ernstes Problem angesehen (Metcalfe 1992). Mittlerweile haben jedoch selbst die in dieser Hinsicht rückständigsten Mitgliedsstaaten mehr als 97 Prozent der Richtlinien adaptiert; eine seit einigen Jahren von der Kommission unternommene Offensive zur verstärkten Übernahme von Gemeinschaftsrecht trägt also sichtbar Früchte.

Die unter b) und c) genannten Aspekte, die effektive Umsetzung (Implementation) in den Nationalstaaten und die Überwachung durch die nationale und europäische Gerichtsbarkeit, werden allerdings durch diese Statistik nicht erfasst. Die Beurteilung der Implementation erfordert umfassende Untersuchungen, wobei die Umsetzung durch die nationalen Administrationen naturgemäß eine Einbettung der ursprünglich intendierten Regelungen in unterschiedliche Verwaltungskulturen impliziert. Die Spannbreite zwischen offizieller Befolgung und effektiver Nichtbefolgung einer Richtlinie kann dabei sehr breit sein (Peters 2000: 193).

---

9   Kritisch zur statistischen Erfassung der Rechtsübersetzung: siehe Börzel (2001).

Tabelle 1.1: Umsetzung von Gemeinschaftsrichtlinien in nationales Recht

Rang 2000	Rang 2001	Rang 2003	Land	Anteil der umgesetzten Richtlinien, 31.12.2000	Anteil der umgesetzten Richtlinien, 31.12.2001	Anteil der umgesetzten Richtlinien, 31.12.2003
1	1	1	Dänemark	98.5%	99.3%	99.2%
2	2	2	Spanien	98.0%	98.5%	99.1%
4	4	3	Finnland	97.7%	98.3%	98.8%
11	8	4	Irland	95.9%	97.3%	98.6%
7	14	5	Großbritannien	96.9%	96.4%	98.5%
9	15	6	Österreich	96.6%	96.0%	98.2%
5	3	7	Schweden	97.5%	98.5%	98.2%
12	10	8	Portugal	95.7%	97.2%	98.1%
8	6	9	Niederlande	96.7%	97.4%	97.8%
3	9	10	Belgien	97.9%	97.2%	97.6%
13	5	11	Italien	95.7%	97.6%	97.5%
14	12	12	Frankreich	95.1%	96.8%	97.4%
6	11	13	Deutschland	96.9%	96.8%	97.3%
10	7	14	Luxemburg	96.2%	97.4%	97.2%
15	13	15	Griechenland	94.0%	96.6%	97.1%
			EU 15 gesamt	96.6%	97.4%	98.0%

Quellen: Für die Jahre 2000 und 2001: 19. Jahresbericht der Kommission über die Anwendung des Gemeinschaftsrechts des Jahres 2001 (Kommission 2001: 11). Für das Jahr 2003: Europäische Kommission.[10]

Die justizielle Überwachung lässt sich demgegenüber leichter quantifizieren, da über die Einleitung von Vertragsverletzungsverfahren vor dem EuGH eine nach Mitgliedsstaaten differenzierte Statistik geführt wird.[11] Demnach führen Frankreich mit 199 und Italien mit 192 Verfahren die Liste an, Deutschland (154) und Spanien (148) folgen. Dass die Bevölkerungsgröße nicht das wichtigste erklärende Element der Statistik ist, zeigt der britische Fall, der sich mit 99 Vertragsverletzungsverfahren am unteren Durchschnitt bewegt. Andere Länder mit einer souveränitätsorientierten Europa-Strategie wie Schweden (50) oder Dänemark (40) sind mit vergleichsweise wenigen Verfahren vor dem EuGH anhängig.

In Zusammenschau mit Tabelle 1.1 ergibt sich aus diesen Daten, dass die Dimensionen der Europa-Strategien und der Europäisierung empirisch auseinander fallen. Mit Ausnahme Griechenlands sind es gerade Länder mit integrationistischer Rhetorik, die sich den Auswirkungen der Europäisierung am stärksten widersetzen. Auf der anderen Seite setzt Dänemark, ein Land

---

[10] Siehe http://europa.eu.int/comm/secretariat_general/sgb/droit_com/index_en.htm.
[11] Siehe hierzu http://europa.eu.int/comm/secretariat_general/sgb/droit_com/pdf/rapport_annuel/annexe2_de.pdf, S. 6-8.

mit diversen *opt-outs* aus verschiedenen Verträgen der 1990er-Jahre, in aller Regel am zuverlässigsten die Vorlagen aus Brüssel um.

In der Einleitung wurde angesprochen, dass der Vergleich von Integrationspräferenzen und –strategien der Neu- und Altmitglieder vor dem Problem steht, real Beobachtbares in Relation zu deduktiv Prognostizierbarem zu setzen. Für die Neumitglieder bestehen noch keine Statistiken der Übersetzung, Umsetzung und Überwachung von EU-Recht. Deswegen sei die Diskussion dieser Kriterien im Hinblick auf die Altmitglieder an dieser Stelle zunächst abgeschlossen. In einigen Jahren wird sich zeigen, inwiefern die zehn neuen Mitglieder die politischen Impulse aus der EU aufgenommen haben. Derzeit lässt sich deren Europäisierungspotenzial lediglich auf allgemeinerer Ebene über die Fortschritte beim Umbau des Verwaltungs- und Justizwesens eruieren (vgl. Kap. 3.4). Bevor dieses Problem behandelt wird, soll nun jedoch zuerst ein kurzer Abriss über den Prozess der Osterweiterung im engeren Sinne gegeben werden.

2 Die Osterweiterung

2.1 Vertragsrechtliche und politische Grundlagen

Nach den vertraglichen Neugestaltungen der 1990er-Jahre unterliegen Erweiterungen des EU-Gebiets einer vorgelegten Prozedur, die auch für die Osterweiterung maßgeblich war. Das Verfahren entsprach der rechtlichen Grundlegung aus dem Maastrichter EU-Vertrag. Der ehemalige Artikel O des EU-Vertrags (EUV) hatte in Anlehnung an die bereits zitierten historischen Dokumente des EGKS- und EWG-Vertrags besagt, "jeder europäische Staat" könne "beantragen, Mitglied der Union zu werden". Mit dem Amsterdamer Vertrag wurden jedoch zusätzliche Bedingungen formuliert, die in den neu nummerierten Artikel 6(1) EUV Eingang fanden:

> Die Union beruht auf den Grundsätzen der Freiheit, der Demokratie, der Achtung der Menschenrechte und Grundfreiheiten sowie der Rechtsstaatlichkeit; diese Grundsätze sind allen Staaten gemeinsam (Art. 6 Abs. 1 EUV).

Auch Art. 49 EUV (ehemals Art. O EUV) enthält einen ausdrücklichen Verweis auf die politischen Kriterien:

> Jeder europäische Staat, der die in Artikel 6 Absatz 1 genannten Grundsätze achtet, kann beantragen, Mitglied der Union zu werden. Er richtet seinen Antrag an den Rat; dieser beschließt einstimmig nach Anhörung der Kommission und nach Zustimmung des Europäischen Parlaments, das mit der absoluten Mehrheit seiner Mitglieder beschließt.

Damit haben die vertragsrechtlichen Grundlagen für die Beitrittsrunde zur EU-27, vermutlich aber auch für künftige Beitrittsverfahren – z.B. für die Türkei – einen extrem knappen Rahmen. Die Aufnahmebedingungen und die durch eine Aufnahme erforderlich werdenden Anpassungen der Verträge, auf denen die Union beruht, werden durch ein Abkommen zwischen den Mitgliedsstaaten und dem antragstellenden Staat geregelt. Das Abkommen bedarf der Ratifikation durch alle Vertragsstaaten gemäß ihren verfassungsrechtlichen Vorschriften (Art. 49 EUV).

Das Verfahren umfasst damit mehrere Stufen, die sich allerdings nicht alle unmittelbar aus dem Wortlaut von Art. 49 EUV ergeben. Vor allem Satz 2 des ersten Absatzes spiegelt die Komplexität des innergemeinschaftlichen Abstimmungsprozesses nicht wieder. Nach dem Beitrittsantrag durch die Regierung des Kandidatenlandes prüft formell der Rat, ob die politischen Voraussetzungen für die Aufnahme von Beitrittsverhandlungen erfüllt sind. Dafür werden auch offizielle Beziehungen zwischen den Beitrittskandidaten und dem Rat – im Fall der Osterweiterung seit 1993 durch "strukturierte Beziehungen" des Ministerrats mit den potenziellen Neumitgliedern (Baun 2000: 45) – aufgenommen.

Bei der Prüfung nimmt allerdings die Kommission eine federführende Rolle ein. Bei der im Wortlaut von Art. 49 EUV genannten "Anhörung" handelt es sich faktisch um einen mehrjährigen Prozess, in dem die Kommission im Auftrag des Rats zum einen prüft, ob die Kandidaten die in Art. 6 EUV genannten Kriterien der EU-Mitgliedschaft erfüllen. Zum anderen führt und überwacht die Kommission die Übernahme des *acquis communautaire*, die den Kern des Erweiterungsprozesses darstellt.

Während eines Beitrittsverfahrens stehen folglich vertragsrechtlich mindestens zwei Entscheidungen des Rates an: zur Aufnahme von Beitrittsverhandlungen und zu deren Abschluss. Auf diesen spielt Art. 49 Abs. 2 EUV an. Das im EUV genannte Beitrittsabkommen stellt den in Vertragsform gegossenen Endpunkt des Beitrittsprozesses dar. In ihm werden die länderspezifischen Umstände des Beitritts geregelt, die beispielsweise in Übergangsfristen bei der Übernahme einzelner Bestandteile des EU-Vertragsrechts bestehen können. Damit ist auch schon einer der wichtigsten Gegenstände der Beitrittsverhandlungen genannt. Verhandelt wird also ausdrücklich nicht zwischen gleichberechtigten Partnern, die etwa ihre gegenseitigen Interessen aufeinander abstimmen würden. Vielmehr stehen die Verhandlungen "unter dem Imperativ des *acquis* und dienen nicht der Suche eines Kompromisses" (Lippert 2002: 125). Die Kommission gibt unter Einfluss des Rates bzw. einzelner Nationalstaaten die Richtung vor, die potenzielle Neumitglieder höchstens marginal beeinflussen können.

Im Falle der Osterweiterung kam nun erschwerend hinzu, dass solche Länder einen Beitrittsantrag gestellt hatten, die in ihrer sozialen, politischen und wirtschaftlichen Struktur deutlich von der EU-15 abwichen. Der Zusammenbruch der sozialistischen Regimes in Mittel- und Osteuropa in den Jahren 1989 bzw. 1991 (Ende der Sowjetunion, Unabhängigkeit der baltischen Staaten) führte zu einem "Systemwechsel", d.h. zu einer Transformation fast aller Teilsegmente der Gesellschaft (vgl. Beyme 1994; Merkel 1999). Die EU konnte aber kein Interesse haben, strukturell mit dem EG/EU-System inkompatible Staaten aufzunehmen. Neben den bereits genannten politischen Grundsätzen in Art. 6 Abs. 1 EUV kennt der EG-Vertrag mit Art. 4 Abs. 1 EGV die Verpflichtung auf den "Grundsatz einer offenen Marktwirtschaft mit freiem Wettbewerb". Für die Union ergab sich damit die früher nicht gekannte Notwendigkeit, über die bestehenden Vertragstexte hinaus Kriterien für die Mitgliedschaft zu entwickeln, ohne gleichzeitig darauf zu verzichten, während des Erweiterungsprozesses das Heft aus der Hand zu geben.

Dies geschah im Vorfeld des Kopenhagener Gipfels von 1993, auf dem der Europäische Rat äußerte, die bis dato assoziierten Länder Mittel- und Osteuropas sollten Mitglieder der Union werden, sobald folgende Punkte garantiert seien:

- die Stabilität der Institutionen, Demokratie, Rechtsstaatlichkeit, Menschenrechte sowie Achtung und Schutz von Minderheiten;
- eine funktionierende Marktwirtschaft sowie
- die Übernahme der gemeinschaftlichen Regeln, Standards und Politiken, die die Gesamtheit des EU-Rechts darstellen.[12]

Die Kopenhagener Kriterien umfassen damit eine Reihe von Bedingungen, die sich teils auf die Staats-, teils auf die Wirtschaftsform beitretender Länder beziehen. In den Mittelpunkt der Erklärung, und damit gehen die Kopenhagener Kriterien auch inhaltlich über die eingangs genannten Kriterien des Amsterdamer Vertrages hinaus,[13] wurde jedoch eine Anpassungsleistung der zukünftigen Anwärter und Mitglieder gerückt. Ausdrücklich wurde neuen Mitgliedsstaaten auferlegt, die aus der Mitgliedschaft resultierenden Pflichten – die "obligations of membership" – zu übernehmen.[14]

Auf der anderen Seite gestand sich jedoch auch die Union selbst ein, auf die bevorstehende Ausweitung reagieren zu müssen. In der Kopenhagener Erklärung geschah dies durch eine weitere Beitrittsbedingung, diesmal auf Unionsseite. Darin hieß es, die Union müsse die "Fähigkeit zur Absorbierung der neuen Mitglieder" bei gleichzeitiger Bewahrung des "Momentums der europäischen Integration" aufrechterhalten. Hinter dieser Formulierung verbarg sich die Tatsache, dass die damaligen Mitglieder durchaus unterschiedliche Ansichten über die Vertiefung der Union hatten. Die Kopenhagener Erklärung stand am Ende einer einjährigen Präsidentschaft von eher integrationsskeptischen Ländern, Großbritannien in der zweiten Hälfte des Jahres 1992 und Dänemark in der ersten Hälfte von 1993. Es galt nicht als Zufall, dass die Erweiterung gerade von diesen beiden Ländern vorbereitet wurde. Besonders Großbritannien wurde unterstellt, mit der Erweiterung die seit Maastricht überdeutliche Tendenz zur Vertiefung der bestehenden Gemeinschaft bremsen zu wollen (Pfetsch 1997: 274).

---

[12] Die Kopenhagener Kriterien werden auch in offiziellen Darstellungen unterschiedlich dargestellt. Die hier aufgeführte Formulierung findet sich auf der Erweiterungs-Homepage der Kommission unter http://europa.eu.int/comm/enlargement/enlargement_de.htm.

[13] Das Einfügen der politischen Kriterien in Art. 6 Abs. 1 EUV erfolgte 1997 unter explizitem Rückgriff auf den Kopenhagener Gipfel, der ja vier Jahre vorher stattgefunden hatte.

[14] Wörtlich hieß es: "Accession will take place as soon as an associated country is able to assume the obligations of membership by satisfying the economic and politic conditions required. (...) Membership presupposes the candidate's ability to take on the obligations of membership including adherence to the aims of political, economic and monetary union" (zitiert nach Baun 2000: 44).

2.2 Chronologischer Ablauf

Als erstes der Länder, mit deren Beitritt sich die Union nach dem Vollzug der zweiten Norderweiterung befassen musste, hatte die Türkei bereits im Jahre 1987 einen Beitrittsantrag gestellt. Dem folgten im Juli 1990 Anträge Maltas und Zyperns. Während die Kommission bei der Türkei einen ablehnenden Standpunkt einnahm und diesen im Dezember 1989 auch öffentlich gemacht hatte, befürwortete sie im Juli 1993 die Aufnahme der beiden Mittelmeerinseln. Bevor sich also die postsozialistischen Länder – die sich zu jener Zeit noch im Tal der Transformationskrise befanden – überhaupt ernsthaft auf den Weg in Richtung der Union begaben, waren an der Südflanke schon wichtige Würfel gefallen.

Nach dem Kopenhagener Gipfel standen im Jahre 1994 die Gipfel von Korfu (Juni) und Essen (Dezember) für wichtige Wegmarken der administrativen Herangehensweise an die in Kopenhagen auf den Weg gebrachte Erweiterung. Beschlossen wurde eine "Heranführungsstrategie" (pre-accession strategy) zur Vorbereitung des Beitritts. Darin wurde festgelegt, die bestehenden oder noch abzuschließenden Europaabkommen zwischen der EU und den zehn mittel- und südosteuropäischen Kandidaten zur Basis der Beitrittsverhandlungen zu machen. Darin spielte das bereits im Dezember 1989 ins Leben gerufene PHARE-Programm ("Poland and Hungary: Aid for Economic Reconstruction") eine zentrale Rolle. Dieses zunächst punktuell ausgerichtete Programm wurde im Laufe der Zeit zum wichtigsten Instrument der infrastrukturellen Stärkung der EU-Außenpolitik gegenüber dem gesamten mitteleuropäischen Raum, auch und nicht zuletzt im Hinblick auf die Entwicklung von Demokratie und Zivilgesellschaft durch die Stärkung von Justiz, Verwaltung und Nichtregierungsorganisationen.

Die Heranführungsstrategie wurde auf dem Gipfel von Luxemburg im Dezember 1997 überarbeitet. Neben dem PHARE-Programm kamen nun noch das Programm zur Heranführung der Landwirtschaft (SAPARD) und das Programm für regionale Entwicklung (ISPA) zum Einsatz. Alle drei Programme wurden im Rahmen sogenannter Beitrittspartnerschaften angewandt, bei denen es sich um jährlich ausgehandelte Verträge über Fortschritte bei der Anpassung an den *acquis* sowie die finanzielle Unterstützung seitens der EU handelte (Lippert 2002: 127). Damit wurde die Heranführung der potenziell neuen Mitglieder in Kongruenz mit der Struktur des EU-Haushalts gebracht, der bekanntlich in den Bereichen Landwirtschaft und Struktur- bzw. Regionalpolitik die umfangreichsten Posten enthält (siehe Kap. 4.2).

Dass die internen Verhandlungen der Union nur langsam in Gang kamen, hatte primär mit dem Ringen um eine integrierte Perspektive für die erweiterte Union zu tun, die in unzähligen Verhandlungen zwischen Brüssel, den 15 Mitgliedsstaaten sowie den potenziellen Neumitgliedern abgestimmt werden musste. Die wichtigste vermittelnde Rolle spielte wieder die Kommission. Am 16.7.1997, wenige Wochen nach der Einigung auf den Amsterdamer Vertrag, hatte sie unter dem Kommissionspräsidenten Jacques Santer die Agenda 2000 als zentrales Dokument zur Herausforderung der Osterweiterung veröffentlicht. Diese bezog sich auf drei Elemente:[15]

- die Reform der europäischen Politiken, im Speziellen die Gemeinsame Agrarpolitik, die Strukturpolitik und die Umweltpolitik,
- die Erweiterung,
- und den finanziellen Rahmen für die Jahre 2000-2006.

Daneben waren allerdings anfangs zwei weitere Punkte aufs Engste mit der Agenda 2000 als "Bindeglied zwischen Reform und Erweiterung der Europäischen Union" (Becker 2001: 62-63) verbunden. Zum einen spielte die Frage der institutionellen Reformen ebenfalls eine große Rolle in den Überlegungen der Kommission. Zum anderen gab die Kommission fast zeitgleich mit der Agenda 2000 zum ersten Mal Stellungnahmen zu den Beitrittsanträgen der assoziierten Staaten aus Mittel- und Osteuropa ab.

Im Juli 1997 wurden demnach alle zehn mitteleuropäischen Beitrittsanwärter in vier Dimensionen auf die Fähigkeit geprüft, in einer mittelfristigen Perspektive der Union beitreten zu können. Die (1) politischen Kriterien wurden demnach von allen Staaten außer der Slowakei, in der vor allem der Umgang mit der parlamentarischen Opposition kritisiert wurde (vgl. hierzu Carpenter 1997), erfüllt. Bei den (2) ökonomischen Kriterien wurde argumentiert, Polen und Ungarn sowie mit Abstrichen die Slowakei, Slowenien, Tschechien und – mit weiterem Abstand – Estland seien mittelfristig in der Lage, dem Wettbewerb in der Union standzuhalten. Bei den (3) Fähigkeiten der Mitglieder zur Übernahme der Pflichten der Mitgliedschaft verzichtete die Kommission auf eine vergleichende Evaluierung, während bei den (4) administrativen Fähigkeiten Ungarn am nächsten, Bulgarien und Rumänien dagegen am weitesten von der Praxis des *acquis communautaire* entfernt seien. Letztlich mit Blick auf die ersten zwei Kriterien empfahl die Kommission daher, mit Estland, Polen, Slowenien, Tschechien und Ungarn Beitrittsverhandlungen zu beginnen (vgl. Baun 2000: 80-81). Da die Entscheidung zur Aufnahme von Beitrittsverhandlungen mit diesen sechs Ländern in Luxemburg getroffen worden war, wurden die sechs Länder später auch die Luxemburg-Gruppe innerhalb des Betrittsprozesses genannt.

Parallel hatte – wie erwähnt – seit 1993 die prinzipielle Zusage zur Aufnahme von Beitrittsverhandlungen mit Malta und Zypern bestanden. Hier waren allerdings die Parlamentswahlen in Malta dazwischengekommen, die im Oktober 1996 von der EU-skeptischen *Arbeitspartei* faktisch in ein Referendum zum EU-Beitritt umfunktioniert worden waren. Die *Arbeitspartei*

---

[15] Auch die Bestandteile der Agenda 2000 werden häufig unterschiedlich dargestellt. Ich beziehe mich auf die Darstellung der Kommission aus heutiger Sicht (http://europa.eu.int/comm/agenda2000/index_en.htm).

gewann die Wahlen und ließ den Beitrittsantrag zunächst ruhen (Dinan 2000c: 334). Daher war zu diesem Zeitpunkt mit Zypern nur noch ein potenzielles Neumitglied übrig geblieben, das zu den ausgewählten fünf mitteleuropäischen Kandidaten hinzukam.

Nach dem Luxemburger Gipfel waren die Beitrittskandidaten damit in zwei Gruppen geteilt. Die Länder der zweiten Gruppe, also Bulgarien, Lettland, Litauen, Rumänien und die Slowakei protestierten gegen die Zurücksetzung durch die EU-Regierungen. So konnten sie erreichen, dass die nächste Stufe des Erweiterungsprozesses, das so genannte *Screening*-Verfahren, nicht auf die Luxemburger Gruppe beschränkt blieb, sondern bei allen Beitrittskandidaten begann.

Allerdings sollte nach der Position wichtiger EU-Staaten der Beginn des *Screening*-Verfahrens nicht automatisch einen zeitnahen Beginn der Beitrittsverhandlungen nach sich ziehen. Insbesondere Frankreich und Spanien wehrten sich gegen einen "Autopiloten", wie es der französische Europaminister Pierre Moscovici formulierte (zitiert nach Baun 2000: 108). Den beiden Ländern wurden unterschiedliche Motive unterstellt: Spanien wollte sicherstellen, auch nach dem Beitritt in den Genuss von Mitteln aus den Strukturfonds zu kommen. Frankreich hingegen wurden die traditionell engen Beziehungen zu Rumänien so ausgelegt, dass eine Verzögerung des gesamten Beitrittsprozesses diesem Land die Gelegenheit geben solle, zur ersten Gruppe aufzuschließen.

Dennoch kamen mit der Beendigung des *screening* in den ersten, allgemein als relativ unproblematisch angesehenen der insgesamt 31 Verhandlungskapitel schnell die Frage auf, ob in einigen Bereichen nicht schon substanzielle Verhandlungen beginnen sollten. Dies geschah, etwas später als von einigen Beitrittskandidaten gewünscht, im November 1998. Gleichzeitig unternahmen die Mitglieder der zweiten Gruppe Anstrengungen, einzelne Mitgliedsländer, die Kommission und den Rat zu einer Entscheidung über die Aufnahmebereitschaft zu drängen.

Auf den Gipfeln in Cardiff (Juni 1998) und Wien (Dezember 1998) fielen keine wichtigen Entscheidungen in Richtung Osterweiterung, so dass erst die Diskussion der Agenda 2000 im Jahre 1999 zu neuen Entwicklungen führte. Zu Beginn der 1990er-Jahre war mit der Osterweiterung bisweilen die Erwartung verknüpft worden, "der Westen" könne den Staaten des ehemals sozialistischen Europa nach dem Vorbild des Marshall-Plans umfassende finanzielle Hilfen zur Verfügung stellen. Mit dem Fortgang des Transformationsprozesses, der vielfach in erster Linie als Niedergang des größten Transformationslandes Russland wahrgenommen wurde, erwies sich diese Erwartung jedoch mehr und mehr als wirklichkeitsfremd.

Innerhalb der EG/EU hatte sich im Laufe der Jahre eine Trennung in Geber- und Nehmerländer ergeben, deren Funktionslogik einer Ausweitung der Gemeinschaftsausgaben nicht eben förderlich war (siehe Kap. 1). Während die Regierungen der Nehmerländer höchst ungern auf die Transfers aus

Brüssel verzichten mochten, wollten die Geberländer vermeiden, immer mehr europäische Staaten unterstützen zu müssen. Zudem waren die gesamten 1990er-Jahre von knappen Haushalten im Hinblick auf die Konvergenzleistungen der Wirtschafts- und Währungsunion gekennzeichnet. Das schuf in einer Reihe von Hauptstädten politischen Druck auf die Haushalte, wodurch höhere finanzielle Belastungen gegenüber Brüssel zusätzlich schwierig wurden. Auch in Deutschland, das traditionell die höchste absolute Defizitposition gegenüber der EU aufwies, kamen Stimmen zu Gunsten einer gerechteren Lastenverteilung auf. Im Dezember 1998, kurz bevor die Übernahme der Ratspräsidentschaft solche klaren Worte verboten hätte, wies Bundeskanzler Schröder vor der Bundesdelegiertenkonferenz der SPD darauf hin, mehr als die Hälfte der in Europa "verbratenen" Beiträge würden von den Deutschen gezahlt. Unter diesen Umständen waren die Abschlussverhandlungen für den finanziellen Teil der Agenda 2000, die im März 1999 beim Sondergipfel in Berlin geführt wurden, keineswegs mit der finanziellen und symbolischen Kraft zu vergleichen, die seinerzeit vom europäischen Wiederaufbauprogramm ausgegangen war. Die deutsche Ratspräsidentschaft rühmte sich nach dem Gipfel, mit der "Stabilisierung" der EU-Ausgaben ein wichtiges nationales Ziel im Zusammenhang mit der Agenda 2000 erreicht zu haben (vgl. Becker 2001: 95).

Die in der Agenda 2000 angestrebte Reform der Agrar- und Strukturpolitik bedeutete damit, dass nach der Erweiterung ein in etwa gleich groß bleibender Kuchen in eine wesentlich größere Zahl von Stücken geschnitten werden muss. In der Agrarpolitik werden die Kosten aufgrund der Berliner Beschlüsse bei etwa € 40.5 Mrd. jährlich "eingefroren". In der Kohäsionspolitik kommt es zwar zu einer Aufstockung der Mittel um drei Milliarden Euro auf nunmehr € 18 Mrd. im Zeitraum 2000-2006. Die zusammen fast € 80 Mrd. an Mitteln für die Osterweiterung, die in Berlin für den Gesamtzeitraum des Finanzrahmens veranschlagt wurden, bedeuten insgesamt, dass die Redistributionspolitiken der EU im Erweiterungsraum auf keinen Fall im vorherigen Maße fortgeführt werden können (Daten und Einschätzung bei Giering 2002). Nachdem der Zeitpunkt des Beitritts zum 1.5.2004 feststand, wurden die den neuen Mitgliedsstaaten zustehenden Mittel für den Struktur- und Kohäsionsfonds auf insgesamt € 21,7 Mrd. festgelegt (vgl. ausführlich Kap. 4.2).[16]

Im Laufe des Jahres 1999 begann sich die bis dahin eher restriktive Strategie der EU gegenüber der Erweiterung zu wandeln. Einer der wichtigsten Gründe hierfür war der Ausbruch des Kosovo-Kriegs im März 1999, der den gesamten Balkan zu destabilisieren drohte. Mit Bulgarien und Rumänien befanden sich zwei assoziierte Staaten in unmittelbarer Nachbarschaft zum Kriegsgebiet. Weitere Länder mit Assoziationsabkommen wie

---

16 Vergleiche hierzu den Bericht der Kommission zum Ergebnis der Beitrittsverhandlungen: http://europa.eu.int/comm/enlargement/negotiations/pdf/negotiations_report_to_ep.pdf.

Kroatien oder Makedonien waren von der Neuordnung des ehemaligen Jugoslawien noch stärker betroffen. Auf breiter Front wurde nun in der EU und in den Hauptstädten diskutiert, eine Einladung zum EU-Beitritt könne als wichtige Stabilitätsperspektive in der Region begriffen werden (Baun 2000: 123). Als im April 1999 der Stabilitätspakt für Südosteuropa angekündigt wurde, spielte darin folglich die langfristige Aussicht auf EU-Mitgliedschaft eine prominente Rolle.

Mit der neuen Kommission um Romano Prodi (und dem eher als "Politiker" denn als "Technokraten" einzustufenden Erweiterungs-Kommissar Günter Verheugen) schwenkte die EU im Herbst 1999 vollends auf die neue Strategie um, mit den Ländern einer zweiten Gruppe Beitrittsverhandlungen zu beginnen. Dieser Vorschlag, den die Kommission parallel zu den zweiten Fortschrittsberichten im Oktober 1999 öffentlich machte, schloss auch Malta ein, das im September 1998 den seit 1996 ruhenden Beitrittsantrag wieder aufgenommen hatte. Die im Dezember 1999 in der finnischen Hauptstadt zu Beitrittsverhandlungen eingeladene "Helsinki-Gruppe" umfasste damit neben Malta Bulgarien, Lettland, Litauen, Rumänien und die Slowakei. Während alle diese Länder nach Meinung der Kommission die politischen Kriterien erfüllten, wurde dem nach wie vor bestehenden türkischen Wunsch nach der Ankündigung von Beitrittsverhandlungen u.a. wegen andauernder Probleme beim Umgang mit der kurdischen Minderheit nicht entsprochen. Stattdessen wurde der Türkei der "politische Status eines Beitrittskandidaten" (Lippert 2002: 124) zuerkannt. Die später im März 2001 vereinbarte Beitrittspartnerschaft mit der Türkei hat jedoch trotz einiger politischer Reformen im Frühjahr 2003 bisher noch nicht zu einem Standortwechsel der Kommission geführt (vgl. Ugur 1999; Kramer 2003). Deren Standpunkt besteht darin, den Beitrittskandidaten Türkei genau wie alle anderen Länder allein an Fortschritten hinsichtlich der Kopenhagener Kriterien zu messen.

Die nunmehr auf zwölf Länder angewachsene Gruppe potenzieller Neumitglieder machte es nun immer dringender erforderlich, dass die Union das auf sie selbst bezogene Beitrittskriterium – die Fähigkeit zur Absorbierung der neuen Mitglieder – erfüllte. Konkret verband sich damit die Erkenntnis, das für das Europa der Sechs ausgelegte Institutionensystem und sein inhärenter Zwang zur Einstimmigkeit in "wichtigen Fragen" sei zur Bewältigung der Probleme der osterweiterten Union nicht in der Lage. Trotz mehrerer Anläufe war es bis 2001 nicht gelungen, einen Kompromiss bei der Neuformulierung der institutionellen Machtbalance zu finden. Michael Baun (2000: 44) bezeichnet daher in seiner Monographie zur Geschichte der Osterweiterung das Kopenhagener Kriterium der unionsinternen Reform als "größte Hürde für die Mitgliedschaft der mittel- und osteuropäischen Staaten".

Tabelle 2.1: Wichtige Daten zum Beitrittsprozess der Osterweiterung

Verlauf der Osterweiterung	
1989	Zusammenbruch der sozialistischen Regimes in Mitteleuropa.
1991	Nach dem August-Putsch in der Sowjetunion erreichen Estland, Lettland und Litauen die Unabhängigkeit.
1993	Kopenhagener Gipfel; Bekanntmachung der Kopenhagener Kriterien.
1997	Bekanntmachung der Agenda 2000 durch die Kommission.
	Ausgabe der ersten Länderberichte zum Stand der Beitrittsverhandlungen durch die Kommission.
	Luxemburger Gipfel, Bildung der "Luxemburg-Gruppe".
1999	Sondergipfel in Berlin; Einigung über die zukünftige Finanzverfassung.
	Auf dem Gipfel von Helsinki wird die "Helsinki-Gruppe" gebildet.
2000	Vertrag von Nizza, der die institutionellen Voraussetzungen für die Osterweiterung schafft.
2001	Die irische Bevölkerung lehnt im Juni in einem Referendum den Vertrag von Nizza ab. Das Votum wird am 19.10.2002 in einer erneuten Abstimmung revidiert.
	Gipfel von Kopenhagen, auf dem Beitrittseinladungen an Estland, Lettland, Litauen, Malta, Polen, die Slowakei, Slowenien, Tschechien, Ungarn und Zypern ausgesprochen werden.
2002	Gipfel von Athen: Unterzeichnung der Beitrittsverträge.
2003	Erfolgreiche Beitrittsreferenden in den zehn Beitrittsstaaten.
2004	Aufnahme von zehn neuen Mitgliedern.

Länderspezifische Daten		
Beitrittsantrag	*Europaabkommen*	*Aufnahme von Beitrittsverhandlungen*
Türkei (6'1987)	Polen (12'1991)	Luxemburg-Gruppe:
Malta (7'1990)	Tschechoslowakei	Estland (3'1998)
Zypern (7'1990)	(12'1991)	Polen (3'1998)
Ungarn (3'1994)	Ungarn (12'1991)	Slowenien (3'1998)
Polen (4'1994)	Rumänien (2'1993)	Tschechien (3'1998)
Rumänien (6'1995)	Bulgarien (3'1993)	Ungarn (3'1998)
Slowakei (6'1995)	Slowakei (10'1993)	Zypern (3'1998)
Lettland (10'1995)	Tschechien (10'1993)	
Estland (11'1995)	Estland (6'1995)	Helsinki-Gruppe:
Bulgarien (12'1995)	Lettland (6'1995)	Bulgarien (2'2000)
Litauen (12'1995)	Litauen (6'1995)	Lettland (2'2000)
Slowenien (6'1996)	Tschechien (6'1996)	Litauen (2'2000)
	Slowenien (6'1996)	Malta (2'2000)
		Rumänien (2'2000)
		Slowakei (2'2000)

Bei den Verhandlungen zum Amsterdamer Vertrag, der ursprünglich eine Lösung hatte bringen sollen, konnte sich der Europäische Rat lediglich auf ein Zusatzprotokoll einigen, welches eine neue Regierungskonferenz zur Regelung der Größe und Zusammensetzung der Kommission sowie der Stimmenneugewichtung im Rat begründete. Diese Regierungskonferenz kam im Dezember 2001 in Nizza zum Abschluss. Dort konnte eine neue institutionelle Formel erarbeitet werden. Diese besagte, dass nach 2005 jedes Land der EU bis zu dem Zeitpunkt das Recht habe, einen Vertreter in die Kommission zu entsenden, bis die EU auf maximal 26 Mitgliedsstaaten angewachsen sei. Für das Europäische Parlament und den Rat wurde nach harten Verhandlungen eine neue Tabelle der Delegiertenzahl und der Stimmengewichtung entworfen (vgl. unten, Kap. 3.3.2). Nicht zuletzt wegen des unwürdigen Schacherns der Staats- und Regierungschefs unter dem Vorsitz des französischen Präsidenten Jacques Chirac wird das Ergebnis des Gipfels von Nizza heute lediglich als "unzulängliche Verbesserung der institutionellen Handlungsfähigkeit" (Lippert 2001: 179) eingestuft. Dieser Befund herrschte auch innerhalb der Union vor. Noch während der Verhandlungen in Nizza wurde deshalb der "Post-Nizza-Prozess" ins Leben gerufen, der unter anderem die Erarbeitung der neuen Verfassung in einem Europäischen Konvent vorsah (Kap. 3.3.1).

Obwohl das Verhandlungsergebnis von Nizza allseits kritisiert wurde, waren mit dem Vertrag von Nizza die wichtigsten grundsätzlichen Hürden für die EU-Osterweiterung aus dem Weg geräumt. Die Reform der Agrar-, Struktur- und Kohäsionspolitik war beschlossen, der finanzielle Rahmen für 2000-2006 unter Dach und Fach, und alle Regierungen hatten unter die in Nizza beschlossenen institutionellen Veränderungen ihre Unterschrift gesetzt. Damit rückten nach Nizza endgültig die Verhandlungen zwischen der EU und den Beitrittskandidaten in den Mittelpunkt des Interesses. Den Lauf der Dinge konnte auch ein gescheitertes Referendum in Irland nicht aufhalten, bei dem die irische Bevölkerung die Ratifizierung des Nizza-Vertrags verweigerte. Am 19.10.2002 wurde das Referendum (in demokratietheoretisch bedenklicher Weise) wiederholt und endete diesmal mit einer Mehrheit für den Vertrag von Nizza.

Beim Gipfel von Göteborg im Juni 2001 verlangten die Kandidatenländer von der Union einen festen Zeitplan für die Erweiterung der Gemeinschaft, was der Europäische Rat unter schwedischem Vorsitz auch zusagte. Einige Beitrittsländer, z.B. Polen und Tschechien, hatten sich im Laufe der Verhandlungen als selbstbewusste Vertreter der eigenen Interessen hervorgetan. Andere Länder, z.B. die baltischen Staaten oder Ungarn, wollten sich jedoch durch das Stocken der Verhandlungen in Drittstaaten nicht aufhalten lassen. Durch die Zusage eines festen Fahrplans bekamen die im November 2001 fälligen Kommissionsberichte über den Stand der Erweiterungsverhandlungen einen vorentscheidenden Charakter, denn die Kommission war nun gezwungen, für jedes einzelne Land eine Beitrittsperspektive zu entwickeln.

Dabei wurde jedoch deutlich, dass die im Wesentlichen von den Bürokratien in Brüssel und den Hauptstädten in West- und Osteuropa durchgeführten Verhandlungen allein nicht die Grundlage für die Beitrittsentscheidung sein konnten. Bezeichnend für diese Verhandlungsphase ist eine Aussage des Vorsitzenden des Europa-Ausschusses im polnischen Sejm, Jozef Oleksy. Dieser gab zu, an den von der Kommission wiederholt geäußerten Mängeln bei der Vorbereitung auf die EU-Mitgliedschaft gebe es nichts zu deuten. Richtig sei aber auch der Befund, dass die nachlassende Wirtschaftsentwicklung die innere Stabilität im Land gefährden könne und dazu führen könne, dass die Mittel für die Umsetzung der EU-Standards immer geringer würden (vgl. FAZ, 10.11.2001). Den Entscheidungsträgern in Europa wurden so mögliche Folgen des Nichtbeitritts vor Augen gehalten. Dies wiederum rief in Erinnerung, dass es sich bei den anstehenden Voten des Europäischen Rates in erster Linie um politische – man könnte fast sagen: geopolitische – Entscheidungen handelte.

Dies antizipierend äußerte die Kommission im Spätherbst 2001 erstmals die Möglichkeit, trotz bestehender Unterschiede bei der Heranführung an den *acquis*, eine große Erweiterungsrunde von zehn Staaten ins Auge zu fassen. In einem Strategiepapier, welches die Kommission den Berichten über den Stand der Verhandlungen mit den einzelnen Ländern beigab, wurde somit lediglich Bulgarien und Rumänien, die sich aufgrund tiefer Wirtschaftskrisen in der zweiten Hälfte der 1990er-Jahre in einer unvergleichlich schwierigeren Lage befanden als die Länder Mitteleuropas, der Ausschluss aus der ersten Beitrittswelle signalisiert. Nachdem die erste Hälfte des Jahres 2002 unter spanischer Ratspräsidentschaft keine wesentlichen Initiativen beim Erweiterungsprozess hervorgebracht hatte, konnte die dänische Präsidentschaft im zweiten Halbjahr 2002 die Beitrittsverhandlungen zum Abschluss bringen. Die Kommission empfahl in ihren turnusmäßigen Berichten die Aufnahme der zehn Länder, die sich bereits seit dem Vorjahr auf der Zielgerade der Beitrittsverhandlungen befunden hatten. Gleichzeitig nannte sie mit dem Jahr 2004 – ohne einen Monat zu identifizieren – zum ersten Mal eine Jahreszahl für den Beitritt. Von Bedeutung waren hierbei die im Frühsommer 2004 anstehenden Europawahlen, an denen die Neumitglieder bereits teilnehmen sollten.

Ein letztes Mal hart umkämpft wurde das Verhandlungsangebot zur Agrarpolitik und zu den Regionalbeihilfen für die Jahre 2004-2006. Hier hatte der Finanzrahmen seit dem Berliner Gipfel von 1999 fest gestanden, nicht jedoch die darüber hinausgehende Perspektive und die Aufteilung der Mittel auf die einzelnen Länder. Außerdem hatte Deutschland als größter Nettozahler noch einmal auf eine Reduzierung der deutschen Zahlungen gedrungen. Auf einem Sondergipfel in Brüssel im Oktober 2002 konnten sich die Staaten der EU-15 darauf einigen, die Obergrenze für die Agrarausgaben ab

2007 von jährlich etwa € 37,5 Mrd. auf etwa € 49 Mrd. jährlich so anzuheben, dass die von den Neumitgliedern bevorzugten Direktzahlungen ohne größere Opfer der Landwirte in der EU-15 vonstatten gehen können. Für die Regionalförderung wurden den Neumitgliedern für den Zeitraum von 2004 bis 2006 € 23 Mrd. zugesagt (siehe FAZ, 26.10.2002).

Damit blieben den Beitrittskandidaten zwischen Ende Oktober 2002 und dem für Mitte Dezember 2002 anvisierten Treffen des Europäischen Rats in Kopenhagen nur wenige Wochen, das Angebot der EU-15 für die Überführung der Redistributionspolitiken in einer erweiterten Union anzunehmen oder abzulehnen. Dieser enge Zeitplan lag durchaus im Interesse der Union. Zum einen fehlte den Beitrittskandidaten die Zeit, sich untereinander abzustimmen und sich gegebenenfalls gegen unvorteilhafte Vorschläge der EU-15 koordiniert zu wehren. Zum anderen wuchs auch der Druck auf die Regierungen der Beitrittsländer, die Gruppenfahrkarte zum Beitritt in Anspruch zu nehmen. Lediglich Polen als mit Abstand größtes und damit gewichtigstes Land versuchte noch öffentlich, in einigen Punkten bessere Lösungen zu erstreiten. Letztlich machte die dänische Präsidentschaft jedoch nur marginale und symbolische Zugeständnisse. Am 13.12.2002 wurde somit in Kopenhagen das Ende der Beitrittsverhandlungen für Estland, Lettland, Litauen, Malta, Polen, die Slowakei, Slowenien, Tschechien, Ungarn und Zypern verkündet. Als Beitrittstermin wurde der 1.5.2004 ins Auge gefasst.

Im Einzelnen wurden für die zehn Beitrittsländer in 31 Verhandlungskapiteln in 58 Bereichen Übergangsregelungen über die Übernahme des *acquis communautaire* vereinbart. Aus der Übersicht über die Übergangsregeln, die im Anhang in einer Tabelle detailliert aufgeführt sind, ragen einige Bereiche besonders heraus. Den höchsten symbolischen Wert genossen Regelungen in den Kapiteln 2 (Freie Bewegung von Personen), 4 (Freie Bewegung von Kapital), 7 (Landwirtschaft), 14/31 (Energie/Sonstiges, insbesondere Kernenergie) und 30 (Institutionen):[17]

- *Freie Bewegung von Personen*: In Kapitel 2 wurde festgelegt, dass für die Bewegung von Arbeitskräften in den ersten zwei Jahren des Beitritts die nationalen Regelungen für Altmitglieder aufrecht erhalten werden. Nach einer Überprüfung sollte die Übergangsbeschränkung nach fünf Jahren, in einigen Mitgliedsstaaten erst nach sieben Jahren, enden. Somit können Deutschland und Österreich, die hier die stärksten Bedenken angemeldet hatten, für maximal sieben Jahre ihre Arbeitsmärkte vor Arbeitsmigranten schützen.
- *Freie Bewegung von Kapital*: Verhandlungskapitel 4 legt fest, dass – nach dänischem Vorbild – in einigen Ländern der Erwerb von Zweitwohnungen für fünf Jahre, in Malta für unbegrenzte Zeit, eingeschränkt bleibt. Weiterhin unterliegt der Erwerb von Agrarland und Wäldern in allen mitteleuropäischen Ländern außer Slowenien

---

17 Http://europa.eu.int/comm/enlargement/negotiations/pdf/negotiations_report_to_ep.pdf.

für 7 Jahre, in Polen sogar für 12 Jahre, der jeweiligen nationalen Gesetzgebung.

- *Landwirtschaft*: in diesem stark reglementierten Politikfeld (Kapitel 7) haben alle Beitrittskandidaten in vielen Bereichen Übergangsregeln durchgesetzt (siehe unten, Kap. 4.2).
- *Kernenergie* (Kapitel 14/31): Zwei Kernkraftwerke sowjetischer Bauart müssen in den kommenden Jahren geschlossen werden: der letzte Reaktor von Bohunice in der Slowakei bis zum 31.12.2008 und der letzte Reaktor des litauischen Kraftwerks Ignalina zum 31.12.2009. Im Falle des tschechischen Kernkraftwerks in Temelín wird in den Übergangsbestimmungen auf den Melker Vertrag zwischen Österreich und Tschechien, insbesondere auf die Resultate der "Beschlüsse des Melker Prozesses und Fortsetzung" vom 29.11.2001, verwiesen.[18] Darin werden verschiedene Vereinbarungen zur Erhöhung der Sicherheit von Temelín, jedoch kein festes Ausstiegsdatum festgelegt.
- *Institutionen* (Kapitel 30): In den chaotischen Nachtstunden der Verhandlungen von Nizza wurde die Lösung durchgesetzt, Tschechien und Ungarn mit je 20 Vertretern im Parlament gegenüber den etwa gleich großen Ländern Belgien, Griechenland und Portugal um zwei Parlamentssitze (22) zu benachteiligen. Dieser Verhandlungsfehler wurde korrigiert. Andere strittige institutionelle Fragen wurden an den EU-Konvent verwiesen (vgl. ausführlich Kap. 3.3).

Im Einzelnen war an der Entscheidung von Kopenhagen weiterhin auffällig, dass die jeweiligen Beitrittskandidaten in deutlich unterschiedlichem Maße Übergangsregeln für sich beansprucht hatten. Zypern und Slowenien mit ihren im Vergleich zu den übrigen Ländern höheren Wohlfahrtsniveaus hatten lediglich in 21 bzw. 22 Bereichen Transitionsbestimmungen vereinbart. Malta hatte dagegen in 29 Bereichen Ausnahmen vom *acquis* erwirkt, darunter vielfach in marginalen Bereichen, z.B. bei der Weiterverwendung des Begriffs "Milchschokolade" in Kapitel 1 oder der Ausnahme bestimmter Textilprodukte von der Zollunion in Verhandlungskapitel 25. Die kleine Inselrepublik hatte – zusammen mit Polen – offensichtlich die härtesten Verhandlungen geführt. Dies galt nicht nur für die Lautstärke der öffentlich ausgetragenen Konflikte während des Verhandlungsprozesses, sondern auch für das Ergebnis. Mit Übergangsbestimmungen in 34 Bereichen hatte Polen die meisten Sonderwünsche gehabt, und in vielen Bereichen hatte das Land außerdem die zeitlich am längsten ausgedehnten Sonderregelungen erwirkt (vgl. Tabelle 2.2). Bei einzelnen Punkten innerhalb der Verhandlungsbereiche drückte dagegen Malta mit 70 die meisten Ausnahmen durch (gegenüber Polen: 43 und Lettland: 32) (Economist, 28.2.2004).

---

[18] Zu finden auf den Seiten des österreichischen Umweltamtes unter: http://www.ubavie.gv.at.

Tabelle 2.2: Inanspruchnahme von Übergangsregeln[19]

Land	Anzahl der Verhandlungsbereiche mit Übergangsregeln	Land	Anzahl der Verhandlungsbereiche mit Übergangsregeln
Polen	34	Tschechien	25
Malta	29	Lettland	24
Ungarn	27	Slowakei	24
Estland	26	Slowenien	22
Litauen	26	Zypern	21

Obwohl insbesondere die Kommission verschiedentlich darauf hingewiesen hatte, dass der Ratifizierungsprozess eines der kritischsten Elemente des Beitrittsprozesses sein würde, erwies sich die Phase zwischen dem Beschluss von Kopenhagen und dem Beitritt als problemlos. Das Europäische Parlament erteilte am 19.3.2003 Zustimmung zu den Erweiterungsbeschlüssen des Rates. Keines der Beitrittsreferenden fiel wirklich knapp aus. In Malta sprachen sich 52.9% für den Beitritt aus, sonst lag in allen Ländern die Zustimmung bei etwa zwei Dritteln oder noch deutlich darüber. Auch in den Altmitgliedsstaaten, die ja einzeln den Beitritt bestätigen mussten, blieben tiefgreifende Meinungsverschiedenheiten aus.

Einen symbolischen Rückschlag erhielt der Erweiterungsprozess mit dem Scheitern der Europäischen Verfassung im Dezember 2003. Direkt nach dem Ende der Konventsberatungen hatte es von verschiedenen Seiten Einsprüche gegen Details des Verfassungsentwurfs gegeben. Zu Beginn der entscheidenden Regierungskonferenz im Oktober 2003 waren davon jedoch lediglich zwei gewichtige Streitfälle übrig geblieben: die Besetzung der Europäischen Kommission mit weniger als einem stimmberechtigten Kommissar pro Mitgliedsland ab dem Jahre 2009 und die Neuregelung der qualifizierten Mehrheit ebenfalls ab dem Jahre 2009. Gegen die Neugliederung der Kommission wehrten sich eine Vielzahl kleinerer Mitgliedsstaaten wegen ihrer Bedenken, aufgrund des Verlusts eines vollwertigen Kommissionspostens insgesamt an Einfluss in der EU zu verlieren.

Der wichtigste Streitfall, der sogar zu einer vorzeitigen Beendigung des Gipfels führte, drehte sich jedoch um die Neuregelung der qualifizierten Mehrheit. Der Konventsentwurf sah vor, die Stimmengewichtung im Rat durch das System einer doppelten Mehrheit zu ersetzen. Eine Entscheidung mit qualifizierter Mehrheit hätte demnach einer Mehrheit von EU-Staaten, die gleichzeitig mindestens 60% der EU-Bevölkerung repräsentieren, bedurft. Dagegen traten vor allem Polen und Spanien ein, deren spezifisches Gewicht im Konventsentwurf mit der Neuregelung deutlich gesunken wäre. Der symbolische Rückschlag bestand darin, dass es noch vor der tatsächli-

---

[19] Von insgesamt 58 Teilbereichen in 31 Verhandlungskapiteln.

chen Erweiterung am 1.5.2004 zu einem handfesten Konflikt zwischen zwei Altmitgliedern (Deutschland und Frankreich) und einem Neumitglied (Polen) gekommen war. Auf den Beitritt selbst hatte das Scheitern der Verfassung dagegen keinen direkten Einfluss.

2.3 Die Länder der Osterweiterung

Da die politischen Bestandteile des Erweiterungsraums im folgenden Kapitel in komparativer Perspektive genauer betrachtet werden, seien an dieser Stelle nur einige kurze Worte zum Charakter der Beitrittskandidaten angefügt.

Geographisch ist die Rede von der Osterweiterung nur insofern angebracht, als sich der größte Teil des Erweiterungsgebiets im Osten der bisherigen EU-15 befindet. Bei genauerer Betrachtung ergeben sich jedoch mehrere Einwände. Zunächst muss auf den eher mittel- als osteuropäischen Charakter der Erweiterung verwiesen werden. Noch zu Zeiten des Kalten Krieges waren mitteleuropäische Intellektuelle nicht müde geworden, auf die historische und kulturelle Verbundenheit der westlicheren Satellitenstaaten mit den Nachbarländern im Herzen Europas hinzuweisen (siehe z.b. Konrád 1985; Schlögel 2002). Bald nach dem Lüften des Eisernen Vorhangs erfolgte eine regelrechte Renaissance des Mitteleuropakonzepts (siehe z.B. Rider 1994) als einem geographischen Raum, der mit dem Erweiterungsraum in hohem Maße kongruent ist. Demzufolge ist es kein Zufall, dass beispielsweise die tschechische *Bürgerliche Demokratische Partei* (ODS) sich auf die traditionellen Verbindungen des tschechischen Staates mit Westeuropa und der "europäischen Zivilisation" allgemein beruft.[20] Die Epoche der sowjetischen Dominanz wird in vielen Beitrittsländern als Abweichung vom historischen Normalfall gesehen, die von der Erweiterung der Union endgültig beendet wird. Der Begriff der Osterweiterung ist daher nur aus der Richtungsperspektive der EU-15 gerechtfertigt. Beigetreten sind mitteleuropäische, nicht osteuropäische Länder.

Einschränkungen beim Mitteleuropa-Begriff müssen allerdings bezüglich der drei baltischen Staaten gemacht werden, die bekanntlich bis 1991 als Teilrepubliken der Sowjetunion auf der Landkarte eingezeichnet waren. Auch historisch gehört das Baltikum nicht zweifelsfrei zu Mitteleuropa. Das Großfürstentum Litauen ging zwar 1569 in die "Republik der beiden Nationen" der Union von Lublin, also in eine polnisch-litauische und jedenfalls nicht russisch dominierte Adelsrepublik ein (Castle/Taras 2002: 6-11). Allerdings fiel das ethnische Litauen nach der dritten polnischen Teilung im Jahre 1795 für mehr als ein Jahrhundert an das russische Reich. Das heutige Gebiet Estlands war bereits seit 1721 Teil Russlands. Der heutige lettische Norden

---

[20] Siehe http://www.ods.cz/.

war 1721, der südöstliche Teil 1772 und der westliche Teil, das Fürstentum Kurland, 1795 als Protektorat von Polen-Litauen russisch geworden (Dreifelds 1997: 22).

Nach dem ersten Weltkrieg erklärten Estland, Lettland und Litauen im Jahre 1918 ihre Unabhängigkeit. Die zunächst demokratischen Regimes konnten sich allerdings nicht lange halten und bekamen unter Antanas Smetona (1926), Konstantin Päts und Karlis Ulmanis (jeweils 1934) autokratischen Charakter. Das Ende der kurzen Phase der Selbständigkeit wurde 1939 mit dem Nichtangriffspakt zwischen Stalin und Hitler eingeleitet. Im Jahre 1940 wurden die drei Länder besetzt und von der Sowjetunion einverleibt. 1941 besetzte die deutsche Wehrmacht die baltischen Staaten, 1944 erfolgte die "Rückeroberung" durch die Rote Armee. Insgesamt kommen damit in der zweiten Hälfte des 20. Jahrhunderts noch einmal etwa fünfzig Jahre sowjetrussischer Herrschaft in den baltischen Staaten zusammen. Wenn auch baltische Politiker wie der litauische Historiker Alvydas Nikžentaitis immer wieder betonen, bei Litauen oder den baltischen Staaten handele es sich um "Mitteleuropa in sehr kondensierter Form" (zitiert nach Butenschön 2002: 10), muss doch eine herrschaftskulturelle Distanz des Baltikums zum Rest der mitteleuropäischen Beitrittsstaaten unterstellt werden.

Gar nicht recht zum Begriff der Osterweiterung passt die Neuaufnahme der beiden Mittelmeerinseln Malta und Zypern. Beide Länder stärken die periphere Südflanke der Union. Von Malta ist es fast ebenso weit zum italienischen Festland wie zur tunesischen Küste, während es vom nächsten Nachbarn Zyperns – Griechenland – noch immer der Überquerung mindestens dreier Staatsgrenzen bedarf, um das Territorium auch der erweiterten EU auf dem Landwege zu erreichen. Abgesehen von der geographischen Lage passen die beiden Mittelmeerländer allerdings durchaus in das Gesamtbild der vierten Erweiterungswelle. Überwiegend handelt es sich um kleine bis sehr kleine Staaten mit einem EU-Gesamtbevölkerungsanteil von höchstens etwa zwei Prozent und entsprechend kleinen Territorien. Die einzige Ausnahme bildet Polen, das mit 38.7 Millionen Einwohnern etwa die Hälfte der neuen Unionsbürger und etwa 43% des neuen Territoriums auf sich vereint.

Weiterhin ist die periphere Lage der Neumitglieder keine Besonderheit Maltas und Zyperns. Die acht neuen kontinentaleuropäischen Mitglieder treffen an die Grenzen von lediglich drei bisherigen Mitgliedsstaaten. Auf der anderen Seite verändert sich die Zahl der Auslandsgrenzen aus Sicht der Union von fünf auf sechs, hinzu kommt eine siebte auf der Insel Zypern. Dabei gerät die Union in direkte Nachbarschaft mit gewichtigen und z.T. instabilen Staaten wie Belarus, Russland, Serbien oder der Ukraine (vgl. Tabelle 2.3). Selbst mit dem EU-Beitritt verliert das Beitrittsgebiet damit nicht eines seiner prägendsten Charakteristika: die Randlage, die die Akteure Ostmitteleuropas seit Jahrhunderten auf eine "Politik der Grenzländer" (Janos 2000) verpflichtet.

Tabelle 2.3: Geographische Daten der Beitrittsländer

	Bevölkerung in Mio. Einwohner	Gesamtfläche in 1000 km^2	Grenzen zu EU-Mitgliedern	Grenzen zu Nicht-EU-Mitgliedern
Estland	1.4	45	Lettland	Russland
Lettland	2.4	65	Estland Litauen	Belarus Russland
Litauen	3.7	65	Lettland Polen	Belarus Russland
Malta	0.4	0.3	Keine	Keine
Polen	38.7	323	Deutschland Litauen Slowakei Tschechien	Belarus Russland Ukraine
Slowakei	5.4	49	Österreich Polen Tschechien Ungarn	Ukraine
Slowenien	2.0	20	Italien Österreich Ungarn	Kroatien
Tschechien	10.3	79	Deutschland Polen Slowakei Ungarn	keine
Ungarn	10.1	93	Österreich Slowakei Slowenien	Kroatien Rumänien Serbien Ukraine
Zypern	0.8	9	Keine	Türk. Zypern
Gesamt	**75.2**	**748.3**	Alte Mitglieder: Deutschland Italien Österreich	Belarus Kroatien Rumänien Russland Serbien Türk. Zypern Ukraine

Quelle: für die Spalten 2 und 3 Weidenfeld/Wessels (2002: 433).

Auch in sozio-ökonomischer Hinsicht werden die neuen Mitgliedsstaaten in den nächsten Jahren eine Gruppe mit ähnlichen Charakteristika bilden. Dafür spricht vor allem das sozio-ökonomische Niveau der Beitrittsländer. Bis auf Zypern und Slowenien, die im Jahre 2000 bei 85% bzw. 69% des BIP/Kopf des Unionsdurchschnitts lagen, rangieren alle Neumitglieder bei etwa der Hälfte oder weniger des Wohlfahrtsniveaus (vgl. Tabelle 2.4). Die baltischen Staaten, aber auch Polen, liegen sogar noch deutlich unter dieser symbolischen Linie. Die zentraleuropäischen Staaten Slowakei, Tschechien und Ungarn sowie Malta verfügen über ein etwas höheres Niveau als die Ostseeanrainer, aber auch hier ist der Abstand zum EU-Durchschnitt sehr hoch. Außerdem lässt Tabelle 2.6 erkennen, dass es trotz überzeugender Wachstumsraten in vielen (nicht allen) Beitrittsländern eher nicht zu einer schnellen

Angleichung des Wohlfahrtsniveaus kommen wird. Selbst in den Ländern, die während des Betrachtungszeitraums 1997-2000 am schnellsten wuchsen, wird bei einer Fortsetzung des bisherigen Trends für mindestens die nächsten zwanzig Jahre ein deutlicher sozio-ökonomischer Unterschied bestehen bleiben.

Tabelle 2.4: Sozio-ökonomisches Niveau der Beitrittskandidaten in % des EU-Durchschnitts

	1997	1998	1999	2000
Litauen	26	28	28	29
Lettland	33	34	35	33
Estland	34	37	38	37
Polen	36	38	38	39
Slowakei	46	48	49	48
Ungarn	46	48	49	50
Malta	54	55	55	55
Tschechien	64	63	60	59
Slowenien	64	66	67	69
Zypern	83	83	84	85

Quelle: (Eurostat 2002: 416).

Wie sich die sozio-ökonomische Rückständigkeit des Erweiterungsraums in den transferrelevanten Politikfeldern wie etwa der Agrar- oder Strukturpolitik auswirken könnte, wird in Kap. 4.2 erörtert. Angesichts der Rückständigkeit des Beitrittsgebiets stellt sich allerdings ganz allgemein die Frage, ob sich auf der Folie der bisherigen Erweiterungswellen Szenarien für die Eingliederung ableiten lassen. Das folgende Kapitel widmet sich der Frage, welche Integrationsaussichten nach dem Stand des Frühjahrs 2004 für die Neumitglieder gegeben werden können. Hinsichtlich der Bereitschaft einzelner Mitgliedsstaaten, ihre Souveränitätsrechte immer weiter einer supranationalen Organisation unterzuordnen, reicht es auf der Basis des bisher Gesagten nicht, den Charakter des Beitrittsprozesses, z.B. die Geschwindigkeit oder Konfliktivität der Beitrittsverhandlungen, zu betrachten. Vielmehr wird es nötig sein, die politische Kultur, die intermediäre Sphäre und die institutionelle Konfiguration der Neumitglieder im Verhältnis zum politischen System der EU zu betrachten.

3 Auf dem Weg zum politischen System: Bevölkerung, Parteien und Institutionensystem der erweiterten Union

In seinen ersten Jahren trug der Prozess der europäischen Integration überwiegend intergouvernementale Züge. Trotz starker Persönlichkeiten an den Spitzen der ersten gemeinschaftlichen Institutionen – Jean Monnet als Präsident der Hohen Behörde der EGKS (ab 1952) und Walter Hallstein als erstem Präsidenten der EWG-Kommission (ab 1958) – waren es vor allem die Akteure in den Hauptstädten, die die Richtung vorgaben. Die seit dem Elysée-Vertrag (1963) auch vertraglich fundierte deutsch-französische Achse galt lange Jahrzehnte als Dreh- und Angelpunkt der Gemeinschaft. Faktische und symbolische Rückschritte im Integrationsprozess hatten ebenfalls Gründe, die in einzelnen Nationalstaaten zu finden waren, so etwa bei der Politik des leeren Stuhls durch Frankreich oder bei der britischen Kampagne für einen Beitrittsrabatt in den frühen 1980er-Jahren. Folgerichtig wurde die Gemeinschaft in den frühen Jahren als eine internationale Organisation unter vielen betrachtet, die bestenfalls in einigen Bereichen durch ein ungewöhnlich hohes inneres Regelungsniveau hervorstach (z.B. Keohane 1984).

Mit der Zollunion (1968), dem Europäischen Währungssystem (1979) und spätestens der Einheitlichen Europäischen Akte (1986) war jedoch kaum noch von der Hand zu weisen, dass immer mehr politische Entscheidungen unter maßgeblicher Beteiligung Brüssels getroffen wurden. Leon Lindberg und Stuart Scheingold sprachen deshalb bereits im Jahre 1970 unter Rückgriff auf die Arbeiten David Eastons von einem "European Community Political System" (Lindberg/Scheingold 1970: 113), in dem aus der Gesellschaft Forderungen an ein teils supranational, teils intergouvernemental organisiertes Zentrum gerichtet werden.

Dieser Begriff setzte sich allerdings zunächst noch nicht durch. Auch nachdem durch die EEA und den Maastrichter Vertrag eine ganze Reihe von Politikbereichen dem qualifizierten Mehrheitsentscheid unterworfen wurde, standen umständliche Termini wie "Mehrebenensystem" (Marks u.a. 1996; Wessels 1996) oder "complex policy-making" (Richardson 1996) für die Schwierigkeiten, die Funktionsweise der EG/EU auf einen schnörkellosen Begriff zu bekommen. Nachdem jedoch mit den Verträgen von Amsterdam und Nizza weitere Bereiche der ersten und dritten Säule unter die qualifizierte Mehrheitsentscheidung fallen, seit 1999 die Wirtschafts- und Währungsunion geschaffen und zudem die EU-Verfassung verabschiedet wurde, erscheint der Begriff des politischen Systems mehr und mehr angebracht (Hix 1999; Hartmann 2002).

Dieser Grundüberlegung folgt auch dieses Kapitel. Mit der Bevölkerung (Kap. 3.1), den Parteien (Kap. 3.2) als den wichtigsten Organisationen der intermediären Ebene und dem institutionellen Kerngefüge (Kap. 3.3) werden die wichtigsten Stationen des politischen Policy-Zyklus nachvollzogen (vgl. Almond/Powell/Mundt 1996). Beachtet wird dabei die spezifische Verfasstheit des politischen Systems der EU, welche die nationalstaatlichen Einheiten der Union an vielen Stellen in den Mittelpunkt rückt.

3.1. Bevölkerung

Da die Politiker der neuen Mitgliedsländer an ihre Wähler rückgebunden sind, können sie nach der *conventional wisdom* der politischen Systemtheorie auf Dauer keine Entscheidungen treffen, die den Interessen der Mehrheit ihrer Bürger zuwiderlaufen. Im Hinblick auf die grundsätzliche Bereitschaft von Regierungen zur Abgabe von Souveränitätsrechten im supranationalen Verband erscheint es daher von entscheidender Bedeutung, wie die Bürger der EU-Nationalstaaten zum Prozess der europäischen Integration stehen. Dabei bestehen bei näherem Hinsehen interdependente Wechselwirkungen und unterschiedliche Handlungslogiken bei Bevölkerung und Eliten. Insbesondere kann bei den politischen Eliten generell eine größere Europafreundlichkeit erwartet werden als bei den Bevölkerungen (Hooghe 2003). Aus der Perspektive der Theorie politischer Systeme (Easton 1965; Almond/Powell/Mundt 1996) erscheint es dennoch als unwahrscheinlich, dass sich nationale Eliten vom Wunsch ihrer Bevölkerungen in starkem Maße und auf Dauer abkoppeln.

In diesem Sinne können seit 1973 die Daten der verschiedenen Eurobarometer betrachtet werden. Sie geben Aufschluss über langfristige Trends, liefern aber auch Momentaufnahmen zur vergleichenden Betrachtung der Einstellungen in den Mitgliedsstaaten. Seit 1990 werden Eurobarometer-Umfragen auch in vielen postsozialistischen Staaten durchgeführt. Das entsprechende Eurobarometer wird seit 2001 als *Candidate Countries' Barometer* bezeichnet und soll nach dem erfolgten EU-Beitritt in das *Standard Eurobarometer* integriert werden (vgl. Schmitt 2003: 244).

Wenngleich sich eine Vielzahl von vergleichenden Aussagen zur Integrationsbereitschaft in den EU-Staaten nur auf der Grundlage von Längsschnittdaten, d.h. mit einem Blick auf die Entwicklung der entsprechenden Daten über die Jahre hinweg, sinnvoll analysieren lassen, sollen hier dennoch lediglich zwei Datensätze aus dem Herbst 2003 und dem Frühjahr 2004 herangezogen werden. Dadurch kann zwar wenig mehr als eine Momentaufnahme geliefert werden. Diesem Nachteil steht jedoch gegenüber, dass die Einstellungen zur Integration wegen der vorher fehlenden Homogenität der Rahmenbedingungen eigentlich erst nach dem Beitritt über die alten und neuen Mitglieder hinweg aussagekräftig verglichen werden können. Da solche Daten zum Redaktionsschluss dieses Textes noch nicht vorlagen, muss mit möglichst zeitnahen Daten operiert werden – ein tieferer Blick in die

Vergangenheit würde die Vergleichbarkeit zwischen den alten und neuen Mitgliedern noch weiter einschränken.

3.1.1 Einstellungen zur europäischen Integration

Unter Berücksichtigung dieser methodischen Probleme legen die Daten der Eurobarometer des Jahres 2003 nahe, dass innerhalb der erweiterten Union stark unterschiedliche Einstellungen hinsichtlich des Wunsches nach Integration bestehen. Mit wenigen Ausnahmen positionieren sich die Einwohner der neuen Mitgliedsstaaten dabei integrationsfreundlicher als der Durchschnitt der EU-15. Dies lässt sich aus Tabelle 3.1a ablesen. Dort sind in vier Dimensionen Einstellungen gegenüber der Union zusammengestellt: (1) die Unterstützung und (2) der perzipierte Nutzen der EU-Mitgliedschaft, (3) das Vertrauen in die EU und (4) die Identifikation mit Europa. In allen vier Dimensionen wird aus den Zustimmungsraten eine Rangfolge gebildet: Je EU-freundlicher die Bevölkerung jeweils eingestellt ist, desto "höher" rangiert das Land. Die Summe der vier Rangfolgenummern bildet dann einen Indikator, um die Integrationsfreundlichkeit der nationalen Bevölkerungen zu ermessen. Zunächst seien die Ergebnisse aus dem Herbst 2003 diskutiert, die zu einem guten Teil auch bis in die ersten Monate der Mitgliedschaft Gültigkeit hatten. Anschließend wird ein Blick auf das Euro-Barometer 61 vom Frühjahr 2004 geworfen, das in einigen – nicht in allen – Beitrittsländern einen starken Rückgang der Unterstützung für das europäische Projekt verzeichnete.

Nach den Daten des Jahres 2003 verbinden die Bevölkerungen Polens, der Slowakei, Sloweniens, Ungarns und Zyperns mit der EU-Integration Positiveres als die Bevölkerungen der meisten Altmitglieder. Luxemburg als traditionell aufgeschlossener Kleinstaat befindet sich in einer ähnlichen Position. Als integrationsfreundlichster Flächenstaat der EU-15 rangiert Italien.

Die einzelnen Dimensionen sind dabei unterschiedlich ausgeprägt. Besonders begrüßt wird die Mitgliedschaft in Luxemburg, den Niederlanden, Zypern, Irland, Belgien, Litauen, Italien, Dänemark, Ungarn, Griechenland, Portugal und Spanien. In all diesen Ländern bewegt sich die Zustimmung zur Mitgliedschaft oberhalb der Grenze von 60%. Auffällig ist, dass sich auf dieser Liste überwiegend alte Mitglieder befinden. Offensichtlich hat sich vor dem Beitritt die tatsächliche Mitgliedschaft positiver auf die Einstellungen ausgewirkt als die für die Zukunft erwartete. Außerdem korreliert die Unterstützung der EU-Mitgliedschaft in negativer Weise mit der Größe der Länder: Je geringer das relative Gewicht einzelner Staaten in den Institutionen, desto besser die Beurteilung der Mitgliedschaft. Es scheint, als ob die Bürger kleiner Staaten durch die Repräsentation in den EU-Institutionen einen Vorteil sehen, selbst wenn die großen Staaten über mehr Gewicht in Rat und Parlament verfügen. Die von Eliten in kleineren Ländern häufig zu hörende Meinung, erst durch die EU-Mitgliedschaft verfüge man überhaupt über ein Mitspracherecht in Europa, wird offensichtlich von den Bevölkerungen geteilt.

Am anderen Ende des Spektrums wird die Mitgliedschaft von deutlich weniger als der Hälfte der Bevölkerungen in Finnland, Schweden, Lettland, Österreich, Estland und Großbritannien befürwortet. Damit sind – bis auf Dänemark und Irland – alle Länder der beiden Norderweiterungen in dieser Gruppe vertreten. In den Bevölkerungen sozio-ökonomisch höher gestellter Mitgliedsstaaten spielt das Gefühl der Bevormundung und Benachteiligung infolge der Mitgliedschaft offenbar eine signifikante Rolle. In Estland und Lettland hat die vergleichsweise geringe Unterstützung der Mitgliedschaft wahrscheinlich einen anderen Grund: Der jeweils mit etwa einem Drittel der Bevölkerungen starke Anteil der russischen und russifizierten Minderheiten sieht in der Verschärfung des Visumsregimes mit dem russischen Mutterland deutliche Nachteile gegenüber dem Status quo vor der Mitgliedschaft verbunden.[21]

Ähnlich sah es beim perzipierten Nutzen der EU-Mitgliedschaft aus. Zu über zwei Dritteln empfanden die Bevölkerungen Zyperns, Irlands, Sloweniens, Luxemburgs, Griechenlands, Ungarns, Dänemarks, Litauens, Portugals, der Slowakei und Polens im Herbst 2003 die Mitgliedschaft als nützlich. Nicht zufällig finden sich in dieser Gruppe traditionelle Empfängerstaaten der gemeinschaftlichen Distributionspolitiken wie Griechenland, Irland und Portugal. Der Nutzen für den Kleinstaat Luxemburg ist ebenfalls offensichtlich. Angesichts der wiederholt in Referenden ausgedrückten EU-Skepsis der dänischen Bevölkerung überrascht hingegen, dass die Dänen zu 70% einen Nutzen in der EU-Mitgliedschaft sehen. Auf Seiten der Beitrittskandidaten erwarteten die Bevölkerungen von Ländern mit akuten Problem- oder Bedrohungslagen einen Nutzen durch die Mitgliedschaft. In Zypern stand die EU-Mitgliedschaft für die Überwindung der Teilung, in Slowenien für die Abkopplung des Landes vom Jugoslawienkonflikt, in Litauen für die Abwehr russischer Ansprüche auf Transitwege nach Kaliningrad.

---

[21] Für diesen Befund spricht, dass z.B. beim lettischen Beitrittsreferendum die Zustimmung zum EU-Beitritt deutlich nach Bevölkerungsanteilen variierte: Letten stimmten überwiegend für den Beitritt, Nicht-Letten (d.h. vor allem Russen) stimmten überwiegend dagegen (Eglajs 2003).

Tabelle 3.1a: Einstellungen gegenüber der EU und Europa in % im Herbst 2003 (in der Klammer: Rangfolge des Landes)

		Unterstützung der EU-Mitgliedschaft*	Nutzen der EU-Mitgliedschaft**	Vertrauen in die EU***	Identifikation mit Europa****	Summe Rangfolge
EU-Enthusiasmus	Zypern	72 (3)	87 (1)	78 (1)	73 (2)	7
	Luxemburg	85 (1)	74 (4)	58 (9)	75 (1)	15
	Ungarn	63 (8)	72 (6)	76 (2)	59 (12)	28
	Slowenien	57 (16)	76 (3)	68 (3)	64 (7)	29
	Slowakei	59 (14)	67 (10)	67 (4)	68 (4)	32
	Polen	61 (11)	66 (11)	63 (7)	66 (5)	34
	Italien	64 (7)	52 (16)	59 (8)	72 (3)	34
	Litauen	65 (6)	69 (8)	67 (4)	48 (19)	37
	Dänemark	63 (8)	70 (7)	50 (14)	62 (11)	40
	Irland	67 (4)	77 (2)	50 (14)	47 (20)	40
	Portugal	61 (11)	68 (9)	66 (6)	50 (17)	43
	Griechenland	61 (11)	74 (4)	55 (10)	47 (20)	45
	Spanien	62 (10)	62 (13)	50 (14)	63 (8)	45
	Malta	51 (17)	59 (14)	55 (10)	66 (5)	46
	Niederlande	73 (2)	65 (12)	46 (19)	53 (14)	47
	Belgien	67 (4)	57 (15)	49 (17)	51 (15)	51
	Tschechien	46 (19)	51 (17)	55 (10)	50 (17)	63
	Frankreich	50 (18)	50 (18)	45 (20)	63 (8)	64
	Deutschland	59 (14)	45 (21)	40 (22)	63 (8)	65
	Lettland	37 (22)	47 (19)	54 (13)	54 (13)	67
EU-Skepsis	Estland	31 (24)	42 (22)	48 (18)	51 (15)	79
	Finnland	42 (20)	46 (20)	41 (21)	43 (24)	85
	Österreich	34 (23)	41 (23)	36 (23)	45 (22)	91
	Schweden	41 (21)	31 (25)	30 (24)	44 (23)	93
	Großbritannien	30 (25)	32 (24)	24 (25)	31 (25)	99

* Anteil der Befragten, der in der EU-Mitgliedschaft "eine gute Sache" sieht.

** Anteil der Befragten, der in der EU-Mitgliedschaft einen Nutzen für das Heimatland sieht.

*** Anteil der Befragten, der der EU "tendenziell vertraut".

**** Anteil der Befragten, der sich "ausschließlich" oder "teilweise" mit Europa identifiziert (Gegensatz: ausschließliche Identifikation mit dem Heimatland oder "ohne Angabe").

Quellen: Eurobarometer 2003 (EB 59 und CC-EB 2003.2).

Demgegenüber steht eine Reihe von Staaten, in denen weniger als die Hälfte der Bevölkerungen in der EU-Mitgliedschaften einen Nutzen für das Heimatland sieht: Lettland, Finnland, Deutschland, Estland, Österreich, Großbritannien und Schweden. Dabei handelt es sich am Ende der Liste mit Ausnahme Deutschlands um dieselben Staaten, deren Bevölkerungen die EU-Mitgliedschaft am schwächsten unterstützen. Im Falle der beiden baltischen Staaten lässt sich auch hier die Einschränkung der Bewegungsfreiheit über die neue Ostgrenze der EU als ein Grund für die schwache Unterstützung ausmachen. In Finnland, Schweden und Großbritannien wird das EU-Regime von Teilen der Bevölkerung wohl eher als Bedrohung für die nationalstaatliche Souveränität gesehen. In Österreich dürfte das EU-Embargo entscheidende Zweifel am Nutzen der EU-Mitgliedschaft geweckt haben (Heinisch 2003).

Dementsprechend ist in den letztgenannten Staaten auch das Vertrauen in die EU gering. In Österreich und Schweden vertraut nur etwa ein Drittel, in Großbritannien nur ein Viertel der Bevölkerung der EU als politischem Gebilde. Ebenfalls deutlich unter einem Vertrauenspegel von 50% bleiben Deutschland, Finnland, Frankreich und die Niederlande. Obwohl also während der Beitrittsphase aufgrund der Proteste aus einigen Bewerberstaaten der Eindruck entstehen konnte, die Bevölkerungen würden bereits vor dem Beitritt verprellt, ist das Vertrauen in vielen Staaten der EU-15 noch niedriger. Auffällig ist, dass sich im früher stets EU-freundlichen Deutschland etwa seit 1990 zunehmend Skepsis und Verunsicherung gegenüber der EU ausbreiten (vgl. auch Hrbek 2002). Da auch in Frankreich lediglich 45% der Bevölkerung gegenüber der EU Vertrauen empfinden, erscheint auch das Schlingern des deutsch-französischen Tandems in den letzten Jahren wenig überraschend (vgl. auch Müller-Brandeck-Bocquet 2001). Nicht das Ende der Männerfreundschaften zwischen den Staats- und Regierungschefs beider Länder, sondern auch die zunehmende Zögerlichkeit der Bevölkerungen ist eine Quelle für die in jüngerer Zeit schwache Dynamik der europapolitischen Anstöße aus Berlin und Paris. Demgegenüber bestand im Herbst 2003 die Gruppe der Staaten, deren Bevölkerungen der EU das größte Vertrauen entgegenbringen, fast ausschließlich aus Beitrittskandidaten. An oberster Stelle waren Zypern, Ungarn, Slowenien, die Slowakei, Litauen, Portugal und Polen zu finden; in allen diesen Ländern erreichte die EU Vertrauenswerte von etwa zwei Dritteln und darüber.

Diese ersten drei Einstellungs-*Items* sind im weiten Sinn mit dem Output der EU-Politik verbunden. Die Unterstützung und das Vertrauen in die EU sind teilweise eine Funktion des Nutzens, den die Bürger für das eigene Land durch die Mitgliedschaft sehen. Hier sind die Einstellungen also zu einem guten Teil durch die Einschätzung der Leistungsfähigkeit zur Erbringung politischer Resultate bestimmt. Das vierte *Item* der Identifikation mit Europa aus Tabelle 3.1 ist im Gegensatz dazu nicht so sehr mit dem Output verbunden. Vielmehr ist die Identifikation mit Europa eine Grundlage für die Partizipation der EU-Bürger. In der Tendenz geht es also hier eher um die Input- als die Outputseite des politischen Systems (Almond/Powell/Mundt 1996: 43-62).

Trotz dieses Unterschieds finden sich z.T. dieselben Länder in der Gruppe der Europazugewandten. Eher eine Europa- als eine Nationalstaatsorientierung findet sich in Luxemburg, Italien, der Slowakei, Malta, Slowenien sowie Deutschland, Frankreich und Spanien. In all diesen Ländern geben deutlich über die Hälfte der Bevölkerung an, sich ausschließlich oder teilweise mit Europa zu identifizieren. Darin finden sich mit Luxemburg und Malta die Kleinstaaten der Union und mit Deutschland, Frankreich, Italien, Polen und Spanien alle großen EU-Staaten mit der Ausnahme Großbritanniens. Letztere Tatsache deutet darauf hin, dass das spezifische Gewicht und die daraus folgenden Mitgestaltungsmöglichkeiten auch Identifikationsmöglichkeiten mit sich bringen.

Innerhalb der EU gibt es auf der anderen Seite mit Griechenland, Irland, Österreich, Schweden, Finnland und Großbritannien sechs Länder, deren Bevölkerungen sich zu mehr als der Hälfte nicht einmal "teilweise" mit Europa identifizieren. Bei fünf Staaten davon handelt es sich um solche, die keine Landgrenzen mit dem Kernkontinent des europäischen Festlands aufweisen. Die daraus folgenden Mentalitätsunterschiede lassen sich möglicherweise nicht binnen weniger Jahre der EU-Mitgliedschaft abbauen. Dieser Befund wird im Großen und Ganzen auch von einer groß angelegten Einstellungsstudie zur Wahrnehmung der Europäischen Union gestützt, deren Ergebnisse mit der Analyse von Gruppendiskussionen gewonnen wurden. Demzufolge unterscheiden sich die Einstellungen im Norden des Vereinigten Europas – insbesondere in Dänemark, Großbritannien, den Niederlanden und Schweden – vom Rest der europäischen Staaten durch einen wesentlich schwächeren Bezug zur (gesamt)europäischen Kultur und Geschichte (OPTEM 2001: 8-9).

Aus der Zusammenschau der vier *Items* ergibt sich eine Rangfolge in den Einstellungen gegenüber der Europäischen Union, bei der die (überwiegende) Begeisterung der Bevölkerungen hinsichtlich der EU langsam in (überwiegende) Skepsis übergeht. In Tabelle 3.1a ergibt sich die Zuordnung aus der Summierung der Rangfolgenummern in den einzelnen diskutierten Dimensionen. Dabei ist der Rangplatz einzelner Länder nebensächlich. Bei der Tabelle handelt es sich um eine illustrierende Verdeutlichung, weniger um die Ergebnisse einer theoriegeleiteten Betrachtung.

Die abwechselnde Verwendung von Präsens und Präteritum in den vorhergehenden Absätzen erfolgte nicht zufällig. Im Frühjahr 2004 mussten die Autoren des Eurobarometers feststellen, die Erweiterung habe besonders im Beitrittsraum einen Enttäuschungseffekt mit sich gebracht.[22] In allen neuen

---

22   Siehe   http://europa.eu.int/comm/public_opinion/archives/cceb/2004/cceb_2004.1_highlights. pdf, S. 4, angesehen am 7.7.2004.

Mitgliedsländern fiel die Unterstützung für die EU; am stärksten in Lettland mit 12.9 sowie in Zypern mit 16.8 Prozentpunkten. Während also vor der Erweiterung und vor den konfliktiven Verhandlungen um die Europäische Verfassung und den Irak-Krieg bei aller Vorsicht geschlussfolgert werden konnte, dass im überwiegenden Teil der Neumitglieder das hervorstechende Merkmal jedenfalls nicht in einer überdurchschnittlichen EU-Skepsis bestand, musste das Bild ein halbes Jahr später revidiert werden.

Tabelle 3.1b zeigt die Ergebnisse bei den verschiedenen *items* aus dem Frühjahr 2004. Bei den alten Mitgliedern bewegen sich die Einstellungen der Bevölkerungen gegenüber Europa in der üblichen Schwankungsbreite von +/- fünf Prozent, so dass sich im Großen und Ganzen der EU-Enthusiasmus dieser Bevölkerungen nicht in absoluten, sondern lediglich in relativen Maßstäben verändert hat. Durch die – noch vor der Erweiterung erfolgte – Ernüchterung in den Neumitgliedern erlangt der Gesamtüberblick über die EU-Einstellungen jedoch wieder den durch die *conventional wisdom* der politischen Kulturforschung gestützten Befund: Die europäischen Kleinstaaten sowie die von den materiellen Transfers begünstigten Staaten verfügen über Bevölkerungen, die der EU überdurchschnittlich affirmativ gegenüberstehen. Demgegenüber befinden sich die Bevölkerungen Großbritanniens sowie der Länder der zweiten Norderweiterung mit ihrem Neutralitätsstatus und der – im Falle der skandinavischen Länder – Eigenheiten des überdurchschnittlich ausgebauten Wohlfahrtsstaats in einer skeptischeren Grundhaltung gegenüber der EU.

Zwischen den beiden Gruppen, gewissermaßen in einer abwartenden Haltung, haben sich zum Zeitpunkt des Beitritts die Gesellschaften der Neumitglieder eingerichtet. Die Unterstützung der EU-Mitgliedschaft ist auf Werte um die 50% gesunken, aber noch nicht auf das Niveau von einem Drittel der Bevölkerung wie etwa in Großbritannien (mit Ausnahme Lettlands und Estlands, wo genau das der Fall ist). Ähnlich verhält es sich mit dem Vertrauen in die EU. Hier befinden sich allerdings schon drei Länder auf einem deutlich niedrigeren Niveau: Neben Estland und Lettland war es wohl die Kombination aus Verfassungsstreit und Irak-Krise, die das Vertrauen der Polen in die EU von 63% im Herbst 2003 auf 33% im Frühjahr 2004 hat sinken lassen. Die Identifikation mit Europa ist dagegen in nicht so starkem Maße wie bei den beiden anderen Items abgefallen.[23] Bis auf wenige Länder bewegen sich diese in der Bandbreite zwischen 40% und 60%, divergieren also auch in geringerem Maße (vgl. hierzu auch OPTEM 2001).

Einstellungsdaten sind in einem dynamischen Umfeld stets mit noch größerer Vorsicht zu interpretieren als dies im z.T. heftig kritisierten Ansatz der politischen Kulturforschung sowieso nötig ist (vgl. Westle 2002: 323-327). Deswegen kann an dieser Stelle nur auf Trends der gesamteuropäi-

---

[23] Bei Redaktionsschluss dieses Textes lagen zu den Einstellungen zum Nutzen der Mitgliedschaft noch keine vergleichenden Daten vor.

schen Einstellungen zur EU hingewiesen werden. Ein erster Trend besteht in einer vergleichsweise stabilen Gruppe von EU-enthusiastischen Bevölkerungen in Ländern wie Luxemburg, Italien und Spanien. Die Aussage wird nicht nur durch die Tabellen 3.1a und 3.1b gestützt, sondern passt in das langfristige Bild (Hix 1999: 142). In diesem lässt sich auch in Ländern wie Irland, Griechenland und Portugal ein hohes Einverständnis der Bevölkerungen mit der EU feststellen; dort ist allerdings die Identifikation mit Europa nicht so stark ausgeprägt.

Ein zweiter Trend besteht in der EU-Skepsis der Bevölkerungen Großbritanniens sowie der Länder der zweiten Norderweiterung. Bei keinem der abgefagten Items ergibt sich eine mehrheitlich affirmative Ausrichtung auf die europäische Ebene. Im Gegenteil sind die Unterstützungs- und Vertrauenswerte hinsichtlich der EU in Österreich und Schweden sowie vor allem in Großbritannien zum Teil sehr niedrig und erreichen Tiefpunkte, die in Richtung einer profunden Krise der Legitimität, des "vielleicht wichtigsten Aspekts der politischen Kultur" (Almond/Powell/Mundt 1996: 44), weisen. Auch hier handelt es sich um einen vergleichsweise stabilen Trend (vgl. nochmals Hix 1999: 142), der allerdings allem Anschein nach durch das Hinzukommen der beiden baltischen Staaten Estland und Lettland verstärkt wird. Diese verfügen schon seit einiger Zeit über stabil niedrige Zustimmungs-, Unterstützungs- und Vertrauenswerte (vgl. auch Beichelt 2003a).

Ein dritter Trend besteht in der stärkeren Skepsis der Bevölkerungen in den Kernstaaten der EU. In Deutschland und in Frankreich, aber mittlerweile auch in den Niederlanden, ist in einzelnen oder mehreren Dimensionen das Einverständnis mit der EU auf Werte z.T. deutlich unter 50% gesunken. Sollte sich dieser im deutschen Fall schon seit mehreren Jahren bemerkbare Trend verstetigen, dürfte dies nicht ohne Folgen für die mittel- und langfristigen Europa-Strategien der Regierungen "Kerneuropas" bleiben.

Der vierte Trend besteht schließlich im langsamen Herantasten der Bevölkerungen der Beitrittsstaaten an die EU. In Zypern, Ungarn, Slowenien, Polen und Malta gaben die Bevölkerungen im Herbst 2003 in allen vier aufgeführten Dimensionen zu jeweils mehr als 50% eine Orientierung an Europa und der Europäischen Union an (vgl. Tab. 3.1a). Die Querelen im Vorfeld der Erweiterung haben offenbar bei Teilen der Bevölkerungen stärkere Reserviertheit hervorgerufen. Aus Sicht der Bevölkerungen lässt sich zweifellos von einem schlechten Start in die erweiterte EU sprechen. Dennoch erscheint es verfrüht, von einem lang- oder auch nur mittelfristig anhaltenden Trend zu sprechen, denn die reale Erfahrung der Osterweiterung – die die Affirmationswerte stark in die eine oder andere Richtung beeinflussen kann – wird durch die Daten aus dem Frühjahr 2004 noch nicht abgebildet.

Tabelle 3.1b: Einstellungen gegenüber der EU und Europa in % im Frühjahr 2004 (in der Klammer: Rangfolge des Landes)

		Unterstützung der EU-Mitgliedschaft*	Vertrauen in die EU**	Identifikation mit Europa***	Summe Rangfolge
EU-Enthusiasmus ↑	Luxemburg	75 (1)	53 (8)	69 (1)	10
	Spanien	64 (4)	58 (3)	65 (4)	11
	Italien	54 (8)	54 (6)	67 (3)	17
	Portugal	55 (7)	60 (2)	53 (12)	21
	Griechenland	71 (2)	68 (1)	44 (20)	23
	Irland	71 (2)	56 (5)	49 (16)	23
	Belgien	57 (6)	49 (11)	59 (8)	25
	Malta	50 (11)	50 (9)	61 (6)	26
	Slowakei	46 (12)	47 (12)	62 (5)	29
	Frankreich	43 (16)	42 (14)	68 (2)	32
	Dänemark	53 (9)	41 (16)	56 (10)	35
	Niederlande	64 (4)	38 (20)	50 (14)	38
	Zypern	42 (17)	57 (4)	48 (18)	39
	Litauen	52 (10)	50 (9)	41 (21)	40
	Slowenien	40 (20)	47 (12)	57 (9)	41
	Deutschland	45 (14)	35 (21)	60 (7)	42
	Ungarn	45 (14)	54 (6)	37 (24)	44
	Tschechien	41 (19)	42 (14)	49 (16)	49
↓	Polen	42 (17)	33 (22)	54 (11)	50
	Finnland	46 (12)	40 (17)	40 (23)	52
EU-Skepsis	Lettland	33 (22)	39 (18)	52 (13)	53
	Estland	31 (23)	39 (18)	50 (14)	55
	Österreich	30 (24)	31 (23)	47 (19)	66
	Schweden	37 (21)	29 (24)	41 (21)	66
	Großbritannien	29 (25)	19 (25)	35 (25)	75

* Anteil der Befragten, der in der EU-Mitgliedschaft "eine gute Sache" sieht.

** Anteil der Befragten, der der EU "tendenziell vertraut".

*** Anteil der Befragten, der sich "ausschließlich" oder "teilweise" mit Europa identifiziert (Gegensatz: ausschließliche Identifikation mit dem Heimatland oder "ohne Angabe").

Quelle: Eurobarometer 2003 (EB 61 und CC-EB 2004.1).

Tabelle 3.2: Einstellungen gegenüber dem Nationalstaat in % (in der Klammer: Rangfolge des Landes)

		Vetorecht soll beim Natio-nalstaat bleiben*	Kein Nutzen durch EU-Mitgliedschaft**	Vertrauen in Demokratie des National-staats***	Identifikation mit dem National-staat****	Summe Rang-folge
Hohe nationalstaatl. Legitimität	Finnland	57 (6)	40 (4)	77 (4)	56 (2)	16
	Schweden	52 (10)	50 (1)	75 (5)	55 (3)	19
	Österreich	65 (2)	43 (3)	65 (10)	51 (5)	20
	Niederlande	49 (12)	19 (15)	71 (6)	46 (8)	31
	Groß-britannien	40 (19)	44 (2)	60 (11)	64 (1)	33
	Griechenland	78 (1)	19 (15)	50 (15)	53 (4)	35
	Dänemark	57 (6)	15 (20)	90 (1)	37 (12)	39
	Deutschland	54 (9)	34 (5)	59 (13)	34 (15)	42
	Frankreich	51 (11)	26 (9)	69 (7)	34 (15)	42
	Irland	62 (3)	10 (24)	66 (8)	48 (7)	42
	Belgien	42 (15)	23 (11)	66 (8)	45 (9)	43
	Malta	60 (5)	26 (9)	60 (12)	30 (21)	47
	Luxemburg	62 (3)	18 (19)	80 (3)	21 (25)	50
	Portugal	45 (14)	20 (13)	38 (20)	49 (6)	53
	Estland	41 (16)	33 (6)	33 (23)	39 (10)	55
	Zypern	57 (6)	5 (25)	86 (2)	25 (23)	56
	Tschechien	28 (25)	27 (8)	42 (17)	37 (12)	62
	Spanien	33 (23)	19 (15)	58 (14)	34 (15)	67
	Slowenien	46 (13)	14 (21)	48 (16)	32 (18)	68
	Lettland	36 (22)	29 (7)	37 (22)	31 (20)	71
Schwache natio-nalstaatl. Legitimität	Litauen	41 (16)	13 (23)	39 (19)	35 (14)	72
	Ungarn	32 (24)	14 (21)	42 (17)	39 (10)	73
	Polen	37 (20)	20 (13)	24 (24)	32 (18)	75
	Italien	41 (16)	22 (12)	38 (20)	26 (22)	80
	Slowakei	37 (20)	19 (15)	23 (25)	25 (23)	83

* Anteil der Befragten, der das Vetorecht zum "Schutz essentieller nationaler Interessen" beibe-halten möchte.

** Anteil der Befragten, der in der EU-Mitgliedschaft "keinen Nutzen" für das Heimatland sieht.

*** Anteil der Befragten, der mit dem Funktionieren der Demokratie im eigenen Land "zufrie-den" und "einigermaßen zufrieden" ist.

**** Anteil der Befragten, der sich "ausschließlich" mit der eigenen Nation identifiziert (Gegen-satz: teilweise oder ausschließliche Identifikation mit Europa).

Quelle: Eurobarometer 2003 (EB 59 und CC-EB 2003.2).

3.1.2 Einstellungen zum Nationalstaat

Die Kehrseite des Impulses zur Aufgabe von nationalen Souveränitätsrechten ist die Wertschätzung des Nationalstaates. In Tabelle 3.2 werden deshalb gewissermaßen spiegelbildlich die Einstellungen der Bevölkerungen gegenüber ihren jeweiligen Nationalstaaten präsentiert.[24] Dabei zeigt sich, dass die EU und die Nationalstaaten in der Regel tatsächlich um die Legitimität der Bürger konkurrieren.[25] Die Bevölkerungen der drei Länder der zweiten Norderweiterung – Finnland, Schweden, Österreich – sowie die Niederlande, Großbritannien, Griechenland und Dänemark sind in ihren Einstellungen am stärksten an ihren Nationalstaaten orientiert. Demgegenüber gehen die Slowaken, Italiener, Polen, Ungarn, Litauer, Letten und Slowenen am ehesten auf Distanz zu den Nationalstaaten; in der Begrifflichkeit von Tabelle 3.1a wären sie in stärkerem Maße Nationalstaats-Skeptiker als die übrigen Bevölkerungen der EU.

In den einzelnen Items weisen die Einstellungen gegenüber den Nationalstaaten jedoch weniger Konsistenz als diejenigen zu Europa auf. Bei der Frage, ob das nationale Vetorecht "zum Schutz essentieller nationaler Interessen" beibehalten werden solle, sprechen sich beispielsweise die Bevölkerungen folgender Länder für eine Beibehaltung aus: Griechenland, Österreich, Irland, Luxemburg, Malta, Dänemark und Finnland. Keinen Nutzen durch die EU-Mitgliedschaft für ihr Land sehen in erster Linie die Schweden, Briten, Österreicher, Finnen, Deutschen, Esten und Letten. Der nationalen Demokratie vertrauen am meisten die Bevölkerungen Dänemarks, Zyperns, Luxemburgs, Finnlands, Schwedens, der Niederlande und Frankreichs. Noch am ehesten konsistent mit der Gesamtrangfolge erscheint die Identifikation mit dem Nationalstaat, die in Großbritannien, Finnland, Schweden, Griechenland, Österreich, Portugal und den Niederlanden erwartungsgemäß am größten ist.

Auch am anderen Ende der Rangfolge, an dem sich eine graduell stärker werdende Distanz zum Nationalstaat ausdrückt, ergeben sich bei den einzelnen Items unterschiedliche Werte. Am wenigsten für den Beibehalt des Vetorechts sprechen sich die Bevölkerungen Tschechiens, Ungarns, Spaniens, Lettlands, Polens, der Slowakei und Großbritanniens (!) aus. Der geringste Anteil derer, die für ihr Land keinen Nutzen aus der EU-Mitgliedschaft für ihr Land sieht, findet sich in Zypern, Irland, Litauen, Slowenien, Ungarn, Dänemark (!) und Luxemburg. Der Demokratie des eigenen Nationalstaats trauen am wenigsten die Slowaken, Polen, Esten, Letten, Italiener, Portugie-

---

24 Hier lagen im Juli 2004 noch keine neuen Daten vor; deswegen wird hier allein auf die Daten aus dem Herbst 2003 rekurriert.

25 Die Dichotomie ist zu einem Teil – nämlich zur Hälfte – den verwendeten Daten geschuldet, da die Fragen der Items 2 und 4 auf dichotomische Antworten zielen. Bei den Items 1 und 3 der Tabellen 3.1 und 3.2 handelt es sich jedoch nicht um sich ausschließende Optionen.

sen und Litauer. Die Identifikation mit dem Nationalstaat ist am geringsten in Luxemburg, der Slowakei, Zypern, Italien, Malta, Lettland, Polen und Slowenien.

Der Vergleich der Daten der Tabellen 3.1a+b und 3.2 deutet, wie bereits kurz angedeutet, tendenziell auf die Existenz konkurrierender Legitimitäten im Hinblick auf die EU und die Nationalstaaten hin. Staatsvölker wie die Briten, Finnen, Österreichern und Schweden entscheiden sich offensichtlich bis zu einem gewissen Grad zwischen dem Legitimitätsglauben an den Nationalstaat oder die EU. Interessanterweise gibt es jedoch einige Länder und Bevölkerungen, die dieser Dichotomie nicht folgen. In Dänemark beispielsweise ist die Bevölkerung affirmativ auf den Nationalstaat bezogen. Ein Bevölkerungsanteil von 90% vertraut der eigenen Demokratie, und 57% der Bevölkerung möchten das Vetorecht des Nationalstaats gesichert sehen. Auf der anderen Seite unterstützen aber (im Herbst 2003) 63% der Dänen die EU-Mitgliedschaft, und 70% sehen in der EU-Mitgliedschaft einen Nutzen für das Heimatland. Ein ähnliches Bild, wenn auch in abgeschwächter Form, ergibt sich in Irland. Dort vertrauen jeweils etwa zwei Drittel der Bevölkerung der nationalstaatlichen Demokratie und möchten der eigenen Regierung ein Vetorecht in Europafragen zugestehen. Dennoch unterstützen 67% die EU-Mitgliedschaft, und in diesem Fall sogar 77% sehen in der Mitgliedschaft einen Nutzen für das eigene Land.

Ist es Zufall, dass ausgerechnet in diesen beiden Staaten die Bevölkerungen in jüngerer Zeit das Recht für sich in Anspruch genommen haben, zu maßgeblichen Fragen des europäischen Einigungsprozesses "Nein" zu sagen? Das dänische "Nej" im Hinblick auf den Maastrichter Vertrag führte dazu, dass einige für die dänische Bevölkerung offensichtlich wichtige Bereiche aus dem Integrationsprozess ausgeklammert wurden. Die Ablehnung, die die politischen Eliten in Dänemark und der restlichen Gemeinschaft lediglich mit Stirnrunzeln hinnahmen, hat mittelfristig zu einer höheren Zufriedenheit der Dänen mit der EU geführt als dies in vielen anderen EU-Staaten der Fall ist. Auch in Irland, wo die Ablehnung des Nizza-Vertrags ohne größere Änderungen am Vertragswerk revidiert wurde, hat die Ablehnung mindestens zu einer substantiellen Debatte über Kosten und Nutzen der EU-Mitgliedschaft geführt (Hummer/Obwexer 2001); mithin wurde der Diskurs über die europäische Integration rationalisiert und auf eine angemessenere Ebene gehoben. In jedem Fall weisen die Einstellungsdaten beider Länder darauf hin, dass sich bei substantiellen Mitspracherechten auf europäischer Ebene die Legitimität des nationalstaatlichen wie des EU-europäischen politischen Systems keinesfalls ausschließen müssen.

Fälle mit einem entgegengesetzten Muster sind Lettland und Estland. In beiden Staaten lässt sich eine vorherrschende Skepsis sowohl gegenüber dem Nationalstaat als auch gegenüber der EU ausmachen. In beiden Ländern vertraut nur etwa ein Drittel der Bevölkerung dem Nationalstaat; ein ebenso geringer Anteil identifiziert sich mit diesem. Auf der anderen Seite sehen deutlich weniger als die Hälfte der Bevölkerung einen Nutzen in der EU-Mitgliedschaft; nur etwa ein Drittel beider Bevölkerungen (Lettland: 37%, Estland: 31%) befürwortete im Herbst 2003 die EU-Mitgliedschaft. In diesen beiden Ländern weichen die Bevölkerungen also von der – in Mittel- und Südosteuropa verbreiteten – Tendenz ab, in der europäischen Ebene eine Kompensation für die Legitimitätsschwäche der nationalen Regimes und Regierungen zu sehen.

Im Fall der beiden baltischen Staaten dürfte ein Grund hierfür in den Eingriffen der EU, aber auch des Europarats, der OSZE und anderer europäischer Institutionen in die Minderheitenpolitik der beiden Staaten zu suchen sein. In verschiedenen Gesetzen beider Republiken hatte es immer wieder restriktive Regelungen für die russische Minderheit, z.B. in der Bildungs-, Sprachen- und Kulturpolitik gegeben (vgl. Thiele 1999; Beichelt 2003b: 63-64). Diese zielten auf das Leitmodell der mittelfristigen Assimilation der Minderheiten ab. Anders als etwa in Deutschland oder Frankreich, wo Nichttitularnationen durch die Gesetzgebung ebenfalls zur Assimilation angehalten sind, wurde dies von Teilen der Minderheit, vielen Regierungen aus Nachbarstaaten inklusive Russland sowie der internationalen Öffentlichkeit (siehe z.B. Linz/Stepan 1996) ablehnend aufgenommen.

Dementsprechend sahen sich beide Staaten starkem externen Druck zu minderheitenfreundlichen Änderungen ausgesetzt, der u.a. in den Beitrittsverhandlungen durch die EU weitergegeben wurde. Wie in Kapitel 2.2 ausgeführt, gehörten "Achtung und Schutz von Minderheiten" zum Katalog der politischen Kriterien von Kopenhagen. Das Kriterium ließ sich angesichts der unterschiedlichen Praktiken im Umgang mit Minderheiten in den Mitgliedsstaaten der EU jedoch nicht in einen eindeutigen Indikator umsetzen. Demzufolge kam es insbesondere im Vorfeld der Entscheidung über die Helsinki-Gruppe eher auf ein diffuses Wohlverhalten der Regierungen und Parlamente an. Mehrmals griffen vor allem die jeweiligen Hochkommissare für Nationale Minderheiten der OSZE in die minderheitenrelevante Gesetzgebung ein.[26]

Da sich politische Akteure aus der EU ebenfalls einschlägig äußerten und außerdem zwischen der OSZE, dem Europarat und der EU eine enge Verbindung in Minderheitenangelegenheiten bestand, konnte die Politik der EU in den beiden Ländern als souveränitätseinschränkend wahrgenommen werden, bevor der Beitritt seitens der EU überhaupt in Aussicht gestellt wurde. Die Folge war ein Gefühl der Bevormundung durch die EU,[27] von dem sich die Einstellungsdaten des Eurobarometers bis zum Beitritt nicht mehr recht erholen wollten. Jedenfalls stehen beide Länder für eine Äquidistanz der Bevölkerungen zum nationalen wie zum supranationalen Regime, die

---

[26] Nachverfolgen lässt sich die Entwicklung in der Rubrik *Constitution Watch* der in New York und Budapest erscheinenden Zeitschrift *East European Constitutional Review.*

[27] Diese These stütze ich auf eigene Erfahrungen im Rahmen der Wahlbeobachtungsmission der OSZE bei den estnischen Parlamentswahlen im März 1999.

trotz des geringen spezifischen Gewichts der baltischen Länder in den Institutionen der EU einen bedenklichen Mangel an Legitimitätsglauben mit sich bringt.

3.1.3 Die Beitrittsreferenden

Einstellungsdaten sind eine Sache, politisches Verhalten eine andere. Gewissermaßen die Probe aufs Exempel des Eurobarometers und anderer Umfragen stellten die Beitrittsreferenden in den Kandidatenländern dar. Bekanntlich gingen diese auch in den Ländern positiv aus, in denen sich vorher nur knappe Mehrheiten oder sogar Minderheiten für den EU-Beitritt ausgesprochen hatten. Dennoch gibt es große Unterschiede bei den Ergebnissen (siehe Tabelle 3.3). Während in Litauen, Polen, der Slowakei, Slowenien, Tschechien und Ungarn jeweils mindestens drei Viertel der abgegebenen Stimmen zugunsten des Beitritts abgegeben wurden, belief sich die Zustimmung in Estland und Lettland jeweils auf etwa 67%. In Malta fiel die Abstimmung am knappsten aus; nur etwa 53% der Bevölkerung stimmten dem Beitritt zu.

Tabelle 3.3: Referenden im Zuge der Osterweiterung, alle im Jahre 2003

	Wahl-berechtigte	Wahlbeteiligung	Ja-Stimmen		Nein-Stimmen	
			in % der abgegebenen Stimmen	in % der Wahlberechtigten	in % der abgegebenen Stimmen	in % der Wahlberechtigten
Estland	868 214	555 834 (64.02 %)	66.51	42.58	33.00	21.13
Lettland	1 388 875	1 007 351 (72.53%)	66.96	48.57	32.33	23.45
Litauen	2 631 252	1 665 565 (63.30%)	89.92	56.92	8.85	5.60
Malta	297 881	270 650 (90.30%)	52.87	48.04	45.68	41.50
Polen	29 868 474	17 578 818 (58.85%)	76.89	45.25	22.39	13.18
Slowakei	4 174 097	2176 990 (52.15%)	92.46	48.22	6.20	3.23
Slowenien	1 609 587	969 577 (60.23%)	89.17	53.71	10.34	6.23
Tschechien	8 259 525	4 557 960 (55.21%)	75.62	41.73	22.17	12.23
Ungarn	8 042 272	3 666 715 (45.59%)	83.35	38.00	16.16	7.37
Zypern	Kein Referendum; einstimmige Parlamentsentscheidung der griechisch-zypriotischen Abgeordneten für den Beitritt am 14.7.2003					

Quelle: http://www.ifes.org/eguide/2003.htm; dort auch Verweise auf nationale Quellen.

Besonders aufschlussreich werden die Referenden bei der gemeinsamen Betrachtung der Nein-Stimmen und der Wahlbeteiligung. Die letzten beiden Spalten von Tabelle 3.3 zeigen, dass in einigen Ländern bedeutende Minderheiten überstimmt wurden. Im einstelligen Bereich und somit marginal blieben die Gegner des EU-Beitritts in der Slowakei, Litauen, Slowenien und Ungarn. In Polen und Tschechien lehnten etwa 22% der Abstimmenden den EU-Beitritt ab. Da gleichzeitig die Wahlbeteiligung unter 60% lag, ist der Anteil der aktiven EU-Gegner mit 12% und 13% jedoch ebenfalls nicht besonders hoch.

In Estland und Lettland waren die Ablehnungsquoten um zehn Prozentpunkte höher. Da jedoch auch die Referendumsbeteiligung deutlich höher war, haben immerhin 21% (Estland) und 23% (Lettland) der politisch aktiven Bevölkerung explizit gegen den Beitritt gestimmt. Dabei handelte es sich keineswegs allein um eine Entscheidung der russischen Minderheit; in Estland gab es bis auf die Stadt Tartu keinen Wahlbezirk, in dem nicht mindestens 30% der Referendumsteilnehmer gegen den Beitritt gestimmt hätten.[28] Am deutlichsten fiel die Ablehnung in Malta aus. Bei einer Wahlbeteiligung von über 90% waren 41% der Bevölkerung gegen einen EU-Beitritt.

Im innereuropäischen Vergleich sind knappe Referenden selbstverständlich weder ungewöhnlich noch per se als bedenklich für den Integrationsprozess zu werten. Häufig stehen bei Referenden tagespolitische Gegebenheiten, insbesondere die Beurteilung der jeweils im Amt befindlichen Regierung, auf der Agenda der Wähler; durch die Referendumsergebnisse wird also die Haltung der Bevölkerungen zu Europa bzw. zum EU-Beitritt nicht in Reinform abgebildet. Beim französischen Maastricht-Referendum gab es ebenso wie bei den Beitrittsreferenden in Finnland und Schweden Ergebnisse in etwa der maltesischen Größenordnung. Ein Hinweis auf eine vergleichsweise hohe EU-Skepsis bei den Bevölkerungen ergibt sich erst mit der gemeinsamen Betrachtung von Einstellungen und Referendumsverhalten. Hierbei ergibt sich, dass sich die EU bei den letzten beiden Erweiterungen um Bevölkerungen bereichert, die ihr im Schnitt skeptischer gegenüber stehen als dies bei den Ländern der EU-12 mit Ausnahme Großbritanniens und vielleicht Griechenlands der Fall war. Bisher waren die fehlgeschlagenen Referenden in Dänemark und Irland isolierte Ereignisse des Aufbegehrens gegen eine von einzelnen Bevölkerungen bzw. Bevölkerungsteilen offenbar nicht gewünschte Vertiefung. Die nationalen und europäischen Eliten waren in diesen Ausnahmefällen in der Lage, einige wenige Anpassungen vorzunehmen und so die Probleme ohne größere Reibungsverluste aus der Welt zu schaffen. Weder in der alten noch der erweiterten EU gibt es jedoch Mecha-

---

[28] Daten auf der Homepage der Estnischen Wahlkommission (http://www.vvk.ee). Ähnliche Befunde hinsichtlich der Regionen mit russischer Bevölkerungsmehrheit ergeben sich aus der Analyse der Daten auf den Seiten der lettischen (http://web.cvk.lv) und litauischen (http://www.vrk.lt) Wahlkommissionen.

nismen, die eine über den Einzelfall hinausgehende Opposition zum Einigungsprozess produktiv bewältigen könnten.

3.1.4 Fazit

Demzufolge muss das Fazit hinsichtlich des Integrationspotenzials der mitteleuropäischen Bevölkerungen zweischneidig ausfallen. Einerseits stehen die Bevölkerungen der meisten Beitrittsländer der Europäischen Union durchaus affirmativer gegenüber als dies in der überwiegenden Mehrzahl der alten EU-Mitglieder der Fall ist. Die Zyprioten, Ungarn, Slowenen, Slowaken, Polen und Litauer haben durch ihre Einstellungen, aber mittels der Referenden auch durch ihr Handeln einen Vorschuss an Legitimitätsglauben gegenüber der EU zu Protokoll gegeben. In diesen Staaten scheint erkennbar zu sein, dass die politisch-kulturelle Kluft zwischen West- und Südeuropa auf der einen und Mitteleuropa auf der anderen Seite geringer ist als häufig propagiert. In diesem Punkt stimmt die Analyse mit den Ergebnissen anderer Bevölkerungsstudien überein, die auf die generelle Konvergenz kultureller Einstellungen in "Ost"- und "West"-Europa hinweisen (OPTEM 2001; Laitin 2002).
Andererseits gibt es mit dem Beitritt Estlands, Lettlands und Maltas drei weitere EU-Staaten, in denen die Bürger ähnlich der schwedischen und britischen, vielleicht auch weiterer Bevölkerungen bei der Vorbereitung von Entscheidungen auf europäischer Ebene in die Kalkulation mit einbezogen werden müssen. Die Entscheidungen zur EU-Verfassung standen – im Gegensatz zu den Beratungen im Europäischen Konvent – bereits deutlich unter dieser Prämisse (vgl. Kap. 3.3). Aber auch bei weniger grundsätzlichen Entscheidungen wird sich der Charakter des europäischen politischen Systems ändern, wenn das Reservoir der mit dem Integrationsprozess Unzufriedenen nicht auf Dauer gesenkt werden kann.

3.2. Intermediäre Ebene: Parteien und Parteiensystem

Bei der Umwandlung von Erwartungen – Input – in politische Entscheidungen und Ergebnisse – Output – sind nach der Theorie politischer Systeme eine Vielzahl von politischen Organisationen beteiligt.[29] In Nationalstaaten handelt es sich dabei hauptsächlich um Verbände, Parteien, Parlamente und

---

[29] Für wertvolle Hinweise zu diesem Unterkapitel, insbesondere zur Gestalt der hoch volatilen Parteiensysteme in den baltischen Staaten, danke ich Reinhard Veser. Viele der nicht eigens belegten Aussagen zu baltischen Parteien entstammen seiner Expertise. Eventuell weiterhin bestehende Fehler oder Ungenauigkeiten gehen (selbstverständlich) zu Lasten des Autors.

die Untereinheiten der Exekutive: Bürokratie, Regierung, Gerichte. Das politische System der EU mit seiner Mischung aus supranationalen und intergouvernementalen Elementen kennt hier zwangsläufig andere Schwerpunkte. Einer der wichtigsten Unterschiede ist, dass nationale Regierungen im Prozess der EU-Gesetzgebung an einen früheren Zeitpunkt des Policy-Zyklus rücken und so im Bereich der Interessenaggregation, manchmal sogar der Interessenartikulation eine wichtige Funktion erfüllen.

Dadurch wird die Rolle der politischen Parteien auf europäischer Ebene mehrdimensional. Zum einen bestücken sie in den nationalen Parlamenten Regierungs- und Oppositionsbänke und bilden somit eine Vorstufe innerhalb der Interessenaggregation. Zum anderen sind die Parteien im Europäischen Parlament (EP) vertreten. Dort bilden sie in europäischen Parteiverbänden Fraktionen. Sie wirken im Rahmen des Verfahrens der Zusammenarbeit nach Art. 252 EGV oder – in einer zunehmenden Menge von Politikfeldern – im Rahmen des Mitentscheidungsverfahrens nach Art. 251 EGV oder in weiteren Verfahrensarten mit.

Die Kohäsion der Parteigruppen im EP ist im Laufe der Zeit immer stärker geworden. Dennoch bestehen innerhalb der größeren Fraktionen nationale Untergruppen mit Rückbindungen an die Mutterparteien in den Nationalstaaten (Hix 1999: 78). Die beiden Arenen, in denen Parteien in den politischen Prozess eingreifen, sind dadurch miteinander verbunden: In der Frühphase der Entscheidungsfindung befinden nationale Parteien und Fraktionen über etwas, das in einer späteren Phase – meist in stark abgewandelter Form – erneut die Schleuse einer parlamentarischen Abstimmung auf europäischer Ebene durchlaufen muss. Bezüglich der Verfahrensweise ist freilich zu beachten, dass die Kompetenzen des EP nach Politikfeld stark variieren und die Anzahl der Verfahrensvariationen gewaltig ist (vgl. die auf den aktuellen Stand gebrachten Tabellen bei Hix 2004).

Im Entscheidungsprozess kommt das EP dabei in der Regel erst ins Spiel, wenn die Kommission gemäß ihres Initiativrechts einen Entwurf für einen Rechtsakt übermittelt hat. Die Vorschläge der Kommission gehen ihrerseits eher selten auf eigene Initiativen der Kommission zurück; Nugent (2000: 237) beziffert den Eigenimpuls von Kommissionsvorschlägen auf höchstens 20%. Häufiger ist hingegen ein Impuls aus dem Rat, d.h. dem kollektiven Gremium der nationalstaatlichen Fachminister. In einem solchen Fall werden die Parteien in den Fraktionen des EP also erneut mit Vorschlägen befasst, die in den nationalstaatlichen Parlamenten, mindestens aber in den nationalstaatlichen Administrationen – die in der Regel auch nicht von Parteieinflüssen frei sind – in einem früheren Stadium behandelt wurden.

Demgegenüber kommt es vergleichsweise selten vor, dass Entscheidungen auf europäischer Ebene den vollen parlamentarischen Entscheidungszyklus durchlaufen. Nach Art. 192 Abs. 2 EGV kann das Parlament die Kommission lediglich mit absoluter Mehrheit zur Erstellung einer Gesetzesinitiative bewegen. Zwischen dem Inkrafttreten des Maastrichter Vertrags im

November 1993 und dem März 2000 ist dies dem EP nur sechs Mal gelungen. Davon hat sich die Kommission sich lediglich ein einziges Mal – beim Thema "Autoversicherung" im Jahre 1997 – tatsächlich zu einem Legislativvorschlag bewegen lassen (Nugent 2000: 240).

Einige deutschsprachige Einführungen in das politische System der EU (Hartmann 2002; Wessels 2002) kommen nicht zuletzt aufgrund der schwachen Handlungsbasis des EP fast gänzlich ohne, auf jeden Fall ohne eingehende Behandlung der Parteien als gewichtige Akteure im Entscheidungsprozess auf europäischer Ebene aus: "Mit gesamteuropäischen Parteien hapert es in der EU" (Hartmann 2002: 148). Diese Position übersieht jedoch, dass fast alle politischen Akteure in der EU, also auch die Vertreter im Rat und in der Kommission, Parteipolitiker sind. Als solche sind die Parteien in Wahlkämpfen – auch zum EP – zentral, stehen sie für die Verbindung zwischen Bevölkerung und nationalstaatlichen wie supranationalen Institutionen und stellen daher den wichtigsten Transmissionsriemen für das Verhältnis von Inputs und Outputs auf europäischer Ebene dar (Hix 1999: 168).

Die Rolle der Parteien in der erweiterten EU kann somit auf zwei Ebenen betrachtet werden: hinsichtlich der Parteien in den Nationalstaaten und hinsichtlich der Organisation innerhalb des Europäischen Parlaments. Von beiden Ebenen aus ergeben sich Interaktionen zwischen nationaler und EU-Ebene, die durch die Osterweiterung beeinflusst werden. Wie sich im Folgenden zeigen wird, halten sich echte Veränderungen des intermediären Systems allerdings im Rahmen. Sowohl die nationalen Parteiensysteme Mitteleuropas wie auch deren Abbildung im Europa-Parlament verfügen über fast erstaunliche Parallelen zu den Parteiensystemen in Nord-, West- und Südeuropa. Somit ergeben sich auf der intermediären Ebene neue Akzentuierungen, aber keine grundsätzlichen Verschiebungen durch die Osterweiterung.

3.2.1 Europapolitische Ausrichtung der nationalen Parteien

In den nationalen Parteiensystemen der alten EU-Mitgliedsstaaten hat es seit dem Bestehen der EG/EU mit wenigen Ausnahmen – Großbritannien während der Amtszeit Margaret Thatchers und vielleicht unter John Major, Griechenland zu Zeiten der PASOK-Regierungen in den 1980er-Jahren – Mehrheiten für den europäischen Einigungsprozess gegeben. Dafür gibt es zwei wichtige Gründe. Aufgrund der Vergangenheit Europas mit den beiden großen Kriegen in der ersten Hälfte des 20. Jahrhunderts standen zum einen die ersten Jahrzehnte der EGKS und EG unter dem Primat der Zurückhaltung solcher nationaler Interessen, die Konflikte zwischen den Mitgliedsstaaten bargen. Der Wettbewerb der Parteien, der nicht zuletzt auf der Austragung von Konflikten beruht (Schumpeter 1950), hat sich daher trotz des wachsenden Gewichts europäischer Themen um sozio-ökonomische und sozio-kulturelle Konflikte innerhalb der und nicht zwischen den einzelnen Staaten kristallisiert.

Bis heute fungiert die Europapolitik zum anderen in vielen Politikfeldern als Teilfeld der Außenpolitik. In den meisten Ländern wird sie maßgeblich über die Außenministerien gesteuert; der Rat der Außenminister ist trotz der Konkurrenz durch andere Räte wegen seiner Zuständigkeit in allgemeinen Fragen der wichtigste Ministerrat der EU unterhalb des Europäischen Rats. Dadurch unterliegt die Europapolitik bis heute mindestens teilweise den Regeln der Außenpolitik, die traditionell durch Exekutivlastigkeit und das schwache Vorhandensein von parlamentarischen Kontroll- und Initiativmöglichkeiten geprägt ist (vgl. Seidelmann 2001). Während also Oppositionsparteien auf die Festlegung nationaler Standpunkte in Europafragen häufig nur begrenzten Einfluss haben, gehört in der nächsten Stufe des europäischen Entscheidungsprozesses innenpolitische Geschlossenheit zu einer wichtigen Ressource für die Durchsetzung möglicherweise strittiger Themen auf europäischer Ebene.

Damit existieren wichtige institutionelle Mechanismen, die der Europafreundlichkeit der meisten politischen Parteien Vorschub leisten. Darüber hinaus sind die ideologischen und programmatischen Grundlagen der meisten empirisch vorfindbaren Parteien und Parteienfamilien mit den Implikationen der europäischen Integration kompatibel. Generell findet sich überhaupt nur in einer Minderheit von EG/EU-Staaten traditionell ein außenpolitischer bzw. europapolitischer Konflikt mit hoher Bedeutung im Parteienwettbewerb (vgl. Lijphart 1990). Mit den Sozialisten, Sozialdemokraten, Liberalen und Christdemokraten verfügen die in vielen Ländern kräftemäßig stärksten Parteien über ein integrationsfreundliches Programm, da sich die Eckpunkte des europäischen Einigungsprozesses – die beschränkte Souveränitätsabgabe, die Etablierung eines großräumigen Marktes, Freizügigkeit – von den Parteien des *mainstream* mit Forderungen aus den eigenen Programmen verbinden lassen. Daher existiert in den meisten Parteiensystemen der alten EU eine strukturelle programmatische Mehrheit pro-europäischer Kräfte, die zusätzlich zu den institutionellen Mechanismen eine tendenziell europafreundliche Politik erwarten lassen (siehe Tabelle 3.4).

Wie fügen sich nun die Parteiensysteme der Neumitglieder in diese gesamteuropäische Parteienlandschaft ein? Auf den ersten Blick überwiegen – wie in der EU-15 – in den Parteienlandschaften der Beitrittskandidaten Pro-EU-Positionen. Für liberale, christdemokratische und sozialdemokratische Parteien ist das Modell des Binnenmarkts attraktiv. Die sozialdemokratischen bzw. reformierten postkommunistischen Parteien schätzen das Niveau der sozialen Absicherung, das mit dem Wohlstand im EU-Raum besser finanzierbar wird. Christdemokratische Parteien bevorzugen den Raum des karolingischen Europa gegenüber der russischen Dominanz zu kommunistischen Zeiten. Die Minderheitenparteien, die in einigen der Beitrittsländer in die Parlamente gelangen konnten, haben in der Regel während des Beitrittsprozesses in den Verhandlungen einen willkommenen Hebel zur Stärkung ihrer Gruppenrechte gesehen.

Tabelle 3.4: Wahlergebnisse für Parteienfamilien und Europa-Ausrichtung in der EU-15, 2001

	Anti-EU		Pro-EU			Anti-EU	
	Radikale Linke	Grüne/linke Regionalisten	Sozialisten / Sozialdemokraten	Liberale	Christdemokraten	Konservative	Extreme Rechte
Belgien		18.7	22.0	27.3	21.3		10.7
Dänemark	7.3	2.8	36.2	27.7		16.4	9.6
Deutschland	5.4	7.0	44.5	6.4	36.6		0.2
Finnland	10.0	6.0	25.5	30.0	28.5		
Frankreich	10.2	1.2	43.8	1.7	17.0	25.8	
Griechenland	5.7		52.7		41.7		
Großbritannien		1.8	64.0	7.1		27.0	
Irland	3.6	1.2	10.2	5.4	32.5	47.0	
Italien	5.6	2.9	27.8	9.1	31.5	18.9	5.2
Luxemburg	1.7	8.3	21.7	25.0	43.3		
Niederlande	3.3	7.3	30.0	34.7	19.3		5.3
Österreich		7.7	35.5		28.4		
Portugal	7.4	0.9	50.0		35.2	6.5	
Spanien	2.3	2.0	35.7	5.7	54.3		
Schweden	12.3	4.6	37.5	10.0		35.5	
Durchschnitt	5.0	4.7	33.3	12.7	26.0	11.8	4.0
Durchschnitt	9.7		72.0			15.8	

Quelle: Hix (2003: 159).

Für die Bestimmung der Parteihaltungen zur europäischen Integration und zur EU kommen im Folgenden zwei Unterscheidungen zur Geltung. Die bei Hix vorgenommene Differenzierung zwischen Kräften mit einer Pro-EU- und einer Anti-EU-Haltung ist das eine. Die Anti-EU-Gruppe wird jedoch bei anderen Autoren weiter unterteilt. Aleks Szczerbiak und Paul Taggart machen beispielsweise einen Unterschied zwischen "hartem" und "weichem" EU-Skeptizismus, und andere Autoren greifen diese Typenbildung – bisweilen kritisch – auf (vgl. Szczerbiak/Taggart 2000; Taggart/Szczerbiak 2001; Kopecký/Mudde 2002). Die hier zitierten Arbeiten zeigen im übrigen auch, dass sowohl im Beitrittsgebiet wie auch in Westeuropa Parteien mit ablehnenden Plattformen gegenüber der EU auf die Linke und die Rechte verteilt sind. Für unsere Zwecke erscheint es sinnvoll, sich terminologisch anstelle von "hartem" und "weichem" Euro-Skeptizismus stärker an den Motiven für die Ablehnung zu orientieren. Nur so kann deutlich werden, mit welchen programmatischen Elementen sich Anti-EU-Denken schmückt. Im Folgenden wird dies durch die Unterscheidung zwischen EU-Skeptizismus und Euro-Skeptizismus versucht (siehe auch Beichelt 2004b). EU-Skeptizismus bezeichnet dabei eine politische Haltung, die sich nicht pauschal gegen die Idee der europäischen Integration richtet. Kritisiert wird von EU-skeptischen Kräften allerdings die Praxis der EU-Integration, die aus deren Sicht vor allem als zu bürokratisch, zu zentralistisch und aus Legitimitätsgesichtspunkten gegenüber dem Nationalstaat unterlegen ist (vgl. Tiersky 2001). In vielfacher Hinsicht klassische EU-Skeptizisten waren nach dieser Klassifikation z.B. Charles de Gaulle oder Margaret Thatcher (de Gaulle 2001; Thatcher 2001).

Dem EU-Skeptizismus gegenüber steht der umfassendere Euro-Skeptizismus. Dieser ist nicht nur durch eine Kritik an der Praxis, sondern auch an der Idee der europäischen Integration geprägt. Dabei werden die Prinzipien des europäischen Einigungsprozesses – die Abgabe von Souveränitätsrechten, die Schaffung eines europaweiten Binnenmarktes, der ideelle Austausch über Nations- und Gemeinschaftsgrenzen – überwiegend kritisch beurteilt. Während der EU-Skeptizismus vor allem auf der gemäßigten Rechten in den Parteienfamilien der Konservativ-Nationalen und der Agrarier gepflegt wird, vertreten in Mitteleuropa die Parteien der Radikalen Rechten und der Radikalen Linken euro-skeptische Positionen.

Insgesamt steht die Zuordnung der Parteien hinsichtlich ihres Enthusiasmus für Integration unter der Schwierigkeit, dass trotz einer Vielzahl von Arbeiten über die Parteiensysteme im postsozialistischen Europa (Beyme 1994; Segert/Stöss/Niedermayer 1997; Lewis 2000; Beichelt 2001a; Bugajski 2002) in einigen Ländern noch immer bei fast jeder Wahl neue Parteien in die Parlamente gespült werden und gleichzeitig viele bestehende Parteien sich nach wie vor im Prozess der programmatischen Transformation befinden. Die im Folgenden begründete Einordnung der programmatischen Schwerpunkte der Parteien (vgl. Tabelle 3.5) trägt daher z.T. tentativen Charakter.

Sonderfälle Estland, Lettland

Zunächst einige Worte zu möglicherweise strittigen Einordnungen in Estland und Lettland, den Parteiensystemen mit besonders hoher Volatilität. In Estland haben sich im Laufe der Zeit die ehemals fast ausnahmslos liberalen Parteien in unterschiedliche Lager ausdifferenziert. Vergleichsweise klar zuzuordnen sind die *Vereinte Volkspartei* als Partei der russischen Minderheit und die liberale *Reformpartei* (RE) des ehemaligen Premierministers Siim Kallas (vgl. Reetz 2002). Die *Moderate Volkspartei* (M)[30] und die *Zentrumspartei* (K) können beide als sozial-liberal bezeichnet werden, da sie einerseits während der Transformationsphase liberale Positionen zur Privatisierung und zur Marktöffnung vertreten haben, andererseits aber – besonders im Falle der *Zentrumspartei* unter Edgar Savisaar – zunehmend sozialprotektive Elemente in Programm und Rhetorik aufgenommen haben. Die *Zentrumspartei* war die einzige große estnische Partei, die sich im Vorfeld des Referendums mit knapper Mehrheit gegen den EU-Beitritt ausgesprochen hat (FAZ, 12.9.2003). Die ursprünglich christdemokratische Partei *Isamaa* (Pro Patria) hat sich in den letzten Jahren unter Mart Laar immer stärker in Richtung einer national-konservativen Partei entwickelt. Bei den Wahlen im März 2003 kam schließlich neben *Res Publica* mit der *Estnischen Volksunion* eine weitere Partei mit populistisch-agrarischem Einschlag ins Parlament (FAZ, 1.3., 4.3., 9.4., 11.4.2003). Sie hat ihre Ursprünge in der ehemaligen *Landvolkpartei* (EME), deren Führer bis zu seiner Wahl als Staatspräsident Arnold Rüütel, der ehemalige Vorsitzende der estnischen Kommunistischen Partei, war.

Die Volatilität, d.h. der Veränderungsgrad innerhalb eines Parteiensystems über zwei und mehr Wahlperioden, ist in Lettland seit Beginn der Transformation so hoch wie in keinem anderen Staat Europas (Beichelt 2001a: 270). Bei der letzten Wahl im Oktober 2002 wurden erneut 48 der insgesamt 100 Mandate im Saeima von Parteien belegt, die in der vorherigen Legislaturperiode gar nicht existiert hatten. Hinzu kamen 24 Sitze für die neue Listenverbindung *Für Menschenrechte in einem Vereinten Lettland* (PCTVL), deren Einzelbestandteile, die *Partei der Volksharmonie* und die *Sozialistische Partei,* jedoch auch früher schon im Saeima vertreten waren (und auch im neuen Saeima getrennte Fraktionen bilden). Obwohl sie über eine gemeinsame Liste in das Parlament eingezogen sind, können die beiden Parteien unterschiedlich eingeordnet werden. Die *Sozialistische Partei* hat einen linksextremen Einschlag, während in der *Volksharmonie* zum einen das ethnisch-russische Element stärker ist, zum anderen die sozio-ökonomischen Programmforderungen gemäßigter erscheinen (Zvagulis 2002).

---

[30] Seit einiger Zeit hat sich die Partei einen neuen Namen gegeben: *Sozialdemokratische Partei* (SDE). Es bleibt abzuwarten, inwiefern sich der neue Name durchsetzen wird. Zumindest in der Adresse der Homepage wird noch der Namen der *Moderaten* an erster Stelle geführt (siehe http://www.moodukad.ee/sotsdem/; 10.5.2004).

Tabelle 3.5: Parteienfamilien und Europa-Ausrichtung in den Parlamenten der Beitrittsländer, Ende 2003

	Euro-skeptisch	Pro-EU				Tendenz zur EU-Skepsis		Euro-skeptisch
	Kommunisten / extreme Linke	Sozialdemokraten / Moderate Linke	Minder-heiten-Parteien	Liberale	Christ-demokraten	Konservativ-national	Agrarparteien	Radikale Rechte
Estland		Moderate (M) Zentrumspartei (K)*		Reformpartei (RE)		Isamaa Res Publica	Volksunion	
Lettland	Sozialis-tische Partei	Volksharmonie			Volkspartei Erste Partei	Neue Ära TB/LNNK	LZS	
Litauen		LSDP Liberaldemokraten*		LiCS Neue Union (NS)	LKD	TS		
Malta		Arbeitspartei*			Nationalistische P.			
Polen		SLD		PO		PiS	PSL	LPR Samoobrona*
Slowakei	KSS	Smer*	SMK	ANO	SDKU KDH	HZDS*		
Slowenien		ZLSD		LDS	SKD+SNS N.Si SDS (!)			SNS
Tschechien	KSCM	ČSSD		US	KDU-ČSL	ODS		
Ungarn		MSZP		SZDSZ	MDF	FIDESZ-MPP		
Zypern	AKEL**			DIKO	DISY			

* Die hier gekennzeichneten Parteien wurden vorläufig zugeordnet; gleichzeitig bestehen aber auch deutliche Abweichungen gegenüber den übrigen Parteien in derselben Spalte. Gemeinsames Merkmal: populistische Rhetorik, EU-skeptische Positionen. Weitere Erläuterungen siehe Fließtext.
** Hat ihre euro-skeptische Haltung in den letzten Jahren teilweise revidiert.

Aus der Legislaturperiode 1998-2002 überlebt haben die konservativ-nationale *Für Vaterland und Freiheit* (TB/LNNK) sowie die *Volkspartei*, die unter dem früheren Ministerpräsidenten Andris Škele eine eigentümliche Mischung aus liberalen, konservativen und sozialprotektionistischen Programmpunkten propagiert (Reetz 2002: 296).[31] Die Einordnung der *Neuen Ära* unter ihrem vorübergehend als Ministerpräsidenten fungierenden Führer Einars Repše fällt wegen des Fehlens einschlägiger wissenschaftlicher Literatur schwer. Presseberichte rücken sie in die Ecke einer sozial-protektiven Partei mit Law-and-order-Komponenten (FAZ, 15.2.2003). Aus dem Programm der *Ersten Partei* ergibt sich eine christdemokratische Ausrichtung. Der agrarische *Bauernbund* (LZS) ist bei der letzten Wahl auf einer Liste mit den *Grünen* angetreten, die sich mit dem gegenwärtigen Ministerpräsidenten Indulis Emsis als rechte Partei verstehen.[32] Zu Anfang der 1990er-Jahre waren die *Grünen* eine zeitlang mit der LNNK, dem radikalen Flügel der Unabhängigkeitsbewegung, verbunden.

Parteifamilien in Mitteleuropa

In den übrigen mitteleuropäischen Beitrittsstaaten erscheinen die Parteiensysteme fünfzehn Jahre nach der Etablierung der neuen Regimes strukturierter und können somit ohne weitere Vorrede vergleichend behandelt werden. In Litauen, Polen, Tschechien und Ungarn verfügen Parteien der gemäßigten Rechten und Linken jeweils über die große Mehrheit der Mandate. Die Parteien mit sozialdemokratischer Programmatik heißen *Demokratische Arbeitspartei* (LDDP) in Litauen,[33] *Bündnis der Demokratischen Linken* (SLD) mit der *Sozialdemokratie* (SdRP) als stärkstem Bestandteil in Polen,[34] *Sozialdemokratische Partei* (ČSSD) in Tschechien und *Sozialistische Partei* (MSZP) in Ungarn. Mit Ausnahme der tschechischen Sozialdemokraten handelt es sich dabei um reformierte Nachfolgeparteien der alten kommunistisch gefärbten Regimeparteien. Alle soeben genannten Parteien haben seit dem Regimewechsel in einer Alleinregierung oder als größte Partei einer Koaliti-

---

31 Die wenigsten Parteiprogramme der lettischen Parteien liegen auf englisch vor. Siehe jedoch: http://www.tautaspartija.lv/ (Volkspartei).

32 "Gegenwärtig" bedeutet: Juli 2004. Setzt sich die Fluktuation bei den lettischen Ministerpräsidenten in der bisherigen Form fort, wird es bis zur Drucklegung vermutlich bereits einen neuen Kandidaten geben. Dieser kann dann aktuell nachgesehen werden unter: http://www. electionworld.org/election/latvia.htm.

33 Seit 2000 stellt die *Sozialdemokratische Partei* (LSDP) im Seimas eine gemeinsame Fraktion mit der LDDP (Tauber 2002: 168).

34 Die polnische gemäßigte Linke hat sich im Frühjahr 2004 gespalten; für ein Urteil über die Beständigkeit der Spaltung erscheint es zum Redaktionsschluss dieses Textes noch zu früh. Bei den Wahlen zum Europa-Parlament schafften beide Arme der alten SLD den Einzug: der *Demokratische Linksbund – Union der Arbeit* (SLD-UP) mit 9.3% und die *Sozialdemokratie Polens* (SDPL) mit 5.3% der Stimmen (FAZ, 15.6.2004). Bei einer Wahlbeteiligung von ca. 20% lassen sich aus diesen Ergebnissen keine Rückschlüsse auf zukünftige Entwicklungen ziehen.

on die Regierung gestellt und während dieser Zeit den Beitrittsprozess vorangetrieben; ähnliches gilt für die *Vereinigte Liste der Sozialdemokraten* (ZLSD) in Slowenien.[35]

Daneben gibt es bei der moderaten Linken jedoch auch eine Reihe von Parteien, die sich weniger eindeutig zuordnen lassen. Dabei handelt es sich um Kräfte, die sich – häufig mit populistischem Einschlag – an die große Bevölkerungsgruppe der Modernisierungs- oder Wendeverlierer wenden. Häufig werden diese Gruppen von Politikern geführt, die eine Rhetorik des Anti-Establishment pflegen und dem Rückgängigmachen von Reformen weitaus mehr Aufmerksamkeit schenken als der Formulierung von Programmen zur Bewältigung der sozialen und wirtschaftlichen Modernisierung. Zu dieser Gruppe gehören die slowakische *Smer*, die estnische *Zentrumspartei* (K) und die von Rolandas Paksas gegründete *Liberaldemokratische Partei* in Litauen. Im Gegensatz zur übrigen moderaten Linken wird bei diesen Parteien ein eher EU-skeptischer Diskurs gepflegt; deshalb werden sie in Tabelle 3.5 mit einem Sternchen ausgesondert. Wegen des Protests gegen sozialen Wandel auf der sozio-ökonomischen Ebene werden sie trotz der genannten Vorbehalte zur Gruppe der gemäßigten Linken gerechnet.

Die dritte Gruppe auf der politischen Linken wird von den *Kommunistischen Parteien* (der KSS in der Slowakischen, der KSČM in der Tschechischen Republik, der AKEL in Zypern) gestellt. Dabei handelt es sich um linke Kräfte, die in ihren Programmen wie auch im Auftreten in den Parlamenten euro-skeptische Züge offenbart haben (Beichelt 2004b: 8, 14).

Auch bei der Einordnung der parlamentarischen Rechten in Mitteleuropa gibt es schwer zu überwindende Probleme. In Litauen, der Slowakei, Slowenien und Tschechien haben sich bald nach der Wende kleinere *Christdemokratische Parteien* etabliert, die bei den Wahlen seit Mitte der 1990er Jahre im Schnitt etwa 10% der Stimmen und Parlamentssitze auf sich vereinigen konnten: in Litauen die *Christlich-Demokratische Partei* (LKDP)[36], in der Slowakei die *Demokratische und Christliche Union* (SDKU) sowie seit 2002 die *Christlich-Demokratische Bewegung* (KDH), in Slowenien seit dem Jahre 2000 die *Christdemokraten + Volkspartei* (SLS+SKD)[37] sowie in Tschechien die *Christlich-Demokratische Union / Tschechische Volkspartei* (KDU-ČSL). Diese Parteien streiten für eine starke Stellung der Familie im sozialen Leben, für die Belange vor allem der katholischen Kirche, setzen sich für kleine und mittlere Unternehmen ein und sehen in der europäischen Einigung eine willkommene Rückgliederung des eigenen Landes in die "christliche Kultur

---

[35] Die slowenische Partei der *Sozialdemokraten* (SDS) wird dagegen als "rechte Zentrumspartei" mit zum Teil populistischem Einschlag bezeichnet (Lukšič 2002: 624).

[36] Bei den Wahlen 2002 nur noch mit 3.1% der Stimmen.

[37] Bei der Vereinigung von SLS und SKD spaltete sich die ebenfalls christdemokratische Partei *Neues Slowenien. Christliche Volkspartei* (N.Si) ab, die bei der Wahl 8.6% der Stimmen gewann (Lukšič 2002: 625).

Westeuropas".[38] Mit diesen Programmschwerpunkten können – wie erwähnt – auch die lettische *Volkspartei* und *Erste Partei* sowie das ungarische *Demokratische Forum* (MDF) der christdemokratischen Parteienfamilie zugerechnet werden.

Neben den Christdemokraten wie in der Slowakei oder in Slowenien, die der gleichnamigen Parteifamilie in Westeuropa ähneln, zeichnet sich in Mitteleuropa die Entwicklung einer weiteren Parteienfamilie mit traditionellen Programmelementen der gemäßigten Rechten ab. Wie bei den Konservativen in West- und Südeuropa spielen dabei konservative Werte im Hinblick auf Familie, Religion und Nation eine wichtige Rolle. Hinzu kommen jedoch, und dies durchaus in innerem Widerspruch zu den konservativen Elementen, liberale Programmpunkte z.B. in der Wirtschaftspolitik. Es entsteht eine "eigenartige Mischung aus Liberalismus, paternalistischer Sozialfürsorge und law and order" (Veser 2003a). Insbesondere im Hinblick auf europapolitische Positionen lässt sich dabei von einer konservativ-nationalen Parteifamilie mit – und damit unterscheidet sie sich von konservativen westeuropäischen Parteien – wirtschaftsliberalem Einschlag sprechen. In Ungarn etwa steht die *Bürgerliche Partei* (FIDESZ-MPP) für die Verbindung von zwei Programmelementen: der Betonung des Nationalen nach innen wie nach außen sowie der Befürwortung weit gehender wirtschaftlicher Reformen (Bauer 2002; Vetter 2002). Da sich das eine Ziel eher mit dem europäischen Einigungsprozess reibt, das andere jedoch gerade mit Hilfe der EU besser zu erreichen ist, ist eine ambivalente Position gegenüber der EU die wenig überraschende Folge.

Für diese Ambivalenz stehen einige Gruppierungen und Akteure. Václav Klaus, tschechischer Präsident und ehemaliger Vorsitzender der *Bürgerpartei* (ODS), mochte seinen Mitbürgern anlässlich des Beitrittsreferendums keine Zustimmung empfehlen. Jan Zahradil, der Vorsitzende der ODS, gehörte zur kleinen Gruppe der Mitglieder des Europäischen Konvents, die anstelle der – so die Autoren – schwerfälligen, überbürokratisierten und intransparenten Europäischen Union eine Neugründung als "Europa der Demokratien" gefordert hat.[39] Von Viktor Orbán, dem Vorsitzenden von FIDESZ-MPP und ehemaligen Premierminister Ungarns, ist die Formulierung überliefert: "Nicht wir gehen auf Europa zu, sondern wir lassen Europa nach Ungarn hinein" (zitiert nach Eörsi 2003). Dieses selbstbewusste Auftreten und die offensive Gegenüberstellung der Vorzüge von Nationalstaaten gegenüber Nachteilen der Integration ist eine gemeinsame Eigenschaft vieler konservativ-nationaler Gruppierungen.

Damit hat sich in Mitteleuropa nicht nur an den radikalen Enden des Links-Rechts-Spektrums, sondern auch bei der gemäßigten Rechten bereits

---

[38] So auf der homepage der litauischen Christdemokraten (LKD; http://www.lkdp.lt/index-en.php).

[39] Zu finden als Anlage des Berichts des Konventsvorsitzenden vom 18.7.2003, http://euro pean-convention.eu.int/docs/Treaty/cv00851.de03.pdf.

vor dem Beitritt ein EU-Skeptizismus breit gemacht, der in den frühen 1990er-Jahren angesichts des allgemein verbreiteten Europa-Enthusiasmus kaum erwartet worden war. Der konservativ-nationalen Parteifamilie sind Parteien unterschiedlicher Herkunft zuzuordnen. Mit der ungarischen *Bürgerlichen Partei* (FIDESZ-MPP), der tschechischen *Bürgerlichen Partei* (ODS) und der lettischen Partei *Vaterland und Freiheit* (TB/LNNK) finden sich Parteien mit Wurzeln in der ehemaligen Regimeopposition, die früher oder später die nationale Komponente gegen die Souveränitätsansprüche der EU ausspielten. Im nördlichen Mitteleuropa entsprechen mit der estnischen *Res Publica*, der lettischen *Neuen Ära* sowie der polnischen Partei *Recht und Gerechtigkeit* (PiS) neu gegründete Gruppierungen mit Anti-Korruptions-Kurs der konservativ-nationalen Linie. Hinzuzurechnen zu der gesamten national-konservativen Gruppe, in der aus der nationalen programmatischen Orientierung eine Tendenz zur EU-Skepsis abgeleitet wird, sind auch die estnische *Isamaa* (Bugajski 2002: 72) sowie der litauische *Vaterlandsbund* (TS).[40]

Die dritte Familie der gemäßigten Rechten besteht aus liberalen Parteien. In diese Kategorie gehören die estnische *Reformpartei* (RE), die litauischen Gruppierungen *Liberalzentristische Union* (LiCS)[41] und *Neue Union* (NS), die polnische *Bürgerplattform* (PO),[42] die slowakische *Neue Bürgerallianz* (ANO), die slowenischen *Liberalen Demokraten* (LDS), die tschechische *Freiheitsunion* (US) und der ungarische *Bund der Freien Demokraten* (SZDSZ). Innerhalb der liberalen Familie ergeben sich jedoch deutliche Unterschiede. Die ungarischen Freien Demokraten (SZDSZ) werden eher als linksliberal eingestuft (Körösényi 2002: 336). Demgegenüber ist die estnische *Reformpartei* (RE) ebenso als rechtsliberal anzusehen wie die litauische *Liberalzentristische Union* (Veser 2003b).

Insgesamt ist die Zuordnung innerhalb der gemäßigten Rechten nicht unproblematisch. Vordergründig liegt dies am Aufkommen immer neuer Parteien, teils durch neue "politische Unternehmer" (Max Weber), teils durch Abspaltungen aus ideologisch-programmatischen oder wahltaktischen Gründen. Dahinter steht jedoch, dass sich die Parteiensysteme Mitteleuropas nach wie vor im Rahmen von Gesellschaften bewegen, die einem sehr schnellen Modernisierungsprozess unterzogen sind. Die daraus resultierende gesell-

---

[40] Beim Vaterlandsbund (TS) besteht der latente Gegensatz von National-Konservatismus und Pro-EU-Ausrichtung bislang noch fort; durch seinen neuen Beinamen "Konservative, Christliche Demokraten und Freiheitskämpfer" offeriert der Vaterlandsbund auch eine Möglichkeit, die Partei als christdemokratisch einzuordnen. Bislang ist jedoch das national-konservative Element vorherrschend gewesen.

[41] Die LiCS ist im Juni 2003 aus der Vereinigung von drei Zentrumsparteien entstanden. Neben der *Zentrumsunion* und den *Moderaten Christlichen Demokraten* handelt es sich dabei vor allem um die *Liberale Union* (LLS) – die Partei, aus der der mittlerweile abgesetzte Präsident Rolandas Paksas ursprünglich stammte.

[42] Bei der PO handelt es sich um eine Abspaltung der "klassischen" liberalen *Freiheitsunion* (UW), die bei den Wahlen 2001 an der 5%-Hürde scheiterte.

schaftliche Dynamik, die viele Wähler in einem Zustand starker sozio-ökonomischer und sozio-kultureller Unsicherheit hinterlässt, stellt einen wichtigen Grund für Wählervolatilität dar.

Dazu kommt noch, dass der Transformationsprozess zu einer Problemlage staatlichen Handelns führt, die in dieser Schärfe in Westeuropa nicht vorzufinden ist. Zum einen hat der Staat in Mittel- und Osteuropa große Schwierigkeiten bei der Erfüllung einiger seiner zentralsten Aufgaben, z.b. der Bekämpfung von Verbrechen, der Aufrechterhaltung der Infrastruktur, der Ausfinanzierung des Bildungssystems. Das schafft günstige Gelegenheiten für politische Kräfte mit Law-and-order-Programmen. Zum anderen stehen staatliche Stellen häufig im Ruf, sich trotz der Schwäche des Staates in vielen Bereichen in das Leben der Bürger einzumischen. Das zeigen beispielsweise die Ausführungen der EU-Kommission zur Korruption in den Beitrittsstaaten ganz deutlich. Mithin haben liberale politische Programme ebenfalls Aussicht auf Wahlerfolg. Zuletzt hat der Staat es in der Regel nicht vermocht, den sozialen Abstieg vieler Bevölkerungsschichten zu bremsen. Das führt zu guten Erfolgsaussichten für alle politischen Kräfte, die sozialprotektive Versprechungen machen. Nicht selten führt dies zu Wahlerfolgen von politischen Kräften, die all diese Komponenten kombinieren und über eine charismatische Führerfigur auch symbolisch verkörpern (vgl. nochmals Veser 2003a; Veser 2003b).

Das Vermächtnis der Systemtransformation schafft damit Gelegenheitsstrukturen für einen Parteityp, der quer zur historischen Entwicklung der Parteifamilien in Westeuropa steht. Das konservative Element ist nicht als Opposition zur Demokratie, sondern als Protest gegen das Staatsversagen entstanden; der Rückbezug auf die nationale Gemeinschaft ist das Gemeinsame. Das liberale Element wendet sich gegen Überbürokratisierung und muss sich in seiner Befürwortung der Marktwirtschaft stärker mit den negativen sozialen Folgen des staatlichen Fürsorgeentzugs auseinandersetzen. Daher verschieben sich die Schwerpunkte gegenüber dem aus Westeuropa Bekannten, und die Einordnung der Parteien beruht auf der Betonung des am stärksten hervorstechenden Programmelements. Demgegenüber würde die Zuordnung zu einer "neuen" konservativ-liberal-sozialprotektiven Parteienfamilie neue Untiefen, z.B. die der inneren Kohärenz, schaffen. Die Entscheidung der Zuordnung zu den aus Westeuropa bekannten Parteifamilien beruht nicht zuletzt auf der Erwartung, dass die Parteiensysteme Mitteleuropas nach dem Ende der Transformation – wegen der ähnlichen Problemlagen in der erweiterten Union – einem Anpassungsdruck in Richtung des westeuropäischen Modells unterliegen werden.

Neben den "großen" Parteienfamilien der gemäßigten Rechten und der gemäßigten Linken sind drei weitere Parteienfamilien im mitteleuropäischen Raum vertreten. Die Familie der Kommunisten, d.h. der unreformierten (Post)Sozialisten wurde bereits erwähnt; ihre Vertreter haben in Tschechien und der Slowakei die Prozenthürde von jeweils 5% übersprungen. Die Minderheitenparteien – Parteien, die sich in ihrem Vertretungsanspruch in erster Linie an eine ethnische Minderheit richten – sind zum Zeitpunkt des Beitritts mit der *Ungarischen Koalitionspartei* (SMK) nur in der Slowakei in Fraktionsstärke vertreten gewesen. Agrarparteien saßen oder sitzen in Estland (*Landvolkpartei*, EME), Lettland (der *Bauernbund*, LZS, im Verbund mit den *Grünen*), Polen (*Bauernpartei*, PSL) sowie in Ungarn (*Partei der Kleinlandwirte*, FKgP) in den Parlamenten. Die agrarischen Parteien werden in Tabelle 3.5 wie die konservativ-nationale Familie mit einer Tendenz zur EU-Skepsis markiert. Diese speist sich vor allem aus dem Kontext der Beitrittsverhandlungen, in dem die Agrarparteien eine abwartende bis ablehnende Position gegenüber der durch den Agrarmarkt zu erwartenden Neuerungen einnehmen mussten – schließlich bedroht die Marktausdehnung die Existenz der kleinen und mittleren agrarischen Betriebe. Mit dem Beitritt könnten sich die Determinanten der Interessenvertretung der agrarischen Parteien jedoch ändern und auf die EU-Agrartöpfe richten. Daher ist die Attributierung als "EU-skeptisch" mit Vorbehalt zu sehen.

Malta, Zypern

Wegen der grundsätzlich unterschiedlichen Lagerung sind die Parteiensysteme Maltas und Zyperns getrennt zu behandeln, wenngleich der Tatbestand der Integrationsfreundlichkeit bzw. der Integrationsskepsis postsozialistischer Parteien natürlich nicht ausschließlich im Transformationskontext zu sehen ist. Das maltesische Parteiensystem fällt hinsichtlich seiner Europa-Ausrichtung aus dem europäischen Rahmen. Die *Nationalistische Partei* (PN) ist trotz ihres Namens die europafreundliche Kraft im Zweiparteiensystem. Die Partei sieht im EU-Beitritt sozio-kulturelle, politische und wirtschaftliche Vorteile und befürwortet die EU-Zugehörigkeit auch in sicherheitspolitischer Hinsicht. Sie ist als christdemokratisch einzustufen (Waschkuhn/Bestler 1997: 669). Demgegenüber beurteilt die maltesische *Arbeitspartei* (MLP) wegen der speziellen Lage des kleinen Inselstaates den EU-Beitritt als Gefahr. EU-skeptische Argumente beziehen sich auf den neutralen Status des Staates, die Inflexibilität von EU-Politiken – insbesondere der Agrarpolitik – und die Gefahr zunehmender sozialer Spannungen (Rizzo 1998). Das maltesische Parteiensystem ist also von einer EU-skeptischen moderaten Linken und einer EU-freundlichen moderaten Rechten geprägt.

In Zypern waren und sind die Positionen der Parteien zur Europäischen Einigung in die beiden wichtigsten *cleavages*, die sozio-ökonomische Konfliktlinie und die Haltung zur Teilung der Insel, eingebettet. Von den beiden traditionellen "linken" Parteien verfolgte die *Griechisch-Zypriotische Sozialistische Partei* (EDEK) einen eher auf Überwindung der Teilung angelegten Kurs, während die kommunistische *Griechisch-Zypriotische Fortschrittspartei der Werktätigen* (AKEL) einen deutlich nationalistischeren Einschlag hatte. In diesem Zusammenhang verzögerte AKEL auch den Beitrittsantrag im Jahre 1990 (Brewin 2000: 67); zum einen wegen des vermeintlich besseren Schutzes der zypriotischen Wirtschaft und zum anderen wegen der aus Sicht der AKEL vorrangigen Notwendigkeit zur Überwindung der Teilung. Auf dem rechten Spektrum steht die "zentristisch-liberale" (Tzermias 1998: 529) *Demokratische Partei* (DIKO)[43] für einen nationalistischen Kurs gegenüber den türkischen Zyprioten, während die christ-demokratische *Griechisch-Zypriotische Demokratische Vereinigung* (DISY)[44] des langjährigen Präsidenten Glafkos Klerides tendenziell bereit war, Konzessionen zugunsten einer Annäherung der beiden Volksgruppen zu gewähren.

Die Teilung der Insel trug und besitzt insofern eine starke europapolitische Dimension, als die Aussicht auf EU-Beitritt mehrmals als Druckmittel auf widerwillige Politiker beider Seiten verwandt wurde. Der vom nordzyprischen "Präsidenten"[45] Rauf Denktasch über Jahre verfolgte Kurs lautete, die "Selbständigkeit" des Landes nicht auf dem Umweg über die europäische Integration aufzugeben. Deswegen wehrte er sich – mit Unterstützung Ankaras – u.a. gegen den seit 1998 vorangetriebenen Plan der griechisch-zypriotischen Regierung, die türkisch-zypriotische Volksgruppe in die Verhandlungsgruppe für die Erweiterung aufzunehmen. Mit dieser Grundkonstellation war jedoch deutlich geworden, dass der EU-Beitritt durchaus als taktisches Mittel zur Lösung des Zypern-Problems eingesetzt werden konnte. Auch die kommunistische AKEL änderte daher in der zweiten Hälfte der 1990er-Jahre ihren Kurs und wurde integrationsfreundlicher (vgl. Tzermias 1998: 650-655). Bei der parlamentarischen Abstimmung im Juli 2003 stimmten daher alle Abgeordneten, d.h. auch die drei mit Fraktionen vertretenen Parteien DISY, AKEL und DIKO für den Beitritt.

Beim im griechischen Südteil gescheiterten Referendum über den Annan-Plan vom 24.4.2004, der die Teilung Zyperns überwunden und die gesamte Insel in die EU gebracht hätte, sprachen sich die Parteien nicht einheitlich aus. Die DIKO folgte Staatspräsident Papadopoulos beim Werben für ein "Nein", während die DISY Zustimmung zum Annan-Plan signalisierte. Die AKEL hingegen hatte sich kurz vor dem Referendum zu einem "Nein" entschieden, das aber vom Generalsekretär der Partei Christofas als gar kein eigentliches Nein bezeichnet wurde (FAZ, 26.4.2004). In einer eigentümlichen Dialektik signalisierten nach dem Referendum zudem alle Parteien, weiterhin für eine Wiedervereinigung der Insel auf den Grundlinien des Annan-Plans zu werben.

---

43 Gleichzeitig wird die DIKO jedoch auch als "linke" Partei bezeichnet (Hermann 2003). Dies stimmt damit überein, dass sie in ihrer "ideologischen Deklaration" auch Elemente der Planwirtschaft propagiert (Typaldou 2004: 13).

44 Siehe http://www.disy.org.cy/.

45 Der Staat Nordzypern wird völkerrechtlich lediglich von der Türkei anerkannt; daher wird der Terminus Präsident in Anführungszeichen gesetzt.

Tabelle 3.6: Parlamentssitze für Parteienfamilien und Europa-Ausrichtung in den Beitrittsländern, Ende 2003

	Euro-skeptisch	Pro-EU				Tendenz zur EU-Skepsis		Euro-skeptisch
		Gemä-ßigte Linke	Gemäßigte Rechte					
	Kommu-nisten	Sozial-demo-kraten / Moderate Linke	Liberale	Christ-demo-kraten	Min-der-heiten-partei-en	Konser-vativ-national	Agrar-parteien	Radikale Rechte
Estland		5.9 **27.7 *12.9	18.8			6.9 *27.7		
Lettland		*24.0		*21.0 10.0		*26.0 7.0	12.0	
Litauen[a]		36.2	24.1 *20.6	2.1		6.4	2.8 (-)	
Malta		**46.2		53.9				
Polen		47.0	14.1			9.6	9.1	11.5 8.3
Slowakei	7.3	16.7	10.0	18.7 10.0	13.3	24.0		
Slowenien[a]		12.2	37.8	10.0 8.9 15.6				4.4
Tschechien	20.5	35.0	4.5	11.0		29.0		
Ungarn		46.1	5.2	6.2		42.5		
Zypern[a]	35.7		33.9			16.1		
Durchschnitt	6.4	31.0	16.9	16.7	1.3	19.5	2.4	2.4
Durchschnitt	6.4	65.9				24.3		

[a] Summe der Mandate ist geringer als 100%: Einzelabgeordnete oder Kleinparteien mit unklarer Zuordnung werden nicht aufgeführt.
* Zuordnung vorbehaltlich der konkreten Umsetzung des Parteiprogramms (neu gewählte Partei oder programmatische Umorientierung; siehe Fließtext).
** Im konkreten Fall EU-skeptische Ausrichtung.

Fazit

Werden nun – unter Berücksichtigung einzelner vorläufiger Zuordnungen – die Stimmengewichte EU-befürwortender sowie euro- und EU-skeptischer Parteien betrachtet (Tabelle 3.6), fällt zunächst die strukturelle Mehrheit pro-europäischer Kräfte in fast allen Staaten des Beitrittsgebiets ins Auge. Einziger Ausnahmefall ist Estland. Hier ist jedoch – wie erwähnt – die Einordnung der *Zentrumspartei* (K) nicht ganz eindeutig. Zwar hat die Partei den estnischen Bürgern auf dem genannten Parteitag ein "Nein" für das Beitritts-referendum empfohlen. Allerdings wurde die Partei durch die Entscheidung tief gespalten, und vorher trat sie auch nicht als kohärente EU-skeptische Kraft auf. Insofern lässt sich das Abstimmungsergebnis auch als Folge eines taktischen und damit nicht repräsentativen Manövers interpretieren. Während fast überall strukturelle Mehrheiten für integrationsfreundliche Kräfte beste-hen, kommen diese allerdings wegen des unterschiedlichen Charakters der Parteiensysteme nicht überall gleichermaßen zum Tragen. In der mitteleuro-päischen Empirie sind die beiden wichtigen Variablen Fragmentierung und Polarisierung (im Hinblick auf die EU) unterschiedlich verteilt:

a) Geringe Polarisierung bei den Europa-Strategien in Kombination mit hoher Fragmentierung: In Estland, Lettland, Litauen, Slowakei und Slowenien sind die Parteiensysteme mit jeweils mindestens sechs Parteien relativ stark fragmentiert. Gleichzeitig war jedoch wenigstens während des Erweiterungsprozesses Europa kein Thema, welches die politischen Gemüter stark erhitzte. In Estland, Lettland und der Slo-wakei existieren konservativ-nationale Parteien. Parteien dieses Typs haben in Westeuropa in einigen Ländern – z.B. in Großbritannien – Elemente des EU-Skeptizismus in ihr Programm aufgenommen. In Frankreich hingegen haben die ebenfalls diesem Typ zuzuordnenden Gaullisten in der Summe eine überaus dynamische Rolle bei der euro-päischen Integration gespielt. Daher wäre es recht gewagt, der estni-schen *Isamaa* oder dem lettischen *Vaterland und Freiheit* (LNNK/TB) oder den neu gegründeten Parteien (siehe nochmals Tabelle 3.5) ohne weiteres eine EU-skeptische Zukunft zu prognostizieren. Eher schon lässt sich bei der slowakischen HZDS darüber spekulieren, ob die Partei in Regierungsverantwortung wie 1992-1998 zu einem EU-kritischen Kurs zurückkehren würde. Während also in den fünf Län-dern die Grundaufstellung einiger Parteien vielleicht mittelfristig das Aufkommen EU-skeptischer Elemente erwarten lässt, steht der Frag-mentierung bisher eine relative Einigkeit bezüglich der Befürwortung der europäischen Integration entgegen.

b) Vergleichsweise geringer fragmentiert, aber stärker polarisiert sind die Parteiensysteme Maltas, Ungarns und Zyperns. Die geographische Verteilung mit den sich stark unterscheidenden Kontextfaktoren ver-bindet die drei Länder allerdings zu einer eher künstlichen Gruppe.

- In Malta ist das Thema Europa ähnlich wie in Großbritannien, aber unter entgegengesetzten politischen Vorzeichen, dem domi-nierenden sozio-ökonomischen Konflikt untergeordnet und wird von den beiden Parteien nach der Logik des Zweiparteiensystems eingesetzt. Wie bereits das Stop-and-go während des Beitrittspro-zesses andeutet, hängt der Integrations-Enthusiasmus des Klein-staates in den kommenden Jahren vermutlich vom Charakter der jeweiligen Regierung ab.

- In Ungarn kann trotz des deutlichen nationalen Schwenks der FIDESZ-MPP noch nicht vollends von einer EU-skeptischen Partei gesprochen werden. Eher wurden bei einzelnen Themen Positionen vertreten, die – wie z.b. beim Vertretungsanspruch für Auslandsungarn – im Widerspruch zu einzelnen Teilen des Normenbestands der EU stehen (Vetter 2002). Inwiefern die starke Polarisierung jedoch die Auflösung solcher programmatischer Zielkonflikte verhindert, bleibt abzuwarten.
- In einer anderen Weise als die postsozialistischen Staaten befindet auch Zypern sich in einer Phase der Transformation. Nach der Vereinbarung über den EU-Beitritt ohne gleichzeitige Überwindung der Teilung erscheinen die politischen Fronten weniger polarisiert als in den Jahrzehnten zuvor. Die einstmals "antieuropäische" (Brewin 2000: 67) AKEL stimmte ebenso wie die übrigen Parteien für den Beitritt.

c) Hohe Polarisierung, hohe Fragmentierung: Über die ungünstige Kombination von starker Polarisierung bei gleichzeitiger Fragmentierung verfügen die Parteiensysteme Tschechiens und insbesondere Polens. In beiden Fällen sind integrationsfreundliche Kräfte zwar in der Mehrheit, müssen sich aber mit einer teils euro-, teils EU-skeptischen Opposition auseinandersetzen. Außerdem befinden sich in beiden Ländern Teile der ansonsten kompatiblen Partner der gemäßigten Rechten und Linken bezüglich der Integrationsbefürwortung auf unterschiedlichen Linien. In Polen steht *Recht und Gerechtigkeit* (PiS), in Tschechien die *Bürgerpartei* (ODS) für eine EU-skeptische konservative Politik. In Polen hat die *Bauernpartei* (PSL) die Koalition mit der SLD nicht zuletzt wegen der unterschiedlichen Schwerpunktsetzungen in der Europa-Politik verlassen. Hinzu kommen euroskeptische Kräfte: in Tschechien die *Kommunisten* (KSČM), in Polen die *Liga der polnischen Familien* (LPR) und *Samoobrona*. Die Minderheitenregierungen beider Länder haben es daher in beiden Ländern schwer, eine integrationsorientierte Politik zu betreiben: entweder sie müssen sich mit einem Partner von der anderen Seite des Rechts-Links-Spektrums in Übereinkunft setzen, oder sie sind aus dem programmatisch näher stehenden Lager auf EU- oder euro-skeptische Kräfte angewiesen.

Insgesamt ist daher das integrationsskeptische Potenzial in einigen Parteiensystemen des Beitrittsgebiets beträchtlich. Für Befürworter des Integrationsprozesses ist weniger die absolute Stärke des Anti-Europäismus bedenklich. Dieser ist in den Parlamenten eher schwächer als die politischen Einstellungen vermuten ließen. Hindernisse für eine "geräuschlose" Integration treten vielmehr durch die Kombination von Polarisierung und Fragmentierung in einigen Parteiensystemen auf. Der konsensuale Charakter des Europa-Themas könnte nach dem Beitritt auch in anderen Ländern in Frage stehen, wenn die politische, soziale und wirtschaftliche Transformation den scharfen Parteienwettbewerb weiter nährt und die Parteienfluktuation in Gang hält.

Tabelle 3.7: Euro- und EU-skeptische Parteien in den Parlamenten der Beitrittskandidaten, 2003

	Name der Partei	Stimmanteil in %		Mandatsanteil in %	
		Vor-letzte Wahl	Letzte Wahl	Vor-letzte Wahl	Letzte Wahl
Euro-skeptische Parteien					
Idee und Praxis des Integrationsprozesses wird abgelehnt					
Polen	Liga der polnischen Familien (LPR)	0.0	7.9	0.0	8.3
	Samoobrona	0.0	10.2	0.0	11.5
Slowakei	Vereinigung der Arbeiter der Slowakei (ZRS)	1.3	-	0.0	-
	Kommunistische Partei (KSS)	-	6.3	-	7.3
	Slowakische Nationalpartei (SNS)	9.1	3.3	9.3	0.0
	Wahre Slowakische Nationalpartei (PSNS)	-	3.7	-	0.0
Slowenien	Slowenische Nationalpartei (SNS)	3.2	4.4	4.4	4.4
Tschechien	Kommunistische Partei (KSČM)	11.0	18.5	12.0	20.5
	Republikanische Partei (SPR-RSČ)	3.9	0.0	1.0	0.0
Ungarn	Partei für Leben und Wahrheit (MiéP)	5.6	4.4	3.6	0.0
Zypern	Griechisch-Zypriotische Fortschritts-partei der Werktätigen (AKEL)	33.0	34.7	33.9	35.7
EU-skeptische Parteien:					
Idee der europäischen Integration wird befürwortet; Kritik an deren Praxis					
Estland	Zentrumspartei (K)	23.4	25.4	27.7	27.7
Polen	Recht und Gerechtigkeit (PiS)	-	9.5	-	9.6
	Polnische Bauernpartei (PSL)	7.3	9.0	5.9	9.1
Slowakei	Bewegung für eine demokratische Slowakei (HZDS)	27.0	19.5	28.7	24.0
Tschechien	Bürgerpartei (ODS)	27.7	24.5	31.5	29.0
Ungarn	Union der Jungen Demokraten – Bürgerpartei (FIDESZ-MPP)	28.2	41.1*	38.3	42.5

* Wahlergebnis für gemeinsame Liste von FIDESZ-MPP und MDF.

Folgt man der oben eingeführten Unterscheidung zwischen EU- und Euro-Skeptizismus, haben im einzelnen euro-skeptische Parteien in Polen, der Slowakei und Tschechien beträchtliche, in Slowenien und Ungarn geringe

Unterstützung an den Wahlurnen bekommen (vgl. Tabelle 3.7). Wegen des knappen Scheiterns zweier euro-skeptischer Parteien an der Fünf-Prozent-Klausel sind diese in der Slowakei ebenso nur in geringem Umfang im Parlament vertreten wie in Slowenien und Ungarn. In Polen und Tschechien dagegen stellen euro-skeptische Parteien eine wichtige Komponente im Parteiensystem.

Während das gemäßigt rechte Spektrum in Polen mit einer konservativ-nationalen sowie einer agrarischen Partei ausdifferenziert ist, können die tschechische ODS, die ungarische FIDESZ-MPP, die lettische TB/LNNK sowie vielleicht die slowakische HZDS als Sammlungsparteien gelten. Die Strategie der Parteivorsitzenden Vacláv Klaus oder Viktor Orban lautet, durch ein rhetorisches Abweichen vom pro-integrativen Konsens an den Rändern des Parteienspektrums Wählerstimmen einzusammeln. Dennoch wäre es verfehlt, von geschlossen EU-skeptischen Gruppierungen zu sprechen. Alle genannten Parteien verfügen über pro-integrative Strömungen, die bei Regierungsbeteiligungen – z.B. durch die Besetzung von Ministerposten – auch zum Zuge kamen. Außerdem haben alle drei Parteien die Beitrittsverhandlungen konstruktiv, d.h. nicht im Sinne einer Blockade, begleitet. Letztlich erscheint daher der EU-skeptische Impetus dieser Parteien offen; er ist zwischen den französischen Gaullisten, der bayrischen CSU und den britischen Konservativen einzuordnen.

Insgesamt ergibt sich bei der Analyse der Parteiensysteme ein ähnliches Bild wie im Bereich der Einstellungen. Auf der einen Seite besteht zwar ein Übergewicht integrationsfreundlicher Kräfte. Auf der anderen Seite bringt die Erweiterung jedoch ein erweitertes Spektrum von Positionen, die dem europäischen Einigungsprozess keineswegs freundlich gegenüber stehen. Sie verfügen in einigen Ländern, insbesondere in Polen und Tschechien, über eine beträchtliche Verhinderungsmacht, ohne jedoch derzeit an der Schwelle zur Regierungsbeteiligung zu stehen. Die Europa-Gegner bilden keine geeinte Front; daher erscheint ein geschlossenes Auftreten gegenüber einzelnen Aspekten der Vertiefung unwahrscheinlich. Eher werden sich die Aktionsformen gegen den Einigungsprozess weiter ausdifferenzieren. Die national-konservativen Sammlungsbewegungen könnten sich in die "klassische" EU-skeptische Richtung entwickeln und ihre Hauptaufgabe darin sehen, sich weiteren Vertiefungstendenzen entgegenzustellen. Die radikaleren Gruppierungen besonders in Polen haben sich die Aktionsformen der französischen Bauern zum Vorbild genommen (Winiecki 2001) und können damit die Parteien des *mainstream* zwingen, Marginalinteressen zur europapolitischen Staatsdoktrin zu erheben. Der französische Fall zeigt, dass damit nicht unbedingt eine Schwächung des integrativen Impulses einhergehen muss.

3.2.2 Die Neumitglieder im Europäischen Parlament

In den nationalen Parteiensystemen und den darauf aufbauenden Regierungen und Koalitionszusammensetzungen entscheidet sich, welche Positionen und Interessen die Regierungsvertreter im Rat vertreten. Darüber hinaus kommen parteipolitische Motive jedoch auch auf der europäischen Ebene zum Tragen. In Art. 191 EGV werden "politische Parteien auf europäischer Ebene" sogar ausdrücklich in ihrem Beitrag zur Herausbildung eines europäischen Bewusstseins und der politischen Willensbildung gewürdigt.

Wenn auch die Wahlen zum Europäischen Parlament im Juni 2004 nicht auf der Basis länderübergreifender Parteilisten abgehalten wurden (vgl. Schreiber 2004), gibt es doch deutliche Tendenzen für ein stärkere Rolle der europäischen Parteien. Mit der Einführung des Mitentscheidungsverfahrens in den EG-Vertrag (Art. 251 EGV) und dessen stetiger Stärkung in den Verträgen von Amsterdam und Nizza gewinnt das Parlament zunehmend an Einfluss auch auf die regulären Normentscheidungen – Verordnungen, Richtlinien, Entscheidungen – der EG/EU. Das Europäische Parlament entwickelt sich daher nach und nach zu einem Organ, in dem über tagespolitische Fragen beraten und entschieden wird. Dieser Trend zur Rolle "als gleichgewichtiger und gleichberechtigter Mitgesetzgeber" (Nickel 2003: 508) wird durch den Verfassungsentwurf noch gestärkt.

Im Windschatten der Aufwertung des Parlaments sehen heute die Konflikte im Europäischen Parlament anders aus als noch zu Zeiten des Maastrichter Vertrags. Das prioritäre Ansinnen der EU-Parlamentarier ist nicht mehr allein die Stärkung der eigenen Institution gegenüber der Brüsseler Konkurrenz in Form von Rat und Kommission (so z.B. Bainbridge/Teasdale 1995: 218). Die Stärkung des Parlaments steht zwar auch noch heute auf der Agenda. Zur wichtigsten Determinante des politischen Entscheidens im Parlament sind jedoch politische Programme geworden. Die Fraktionen im Parlament haben deutlich an Kohäsion gewonnen und stimmen in der Regel gemeinsam ab. Die wichtigsten Konflikte zwischen ihnen lassen sich als Distanz auf der Links-Rechts-Achse abbilden; die nationale Affiliation der Parlamentarier ist dabei von abnehmender Bedeutung (Hix/Noury/Roland 2004).

Für den gewichtigsten Konflikt im EP sorgen dabei die beiden größten Parteifraktionen, die *Europäische Volkspartei – Christliche Demokraten* (EVP-CD; engl. EPP-ED) auf der einen und die *Sozialdemokratische Partei Europas* (SPE; engl. PES) auf der anderen Seite. In der Legislaturperiode von 1999-2004 hielten diese beiden Fraktionen mit insgesamt 413 von 626 Stimmen fast eine Zweidrittelmehrheit.[46] Das hat sich nach den Wahlen vom 10.6.-13.6.2004 nicht geändert. Die EVP-CD verfügt über 279 Mandate, die SPE über 199. Zusammen nehmen die beiden großen Parteien damit im auf

---

46   Die EVP-CD verfügte über 232 Mandate, die SPE über 181 (Maurer 2002a: 193).

732 Mandate vergrößerten Parlament wieder mehr als 65% der Mandate ein, wobei allerdings aufgrund der Wahlergebnisse in den einzelnen Ländern – insbesondere in Deutschland – eine Gewichtsverschiebung zugunsten der EVP-CD erfolgte (FAZ, 15.6.2004).

Im Mitentscheidungsverfahren von Art. 251 EGV verfügen die beiden großen Fraktionen damit potenziell über eine bequeme Mehrheit, Vorgaben gegen den Rat durchzusetzen. Diese Blockademehrheit kommt allerdings hauptsächlich – und dann zusätzlich von den übrigen Fraktion gestützt – bei der traditionellen Konfliktlinie Vertiefung versus nationale Souveränität zum Tragen, bei der das Parlament als Ganzes mehr Kompetenzen an die EU zu binden versucht. Je stärker allerdings tagespolitische Fragen auf der Agenda stehen, desto stärker werden programmatische Koalitionsbildungen angestrebt. Im Bereich des EG-Vertrags ist dies besonders von Art. 135-181 EGV, also zwischen den Teilen X (Zusammenarbeit im Zollwesen) und XX (Entwicklungszusammenarbeit) der Fall, da sich hier die Mitentscheidungskompetenzen des EP bündeln.

Neben der EVP-CD und der SPE kommen für Koalitionsbildungen vor allem drei weitere programmatische Europaparteien in Frage: die 1993 gegründete *Europäische Liberale und Demokratische Reform-Partei* (ELDR), die *Europäische Föderation Grüner Parteien* (EFGP; engl. G/EFA)[47] sowie die *Konföderale Fraktion der Vereinigten Europäischen Linken / Nordische Grüne Linke* (KVEL/NGL engl. EUL/NGL). Während EVP-CD und SPE gemeinsam auf die Mehrheit der absoluten Stimmen im Parlament kommen, brauchen sie im Falle einer Dissonanz mindestens zwei weitere Partner, um im Mitentscheidungsverfahren bestehen zu können.[48]

Eine strategische Mittelposition wird dabei von zwei Kräften eingenommen, wie Simon Hix in einer Studie zum Abstimmungsverhalten im Europäischen Parlament festgehalten hat (Hix 2004: dort Schaubild 3.4). Zum einen bewegt sich die ELDR in etwa in Äquidistanz zur EVP-CD auf der einen und zur SPE auf der anderen Seite. In den Legislaturperioden 1999-2004 sowie seit 2004 birgt diese Position keinen großen Vorteil, da die umgebenden großen Fraktionen zwar gemeinsam, aber nicht allein unter Hinzuziehung der ELDR eine absolute Mehrheit erreichen können. Zum anderen bewegt sich die SPE zwischen der etwas "rechteren" ELDR und den "linkeren" Fraktionen der *Grünen*, der EGFP sowie der KVEL/NGL.[49] Damit hat die SPE den strategischen Vorteil gegenüber der EVP-CD, auf mehrere potenzielle Part-

---

[47]   Die EFGP stützte sich als einzige der großen Fraktionen bis zum Ende der Legislaturperiode auf einen Parteienverbund und trat nicht als integrierte europäische Partei auf. Die Gründung der gesamteuropäischen *Europäischen Grünen Partei* (EGP) fand im Februar 2004 statt (siehe FAZ, 21.2.2004).

[48]   Für die Legislaturperiode 1999-2004 siehe Maurer (2002a: 193), für die neue Legislaturperiode http://www.elections2004.eu.int/ep-election/sites/de/results1306/global.html.

[49]   Diese beiden Gruppierungen stimmen in sozio-ökonomischen Fragen weitgehend überein. Die KVEL/NGL verfügt aber über eine euro-skeptischere Position als die Fraktion der EFGP (Hix 2004: Schaubild 3.4).

ner zur Formulierung eher "linker" Reaktionen auf Kommissionsentwürfe zurückgreifen zu können. Dieser Vorteil bleibt nach den Wahlen 2004 trotz des Mandatszuwachses der EVP-CD sowie der ELDR bestehen; beide Parteien kommen zwar nahe an die Barriere von 50% der Mandate, sie überspringen sie aber nicht.

Bei einem erneuten Rückgriff auf Tabelle 3.6 (siehe oben) lässt sich demnach erkennen, dass sich die Parteiensysteme in Mitteleuropa in ihrer grundsätzlichen Struktur kaum von dem im Europäischen Parlament vorfindbaren unterscheiden. Christdemokraten und Konservative, die im EP eine Fraktionsgemeinschaft bilden, kommen gemeinsam auf etwa ein Drittel der Stimmen in den nationalen Parlamenten. Auch die sozialdemokratische Parteienfamilie ist in den nationalen Parlamenten in etwa ähnlichem Umfang vertreten wie die SPE im Europa-Parlament. Etwas stärker sind in Mitteleuropa die liberalen Parteien vertreten. Besonders in den baltischen Staaten dürfte der Einfluss des Liberalismus noch stärker sein als in Tabelle 3.6 anklingt; fast alle Parteien verfechten hier in wirtschaftspolitischen Fragen einen liberalen Kurs. Für die Mehrheitsfindung im Europäischen Parlament hat sich damit durch den Beitritt im Großen und Ganzen wenig geändert (vgl. Tab. 3.8 und 3.9).

Ein Überblick über die Mitgliedschaften der mitteleuropäischen Parteien zu den europäischen Parteiorganisationen legt allerdings nahe, dass sich der Charakter der einzelnen Fraktionen durchaus wandeln könnte. Innerhalb der christdemokratisch/konservativen Fraktion dürfte sich der Anteil populistischer und/oder nationalistisch gesinnter Kräfte deutlich erhöhen. Hierfür stehen unter anderem die estnische *Isamaa*, die lettische *Volkspartei* und die *Neue Ära*, die tschechische *Bürgerpartei* (ODS) sowie die ungarische *Bürgerpartei* (FIDESZ-MPP). Die Partei der ungarischen Minderheit in der Slowakei, die *Ungarische Koalitionspartei* (SMK), bringt zusätzliche Heterogenität in die Fraktion. Wenn durch die gestiegene prozedurale Bedeutung des Parlaments gleichzeitig die Anforderungen an die Kohärenz der Fraktionen steigen, ist die Einheit der EVP-CD noch schwerer als bisher zu bewahren.

In der SPE gilt es, den latenten Konflikt über Umfang und Rolle des Sozialstaats in den süd-, west-, nord- und mitteleuropäischen Wohlfahrtsstaaten zu moderieren. In den unterschiedlichen Wohlfahrtsstaatstypen herrschen selbstredend voneinander abweichende funktionale Erfordernisse. Dies ist nicht zuletzt deshalb von Bedeutung, weil mittlerweile auch in Teil XI des EG-Vertrages (Sozialpolitik, allgemeine und berufliche Bildung und Jugend) mehrere Artikel dem Mitentscheidungsverfahren unterliegen und daher einer kohärenten Herangehensweise bedürfen.

Tabelle 3.8: Zusammensetzung des Europäischen Parlaments nach den Wahlen vom Juni 2004

	EVP-CD	SPE	ELDR	EUL/NGL	Grüne	UEN	EDD	Andere	Summe
Deutschland	49	23	7	7	13				99
Großbritannien	28	19	12		5		12	2	78
Frankreich	28	31		3	6			10	78
Italien	28	15	9	7	2	9		8	78
Spanien	24	24	1	1	4				54
Polen	19	8	4			7		16	54
Niederlande	7	7	5	2	2		2	2	27
Griechenland	11	8		4				1	24
Tschechien	11	2		6				5	24
Belgien	7	7	5		2			3	24
Portugal	7	12		2		2		1	24
Ungarn	13	9	2						24
Schweden	5	5	3	2	1			3	19
Österreich	6	7			2			3	18
Slowakei	8	3						3	14
Dänemark	1	5	4	2		1	1		14
Finnland	4	3	5	1	1				14
Irland	5	1				4		3	13
Lettland	3		1		1	4			9
Litauen	3	2	3					5	13
Slowenien	4	1	2						7
Estland	1	3	2						6
Zypern	2		1	2				1	6
Luxemburg	3	1	1		1				6
Malta	2	3							5
Summe	279	199	67	39	40	27	15	66	732

Quelle: Europäisches Parlament (http://www.elections2004.eu.int/).

Tabelle 3.9: Zuordnung von Parteien aus den Beitrittsländern zu den Fraktionen im Europäischen Parlament

	EVP-CD	SPE	ELDR	EFGP	KVEL	UEN	Andere
Estland	Isamaa Res Publica	Sozialdemokratie (SDE; früher: M)	Reformpartei (RE)			Volksunion (ERL)	
Lettland	Volkspartei (TP) Neue Ära (JL)		Lettlands Weg (LC)	Für Menschenrechte i. Vereint. Lettl. (PCTVL)		Vaterland und Freiheit (TB/LNNK)	
Litauen	Vaterlandsunion (TS) Bauernpartei (LVP/VNDPS)	Sozialdemokratische Partei (LSDP)	Lib. Union (LCS) Liberaldem. (LDP)				Partei der Arbeit (DP)
Malta	Nationalistische Partei (NP)	Arbeitspartei (MLP)					
Polen	Bürgerplattform (PO) Bauernpartei (PSL)	Allianz der Dem. Linken (SLD-UP) Sozialdem. (SdPl)	Freiheitsunion (UW)			Recht und Gerechtigkeit (PiS)	Samoobrona Liga der poln. Familien (LPR)
Slowakei	Ungarische Koalitionsp. (SMK) Dem. und Christl. Union (SDKU) Christdemokraten (KDH)	Smer					Bew. f. dem. Slowakei (LS-HZDS)
Slowenien	Sozialdemokratische Partei (SDS) Neues Sl. – Christl. Volksp. (NSi)	Vereinigte Liste der Sozialdem. (ZLSD)	Liberale Demokratie Slow. (LDS)				
Tschechien	Bürgerpartei (ODS) Christliche und Demokratische Union (KDU–CSL)	Sozialdem. Partei (CSSD)			Komm. Partei Böhmens und Mährens (KSCM)		Europ. Demokraten (ED) Unabhängige
Ungarn	Bürgerpartei (FIDESZ-MPP) Ungarisches Forum (MDF)	Sozialistische Partei (MSZP)	Bund Freier Demokraten (SZDSZ)				
Zypern	Demokratische Sammlung (DISY)		Vereinigte Demokraten (DIKO)		Fortschrittsp. d. Werktät. Volks (AKEL)		Für Europa (GTE)

Quelle: http://www.elections2004.eu.int/ep-election/sites/de/results1306/parties.html. Dort findet sich auch eine Gesamtauflistung der Fraktionszugehörigkeiten.

Ein weiterer Konflikt besteht u.U. in der mutmaßlichen kommunistischen Vergangenheit vieler Mitglieder der SPE-Fraktion. Die polnische *Demokratische Linke* (SDL) und die ungarische *Sozialistische Partei* (MSZP) sind wohl die wichtigsten Nachfolgeparteien der alten sozialistischen Einheitsparteien. Aus der ungarischen *Bürgerpartei* (FIDESZ-MPP) wurde bereits der Ruf nach einer Überprüfung der Europa-Parlamentarier nach einer kommunistischen Vergangenheit laut (vgl. Polityka, 14.2.2004). Obwohl es wenig wahrscheinlich erscheint, dass der überaus emotional geführte ungarische Parteienwettbewerb (vgl. Vetter 2002) auf der europäischen Bühne in unveränderter Manier fortgesetzt wird, entsteht hier durch den Beitritt eine zusätzliche Konfliktlinie im Parlament.

Die liberale Fraktion im EP wird, wie bereits kurz angedeutet, durch die in einigen mitteleuropäischen Staaten vergleichsweise erfolgreiche liberale Parteienfamilie zunächst gestärkt. Insbesondere die estnische *Reformpartei* (RE) sowie die slowenischen *Liberaldemokraten* (LDS) haben es vermocht, sich mit einem zweistelligen Mandatsanteil über mehrere Legislaturperioden hinweg in ihren nationalen Parlamenten festzusetzen. Andere liberale Parteien der ersten oder zweiten Stunde – z.B. die polnische *Freiheitsunion* (UW), die tschechische *Demokratische Bürgerpartei* (ODA) oder *Lettlands Weg* (LC) – haben allerdings mittlerweile an Bedeutung verloren oder sind auf eine marginale Rolle reduziert wie der ungarische *Bund Freier Demokraten* (SZDSZ). Hier wirkt sich die schwache Verfestigung der parlamentarischen Rechten in vielen Beitrittsländern aus. Insgesamt umspannen die liberalen Zugänge zum Europa-Parlament eine große Spannbreite von marktliberalen (Baltikum), sozialliberalen (z.B. Slowenien) und bürgerlich-liberalen (z.B. Ungarn) Kräften, die die Kohärenz der ELDR nicht unbedingt stärken müssen.

Die EP-Wahlen vom Juni 2004 haben eine weitere Tendenz zum Vorschein gebracht: die größere Bedeutung von EU-kritischen Bewegungen und Parteien. In Belgien, Frankreich, Großbritannien, Italien, Litauen, Niederlande, Österreich, Polen, Schweden, der Slowakei und Tschechien haben Kräfte mit Distanz zur Praxis und/oder zur Idee des europäischen Integrationsprozesses über zehn Prozent der im EP zu vergebenden nationalen Mandate gewonnen.[50] Sie sind in Tabelle 3.8 in der Rubrik "Andere" zu finden und werden sich u.U. im Laufe der Zeit der einen oder anderen etablierten Fraktion im EP anschließen.[51]

---

[50] Wegen des kurzen Zeitraums zwischen Wahltermin und Redaktionsschluss beziehe ich mich hier nur auf Presseberichte (FAZ vom 10.6. bis 15.6., Economist vom 17.6.) sowie auf die Wahlergebnisse unter http://www.elections2004.eu.int/elections.html.

[51] Zu beachten ist, dass in der Rubrik "Andere" nicht allein EU-skeptische Parteien auftauchen; z.B. werden sich die zypriotische Formation *Für Europa* (GTE) oder die litauische *Arbeitspartei* (DP) kaum den einschlägigen Fraktionen *Europa der Vaterländer* oder der *Vereinigten Europäischen Linken* (KVEL/NGL) anschließen. Weiterhin mutet die Eingruppierung der Liste *Für Menschenrechte in einem Vereinten Lettland* (PCTVL) in der Fraktion der Grünen seltsam an.

Dabei beginnt die Spannbreite bei Formationen nach dem Motto "One man, one issue" wie z.b. bei der niederländischen *Europa Transparent* oder der österreichischen *Bürgerliste für echte Kontrolle in Brüssel*, die sich beide mit der fehlenden Transparenz und der vermeintlich verschwenderischen EU-Bürokratie in Brüssel und Straßburg auseinandersetzen. Diese Gruppen, die noch nicht als Parteien bezeichnet werden können, haben trotz aller Kritik ein letztlich affirmatives Verhältnis zur europäischen Integration. Weniger eindeutig ist dies z.b. bei der *Bewegung für eine demokratische Slowakei* (HZDS), die im Beitrittsprozess ein ambivalentes Verhältnis zur EU gepflegt hat und sich im EP womöglich noch deutlicher positionieren wird. Als euroskeptisch sind dagegen der belgische *Vlaams Blok*, der französische *Front National* (FN), die britische *Unabhängigkeitspartei* (UKIP), die *Liga der polnischen Familien* (LPR) und die tschechischen *Kommunisten* (KSČM) anzusehen. Die Auflistung zeigt, dass es sich beim Wahlerfolg EU-kritischer Kräfte nicht allein um ein mitteleuropäisches Phänomen handelt.

3.3 Institutionen

Durch die schnelle Aufeinanderfolge der Regierungskonferenzen in den letzten Jahren befindet sich das institutionelle System der EU in einer Phase hoher Dynamik. Deswegen sollen die institutionellen Gegebenheiten im Folgenden in einer chronologischen Betrachtungsweise dargestellt werden. Den Endpunkt der Beschreibung und Analyse bildet dabei die Verfassung für Europa in der im Juni 2004 beschlossenen Form. Die Verfassung erhält zwar erst nach ihrer Ratifizierung in allen Mitgliedsstaaten ihre Gültigkeit, was vielleicht im Jahre 2006, vielleicht aber auch niemals der Fall sein wird. Die Beratungen im Verfassungskonvent und später in der Beschlussphase von Oktober 2003 bis Juni 2004 sind trotzdem von enormer Bedeutung. Zum einen haben sie z.T. direkten Einfluss auf schon jetzt gültige Anpassungen des Nizza-Vertrags gehabt (siehe unten). Zum anderen waren es gerade die institutionellen Fragen um den qualifizierten Mehrheitsentscheid und die Zusammensetzung der Kommission, die die bis zuletzt kontroversen Diskussionen im Verfassungsprozess gespeist haben. Durch die Langwierigkeit und Umstrittenheit des Entscheidungsprozesses wurden die Neumitglieder in einem krisenhaften Paradigma an die Mitgliedschaft herangeführt, das ihr Verhalten in der EU auf Dauer prägen könnte.

Den Ausgangspunkt der institutionellen Veränderungen der letzten Jahre bildet ein fast vergessenes Kriterium von Kopenhagen 1993, das gelautet hatte, die Europäische Union müsse von sich aus für die Erweiterung gewappnet sein (vgl. Kap. 2). Nach der diesbezüglich erfolglos verlaufenen Regierungskonferenz 1996/97 gelang es im Dezember 2000 in Nizza, die institutionellen Minimalvoraussetzungen für die erweiterte Union zu schaffen. Dabei wurden die so genannten *left-overs* von Amsterdam – die Größe und Zusammensetzung von Kommission, Parlament und Rat, daraus folgende Neugewichtungen bei der Stimmenverteilung sowie eine Ausweitung qualifizierter Mehrheitsentscheide – zwar beseitigt. Dennoch blieben grundsätzliche Fragen der Machtverteilung innerhalb der Union ungeklärt, nicht zuletzt weil bei den Verhandlungspartnern unterschiedliche Vorstellungen über den Endpunkt – die *finalité*, das *end goal* – des europäischen Einigungsprozesses vorherrschten und vorherrschen.

Andererseits hatte es in Nizza durchaus Fortschritte gegeben (Galloway 2001: 180-183). Neben der eher unerwarteten Einigung auf eine Beschränkung der Kommissionsgröße (siehe unten) wurden etwa 40 neue Bereiche dem qualifizierten Mehrheitsentscheid unterworfen. Ebenso wurden dem Parlament einige zusätzliche Bereiche zum Mitentscheidungsverfahren nach Art. 251 EGV übergeben. Von hoher symbolischer Bedeutung war auch die Konsolidierung der Verstärkten Zusammenarbeit nach Titel VII EUV, die seit Nizza integrationsfreudigen Gruppen von Mitgliedsstaaten die Möglichkeit eröffnet, über den Integrationsstand der Gesamtunion hinaus zu gehen (Church/Phinnemore 2002: 140-148).

Die Fortschritte änderten indes wenig an der allgemeinen Ansicht, der Nizza-Vertrag sei insbesondere in institutioneller Hinsicht den an ihn gestellten Herausforderungen nicht gewachsen (Giering/Janning 2001; Lippert 2001). Wie bei den *Left-overs* von Amsterdam gab es unmittelbar nach dem Ende einer Regierungskonferenz den Bedarf für weitere Reparaturen am Verhandlungssystem. Diese wurden im sogenannten Post-Nizza-Prozess vorgenommen. Mit diesem ist in erster Linie der Prozess der Verfassungsgebung gemeint. Darüber hinaus umfasst der Post-Nizza-Prozess aber auch einige Veränderungen am heute gültigen Vertrag von Nizza in der Fassung vom 24.12.2002, die im Vorfeld der Erweiterung vorgenommen wurden. Zu verstehen sind diese am besten in der umgekehrten Perspektive, so dass der Post-Nizza-Prozess vor den nun gültigen Regelungen des Nizza-Vertrags diskutiert wird.

3.3.1 Post-Nizza-Prozess und Verfassungsentwurf

Inhaltlich geht der Post-Nizza-Prozess auf die an den Vertrag von Nizza angehängte Erklärung Nr. 23 zur Zukunft der Union zurück.[52] Dort hatten die Staats- und Regierungschefs vier Fragen gestellt, die im Laufe des Prozesses zur Vorbereitung einer neuen Regierungskonferenz im Jahre 2004 führen sollten – tatsächlich fand diese dann schon im dritten Quartal 2003 statt. Die Fragen bezogen sich erstens auf die Abgrenzung der Zuständigkei-

---

52 Veröffentlicht im Amtsblatt der Europäischen Gemeinschaften am 10.3.2001.

ten zwischen der EU und den Mitgliedsstaaten, zweitens auf den Status der in Nizza verkündeten Charta der Grundrechte der Europäischen Union, drittens auf die Vereinfachung der Verträge, ohne diese inhaltlich zu ändern und viertens auf die Rolle der nationalen Parlamente in der Architektur Europas.

Während der schwedischen und später der belgischen Ratspräsidentschaft konkretisierte sich im Jahre 2001 die Idee, die Umgestaltung einer einzuberufenden verfassunggebenden Versammlung aufzutragen. Mit dem daraufhin ins Leben gerufenen Europäischen Konvent wird daher der Post-Nizza-Prozess in erster Linie in Verbindung gebracht. Der Konvent wurde im Dezember 2001 auf einer Sitzung des Europäischen Rates in Laeken beschlossen und nahm wenige Wochen später seine Arbeit auf. Er zählte 105 Mitglieder, die sich in mehrere Gruppen aufteilen ließen. Dem Vorsitzenden, dem ehemaligen französischen Staatspräsidenten und Novellenautor[53] Valéry Giscard d'Estaing waren mit Giuliano Amato (Italien) und Jean-Luc Dehaene (Belgien) zwei ehemalige Premierminister als Stellvertreter beigegeben. Hinzu kamen sechzehn Vertreter des Europäischen Parlaments sowie zwei Vertreter der Europäischen Kommission. Aus den Nationalstaaten der EU-25 wurden jeweils ein Regierungsvertreter und zwei nationale Parlamentarier entsandt, wobei allerdings in allen konventsoffiziellen Dokumenten und Symbolen peinlich genau darauf geachtet wurde, zwischen den beiden Gruppen der Mitgliedsstaaten und der "beitrittswilligen Länder" – dazu zählten alle Länder mit laufendem Beitrittsgesuch, also neben den Neumitgliedern auch Bulgarien, Rumänien und die Türkei – zu unterscheiden.

Aus allen Konventsmitgliedern wurde ein Präsidium mit den drei Vorsitzenden plus neun Vertretern gebildet, das noch eindeutiger das politische Gefüge der EU-15 als die Zukunft der EU-25/28 repräsentierte. Zu jeweils zwei Vertretern der Kommission, des EP und der nationalen Parlamente kam jeweils ein Regierungsvertreter der drei Länder, die während des Tagungen des Konvents den EU-Ratsvorsitz innehatten (Dänemark, Griechenland, Spanien). Nach einem Moment der Besinnung wurde mit dem slowenischen Parlamentarier Alojz Peterle auch ein Vertreter der Beitrittskandidaten ins Präsidium berufen; allerdings ausdrücklich nur in einer Gastfunktion.

Die Arbeit des Konvents erstreckte sich über 17 Monate. Es gab 26 Plenartagungen mit über 1800 Wortmeldungen an insgesamt 52 Tagen. Mehr als 5400 Minuten wurde über ca. 6000 Änderungen beraten. Die Diskussionen im Konvent schlugen sich mit 1159 schriftlichen Beiträgen, davon 386 im Plenum, nieder. Das Präsidium tagte 50 Mal und legte dem Konvent 52 Arbeitspapiere vor.[54] Am 18. Juli 2003 schließlich präsentierte der Konvent der

---

53 Seiner Parabel des alternden Jägers aus der Mitte der 1990er-Jahre (vgl. Giscard d'Estaing 1995) konnte der reale Autor später entfliehen, indem er im Alter von 75 Jahren noch einmal eine herausgehobene Rolle im europäischen Einigungsprozess übernahm.

54 Die Angaben finden sich im Abschlussbericht des Konventsvorsitzenden an den Präsidenten des Europäischen Rates; http://european-convention.eu.int/docs/Treaty/cv00851.de03.pdf.

Öffentlichkeit einen Verfassungsentwurf mit insgesamt 465 Artikeln (vgl. Mény 2003).

In der Erklärung von Laeken hatten die Staats- und Regierungschefs die Erwartung nach europäischen Organen mit "weniger Schwerfälligkeit und Starrheit" und "vor allem mehr Effizienz und Transparenz" formuliert.[55] Für die Vorgehensweise des Konvents blieben jedoch, wie der bereits zitierte Abschlussbericht des Vorsitzenden unterstreicht, die in Nizza formulierten vier Fragen handlungsleitend. Die Fragen der Kompetenzabgrenzung und der Vereinfachung der Rechtsakte wurden in den ersten Monaten beraten und führten zu einem im Oktober 2002 präsentierten Vorschlag über die Verfassungsstruktur. Diese sah vor, den EG-Vertrag sowie den EU-Vertrag in einen Verfassungstext zu verschmelzen und damit eine einzige Rechtspersönlichkeit anstelle der vorherigen multiplen Rechtspersönlichkeiten der Gemeinschaft und der Union zu schaffen (vgl. hierzu nochmals Pechstein/Koenig 2000).[56]

Der am 18.7.2003 präsentierte Entwurf bestand aus vier Teilen (vgl. Tab. 3.10). Diese werden auch in den zu ratifizierenden Verfassungsentwurf übernommen; allerdings wird im Gegensatz zum Konventsentwurf eine durchgehende Nummerierung erfolgen.[57] Das konstitutionelle Fundament der Union und damit der grundlegende Kern der institutionellen Umgestaltung wird in Teil I dargelegt. In ihm werden unter anderem die Ziele ("Ziel der Union ist es, den Frieden, ihre Werte und das Wohlergehen ihrer Völker zu fördern", Art. I-3(1) VfE), die Zuständigkeiten und das "Demokratische Leben der Union", Art. I-44 bis Art. I-51 VfE) dargelegt. Titel IV des ersten Teils (Art. I-18 bis Art. I-31 VfE) geht auf die Kerninstitutionen der EU und deren Kompetenzen ein. Die wichtigsten Verfahrensweisen folgen in Titel V (Art. I-32 bis Art. I-43 VfE).

---

[55] Siehe http://european-convention.eu.int/doc_register.asp?lang=DE&Content=DOC, Dokument CONV 6/02.

[56] Der Euratom-Vertrag wurde dagegen nicht zuletzt auf deutschen Wunsch nicht in den Verfassungsvertrag integriert.

[57] Wenn im Folgenden nicht ausdrücklich zwischen Konventsentwurf und zu ratifizierendem Verfassungsentwurf (VfE = Verfassung für Europa) differenziert wird, sind die Regelungen in beiden Dokumenten identisch. Die später gültige Nummerierung der Artikel im Verfassungsentwurf wurde zum Redaktionsschluss dieses Bandes noch erarbeitet. Der Konventsentwurf wird zitiert als: Europäischer Konvent (2003). Der Verfassungsentwurf findet sich unter http://europa.eu.int/eur-lex/de/search/search_treaties.html.

Tabelle 3.10: Grundstruktur des Konventsentwurfs für die Europäische Union

Teil I: Kernbestimmungen (59 Artikel in 9 Titeln)	Teil II: Charta der Grundrechte (54 Artikel in 7 Titeln)	Teil III: Politiken (342 Artikel in 7 Titeln)	Teil IV: Allgemeine und Schlussbestimmungen (10 Artikel)
1. Definition und Ziele der Union	Eigene Präambel	1. Allgemeine anwendbare Bestimmungen	1. Die Symbole der Union
2. Grundrechte und Unionsbürgerschaft	1. Würde des Menschen	2. Nichtdiskriminierung und Unionsbürgerschaft	2. Aufhebung der früheren Verträge
3. Zuständigkeiten der Union	2. Freiheiten 3. Gleichheit	3. Interne Politikbereiche und Maßnahmen	3. Rechtliche Kontinuität zur EG und zur EU
4. Organe der Union	4. Solidarität	4. Die Assoziierung der Überseeischen Länder und Hoheitsgebiete	3. Territorialer Geltungsbereich
5. Ausübung der Zuständigkeiten der Union	5. Bürgerrechte 6. Justizielle Rechte		
6. Das Demokratische Leben der Union	7. Allgemeine Bestimmungen über die Auslegung und Anwendung	5. Auswärtiges Handeln 6. Arbeitsweise der Union	5. Regionale Zusammenschlüsse
7. Die Finanzen der Union		7. Gemeinsame Bestimmungen	6. Protokolle 7. Verfahren zur Änderung des Vertrags über die Verfassung
8. Die Union und ihre Nachbarn			8. Annahme, Ratifikation und Inkrafttreten
9. Zugehörigkeit zur Union			9. Geltungsdauer 10. Sprachen (plus 6 Protokolle und 2 Erklärungen)

Quelle: Europäische Gemeinschaften (2003).

Bei den Rechtsakten wird zwischen Gesetzen, Rahmengesetzen, Verordnungen, Beschlüssen, Empfehlungen und Stellungnahmen unterschieden (Art. I-32(1) VfE). Da Verordnungen und Beschlüssen jedoch der Gesetzescharakter abgesprochen wird (Art. I-34), könnte man zunächst schlussfolgern, die Union verfüge nach Verabschiedung der Verfassung über ein wesentlich vereinfachtes System von Rechtsakten. Letztlich wird mit der Neuregelung jedoch vor allem an bisher Geltendes angeknüpft, denn das Europäische Gesetz gilt unmittelbar in jedem Mitgliedsstaat, das Europäische Rahmengesetz ist verbindlich hinsichtlich des zu erreichenden Ziels, überlässt jedoch den Nationalstaaten die Umsetzung und die Verordnung dient der Durchführung der Gesetzgebungsakte. Das hergebrachte Gefüge der Rechtsakte – Verordnung, Richtlinie, Entscheidung – ist klar erkennbar. Demzufolge wurde in einem Gegenbericht von acht Konventsmitgliedern unter dem Titel "Europa der Demokratien" argumentiert, mit den "Rechtsakten ohne Gesetzescharakter" (Art. I-34 bis Art. I-36 VfE) seien sogar zusätzliche Instrumente geschaffen worden.[58]

Die Übersichtlichkeit von Rechtsakten ist ein Kriterium für Vereinfachung, deren Zustandekommen ein anderes. Die größte Aufmerksamkeit wurde während der Konventsberatungen und erst recht während der Regierungskonferenz dem qualifizierten Mehrheitsentscheid zuteil. Dieser Aspekt ist – hinsichtlich des Verfassungsentwurfs, aber auch des derzeit gültigen Vertrags von Nizza – zwar wichtig. Er stellt aber bei weitem nicht die einzige Art der Entscheidungsfindung im Geflecht zwischen Kommission, Rat und Parlament dar (vgl. Maurer 2003). In einer Untersuchung wurde dargelegt, dass die Verfassung die Vielfalt der Entscheidungsverfahren nur unerheblich eingeschränkt hat. Nach wie vor sieht der Verfassungsentwurf beim Rat sieben und beim Parlament sechs Arten der Verfahrensbeteiligung vor. Unter Einbeziehung aller EU-Institutionen ergeben sich insgesamt noch immer 48 Verfahrensarten. Da es kein Regelverfahren gibt, muss der Verfassungsentwurf insgesamt 276 Mal das Prozedere einzelner Entscheidungen aufführen. Deswegen kommen manche Beobachter zu der Einschätzung, eine Erhöhung der Verfahrenstransparenz sei im Post-Nizza-Prozess nur oberflächlich gelungen (Daten und Einschätzung bei Wessels 2003: 288-290). Allerdings dürfte sich die Diversität der Entscheidungsverfahren doch deutlich verringern, denn in den meisten Fällen wurden Verfahrensänderungen in Richtung des Mitentscheidungsverfahrens verändert, so dass sich dieses mehr und mehr zum Regelverfahren für Unionsentscheidungen entwickelt.

Wichtige Neuerungen in der Union ergeben sich durch die Verfassung in mehrfacher Hinsicht. Erstens verfügt die Union zukünftig nach Art. I-6 VfE über eine eigene Rechtspersönlichkeit, wobei allerdings innerhalb der Teile der Verfassung ein "Weiterleben (...) der Tempelkonstruktion" (Wessels 2003: 288) zu beobachten ist. Zweitens wird eine (knappe) Finanzverfassung in die Verträge eingeführt (Art. I-52-55 VfE). Darin wird festgehalten, dass sich die Union vollständig aus Eigenmitteln finanziert (Art. I-52(2) VfE), was im Klartext einen Verzicht auf die Finanzierung durch Kreditaufnahme bedeutet. Die Obergrenze der Eigenmittel wird durch einstimmigen Entscheid des Europäischen Rats nach Anhörung des EP beschlossen; bei den "Modalitäten der Finanzmittel" – d.h. bei den konkreten Entscheidungen zur Umsetzung des Finanzrahmens – ist dann jedoch die Zustimmung des Parlaments vorgesehen (Art. I-53 VfE). Beim Haushaltsverfahren selbst konnte der Vorschlag des Konvents, dem Parlament das Letztentscheidungsrecht zuzugestehen, nicht in den Verfassungstext gerettet werden. Nach Intervention der großen Mitgliedsstaaten Deutschland, Frankreich und Großbritannien entscheiden nun Rat und Parlament gleichberechtigt über die jährlichen Haushaltsgesetze (Art. III-310 VfE). Drittens werden durch den Verfas-

---

[58] Anlage des Berichts des Konventsvorsitzenden vom 18.7.2003, http://european-convention.eu.int/docs/Treaty/cv00851.de03.pdf.

sungsentwurf erstmals ausschließliche und geteilte Zuständigkeiten der Union benannt (Art. I-12 und Art. I-13 VfE). Im einzelnen wurde dabei allerdings, entsprechend der Vorgabe durch die Erklärung von Nizza, der *acquis communautaire* und der grundlegende EG-Vertrag in Gestalt von Teil III der Verfassung ohne große Veränderungen in den Verfassungstext mit 342 Einzelartikeln aufgenommen. Daher kann der Entwurf nicht als vollständige Neuformulierung der Aufgabenverteilung, etwa im Sinne einer idealen subsidiären oder föderalistischen Systematisierung, verstanden werden.

Angesichts der z.T. widersprüchlichen Anforderungen konnte der Konvent also die vier Forderungen der Erklärung von Nizza auch nur mit gemischten Ergebnissen erfüllen:

- Die Abgrenzung der Zuständigkeiten zwischen der EU und den Mitgliedsstaaten wurde überwiegend nominell, aber nur in Teilen substanziell und gar nicht systematisch im Hinblick auf die Politikfelder vorgenommen.
- Die Charta der Grundrechte wurde tatsächlich erfolgreich in die vertraglichen Grundlagen der Europäischen Union integriert, nämlich als zweiter Teil der Verfassung.
- Die Vereinfachung der Verträge konnte bereits beim genauen Lesen der dritten Frage von Nizza als lediglich begrenzt aussichtsreich gelten. Diese war ja mit dem ausdrücklichen Zusatz versehen worden, die Vereinfachung sei "ohne inhaltliche Veränderung" der Verträge vorzunehmen.
- Die Rolle der nationalen Parlamente muss prinzipiell unausgewogen bleiben. Auf der einen Seite gründet sich die Union auf den "Willen der Bürgerinnen und Bürger *und* der Staaten Europas" (Art. I-1(1) VfE; Hervorhebung TB); der Verfassungstext führt die daraus folgenden Legitimationsstränge parallel fort. Auf der anderen Seite verfügen nur die Nationalstaaten über ein klares institutionelles Gefüge zur Umsetzung dieses Willens. Daher können die nationalen Parlamente viel besser auf die Verwirklichung des Bürgerwillens in den Staaten achten, ohne dass ihnen ein europäisches Pendant zur Seite stünde. Trotz dieser eingebauten Imbalance gibt es im Einzelnen dennoch nominelle Klarstellungen, wenn auch nicht im eigentlichen Verfassungstext. Das Protokoll "Über die Rolle der nationalen Parlamente" sowie dasjenige "Über die Anwendung der Grundsätze der Subsidiarität und der Verhältnismäßigkeit" sehen einen dreistufigen Kontrollmechanismus vor, mit dessen Hilfe der nationale Gesetzgeber sich früher in den Entscheidungsprozess einklinken kann und – im Falle nicht berücksichtigter Stellungnahmen – ein Klagerecht vor dem Europäischen Gerichtshof erhält. Die nationalen Parlamente wurden also vor allem in ihrer Kontrollfunktion gestärkt, ohne dass entscheidende Schritte zur Gestaltungsfähigkeit hätten unternommen werden können.

Der Europäische Konvent, seine Verfahrensweisen und Ergebnisse haben bereits nach kurzer Zeit eine kaum überschaubare Dokumentation und Analyse erfahren (Marhold 2002; Giering 2003, siehe Sonderheft 4/2003 der deutschen Zeitschrift Integration; Mény 2003). Die Regierungskonferenz zur Überarbeitung und Beschlussfassung über den Konventsentwurf trat Anfang Oktober 2003 zusammen und kam bei der überwiegenden Anzahl der seinerzeit noch auf dem Tisch liegenden Meinungsverschiedenheiten zu einer Lösung. Vor dem Europäischen Rat im Dezember 2003 blieben letztlich nur noch zwei gewichtige Meinungsunterschiede übrig. Viele kleine Mitgliedsstaaten und insbesondere die Neumitglieder wehrten sich erstens gegen Art. I-25 VfE, dass die Kommission ab dem 1.11.2009 nur noch mit 13 regulären Kommissaren besetzt sein sollte. Damit hätte ab diesem Zeitpunkt nicht mehr der althergebrachte Grundsatz eines eigenen Kommissars pro Mitgliedsstaat gegolten.

Zweitens standen Polen und Spanien der so genannten doppelten Mehrheit aus Art. I-24(1) VfE skeptisch gegenüber. Dieser schlug vor, einen qualifizierten Mehrheitsentscheid mit "der Mehrheit der Mitgliedsstaaten (...) und mindestens drei Fünfteln der Bevölkerung der Union" zu verbinden. Gegenüber den komplizierten Vereinbarungen von Nizza (siehe unten) hätte dies ein prozedurale Erleichterung und Vereinfachung bedeutet. Im Vergleich zur Regelung von Nizza hätten Polen und Spanien jedoch an relativem Gewicht deutlich eingebüßt (Felderer/Paterson/Silárszky 2003; Paterson/Silárszky 2003).

Während der zweimonatigen Regierungskonferenz gab es mehrere Verhandlungen zwischen Polen und Spanien auf der einen sowie Deutschland und Frankreich – den stärksten Befürwortern der doppelten Mehrheit – auf der anderen Seite. Der Fraktionsvorsitzende der liberalen und eigentlich europhilen polnischen *Bürgerplattform* (PO) Jan Rokita hatte formuliert, es lohne, für "Nizza zu sterben". Von der nationalen Opposition wurde dies zum Slogan "Nizza oder Tod" umformuliert. Für den sich auf eine Minderheitsregierung stützenden polnischen Premierminister Leszek Miller blieb kein Spielraum zur Änderung des polnischen Standpunkts, so dass der Gipfel sogar vorzeitig an der Prozedur für den qualifizierten Mehrheitsentscheid scheiterte. Nicht mehr bis 4:00 Uhr in den Montagmorgen wie noch bei den Verhandlungen zu Nizza (Pinder 2001: 80-81), sondern überhaupt nur bis Samstag Nachmittag wurde verhandelt. Die Frage der Kommissionszusammensetzung, die ebenfalls strittige Verankerung des Gottesbezugs in der Präambel sowie weitere weniger bedeutende offene Punkte wurden nicht mehr ausdiskutiert; die Entscheidung über die Verfassung wurde auf das Jahr 2004 vertagt.

Unter der darauf folgenden irischen Präsidentschaft konnte dann der zum Jahresende 2003 kaum für möglich gehaltene Kompromiss erreicht werden. Ein wichtiger Wendepunkt bestand in den spanischen Parlamentswahlen des März 2003, in denen die konservative Regierung Aznar abgewählt und von einer weniger auf Souveränitätsvorbehalte geeichten sozialistischen Regierung unter José Zapatero abgelöst wurde. Polen stand fortan mit seiner Ablehnung der doppelten Mehrheit allein und wurde schließlich mit einer Formel besänftigt, die das Überstimmen mittelgroßer Länder wesentlich erschwert (siehe unten).

Die nächste und letzte Etappe des Post-Nizza-Prozesses besteht nun in der Ratifizierung der Verfassung, die durch alle – derzeit – 25 Nationalstaaten erfolgen muss. In Ländern wie Dänemark und Irland mit ihren herausgehobenen direktdemokratischen Elementen kann dies nur über ein Referendum erfolgen. In anderen Staaten – Frankreich, Großbritannien, den Niederlanden, Luxemburg, Portugal, Spanien und Tschechien (FAZ, 23.4.2004) – haben Regierungen oder Staatsoberhäupter bereits angekündigt, ebenfalls das Volk zu Wort kommen zu lassen. In den meisten übrigen Ländern wird das Parlament abstimmen, was z.B. in Polen mit der ausgeprägt EU-skeptischen Parteienlandschaft auch nicht automatisch zu einer Ratifizierung führen wird. In jedem Fall kann das Inkrafttreten der Verfassung auch nach dem Ende des Verfassungsgebungsprozesses noch nicht sicher vorhergesagt werden.

3.3.2 Die institutionellen Regelungen des Vertrags von Nizza nach der Osterweiterung

Die institutionellen Voraussetzungen für die Osterweiterung waren durch den Vertrag von Nizza geschaffen worden. Während parallel die Verhandlungen um die Verfassung liefen, mussten sich die politischen Akteure der EU-25 auf den Beitritt auf der Grundlage eben der Beschlüsse von Nizza vorbereiten. Indes gelten ab dem 1.5.2004 nicht genau die Regelungen, die seinerzeit in der Nachtsitzung von Nizza vereinbart wurden. Vielmehr gibt es Übergangsregelungen und Änderungen bei den Stimmenverhältnissen. Deshalb müssen Nutzer der verschiedenen Druckversionen des Nizza-Vertrags stets auf Protokolle und andere Zusatzdokumente achten:

- Beim Rat und bei der Kommission gibt vom Beitrittstermin bis zum 31.10.2004 Übergangsregelungen. Dies geht auf das Ziel zurück, die institutionellen Änderungen nach der Erweiterung möglichst gebündelt einzuführen. Infolgedessen mussten zwei Dinge verknüpft werden. Erstens wurde das Ende der Amtszeit der Kommission Prodi (ursprünglich 1.1.2005), und nicht der Beitrittstermin selbst, als geeigneter Einschnitt für die Erweiterung der Institutionen identifiziert. Das schwierige administrative Management sollte nicht durch ein Vakuum bei der Kommission zusätzlich erschwert werden. Allerdings wurde die Amtszeit der Kommission Prodi um zwei Monate verkürzt, so dass nach der Neuwahl des Parlaments im Juni 2004 die Ernennungsprozedur sofort, d.h. mit den Parlamentariern der neuen Mitgliedsländer, einsetzen konnte. Nach der Bestätigung durch das Parlament dürfte sich – so der Stand im Juli

2004 – die neue Kommission Barroso – zum 1.11.2004 im Amt befinden. Die Übergangszeit bei den Stimmenverteilungen im Rat endet ebenfalls am 31.10.2004 (siehe unten).[59]

- Die Änderungen bei den Stimmenverhältnissen gehen darauf zurück, dass in Nizza zwar die wichtigsten Aspekte der Institutionenneuordnung nach der Erweiterung – Größe und Zusammensetzung der Kommission und des Parlaments sowie die Stimmenverhältnisse im Rat – mit einigen Pferdefüßen beschlossen worden waren. Das Resultat von Nizza gab hinsichtlich der Zusammensetzung des Parlaments die Bevölkerungsgrößen einiger Beitrittsländer nicht adäquat wieder. Weitgehend unbemerkt von der politischen Öffentlichkeit wurden daher während der laufenden Beitrittsverhandlungen die Gewichte einiger Länder im Parlament verschoben (siehe unten).

Die Lektüre des Abschlussdokuments von Nizza führt also in mehrerlei Hinsicht in die Irre, was die institutionellen Regelungen der Post-Nizza-Periode angeht. Bis zur Inkraftsetzung der Verfassung sind mehrere Dokumente für die institutionelle Bestückung der EU maßgeblich: der EG-Vertrag in der Fassung vom 24.12.2002[60], das an diesen angehängte Protokoll Nr. 10 "Über die Erweiterung der Europäischen Union" sowie der Beitrittsvertrag z.B. in der Form des deutschen Beitrittsgesetzes vom 16.4.2003.[61] Dabei heben später verabschiedete Gesetzesakte die vorherigen auf, wenn konkurrierende Bestimmungen, z.B. bei der Zusammensetzung von Institutionen, auftreten. Zusätzlich ist zu beachten, dass die Bestimmungen des Vertrags von Nizza bereits am 1.2.2003 in Kraft getreten sind; die institutionellen Regelungen blieben jedoch im Hinblick auf die Erweiterung ausgeklammert und traten gemäß Beitrittsvertrag mit dem Tag des Beitritts in Kraft. Wenden wir uns den Institutionen zunächst der Reihe nach zu, um später die ebenso wichtigen Entscheidungsverfahren zu betrachten.

Kommission

Die Kommission besteht ab der Amtsperiode von José Manuel Durão Barroso voraussichtlich ab dem 1.11.2004 bis mindestens zum Jahre 2009 aus einem Kommissionsmitglied pro Mitgliedsstaat. Bis zum Ausscheiden des alten Kommissionspräsidenten Prodi umfasst die Kommission damit 30 Mitglieder; die 20 bisherigen aus der EU-15 und 10 Kommissare aus den neuen Mitgliedsstaaten. Die neuen Kommissare bekommen keine eigenen Ressorts zugeteilt, verfügen aber im Kolleg über eine Stimme. Zur Einarbeitung der neuen Kommissionsmitglieder wurden Paare gebildet, wodurch die Kommis-

---

59   Mit den Bestimmungen des Beitrittsvertrags (BT-Drucksache 15/1100, S. 18) wird das Protokoll Nr. 10 zum EG-Vertrag Über die Erweiterung der Europäischen Union abgewandelt; jenes hatte das Ende der Übergangszeit erst zum 31.12.2004 vorgesehen.
60   Zu finden unter http://europa.eu.int/eur-lex/en/search/search_treaties.html.
61   Bundestags-Drucksache 15/1100 vom 02.06.2003.

sare der EU-15 ihre neuen Kollegen im Sinne einer Patenschaft in die Arbeit der Kommission einführen.[62]

Ab dem 1.11.2004 verlieren die großen Mitgliedsstaaten das seit den Verträgen von Rom verbriefte Recht, mit zwei Kommissaren in Brüssel vertreten zu sein. Mit dem Kommissionspräsidenten beträgt die Zahl der Kommissare dann zunächst 25 Mitglieder. Das an den Nizza-Vertrag angehängte Protokoll über die Erweiterung der EU sieht vor, dass ab dem 27. Mitgliedsstaat – also nach dem zu erwartenden Beitritt von Bulgarien, Rumänien und vielleicht Kroatien im Jahre 2007 – die Zahl der Kommissare niedriger als die der Mitgliedsstaaten der EU sein kann. Eine Lösung dieses Problems war dem Konvent auferlegt worden.

Dessen Vorschlag hatte in Art. 25 VfE gelautet, ab dem Jahr 2009 dreizehn Kommissionsmitgliedschaften (plus den Kommissionspräsidenten plus den qua Amt als Vizepräsidenten gesetzten Außenminister) unter den Mitgliedsstaaten rotieren zu lassen. Dagegen waren sofort nach Verabschiedung des Konventsergebnisses Stimmen laut geworden. Gegen Ende der Regierungskonferenz vom Herbst 2003 zeichnete sich eine Einigung ab, es auch bei einer anwachsenden Union bei einem Kommissionsmitglied pro Mitgliedsstaat zu belassen. Hierfür hatten vor allem die Neumitglieder und kleine Mitgliedsstaaten gekämpft, da sie mit einer Nichtrepräsentierung in der Kommission nicht nur einen Einflussverlust, sondern vor allem Defizite beim Informationsfluss von Brüssel in die nationalen Hauptstädte befürchteten. Wegen des Scheiterns der Verfassungsverhandlungen bei der Frage der Stimmengewichtung kam es in Brüssel nicht zu einer endgültigen Entscheidung über die Kommissionszusammensetzung.

Diese wurde aber vor dem erfolgreichen Verfassungsgipfel im Juni 2004 erarbeitet und lautet nun, dass ab der übernächsten Amtszeit einer Kommission – voraussichtlich Ende 2014 – die Zahl der Kommissionsmitglieder, einschließlich ihres Präsidenten und des Außenministers der Union, zwei Drittel der Anzahl der Mitgliedsstaaten beträgt (Art. 25(6) VfE). Der Europäische Rat kann die Zahl der Kommissionsmitglieder allerdings noch einmal ändern, wenn hierzu Einstimmigkeit besteht. Bis 2014 besteht die Kommission weiterhin aus einem Kommissar pro Mitgliedstaat, falls die Ratifizierung vor den etwaigen Beitritten Bulgariens, Rumäniens und Kroatiens erfolgen sollte. Andernfalls würden die Regelungen des Vertrags von Nizza greifen. Sicher ist damit die Vertretung aller Neumitglieder in der ersten Kommissionsperiode nach dem Beitritt; mit der Ratifizierung der Verfassung verknüpft ist, ob dieses Privileg auch Bulgarien und Rumänien (sowie eventuell Kroatien) gewährt werden wird. Ebenso wie die anderen Beitrittskandidaten werden diese Länder ein starkes Interesse daran äußern, zum kritischen Beginn der Mitgliedschaft im bürokratischen Entscheidungszentrum vertreten zu sein. Selbst wenn jedoch der Vertrag von Nizza zu deren Beitrittster-

---

[62] Die "Spiegelpaare" finden sich unter http://europa.eu.int/comm.

min noch gälte, läge eine Erweiterung der Kommission auf 27 oder 28 Mitglieder trotz der entgegenlautenden Beschlüsse von Nizza mindestens im Bereich des Möglichen. Vertragsrechtlich einschlägig wird dann Art. 213 EGV. Dementsprechend "kann" der Rat nun einstimmig den Beschluss des Erweiterungsprotokolls von Nizza umsetzen, die Zahl der Kommissare nach dem Beitritt von Bulgarien, Rumänien oder Kroatien zu reduzieren – oder auch nicht.

Bei den Verhandlungen von Nizza wurde die Konfigurierung der Kommission an zwei weiteren Stellen tangiert (vgl. Maurer 2002b: 352). Zum einen wurde beim Verfahren der Ernennung das Gewicht der beteiligten Institutionen neu austariert. Nach Art. 214 EGV benennt der Europäische Rat nunmehr mit qualifizierter Mehrheit – und nicht mehr wie bisher einstimmig – einen Kommissionspräsidenten. Nach dem weiteren Wortlaut von Art. 214 EGV muss wie bislang das Parlament dem Vorschlag des Europäischen Rats zustimmen. Anschließend benennt der designierte Kommissionspräsident seine Kommissare, die wiederum mit qualifizierter Mehrheit vom Rat bestätigt werden müssen. Das Parlament muss – nach einem seit der Kommission Santer praktizierten, aber nicht im Vertrag verankerten Anhörungsverfahren – erneut seine Zustimmung geben. Die Ernennung erfolgt erneut mit qualifizierter Mehrheit des Europäischen Rates.

Die Einführung des qualifizierten Mehrheitsentscheides in das Verfahren zur Ernennung der Kommission reibt sich auffällig mit der bei EU-Gipfeln praktizierten Einmütigkeit als Grundlage für Entscheidungen. Die Entscheidung für einen Kommissionspräsidenten gegen den dezidierten Widerstand einzelner oder gar mehrerer Staats- und Regierungschefs scheint auch für die Zukunft schwer vorstellbar. Die vertragsrechtlich gegebene Möglichkeit, überstimmt zu werden, bringt allerdings ein neues Element in die Findung des Kommissionspräsidenten: Kontroverse Kandidaten sind nicht mehr von vornherein ausgeschlossen, wenn die Zahl der skeptischen Regierungen klein ist. Im Verfahren für die Nachfolge Romano Prodis war dies allerdings bei keinem der zwischenzeitlich ins Spiel gebrachten Kandidaten der Fall. Weder der belgische Premierminister Guy Verhofstedt noch das britische Kommissionsmitglied Chris Patten konnten eine qualifizierte Mehrheit an sich binden. Die Ernennung des designierten Kommissionspräsidenten Barroso hätte dann auch wieder nach den alten Regeln erfolgen können, denn als Kompromisskandidat konnte er sich der einstimmigen Unterstützung aller Regierungen sicher sein.

Weiterhin wurde durch den Nizza-Vertrag die Rolle des Kommissionspräsidenten gestärkt. In Art. 217 EGV, der allgemeine Bestimmungen aus Art. 217 EGV und Art. 219 EGV in der Fassung des Amsterdamer Vertrags zusammenzieht und konkretisiert, wird dem Präsidenten die Verantwortung für ein kohärentes und effizientes Handeln der Kommission auferlegt. Dies wird ihm dadurch ermöglicht, dass er die Kommissionsgliederung und deren personelle Bestückung in eigener Verantwortung unternimmt. Neu ist auch sein Ernennungsrecht für einen oder mehrere Vizepräsidenten, das vor Nizza bei der Kommission als ganzer gelegen hatte. Schließlich ist dem Präsidenten nach Billigung durch das Kollegium die Entlassung eines einzelnen Kommissionsmitglieds erlaubt. Insgesamt wurde damit in Nizza "ein erster Schritt zur Lockerung des Kollegialitätsprinzips getan" (Maurer 2002b: 352).

Der Konventsentwurf setzte hier nicht nur zu einem weiteren Schritt, sondern zu einem regelrechten Sprung an. Nach Art. 26(2) VfE-Konvent sollten die durch das Rotationssystem bestimmten Mitgliedsstaaten einen Pool aus je drei Kandidaten pro Mitgliedsland zusammenstellen, aus denen der Kommissionspräsident dann seine dreizehn zukünftigen Kollegen auswählen sollte. Im letztendlich in den Verfassungsentwurf gegossenen Text taucht diese detaillierte Regelung nicht mehr auf. Stattdessen nimmt nun der Rat "im Einvernehmen mit dem designierten Präsidenten die Liste der (...) Persönlichkeiten an, die er zu Mitgliedern der Kommission zu ernennen beabsichtigt" (Art. 26(2) VfE). Damit wurde die gestalterische Funktion des Kommissionspräsidenten gegenüber dem Konventsentwurf deutlich beschnitten. Dennoch bleibt dieser gegenüber den Regelungen von Nizza gestärkt, denn in der Summe vergrößern die neue Leitlinienkompetenz, die Ernennung der Vizepräsidenten mit Ausnahme des neuen Außenministers sowie das nicht der Abstimmung bedürftige Entlassungsrecht für einzelne Kommissare (jeweils Art. 26(3) VfE) den Manövrierspielraum des Kommissionspräsidenten nach dem Verfassungsentwurf beträchtlich.

Europäischer Rat / Ministerrat

Seit Beginn des europäischen Integrationsprozesses gehört es zu den Prinzipien der gemeinschaftlichen Willensbildung, den kleinen Mitgliedsstaaten in den Entscheidungsgremien ein überproportionales Gewicht zuzugestehen. Ursprünglich hatte die Formel gelautet: vier Stimmen für ein großes, zwei Stimmen für ein mittleres, eine Stimme für ein kleines Mitgliedsland. Später war diese Formel auf 10:5:2 geändert worden; nicht zuletzt um Zwischenstufen für mittelkleine (Dänemark: 3; Österreich: 4) oder mittelgroße (Spanien: 8) Länder zu schaffen. Nicht aufgegeben wurde jedoch der Gedanke, nach Ländergruppen unterschiedlicher Größe und nicht nach länderspezifischen Kennzahlen – z.B. der Bevölkerungszahl – zu unterscheiden. Bis Nizza war daher im Rat eine Stimmenspreizung von 10 Stimmgewichten für die "Großen" und zwei Stimmen für den kleinsten Mitgliedsstaat Luxemburg verwirklicht.

Deutschland als größtes Land der EU-15 verfügte damit bei einem Bevölkerungsanteil von etwa 22% über ein Stimmgewicht von etwa 11.5%, während etwa die irische Bevölkerung mit etwa einem Prozent der EU-Bevölkerung im Rat ein Stimmengewicht von 3.4% innehatte. Sieht man vom luxemburgischen Fall ab, dessen Bevölkerung bei weitem am stärksten überrepräsentiert war, bewegte sich die Repräsentierung der Bevölkerungen zwischen diesen Extremwerten der Unterrepräsentierung in Höhe von etwa 53% (Deutschland) und der Überrepräsentierung um 340% (Irland).

Die deutsche Wiedervereinigung war ein erster Anlass, diese strukturelle Benachteiligung der großen Mitgliedsstaaten und insbesondere Deutschlands in Frage zu stellen. Bei der Gründung der Europäischen Gemeinschaft für Kohle und Stahl im Jahre 1951 war es für Adenauer ein Fortschritt, auf der selben Augenhöhe mit Frankreich (und Italien) angesiedelt zu werden. Nach dem Beitritt Großbritanniens wurde es auch nicht als Problem wahrgenommen, in der EG/EU-9/10/12/15 über vier große Mitgliedsstaaten mit gleichen Stimmrechten zu verfügen. Die Wiedervereinigung führte aber zu der Notwendigkeit, 17 Millionen ehemalige DDR-Bürger (fast so viele Einwohner wie Dänemark, Belgien und Irland zusammen) zusätzlich in den EG-Institutionen zu repräsentieren. Die Zahl der deutschen EP-Abgeordneten wurde von 87 auf 99 erhöht. Im Rat jedoch beließ man es bei der bestehenden Regelung von jeweils 10 Stimmen pro großem Mitgliedsstaat; es wurde eben nach Gruppen von, und nicht nach individuellen, Mitgliedsstaaten differenziert. In vielen der übrigen Mitgliedsstaaten sah man die Wiedervereinigung sowieso mit Skepsis, und die Regierung Kohl mochte die Ängste vor einem erstarkten Deutschland nicht mit der Torpedierung dieses hergebrachten Prinzips zusätzlich schüren.

Neben dem latenten Wunsch Deutschlands, die deutliche Unterrepräsentierung zu beseitigen, drohte mit der Osterweiterung allerdings ein zusätzliches legitimatorisches Problem. Seit den Römischen Verträgen hatte es in den Europäischen Gemeinschaft – später: der ersten Säule der EU – Qualifizierte Mehrheitsentscheide (QMV)[63] gegeben, bei denen einzelne Staaten in der gemeinschaftlichen Willensbildung überstimmt werden konnten. Eine einfache Fortschreibung des althergebrachten Verfahrens (siehe unten) hätte dazu geführt, dass eine Qualifizierte Mehrheit im ungünstigsten Fall nur noch 50.2% der EU-27-Bevölkerung repräsentieren würde (Galloway 2001: 67). Insbesondere Deutschland, aber auch die anderen großen EU-Staaten sahen sich durch diesen Trend bedroht. Zudem würden mit dem möglichen 28. Mitgliedsstaat Türkei die Blockademöglichkeiten der reichen großen Staaten drastisch eingeschränkt.

Vor diesem Hintergrund wurde in der vierten EU-Regierungskonferenz die Idee der doppelten Mehrheit eingebracht, die dann später in den Verfassungsentwurf aufgenommen wurde. Ein qualifizierter Mehrheitsentscheid würde dabei durch das Zusammenkommen zweier Kriterien angenommen: die Mehrheit der EU-Mitgliedsstaaten, wenn diese gleichzeitig eine Mindestprozentzahl der Bevölkerung repräsentieren. In Nizza konnte Deutschland hierfür allerdings noch nicht genügend Partner gewinnen. In einer viertägigen Mammutsitzung wurde letztendlich eine Fortschreibung des alten QMV-Prinzips beschlossen, das den hergebrachten Prinzipien folgte: der Beibehal-

---

63 QMV: vom englischen "Qualified Majority Voting".

tung von "Clustern" zur Unterscheidung zwischen kleinen, mittleren und großen Ländern sowie der Extrapolation der Barriere für den qualifizierten Mehrheitsentscheid bei etwa 71% der Ratsstimmen (Galloway 2001: 63). Dabei wurde die Stimmgewichtung mit 29 Stimmen für die großen Mitgliedsstaaten und drei Stimmen für Malta, vier Stimmen für die fünf nächstkleinen Staaten weiter aufgespreizt (siehe Tabelle 3.11).

Tabelle 3.11: Stimmengewichtung im Ministerrat laut Beitrittsvertrag

EU-15	Bis 31.10.04	Ab 1.11.04	Staaten der Osterweiterung	Bis 31.10.04	Ab 1.11.04
Belgien	5	12	Estland	3	4
Dänemark	3	7	Lettland	3	4
Deutschland	10	29	Litauen	3	7
Finnland	3	7	Malta	2	3
Frankreich	10	29	Polen	8	27
Griechenland	5	12	Slowakei	3	7
Großbritannien	10	29	Slowenien	3	4
Irland	3	7	Tschechien	5	12
Italien	10	29	Ungarn	5	12
Luxemburg	2	4	Zypern	2	4
Niederlande	5	13	Summe	37	84
Österreich	4	10			
Portugal	5	12	Gesamtsumme der Stimmen bis 31.10.2004		124
Schweden	4	10			
Spanien	8	27	Gesamtsumme der Stimmen ab 1.11.2004		321
Summe	87	237			

Nun zu den erweiterungsbedingten Neuerungen. Auf den ersten Blick sinkt durch die Veränderungen von Nizza das relative Gewicht der großen Mitgliedsstaaten. Verfügten Deutschland, Frankreich, Großbritannien und Italien – wie oben erwähnt – vor Nizza jeweils über einen Stimmenanteil von etwa 11.5% der Gesamtstimmen, beläuft sich dieser Anteil nach dem Ende der Übergangsregeln nur noch auf 9.03% (siehe Tabelle 3.12 unten). Rein rechnerisch benötigt also jedes große EU-Land mehr Verbündete, um eine Entscheidung in seinem Sinne durchzusetzen.

Diesen Befund gilt es allerdings in zweierlei Hinsicht zu qualifizieren. Zum einen sinkt für alle alten Mitglieder wegen der sprunghaft gestiegenen Mitgliederzahl das relative Gestaltungspotenzial. Die kleinen Länder der EU-15 büßen im Vergleich sogar wesentlich stärker an relativem Einfluss ein. Luxemburg verfügte mit seinen zwei Stimmen nach der alten Regelung beispielsweise über 2.3% der Ratsstimmen. Nach Nizza beläuft sich dieser Anteil nur noch auf 1.2%. Irlands Einfluss reduzierte sich von 3.4% auf 2.2%.

Im Verhältnis haben die großen Länder also deutlich weniger verloren als die kleinen.

Zum anderen – und vielleicht noch wichtiger – steht im Rat nicht nur die Gestaltungsmacht, sondern auch eine Verhinderungsmacht zur Disposition. Diese ist eng mit dem Quorum für den qualifizierten Mehrheitsentscheid verbunden. Dieses bestand seit seiner Einführung in den Römischen Verträgen immer bei etwa 71% der Stimmen. Bis zur Osterweiterung hatte es seit 1995 – dem Datum der letzten Erweiterung – 62 von 87 Stimmen (71.26%) betragen; mithin waren zur Verhinderung einer Entscheidung die "Blockademinderheit" von 26 Stimmen nötig. Vom 1.5.2004 bis zum 31.10.2004 liegt das Quorum nun bei 88 von 124 Stimmen (70.97%), danach bei 232 von 321 Stimmen (72.27%). Die Blockademinderheit beläuft sich daher bis zum 31.10.2004 auf 37, danach auf 90 Stimmen.

Bei diesen Bestimmungen handelt es sich um die erste Bedingung des Qualifizierten Mehrheitsentscheids. Zusätzlich ist das Nizza-Quorum von zwei weiteren Bedingungen begleitet (siehe Art. 3 des Protokolls Nr. 10). Die zweite Bedingung differenziert danach, ob Beschlussvorlagen im Rat von der Kommission gemäß deren Initiativrecht eingereicht wurden. Ist dies der Fall, muss eine Mehrheit der Mitgliedsstaaten (also 13 von 25) hinter den 232 Stimmen stehen. Hat nicht die Kommission die Beschlussvorlage geliefert, müssen zwei Drittel der Mitgliedsstaaten (also 17 von 25) hinter den 232 Stimmen stehen. Diese an sich seit den Römischen Verträgen existierende Unterscheidung hat mit der Säulenkonstruktion der EU, die für die Bereiche Justiz und Inneres sowie die Gemeinsame Außen- und Sicherheitspolitik i.d.R. nicht das Regelverfahren der ersten Säule vorsieht, an Bedeutung gewonnen.

Die dritte Bedingung zielt auf die Bevölkerungszahl ab. Ein Ratsmitglied kann seit Nizza prüfen lassen, ob die einen Beschluss unterstützenden Mitgliedsstaaten zusätzlich mindestens 62% der EU-Bevölkerung repräsentieren. Diese Regelungen geht auf den Kompromiss von Ionnina (1994, siehe unten) zurück. Ist der Rückhalt von 62% der Bevölkerung nicht gegeben, kommt der Beschluss auch dann nicht zustande, wenn Bedingungen eins und zwei erfüllt sind. Damit wurde in Nizza über die Hintertür einer zusätzlichen Bedingung also doch das Prinzip der doppelten Mehrheit in den Verträgen verankert. Allerdings wird in einschlägigen Studien ausgeführt, dass in "98-99%" der möglichen Konstellationen die erste Bedingung die einzig relevante ist, da die Bedingungen der Staatenmehrheit und des Bevölkerungsquorums automatisch mit erfüllt werden (Paterson/Silárszky 2003: 4).

Durch die Neutarierung der Blockademinderheit ändern sich die Parameter für die Gruppe der großen Staaten ebenfalls weniger dramatisch als für die kleinen oder mittleren. Vor Nizza benötigten zwei große zwei beliebige weitere Staaten (mit Ausnahme Luxemburgs), um die Blockademinderheit herzustellen. Nach Nizza reicht es drei Großen, einen beliebigen Verbündeten zu finden, um auf 90 Stimmen zu kommen. Handelt es sich bei einem der großen Länder um Polen oder Spanien, kann jedes mittlere Land – d.h. laut Tabelle 3.12 jedes Land außer den Kleinen Estland, Lettland, Litauen, Luxemburg, Malta, Slowenien und Zypern – als Verbündeter zur Verhinderung eines Beschlusses fungieren.

Jenseits aller Arithmetik um den geeigneten Gradienten zur Erfassung der relativen Macht einzelner Staaten (Baldwin u.a. 2000; Felderer/Paterson/ Silárszky 2003; Paterson/Silárszky 2003) wird damit deutlich, dass sich durch den Vertrag von Nizza die strategischen Umstände für die großen Staaten trotz der Erweiterung nicht sehr stark geändert haben. Weiterhin benötigen zwei große Mitgliedsstaaten zwei weitere Verbündete, um einen Vorschlag zu blockieren. Im Gegensatz zu früher muss einer dieser beiden Staaten jedoch ein großer sein, wobei die Überrepräsentierung Polens und Spaniens eher ein Vorteil ist: sie bringen aus Sicht der vier Großen genügend Gewicht mit, um zusammen mit einem weiteren mittleren Staat ebenfalls eine Entscheidung zu verhindern. Im Gegenzug hat sich für alle übrigen EU-Staaten die strategische Position dramatisch verschlechtert. Selbst wenn man von den kleinen Staaten absieht, genügt nicht einmal die Allianz von neun mittleren Staaten – z.B. Belgien, Dänemark, Finnland, Griechenland, Irland, Litauen, Österreich, Portugal, Schweden – zur Erreichung der Blockademinderheit. Die genannten Staaten kommen zusammen auf 84 Stimmen und benötigen daher ein weiteres mittleres oder zwei kleine Mitgliedsländer zur Verhinderung eines Beschlusses.

Damit sind die Verhandlungs- und Entscheidungskosten innerhalb der EU recht ungleich verteilt. Regierungen großer Mitgliedsstaaten können ihre Verhandlungen auf wenige Partner beschränken, während kleine oder mittlere Länder eine Vielzahl von Verbündeten benötigen, um die Initiativen großer Staaten abwehren zu können. Die Regierungen müssen in diesem Fall zwar nicht alle der 33,6 Millionen möglichen Koalitionen in der EU-25 (Paterson/Silárszky 2003: 12) überblicken. Die Koalitionsbildung wird dennoch zu einer überaus komplexen Aufgabe, die schnell an die Kapazitätsgrenzen von Regierungsapparaten führt. In diesem Zusammenhang ist die Äußerung des damaligen portugiesischen Ministerpräsidenten António Guterres zu verstehen, die Verschiebungen bei der Stimmengewichtung im Zuge der Verhandlungen von Nizza glichen einem "Staatsstreich" (FAZ, 11.12.2003) der großen Staaten.

Guterres hatte verstanden, dass das sinkende relative Gewicht einzelner Staaten durch die Vergrößerung der Mitgliederzahl bei der Fortschreibung des hergebrachten Prinzips zu Lasten der kleinen und mittleren Staaten geht, während die Großen kaum an Manövrierspielraum einbüßen. Verstärkt wird dieser Effekt natürlich durch den spezifischen Charakter der Osterweiterung, mit der außer dem mittelgroßen Polen nur zwei mittlere (Tschechien und Ungarn mit 12 Stimmen), zwei mittelkleine (Litauen und die Slowakei mit 7 Stimmen) und fünf kleine (Estland, Lettland, Slowenien, Zypern mit 4 und Malta mit 3 Stimmen) Länder in die Union gespült wurden.

Der Effekt der Bevorteilung der großen EU-Mitgliedsstaaten wurde durch die im Verfassungsentwurf gefundene Lösung noch weiter verstärkt. Die einschlägigen Bestimmungen aus Art. I-24 VfE treten zwar erst nach dem 1.11.2009 in Kraft, sollen aber a) wegen ihrer außerordentlichen Bedeutung für den Verfassungskonflikt und b) zur Illustration der strategischen Argumente um die Stimmengewichte im Rat an dieser Stelle dennoch diskutiert werden.

Der Konvent hatte für die doppelte Mehrheit die Formel gefunden, dass für eine Mehrheit 50% der Staaten reichen müssten, die gleichzeitig eine Mehrheit von 60% der EU-Bevölkerung darstellen. Diese Lösung scheiterte am Einspruch Spaniens und Polens, die – das ist in Tabelle 3.12 leicht zu erkennen – dadurch stark an relativem Einfluss gegenüber den großen Mitgliedsstaaten Deutschland, Frankreich, Großbritannien und Italien verloren hätten. Dennoch ließ sich über das Frühjahr 2004 die Blockade gegenüber den übrigen 23 Mitgliedsstaaten nicht halten. Nach den Wahlen im März 2004 verzichtete die neue spanische Regierung auf ihr Veto, das dann auch Polen drei Monate später in Brüssel endgültig aufgab. Während das Prinzip der doppelten Mehrheit also gewahrt blieb, bestand besonders Polen auf der Heraufsetzung der prozentualen Schwellen, um eine Sperrminorität leichter erreichbar zu machen. Im Verfassungsentwurf ist nunmehr in Art. I-24(1) VfE die Bestimmung enthalten, dass eine Mehrheit von 55% der Staaten 65% der EU-Bevölkerung auf sich vereinen muss, dass aber zusätzlich eine Sperrminderheit mindestens vier Mitgliedsstaaten umfassen muss. Die Regelungen bedeuten eine Begrenzung der Verhandlungsmacht der großen Mitgliedsstaaten, die nunmehr weniger leicht ihr spezifisches Bevölkerungsgewicht zur Blockade einsetzen können.

Der Kompromiss ist am ehesten über die Ausgangspositionen der vier am stärksten am vorherigen Konflikt beteiligten Staaten zu verstehen: Deutschland, Frankreich, Polen und Spanien. Deutschland hatte bereits vor Nizza darum gekämpft, seine große Bevölkerungszahl auch in der Ratsgewichtung widergespiegelt zu sehen. Vor allem den Beharrungskräften Frankreichs ist geschuldet, dass es bei den Gipfelverhandlungen nicht zu einer auch nur symbolischen Heraushebung Deutschlands kam (Pinder 2001: 81). Dennoch wurde Deutschland durch die Einführung der 62%-Grenze für die Bevölkerungen eine faktische Sonderrolle zugesprochen. Wegen des mit Abstand größten Bevölkerungsanteils – über 20 Mio. Einwohner mehr als Großbritannien, Frankreich und Italien, was einem Anteil von 18.2% (D) gegenüber 13.2% (GB), 13.0% (F), 12.8% (I) entspricht (vgl. Tabelle 3.12) – verfügt Deutschland als einziges Land über die Option, zusammen mit nur einem weiteren großen Land und einem mittelgroßen (oder mehreren mittleren) eine Blockademinderheit zu bilden. Während Frankreich und Großbritannien die Unterstützung von *zwei* Großen oder *mehreren* anderen Staaten brauchen, um 38.01% der EU-Bevölkerung gegen einen drohenden Ratsbe-

schluss in die Waagschale zu werfen, benötigt Deutschland nur *einen* großen
Partner und – z.B. im Falle von Polen und Spanien – *ein* weiteres Land.

Tabelle 3.12: Gewichte der Nationalstaaten in Institutionen der EU-25 laut
Beitrittsvertrag

Mitgliedsstaat	Bevölkerung		Stimmen im Rat (ab 1.11.2004)	
	absolut	in %	absolut	in %
Deutschland	82.2	18.23	29	9.03
Großbritannien	59.6	13.22	29	9.03
Frankreich	58.7	13.02	29	9.03
Italien	57.7	12.79	29	9.03
Spanien	39.4	8.74	27	8.41
Polen	38.7	8.58	27	8.41
Niederlande	15.9	3.53	13	4.05
Griechenland	10.5	2.33	12	3.74
Tschechien	10.3	2.28	12	3.74
Belgien	10.2	2.26	12	3.74
Portugal	10.0	2.22	12	3.74
Ungarn	10.0	2.22	12	3.74
Schweden	8.9	1.97	10	3.12
Österreich	8.1	1.80	10	3.12
Slowakei	5.4	1.20	7	2.18
Dänemark	5.3	1.18	7	2.18
Finnland	5.2	1.15	7	2.18
Irland	3.8	0.84	7	2.18
Litauen	3.7	0.82	7	2.18
Lettland	2.4	0.53	4	1.25
Slowenien	2.0	0.44	4	1.25
Estland	1.4	0.31	4	1.25
Zypern	0.8	0.18	4	1.25
Luxemburg	0.4	0.09	4	1.25
Malta	0.4	0.09	3	0.93
Summe EU-25	451.0	100.00	321	100.00

Quelle für Spalte 2: Maurer (2002b: 354).

Bedenkenswert ist nun, dass die doppelte Mehrheit nach dem Vorschlag des Verfassungsentwurfs diesen strategischen Vorteil eher noch vergrößern würde. Deutschland braucht dann Länder mit einem Bevölkerungsgewicht von etwa 17% – anstelle von 20% – für eine Blockademinderheit. Die drei Mitgliedsstaaten, die es seit dem Brüsseler Kompromiss hierzu benötigt, können aus einem großen und zwei mittleren Staaten bestehen. Die Heraufsetzung des Bevölkerungsquorums verringert für Deutschland in erster Linie Gestaltungsspielräume, während sich das Verhinderungspotenzial kaum verändert.

Vermutlich waren es tatsächlich eher die erhöhten Handlungsspielräume, die Deutschland für die doppelte Mehrheit werben ließen. Leider passten nur mehrere konkrete Schritte nicht zu diesem Selbstbild. Ausgerechnet während der kritischen Verhandlungsphase der Regierungskonferenz sah sich die deutsche Regierung gezwungen, in eklatanter Weise gegen den Stabilitätspakt zu verstoßen und ihr politisches Gewicht unmaskiert einzusetzen, indem sie eine Koalition fiskalisch undisziplinierter Staaten gegen die Kommission und die übrigen Ratsmitglieder schmiedete (vgl. FAZ, 26.11.2003). Zudem setzt sich Deutschland bei der EU-Finanzplanung für den Zeitraum 2007-2013 für eine Begrenzung seines Beitrags ein und hat daher im Vorfeld eine Koalition gebastelt, die das QMV-Quorum jedenfalls im Auge haben dürfte.[64] Daher ist es in vielen alten und neuen Hauptstädten der EU während der Verfassungsverhandlungen schwergefallen, Deutschland nicht in der Rolle eines Verhinderers zu sehen.

Die Rolle Frankreichs ist von der strategischen Positionsverschiebung geprägt, die das Land durch die Ostverlagerung der europäischen Mitte erfährt. Dies gilt nicht nur geographisch, sondern auch hinsichtlich des institutionellen Machtpotenzials. Zwar steigt das relative französische Gewicht mit der doppelten Mehrheit von 9.03% (QMV-Nizza) auf 13.0% (Bevölkerungsanteil), während für die Länder ab dem siebtgrößten Mitgliedsstaat – den Niederlanden – das relative Gewicht fällt. Im Gegensatz zu allen mittleren und kleinen Staaten gewinnt also auch Frankreich durch die doppelte Mehrheit. Im Verhältnis zu Deutschland hat Frankreich von dieser Regelung jedoch wenige Vorteile zu erwarten. Wegen der vielen mittleren und kleinen Neumitglieder bleibt die Konstruktion positiver Mehrheiten ein mühsames Geschäft, das ohne die Beteiligung anderer großer Mitgliedsstaaten kaum zu betreiben ist. Blockademinderheiten werden für Frankreich jedoch insofern schwerer zu organisieren, als das deutsche Zusatzgewicht von fünf Prozentpunkten (doppelte Mehrheit versus QMV) das Gewicht von meist zwei, in vielen Fällen sogar mehreren mittleren und kleineren Staaten aufwiegt.

---

[64]   Deutschland, Frankreich, Großbritannien, die Niederlande, Österreich und Schweden (zusammen 120 von 321 Ratsstimmen nach der Nizza-Regelung) haben die Kommission Mitte Januar in einem Brief aufgefordert, das Niveau der EU-Ausgaben auf ein Prozent des BIP zu begrenzen (vgl. e.public Nr. 16 (01/2004), Presse- und Informationsamt der Bundesregierung).

Die mitunter eher rhetorische, in vielen Feldern jedoch substanzielle deutsch-französische Partnerschaft liegt denn auch der inkonsistenten französischen Strategie hinsichtlich der institutionellen Reform zugrunde. Zunächst wehrte sich Jacques Chirac in Nizza mit Händen und Füßen gegen eine Regelung, die Deutschlands Gewicht vergrößern und damit dessen zentrale Stellung zementieren würde. Beim Ausnutzen des USA-kritischen Schwungs durch die Exekutiven beider Länder wurde dann die Tandemidee neu belebt, was für Frankreich unter anderem bedeutete, der doppelten Mehrheit zuzustimmen. Beim Brüsseler Gipfel unternahm Jacques Chirac dann jedoch keine nennenswerten Anstrengungen zur Findung eines Kompromisses – die doppelte Mehrheit ist aus dem Spektrum der denkbaren Regelungen diejenige, die die Balance der großen EU-Staaten am stärksten zugunsten Deutschlands und damit zu Lasten Frankreichs verändert. Nach 2009 wird bei Konfliktsituationen innerhalb der EU-25 der erhöhte Manövrierspielraum Deutschlands damit nicht zuletzt zu Lasten Frankreichs gehen.

Die Position Spaniens ist wiederum im Kontext des gesamten EU-Institutionengefüges zu sehen. Die Reform der qualifizierten Mehrheit seit der zweiten Norderweiterung hatte nicht nur den Rat, sondern auch die Kommission im Auge. Dort verfügte Spanien – bzw. verfügt bis Ende 2004 – wie die großen Mitgliedsstaaten über zwei Kommissarposten. Mit der Erweiterung auf 15 Mitglieder entstand das Problem der überdimensionierten Kommission: es gab mehr Kommissionsposten als vernünftig zuzuschneidende Verantwortungsbereiche.

Die Reform der Kommission, die also eigentlich bereits vor der Erweiterung anstand, wurde jedoch im Paket mit der Reform der übrigen Institutionen angegangen. Während die Sitzverteilung im Parlament stärker gemäß des Repräsentationsgedankens angepasst wurde – allerdings immer noch unter Beachtung des Grundprinzips, kleinere Staaten überzurepräsentieren – stellte Spanien ein Junktim zwischen Kommissions- und Ratsbesetzung her. Das Land wollte nicht als einziges in allen drei Institutionen an Gewicht verlieren, sondern forderte die Beibehaltung des Status eines halbgroßen, nicht eines mittleren EU-Staats. Dafür hatte das Land bereits beim Gipfel im griechischen Ionnina im Jahre 1994 gekämpft, indem es sich dezidiert gewehrt hatte, die Blockademinderheit proportional zur zweiten Norderweiterung anzupassen. Für Spanien bedeutete die Erhöhung der Blockademehrheit von 23 auf 26 eine erheblich herabgesetzte Strategiefähigkeit, da es fortan neben einem großen immer zwei mittlere Mitgliedsstaaten als Verbündete zur Verhinderung einer Entscheidung finden musste.

Der Kompromiss von Ionnina besagte dann, auf der einen Seite 62 von 87 Stimmen als QMV-Quorum festzusetzen, was der qualifizierten Mehrheit von etwa 71% entsprach. Auf der anderen Seite erreichte Spanien jedoch, dass bei einer Blockademinderheit von 23-25 Stimmen die Ratspräsidentschaft alles Erdenkliche zur Erreichung einer Entscheidung mit 65 (und nicht mit 62) Stimmen zu unternehmen habe. Zusätzlich – und mit einem weitgehend unbemerkten, aber langfristig wirkenden Sprengsatz – erstritt sich die spanische Regierung eine Zukunftsverpflichtung der übrigen Ratsmitglieder. In Protokoll Nr. 50 zum Amsterdamer Vertrag wurde ausdrücklich vereinbart, bis zur nächsten Erweiterung eine Lösung für das spanische Problem der verringerten Strategiefähigkeit zu finden (Galloway 2001: 70).

Nur so ist zu verstehen, wieso Spanien im Zuge der Verhandlungen von Nizza so stark bevorzugt wurde. Anstelle von 80% (8:10) verfügt es nach Nizza über 93.1% (27:29) des Gewichts eines großen Mitgliedsstaates; gegenüber den übrigen Mitgliedsstaaten ist der Einflussgewinn noch bedeutender. Die hohe Bonifikation ergab sich dadurch, dass die spanische Regierung nicht das spezifische Gewicht, sondern die Verhinderungsmöglichkeit in den Mittelpunkt ihrer Strategie stellte. Es sollte eine Verbesserung dahingehend erreicht werden, dass Spanien a) wie die großen Mitgliedsstaaten einen Beschluss mit zwei großen Ländern und dem kleinsten – Malta – verhindern könne und b) dasselbe kleine Mitgliedsland als strategischer Verhinderer in Frage kommen könne. Nur damit sah Spanien gewährleistet, gegenüber dem Kompromiss von Ionnina tatsächlich einen Vorteil errungen zu haben (Galloway 2001: 84). Spanien erntete demzufolge in Nizza die Früchte einer langfristig auf Verbesserung der Machtposition angelegten Strategie, die darauf angelegt ist, aus einem mittelgroßen einen großen EU-Mitgliedsstaat zu machen.

Im Windschatten des Erfolgs der spanischen Diplomatie segelte nun Polen ebenfalls in den Hafen einer deutlichen Überrepräsentierung im Rat, weil es über eine Spanien vergleichbare Bevölkerungszahl verfügt und sowohl das Repräsentations- wie auch das Gruppenprinzip verboten, Polen die Sonderbehandlung Spaniens vorzuenthalten. Noch stärker als in Spanien wurde der sich abzeichnende Konflikt zwischen dem unterrepräsentierten Deutschland und dem überrepräsentierten Spanien jedoch als Kernkonflikt für die Rolle des Landes in der EU gesehen; insgesamt reibt sich die polnische Öffentlichkeit stark an dem Gedanken, Teile der Souveränität an die Union abzugeben (siehe z.B. Fiszer 2003). Die Kurzform des oppositionellen Slogans "Nizza oder Tod" (siehe oben, Kap. 3.3.1) in seiner Umsetzung durch die polnische Verhandlungsführung lautete: 27 Stimmengewichte im Rat oder Ablehnung der Verfassung. Letztlich hat Polen – besser: sein damals designierter Regierungschef Marek Belka im Zusammenspiel mit Staatspräsident Kwaśniewski – dann seine Blockadehaltung dank einer Einsicht in die Funktionsmechanismen der EU aufgegeben. In einem auf Dauer angelegten Verhandlungssystem gleich beim ersten Konflikt zwei Mal die Karten ausgereizt zu haben, käme einer schweren Hypothek bei zukünftigen Themen und Verhandlungen gleich, und derart argumentierte Belka nach seiner Rückkehr nach Warschau auch in der polnischen Presse (Rzeczpospolita, 14.6.2004).

In Kontrast zu der Schärfe des Konflikts um die Frage der Stimmengewichtung im Rat steht im übrigen die empirische Relevanz des qualifizierten Mehrheitsentscheids. Entscheidungen im Rat werden meistens nach der Konsensmethode getroffen, d.h. es wird so lange verhandelt, bis kein Mitgliedsstaat mehr etwas gegen eine Entscheidung einzuwenden hat. Deshalb stellt zwar die Androhung einer Abstimmung ein wichtiges Verhandlungselement im Rat dar. Das Einsetzen einer Blockademinderheit kommt dagegen eher selten vor (Hayes-Renshaw/Wallace 1997: 19). Da es bei der berechtigten Aussicht auf eine Blockade im Rat nur selten zu einer Abstimmung kommt, lässt sich der effektive Einsatz der Blockademinderheit nicht quantifizieren. Eine Studie vor einigen Jahren ergab aber immerhin, dass in den Jahren von 1994 bis 1998 zwischen 75% und 86% der Entscheidungen einstimmig getroffen wurden. Am häufigsten wurden dabei Mitgliedsstaaten in den Politikfeldern Landwirtschaft, Binnenmarkt und Transport überstimmt (Mattila/Lane 2001: 40, 42).

Diese auf eine "Gewohnheit zum Konsens" (Hayes-Renshaw/Wallace 1997: 275) deutenden Zahlen verraten, dass viele strittige Entscheidungen vor der Entscheidungsreife von der Agenda des Rats genommen werden. Hierbei spielen nicht nur Motive der Zurückhaltung eine Rolle, die unterlegenen Regierungen die Schmach einer Niederlage ersparen wollen. Vielmehr wird befürchtet, überstimmte Regierungen könnten bei der Implementation zurückhaltend sein und so die getroffenen Beschlüsse unterminieren (Hix 1999: 75). Die Folge ist die auch aus der deutschen Föderalismusforschung (Scharpf 1985) bekannte überaus große Wirkungsmacht des Status quo – Nichtentscheidungen aufgrund eines expliziten oder impliziten Zwangs zum Konsens bedeuten den Fortbestand des Ist-Zustands.

Nach der Osterweiterung sehen sich die Regierungen im Rat daher vor einem nicht neuen, aber verschärften Dilemma. Auf der einen Seite wird die sprunghaft erhöhte Diversität an Werten und Interessen einen größeren Spielraum für Veränderungen erfordern. Dafür kommt es weniger auf einige Prozentpunkte beim qualifizierten Mehrheitsentscheid als auf ein Aufweichen des Konsensprinzips an. Die Steigerung der Entscheidungseffizienz ist aus dieser Perspektive eindeutig mit der Möglichkeit zur Überstimmung einzelner Mitglieder verbunden.

Auf der anderen Seite treten der Union aber nicht zehn große, sondern eben neun kleine bis mittlere und ein mittelgroßes Land bei. Daher könnte ein effizienzorientiertes Abstimmungsverhalten der großen Altmitglieder eine Marginalisierung gerade der Länder zur Folge haben, zu deren Gunsten die Verschiebung des politischen Kräftefeldes gerade gehen müsste. Die Bemühungen insbesondere Deutschlands, bereits vor dem Beitritt den zusätzlichen Finanzbedarf einer heterogener gewordenen Union zu bestreiten, weisen hier in eine bedenkliche Richtung. Auf der Gegenseite erscheint eine dezidierte Blockbildung der Neumitglieder wenn nicht wahrscheinlich, so doch möglich. Die sozio-ökonomisch rückständigen mitteleuropäischen Länder verfügen gemeinsam mit 84 Ratsstimmen zwar nicht über genügend Gewicht zur Formierung einer Blockademinderheit. Mit einem beliebigen weiteren Land der EU-15 (außer Luxemburg) ließen sich jedoch majorisierende Politiken der Altmitglieder erfolgreich abwehren.

Eine derartige Art der Blockbildung – die sich bei bestimmten Fragen, z.b. in der Strukturpolitik, ergeben dürfte – würde die Union jedoch vor eine bisher nicht gekannte Herausforderung stellen. Die Konsenskultur ist natürlich nicht nur eine vorausschauende Reaktion auf mangelhafte Implementation, sondern stellt auch eine in historischer Perspektive gewachsene Einsicht in die brüchige Konfliktfähigkeit nationaler Interessen auf europäischer Ebene dar. An der Konfiguration des Rates nach Nizza und den Perspektiven der möglichen Folgen der Heterogenisierung der Interessen zeigt sich eine der größten Aufgaben der erweiterten Union. Auf der einen Seite muss für die Aufrechterhaltung – manche würden sagen: für die Wiedergewinnung – der Handlungsfähigkeit der europäischen Politik die Entscheidungseffizienz gesteigert werden. Auf der anderen Seite verlangt der Charakter der EU nach Koalitions- und Verhandlungslösungen, in denen europäische Solidarität demonstriert wird. Das Demonstrieren von Einigungswillen zementiert den Status Quo, das Ausleben von Konflikten bedroht die legitimatorische Basis – der Rat wird es nach der Erweiterung noch schwerer haben, eine effiziente Politik zu verfolgen.

Europäisches Parlament

Die Zusammensetzung des Europäischen Parlaments wurde bei den Verhandlungen in Nizza ebenfalls verhandelt. Ähnlich wie beim Stimmsystem im Rat konnten die in der EU-15 bestehenden Regelungen nicht einfach fortgeschrieben werden. Der wichtigste Einwand bestand in der zu großen Unübersichtlichkeit eines Parlaments, das bei einer Extrapolation auf 874 Mitglieder angewachsen wäre (siehe, auch für das Folgende, Galloway 2001: 116-122). Der Amsterdamer Vertrag hatte eine Obergrenze von 700 EP-Mitgliedern in der erweiterten Union gesetzt. Dabei handelte es sich jedoch um eine wacklige Bestimmung, denn die komplexen Reformen von Nizza erforderten von vornherein eine gewisse Verhandlungsmasse. Das Geben und Nehmen der einzelnen Länder hatte bei der Kommission enge Grenzen; damit musste vor allem bei den Ratsstimmen und den Parlamentssitzen ein Ausgleich geschehen. Dabei stieg in Nizza die Zahl der Parlamentarier in der EU-27 auf 732.

Nicht nur die absolute Größe des Parlaments, sondern auch seine Zusammensetzung standen indes auf dem Prüfstand. Zwei Modelle wurden in Nizza diskutiert: zum einen eine dem Prinzip der EU-15 entsprechende Sitzverteilung, zum anderen eine wesentlich stärkere Orientierung an den Bevölkerungszahlen. Wie so oft wurde auch hier ein Kompromiss vereinbart. Für die kleinen und mittleren Länder von Malta/Luxemburg bis zu den Niederlanden beließ man es bei einer linearen Reduzierung der Abgeordnetensitze, um die Überrepräsentierung dieser Ländergruppe weiter zu gewährleisten. Bei den mittelgroßen und großen Ländern von Rumänien bis Deutschland wurde dagegen eine stärkere Differenzierung nach Bevölkerungsgrößen

120

eingebaut. Für Deutschland blieb es bei 99 Abgeordneten, die übrigen großen Staaten wurden auf 72 (statt vormals 87) sowie Polen und Spanien auf
50 (vormals 64) Parlamentarier zurückgestuft.

War diesbezüglich das Spannungsfeld zwischen staatlicher und individu-
eller Repräsentation gelöst, eröffnete sich nun an einer anderen Stelle ein
legitimatorisches Problem. In der Endphase der Verhandlungen von Nizza
hatte die französische Ratspräsidentschaft den drei mittelgroßen Ländern
Belgien, Portugal und Griechenland zwei zusätzliche Parlamentssitze gewährt, ohne die in etwa gleich großen Tschechien und Ungarn mit zu bedenken. Portugal als das kleinste der hier genannten Fünfergruppe verfügte damit bei 10.0 Mio. Einwohnern über zwei Parlamentssitze mehr als Tschechien mit 10.3 Mio. Einwohnern. Während der Beitrittsverhandlungen gelang es den Regierungen der beiden benachteiligten Neumitglieder, eine
Revision und damit eine Öffnung des Gesamtpakets zu erreichen. In Art. I-19
VfE schrieb folglich der Konventsentwurf die Höchstgrenze für das Parlament mit 736 Abgeordneten fest. Im endgültigen Verfassungsentwurf wurde
diese Zahl dann noch einmal auf 750 erhöht.

Bezüglich der Verteilung der Mandate innerhalb der Höchstgrenzen
wurden bei den Verhandlungen zunächst zwei Gruppen von Ländern bedacht. Zum einen wurde den mittelkleinen und mittleren Ländern, die sonst
an allen institutionellen Fronten an Repräsentationskraft verloren hätten, ein
Zuwachs von einem oder zwei Parlamentssitzen im Vergleich zu Nizza zugesprochen. Zum anderen wurden die mittelgroßen und großen Länder, die
durch die doppelte Ratsmehrheit im Vergleich zu Deutschland überproportional an Gewicht verloren hätten, mit vier (Polen, Spanien) bzw. sechs
(Frankreich, Großbritannien, Italien) zusätzlichen EP-Mandaten ausgestattet.
Im Ergebnis entstand die Parlamentszusammensetzung laut Tabelle 3.13, die
den EP-Wahlen im Juni 2004 zugrunde lage.

Ist damit die Zusammensetzung des Parlaments für die nächsten Jahre
endgültig geklärt? So voreilig sollte man in der verhandlungssüchtigen EU
nicht urteilen. Zunächst wurde mit dem Verfassungskompromiss die Obergrenze der Parlamentsmitglieder erneut verschoben: Nach maximal 700 Abgeordneten in Amsterdam, 732 in Nizza und 736 im Verfassungsentwurf
sollen es nun höchstens 750 Abgeordnete werden. Der Hunger der Verhand-
lungspartner nach Parlamentssitzen als Kompensation für diesen oder jenen
Verhandlungsgegenstand scheint ungebremst zu sein. Die 732 Abgeordneten
von Nizza waren für die EU-27 gedacht gewesen. Als klar war, dass Bulgarien und Rumänien ihren Beitritt zu den EP-Wahlen im Juni 2004 nicht
schaffen würden, wurden im Beitrittsprozess die eigentlich frei zu haltenden
Mandate auf alle Mitgliedstaaten außer Deutschland verteilt; dabei handelte
es sich um eine vorgreifende Kompensation Deutschlands für die Einführung
der doppelten Mehrheit.

Tabelle 3.13: Zusammensetzung des Europäischen Parlaments nach der Erweiterung

Mitgliedsstaat	Bevölkerung		Nizza-Vertrag (= durch Beitrittsvertrag verworfen)		Beitrittsvertrag (= Zusammensetzung 2004 - 2009)	
	absolut	in %	absolut	in %	absolut	in %
Deutschland	82.2	18.23	99	13.52	99	13.52
Großbritannien	59.6	13.22	72	9.84	78	10.66
Frankreich	58.7	13.02	72	9.84	78	10.66
Italien	57.7	12.79	72	9.84	78	10.66
Spanien	39.4	8.74	50	6.83	54	7.38
Polen	38.7	8.58	50	6.83	54	7.38
Niederlande	15.9	3.53	25	3.41	27	3.69
Griechenland	10.5	2.33	22	3.01	24	3.28
Tschechien	10.3	2.28	20	2.73	24	3.28
Belgien	10.2	2.26	22	3.01	24	3.28
Portugal	10.0	2.22	22	3.01	24	3.28
Ungarn	10.0	2.22	20	2.73	24	3.28
Schweden	8.9	1.97	18	2.50	19	2.60
Österreich	8.1	1.80	17	2.32	18	2.46
Slowakei	5.4	1.20	13	1.78	14	1.91
Dänemark	5.3	1.18	13	1.78	14	1.91
Finnland	5.2	1.15	13	1.78	14	1.91
Irland	3.8	0.84	12	1.64	13	1.78
Litauen	3.7	0.82	12	1.64	13	1.78
Lettland	2.4	0.53	8	1.09	9	1.23
Slowenien	2.0	0.44	7	0.96	7	0.96
Estland	1.4	0.31	6	0.82	6	0.82
Zypern	0.8	0.18	6	0.82	6	0.82
Luxemburg	0.4	0.09	6	0.82	6	0.82
Malta	0.4	0.09	5	0.68	5	0.68
Summe EU-25	451.0	100.00	682	100.0	732	100.00

Damit entstand aber nun ein neues Problem. Wenn Bulgarien und Rumänien die Beitrittsverhandlungen abschließen und, wie dies bisher anvisiert wurde, etwa im Jahre 2007 beitreten, stehen zwei Regelungen des Nizza-Vertrags im Konflikt zueinander: Auf der einen Seite hat das Parlament nicht mehr als 732 Sitze zu umfassen, auf der anderen Seite stehen Bulgarien 17 und Rumänien 33 Sitze zu, die bereits von Parlamentariern der EU-25 besetzt sind. Da es nicht möglich ist, demokratisch legitimierten EU-Parlamentariern während der laufenden Legislaturperiode ihr Mandat zu entziehen, kommt es dann laut Art. 2 Abs. 4 des Nizza-Protokolls über die Erweiterung zu einer vorübergehenden Aufstockung des Parlaments.

Dann müssen allerdings zu den Wahlen von 2009 mehrere Mitgliedsstaaten auf Mandate verzichten. Die Neuverteilung der Parlamentssitze verspricht bereits jetzt ein interessantes Spektakel zu werden, denn nach Art. I-19(2) muss das Europäische Parlament hierzu einen Vorschlag vorlegen, über den der Europäische Rat dann einstimmig beschließt. Neben der Gesamtzahl von 750 Abgeordneten stecken die Mindestzahl von 6 und die Höchstzahl von 96 Parlamentariern den Verhandlungsraum für die einzelnen Staaten ab. Folgt man den einschlägigen Bestimmungen des Nizza-Vertrags (bis 2009) und der Verfassung (ab 2009), stehen bei jedem künftigen Beitritt Verhandlungen zur Zusammensetzung des Parlaments an. Nicht recht durchdacht scheint die Nennung von Obergrenzen für das EP, die aber durch jeden Beitritt von neuem überschritten werden. Es ist durchaus möglich, dass sich künftige Beitritte aus prozeduralen Gründen jeweils an den Brüchen der Legislaturperioden zu orientieren haben – dann muss die jeweils neue Parlamentszusammensetzung wenigstens nur einmal verhandelt werden. Von der Substanz her erscheint die Verhandlungslösung des Vertrags von Nizza – den kleinen bis mittleren Ländern eine Überproportionierung zuzugestehen, bei den größten Ländern aber stärker entsprechend der Bevölkerungsgröße zu spreizen – nach heutigem Standpunkt die einzige zu sein, die den Majorisierungsängsten der kleinen, den Deutschland-Ängsten der großen Mitgliedsstaaten und dem Proportionalitätsanspruch Deutschlands selbst gerecht werden kann.

Bei einem Blick auf die Summe der institutionellen Veränderungen kann damit im übrigen die These gewagt werden, Deutschland habe – bei einem isolierten Blick auf die Machtverhältnisse in der EU – für die Einführung der doppelten Mehrheit vielleicht einen zu hohen Preis bezahlt. Anstelle von 62% müssen nun laut Verfassungsentwurf 65% der Bevölkerungsanteile mobilisiert werden, was die Strategiefähigkeit einschränkt. Durch die Notwendigkeit, vier Länder für eine Blockademinderheit zu versammeln, haben sich auch beim Verhinderungspotenzial keine Verbesserungen ergeben. Während Deutschland auf dieser Seite also wenig gewonnen hat, mussten in zwei Schritten die Parlamentsanteile beschnitten werden. Zunächst im Zuge der Beitrittsverhandlungen, als u.a. die übrigen großen Länder von 72 auf 78 Parlamentarier aufgestockt wurden, und dann bei der Reduzierung von 99 auf 96 EP-Sitze im Verfassungskompromiss. Zu rechtfertigen ist das Bestehen auf der doppelten Mehrheit aus deutscher Sicht noch am ehesten durch den Strategievorteil gegenüber den anderen großen Mitgliedstaaten der EU. Im Gesamtgefüge der EU hat Deutschland an Gestaltungs- und Verhinderungspotenzial verloren, aber in einem geringeren Maße als Frankreich, Großbritannien und Italien (von den durch die Nizza-Regelungen über Gebühr bevorzugten Polen und Spanien ganz zu schweigen).

Abschließend noch einige kurze Bemerkungen zum Wahlrecht des Europäischen Parlaments. Dieses ist zwar nicht in unmittelbarem Zusammenhang mit der Osterweiterung, aber doch zeitnah zu den Beitrittsverhandlungen in Maßen reformiert worden. Während das EP seit den ersten Wahlen im Jahre 1979 im Wesentlichen nach den Geltungsregeln der nationalen Wahlsysteme bestückt wurde,[65] wurde 1997 in den Amsterdamer Vertrag ein Artikel eingeführt, der das Abhalten von "allgemeinen unmittelbaren Wahlen nach einem einheitlichen Verfahren in allen Mitgliedsstaaten oder im Einklang mit den allen Mitgliedsstaaten gemeinsamen Grundsätzen" vorsieht (Art. 190 Abs. 4 EGV). Mit der Änderung des Direktwahlaktes vom 25.6. und 23.9.2002 wurde diese Regelung mit dem EP-Wahlen im Juni 2004 erstmals unionsweit durchgesetzt. Demnach wurde vor allem das Verhältniswahlsystem für alle nationalen Wahlkreise festgeschrieben. Eine Prozenthürde bleibt den Mitgliedsstaaten vorbehalten, und auch die Wahlkreiseinteilung innerhalb der nationalen Wahlkreise unterliegt der Entscheidung der Mitgliedsstaaten. Obwohl also ein einheitliches Wahlsystem und die Organisationsverantwortung nicht vollständig auf die europäische Ebene verlagert werden, ist durch die Normierung auf das Verhältniswahlrecht doch eine neue gemeinschaftsrechtliche Normierung erfolgt (Nohlen 2004; Schreiber 2004).

Europäischer Gerichtshof

Im Vergleich zu den anderen Institutionen hat sich beim Europäischen Gerichtshof durch die Osterweiterung wenig geändert. Der Vertrag von Nizza hat die Zahl der Richter im EuGH und im Gericht erster Instanz flexibilisiert, indem Art. 221 EGV und Art. 224 EGV bei beiden Institutionen jeweils einen Richter pro Mitgliedsstaat vorschreiben.[66] Vorher war die Zahl der Richter jeweils absolut festgelegt gewesen. Die Erhöhung der Richterzahl hat für den EuGH den Vorteil, die Überlastung potenziell etwas abmindern zu

---

[65] Allerdings haben einige Mitgliedsstaaten ihr Wahlsystem für die EP-Wahlen durchaus von den Regeln für nationale Wahlen abweichen lassen. Ein wichtiges Beispiel ist Frankreich, wo das Verhältniswahlsystem z.B. dem Front National von Jean-Marie Le Pen größere Mandatsanteile im EP beschert, als das absolute Mehrheitswahlrecht auf nationaler Ebene zulässt.

[66] Der Erweiterungsvertrag, der in Art. 14 die Zahl der Richter im Gericht erster Instanz auf 25 festsetzt, steht damit zum konsolidierten Vertrag von Nizza nur im scheinbaren Widerspruch. Art. 224 EGV schreibt nämlich "mindestens" einen Richter pro Mitgliedsstaat vor, so dass der Erweiterungsvertrag lediglich der vertragsrechtlich möglichen Vergrößerung des Gerichts erster Instanz einen Riegel vorschiebt.

können. Im Jahre 2000 waren vor dem EuGH etwa 1.650 Fälle anhängig (Church/Phinnemore 2002: 403).

Die Vergrößerung beider Institutionen könnte zusammen mit weiteren Neuerungen von Nizza, nämlich der Ermöglichung spezieller Kammern innerhalb des Gerichts erster Instanz und der Schaffung einer Großen Kammer – die Übersetzung der französischen *grande chambre* – innerhalb des EuGH selbst, an Bedeutung erlangen. Zusätzlich wurde der Zuständigkeitsbereich des Gerichts erster Instanz deutlich ausgeweitet, so dass nun dort tatsächlich die meisten vor den EuGH gebrachten Fälle zunächst landen (Church/Phinnemore 2002: 404). Der EuGH stellt somit einen der wenigen Bereiche dar, wo die Osterweiterung die Lösung eines lange währenden strukturellen Problems mindestens potenziell näher bringt.

Außerdem ist die in Amsterdam und später durch die Beitrittsverhandlungen bestätigte Ausweitung der Kompetenzen des EuGH auf einige Bereiche der Justiz- und Innenpolitik zu erwähnen. Der Bereich, der seit Amsterdam unter der Überschrift "Raum der Freiheit, der Sicherheit und des Rechts" geführt wird, wurde zum Teil in die Säule I, d.h. in den EG-Vertrag überführt. Dadurch wird dem EuGH in den Bereichen Asyl, Einwanderung und Visa (Art. 61-69 EGV) sowie in der Justiziellen Zusammenarbeit in Zivilsachen (Art. 61, 65, 67) eine grundsätzliche, in Einzelheiten jedoch eingeschränkte Zuständigkeit zugewiesen (Müller 2003: 21-35, vgl. auch unten Kap. 4.4).

Wirtschafts- und Sozialausschuss; Ausschuss der Regionen

Bei der Aufgabenbeschreibung der beiden wichtigsten konsultativen Institutionen der EU, dem Wirtschafts- und Sozialausschuss sowie dem Ausschuss der Regionen, hat sich inhaltlich nichts geändert. Beide Gremien werden in bestimmten, sie von der Sache her betreffenden Bereichen, zum Prozess der Willensbildung und der Entscheidung in der EU hinzugezogen. Allerdings wurde selbstredend die Zusammensetzung geändert, indem den neuen Mitgliedern zusätzliche Sitze zur Verfügung gestellt wurden. Die Mitgliederzahl steigt dadurch von jeweils 222 auf jeweils 317.

Bei der Zusammensetzung wird der auch schon bei der Verteilung der Rats- und Parlamentssitze zu beobachtende Trend fortgesetzt, die Aufteilung in – große, mittlere, kleine – Ländergruppen zu durchbrechen. Die kleinen und mittleren bleiben im Vergleich zu den übrigen Ländern insgesamt deutlich überrepräsentiert. Mit sieben Sitzen für Estland, Lettland und Slowenien und fünf Sitzen für Malta wurden jedoch neue Kategorien innerhalb der mittelkleinen und kleinen Länder geschaffen (vgl. Tabelle 3.14)

Tabelle 3.14: Wirtschafts- und Sozialausschuss, Ausschuss der Regionen:
Zusammensetzung nach der Osterweiterung

Mitgliedsländer	Zahl der Vertreter
Deutschland, Frankreich, Großbritannien, Italien	24
Polen, Spanien	21
Belgien, Griechenland, Niederlande, Österreich, Portugal, Schweden, Tschechien, Ungarn	12
Dänemark, Finnland, Irland, Litauen, Slowakei	9
Estland, Lettland, Slowenien	7
Luxemburg, Zypern	6
Malta	5

Quelle: Beitrittsvertrag vom 16.4.2003, Art. 14 und Art. 15.

Entscheidungsverfahren

Im Gegensatz zur Regierungskonferenz 1996/97 hatten die Verhandlungen
vor dem Gipfel von Nizza weniger die Reform der Entscheidungsverfahren
in – aus Sicht integrationistischer Mitgliedsstaaten – möglichst vielen Politikfeldern zum Gegenstand. Die *left-overs* von Amsterdam bestanden vielmehr
in der Ermöglichung institutioneller Reformen, besonders im Hinblick auf
die anstehende Osterweiterung.

Dennoch spielte die Debatte der frühen und mittleren 1990er-Jahre, die
zwischen Erweiterung und Vertiefung einen Gegensatz konstruierte (Pfetsch
2001: 266-300), auch in Nizza noch eine Rolle. In der Frage des Übergangs
zum qualifizierten Mehrheitsentscheid schlugen die deutsche Bundesregierung und die Kommission den "Regel-Ausnahme-Ansatz" vor, der in allen
Fragen der Einstimmigkeit einen Übergang zum QMV und nur einen bestimmten Ausnahmekatalog für einstimmige Entscheidungen vorgesehen
hätte. Damit konnten sich die beiden Akteure jedoch nicht durchsetzen. Statt
dessen kam ein zuerst von der finnischen Ratspräsidentschaft 1999 vorge-
schlagener Ansatz zum Tragen, der den Übergang zum Verfahren der qualifizierten Mehrheit im Rahmen von Einzelfallprüfungen vorsah. Auf dieser
Grundlage kam es dann bei den Beratungen von Nizza zu immerhin 31 Bereichen, die unmittelbar in den QMV überführt wurden, sowie zu weiteren
sieben Handlungsermächtigungen, bei denen die Einführung des QMV an
Bedingungen geknüpft wurde (Maurer 2001: 136-139).

Ebenso von hoher Relevanz ist die Beteiligung des Parlaments an Ge-
meinschafts- und Unionsentscheidungen. Hier kam es als Ergebnis der Verhandlungen zu sechs neuen Bereichen für das Mitentscheidungsverfahren
nach Art. 251 EGV, das dem Parlament im Vergleich zum Kooperationsver-

fahren (Art. 252 EGV) höhere Kompetenz- und Verfahrensrechte einräumt.[67] Daher werden nun 21.3% aller Entscheidungsbereiche aus dem EG-Vertrag per Mitentscheidungsverfahren – englisch: co-decision procedure – entschieden (Maurer 2002a: 356).

Tabelle 3.15: Übersicht über die Verfahren der EU nach dem Vertrag von Nizza

Verfahren im Rat		Einstimmigkeit		Besondere Mehrheiten > QM		Qualifizierte Mehrheit		Einfache Mehrheit		Summe	
Beteiligung des EP			%		%		%		%		%
Konsultation	EG	38	18.0	2	1.0	29	13.7	2	1.0	71	33.6
	EU	4	9.3	1	2.3	1	2.3	1	2.3	7	16.3
Kooperation / Zusammenarbeit	EG	0	0	0	0	4	1.9	0	0	4	1.9
	EU	0	0	0	0	0	0	0	0	0	0
Mitentscheidung	EG	4	1.9	0	0	41	19.4	0	0	45	21.3
	EU	0	0	0	0	0	0	0	0	0	0
Zustimmung	EG	6	2.8	0	0	4	1.9	0	0	10	4.7
	EU	1	2.3	5	11.6	0	0	0	0	6	14.0
Unterrichtung	EG	0	0	1	0,5	9	4.3	0	0	10	4.7
	EU	0	0	3	7.0	0	0	0	0	3	7.0
Keine Beteiligung	EG	20	9.5	7	3.3	41	19.4	5	2.4	71	33.6
	EU	9	20.9	6	14.0	8	18.6	4	9.3	27	62.8
Summe	EG	68	32.2	8	3.8	128	60.7	7	3.3	211	100.0
	EU	14	32.6	15	34.9	9	20.9	5	11.6	43	100.0

Quelle: (Maurer 2001: 139).

Aus Sicht des Rats werden damit nach Nizza sowohl im EG-Vertrag wie auch im EU-Vertrag trotz aller Vertiefungsimpulse seit der Einheitlichen Europäischen Akte etwa ein Drittel aller Entscheidungsarten einstimmig getroffen. Hier gilt nach wie vor die Faustregel, dass die Bereiche, in denen einer oder mehrere Nationalstaaten ihre Souveränitätsrechte nicht verletzt sehen wollen, eher der Einstimmigkeit unterliegen. So wird in der II. Säule, der Gemeinsamen Außen- und Sicherheitspolitik, genauso wie in Teilen der III. Säule, der Zusammenarbeit in den Bereichen Justiz und Inneres, weitgehend Einstimmigkeit gepflegt. Dagegen gilt in weiten Teilen des EG-Vertrags, nämlich in über 60% aller Entscheidungsarten, das QMV-Verfahren. Allerdings werden auch im EU-Vertrag bereits über 20% der Entscheidungsarten mit qualifiziertem Mehrheitsentscheid getroffen.

---

[67] Das Kooperations- oder Zustimmungsverfahren hat damit fast vollständig an Bedeutung verloren: nur noch einige wenige Bereiche aus dem Bereich der Überwachung nationaler Wirtschaftspolitiken (Art. 99(5), Art. 102 und Art. 103 EGV) werden im EG-Vertrag dem Art. 252 EGV zugeordnet.

Aus Sicht des Parlaments finden im EG-Vertrag die meisten Entscheidungen unter den Verfahren der Konsultation oder der Mitentscheidung statt. In immerhin einem Drittel der Fälle steht dem Parlament jedoch auch im EG-Vertrag kein Beteiligungsrecht zu. Im EU-Vertrag ist die Parlamentsbeteiligung mit etwa einem Drittel der Entscheidungsarten geringer ausgeprägt. Die Verfahren der Mitentscheidung oder der Zusammenarbeit finden dort gar keine Anwendung; in sieben Fällen (=16.3%) kommt es wenigstens zur Konsultation. Das Zustimmungsverfahren bezieht sich auf wenige, aber dafür wichtige Bereiche: die Reform der Kohäsionspolitik, die Übertragung von Aufgaben auf die Europäische Zentralbank, die Entscheidung über eine Verletzung der Menschenrechte durch Mitgliedsstaaten, die Aufnahme neuer Mitglieder sowie die meisten internationalen Verträge und Assoziationsabkommen sowie die Inamtsetzung des Kommissionspräsidenten sowie des Kollegs seiner Kommissare.[68]

Insgesamt macht Tabelle 3.15 auch deutlich, dass der Auftrag an den Europäischen Konvent, die Entscheidungsverfahren deutlich zu vereinfachen, dringend notwendig war. Wenn die Konsultation weiterer Institutionen, z.B. des Wirtschafts- und Sozialausschusses, mitberücksichtigt wird, ergeben sich stolze 50 verschiedene Verfahrensarten über die Politikbereiche der EU. Der Verfassungsentwurf konnte dieses Problem jedoch, wie weiter oben bereits angedeutet, nur in eingeschränktem Umfang lösen – es blieben immer noch 48 verschiedene Verfahren übrig in der dann vereinten Verfassung (vgl. Wessels 2003: 288-290).

3.4 Fazit: Tentative Aussagen zum Integrationspotenzial der Neumitglieder

In Kapitel 1 wurde erläutert, dass die Integrationsfähigkeit der Neumitglieder aus zwei Perspektiven aus betrachtet werden kann. Zum einen tragen die Regierungen von Mitgliedsstaaten Erwartungen und Forderungen aus den jeweiligen Gesellschaften an die EU-Ebene heran. Dies geschieht sicherlich mitunter mit kurzfristigem Zeithorizont, etwa wenn Lobbyisten im Namen mancher Mitgliedsstaaten eine Politik mit dem Motto "Bananen für Brüssel" (Angres/Hutter/Ribbe 1999) durchsetzen können. Das langfristig angelegte Verhandlungssystem der EU schränkt die Möglichkeiten des Taktierens auf der anderen Seite aber auch wieder ein, denn die wenigsten Mitgliedsregierungen werden sich kurzfristige Verhandlungserfolge durch Übervorteilung der Partner erkaufen, auf die sie bei der nächsten Entscheidung vielleicht

---

[68] Ein auf den Stand gebrachter Überblick über die Entscheidungsregeln hinsichtlich aller Bereiche des EG- und des EU-Vertrags findet sich auf der Homepage von Simon Hix: http://personal.lse.ac.uk/HIX/WorkingPapers.HTM.

schon wieder angewiesen sind. Im Großen und Ganzen haben sich deshalb verlässliche Europa-Strategien der einzelnen Länder herausgebildet, bei denen die Souveränitätsorientierung ein wichtiges Kriterium für die Kooperations- und Kompromissbereitschaft im europäischen Verhandlungssystem darstellt. Daher wurde in Kapitel 1 versucht, die alten Mitgliedsstaaten entsprechend zwischen den beiden Polen "integrationistisch" und "souveränitätsorientiert" einzuordnen. Nach dem Durchgang durch die Ebenen des politischen Systems soll nun eine tentative Zuordnung der neuen Mitgliedsstaaten zu diesen Polen möglicher Europa-Strategien erfolgen (Kap. 3.4.1).

Folgt man den Ausführungen aus Kap. 1, hängt das Integrationspotenzial von (alten und neuen) Mitgliedsstaaten entscheidend von deren Fähigkeit und Willen ab, das auf der EU-Ebene formulierte Recht in nationales Recht umzusetzen. Dabei spielen die jeweiligen nationalen Parlamente eine Rolle, da – zumindest bei Richtlinien – vom Rat und der Kommission allgemeine Vorgaben kommen, die in nationales Recht umzusetzen sind. Selbst bei Verordnungen muss jedoch häufig nachrangiges Recht in den Mitgliedsstaaten geschaffen werden. Nun ist es allerdings recht müßig, noch vor dem Beitritt über die legislative *compliance* der Neumitglieder zu spekulieren, zumal sich die parlamentarischen Aktivitäten je nach Typ des Regierungssystems deutlich unterscheiden und damit bei mehr Fällen als in Westeuropa eine zusätzliche intervenierende Variable zu beachten ist (Beichelt 2001b). Deshalb wird – das wurde in der Einleitung begründet – die administrative Kapazität zur Umsetzung der Gemeinschaftsvorgaben gewissermaßen als Ersatzvariable herangezogen. Die allermeisten Entscheidungen aus Brüssel bedürfen der Implementation durch nationale oder regionale Verwaltungen; über die Umsetzung hat der Rechtsstaat zu wachen. Diese Ebenen der Adaptionsfähigkeit werden in Kap. 3.4.2 betrachtet.

3.4.1 Europa-Strategien der Neumitglieder

Wenn die Europäische Union als politisches System aufgefasst wird, ergeben sich eine Reihe von Schlussfolgerungen dafür, wie der politische Entscheidungsprozess in Europa zu verstehen ist: Die Europa-Strategien der einzelnen Mitgliedsstaaten ergeben sich im langfristigen Trend aus den Einstellungen der Bevölkerungen gegenüber dem politischen Gebilde Europa sowie den auf den Einstellungen fußenden – aber nicht hauptsächlich am *cleavage* "Europa" ausgerichteten – Strukturen der Parteiensysteme in den Mitgliedsstaaten. Zentral ist die Verankerung der politischen Akteure in ihren nationalen Wahlkreisen, die über nationale Parlamente Regierungen in den Rat, die wichtigste Institution der Entscheidungsproduktion auf europäischer Ebene, entsenden. Zwar genießen die Akteure bei der Formulierung zumal ihrer Außenpolitik eine gewisse Autonomie, indem etwa nationale außenpolitische Doktrinen von diplomatischen Apparaten gepflegt werden. Dadurch können, wie z.B. im zweiten Irak-Krieg geschehen, Regierungen durchaus kurzfristig sogar gegen überwältigende Mehrheiten in der öffentlichen Meinung ihres Staates agieren.

Tabelle 3.16: Einstellungen gegenüber der europäischen Integration in den neuen Mitgliedsstaaten in %

	Unterstützung der EU-Mitgliedschaft		Nutzen der EU-Mitgliedschaft	Ja-Stimmen beim Referendum (in % der abgeg. Stimmen)	Nein-Stimmen beim Referendum (in % der Wahlberechtigten)	Tendenz
	2003	2004	2003			
Litauen	65	52	69	90	6	+
Slowakei	59	46	67	92	3	+
Slowenien	57	40	76	89	6	+
Ungarn	63	45	72	83	7	+
Zypern	72	42	87	n.a.	n.a.	O
Malta	51	50	59	53	42	O
Polen	61	42	66	76	13	O
Tschechien	46	41	51	76	12	O
Estland	31	31	42	67	21	–
Lettland	37	33	47	67	23	–

Quellen: siehe Tab. 3.1a+b sowie Tab. 3.3.

Langfristig können es sich Regierungen allerdings kaum leisten, gegen den Trend von nationalen Bevölkerungseinstellungen anzugehen. Europäische Politik ist mittlerweile weit mehr als nur Außenpolitik, und europäische Politiker müssen sich dementsprechend gegenüber den Partnern im Rat auch im Hinblick auf ihre heimatliche Basis rechtfertigen. Wie die französische Agrarpolitik, die dänische Umweltpolitik, die südeuropäische Kohäsionspolitik, die deutsche Asylpolitik und viele andere Beispiele zeigen, gehört die Berufung auf die Heimatbevölkerungen auch zu einem der wichtigsten Rechtfertigungspotenziale bei innereuropäischen Konflikten. Insofern hat der europäische Demos, wenn auch in seiner hoch fragmentierten Form, längst Einzug in die europäische Politik gehalten.

Deshalb lassen sich zunächst die Einstellungen der Bürger gegenüber der EU gut als (eine unter mehreren) Determinanten der Europa-Strategien ihrer Nationalstaaten begreifen. In Übereinstimmung mit den Ausführungen in Kapitel 3.1 ergeben sich bei der Zusammenstellung verschiedener Indikatoren für die Haltung der neuen Unionsbürger gegenüber der europäischen Integration drei Gruppen (Tab. 3.16). Die erste Gruppe ist durch geringe Vorbehalte gegenüber der europäischen Integration gekennzeichnet. Darunter fallen Litauen, die Slowakei, Slowenien und Ungarn. In den Ländern herrschen unter mehr als zwei Dritteln der Bevölkerung die Erwartungen an einen Nutzen der Mitgliedschaft vor, und bei den Referenden haben mehr als 80% für und unter 10% der Wahlberechtigten gegen den Beitritt gestimmt. Dem in Kap. 3.1 diskutierten Schwund bei der Unterstützung der EU-Mitgliedschaft wird in dieser Wertung keine entscheidende Bedeutung beigemessen; es wird aber natürlich zu beobachten sein, ob sich der Trend verfestigt.

Polen, Malta, Tschechien und Zypern bilden eine zweite Gruppe, in der die Haltungen keine eindeutige Tendenz aufweisen. Beim zypriotischen Fall ist – wohl durch die Auseinandersetzungen im Vorfeld des Referendums – die Zustimmung für die Mitgliedschaft von 72% im Herbst 2003 auf 42% im Frühjahr 2004 gefallen. Da parallel keine Referendumsergebnisse vorliegen, die die Einstellungen zusätzlich durch eine gezeigte Haltung abstützen würden, lässt sich der Abfall bei den vormals sehr positiven Einstellungen schlechter übergehen. In Polen, Malta und Tschechien geht die Einordnung auf die stärkere Gegnerschaft der EU-Mitgliedschaft bei den Referenden zurück, wobei die Einstellungsdaten sich nicht so deutlich von den Ländern der ersten Gruppe unterscheiden. Besonders Polen reiht sich auf dieser Ebene eher in die erste Gruppe ein; aber dort gab es eben auch mit 13% eine recht hohe absolute Ablehnungsquote im Referendum (22.4% der Wahlbeteiligten). Der hohe Nein-Anteil im maltesischen EU-Referendum hat dagegen auch eine innenpolitische Komponente, denn ein "Ja" war stark an die Unterstützung der *Nationalen Partei*, das "Nein" an die *Arbeitspartei* gebunden. Demgegenüber steht eine zwar knappe, aber stabile Zustimmungsrate bei knapp mehr als der Hälfte der Bevölkerung.

Bei der dritten Gruppe, bestehend aus Estland und Lettland, ist seitens der Bevölkerungen von einem eher schwachen integrationistischen Auftrag an die gewählten Regierungen auszugehen. In den Ländern befürwortet stabil deutlich weniger als die Hälfte der Befragten die EU-Mitgliedschaft; auch sieht nur eine Minderheit Vorteile in der Mitgliedschaft. Während die Referenden auf der einen Seite zwar deutliche Mehrheiten für den EU-Beitritt gebracht haben, votierten auf der anderen Seite mehr als 20% aller Wahlberechtigten gegen den Beitritt, was auf eine hohe Grundopposition zu Europa schließen lässt.

Der nächste für die Europa-Strategie relevante Aspekt betrifft die Parteiensysteme. Die Integrationsfähigkeit auf der Ebene der Parteiensysteme ist durch die Qualität und Quantität des Integrationswillens in den einzelnen Parteien bestimmbar. In Kap. 3.2 wurde beides ausführlicher diskutiert. In quantitativer Hinsicht ist das Verhältnis von Pro-EU- und integrationsskeptischen Parteien von Belang. Wegen der fluiden Parteiensysteme, vor allem in den baltischen Staaten, ist hier manchmal die Zuordnung schwierig, und die in Kap. 3.2 praktizierte Herleitung über die Zugehörigkeit zu Parteifamilien mag in einigen Fällen zu nicht endgültigen Urteilen über die integrationsbefürwortende bzw. –ablehnende Grundhaltung einzelner Parteien geführt haben. In Tabelle 3.17 sind daher in Spalte 1 nur die eindeutigen Fälle aufgeführt. Die Zusammenstellung zeigt, dass es Länder mit einer ganz großen Mehrheit pro-integrationistischer Parteien gibt (Slowenien, Litauen), während in anderen Parlamenten eine Mehrheit der Mandate an integrationsskeptische oder nicht eindeutig zuzuordnende Parteien gegangen ist (Estland, Zypern).

Tabelle 3.17: Parteiensysteme und Anteile integrationsbefürwortender und euro-skeptischer Parteien in den Beitrittsländern

	Anteil von Pro-EU-Parteien im Parlament*	Anteil euro-skeptischer Parteien im Parlament**	Σ	Ten-denz
Litauen	83.0 (+)	0.0 (+)	+/+	+
Lettland	55.0 (O)	0.0 (+)	+/O	+
Malta	53.9 (O)	0.0 (+)	+/O	+
Slowenien	84.5 (+)	4.4 (O)	+/O	+
Slowakei	68.7 (+)	7.3 (O)	+/O	+
Ungarn	57.5 (O)	0.0 (+)	+/O	+
Estland	37.6 (–)	0.0 (+)	+/–	O
Polen	61.1 (+)	19.8 (–)	+/–	O
Tschechien	50.5 (O)	20.5 (–)	O/–	–
Zypern	33.9 (–)	35.7 (–)	–/–	–

* Es werden nur eindeutige Fälle aufgenommen; vgl. Diskussion in Kap. 3.2. Zur Einordnung: "+" bei mehr als 60% pro-integrationistischer Parteien, "O" bei 50%-60%, "–" bei einem Anteil von weniger als 50%.

** Zur Einordnung: "+" bei Nichtexistenz von euro-skeptischen Parteien, "O" bei der Existenz von mandatsmäßig marginalisierten euro-skeptischen Parteien, "–" bei einem Anteil euro-skeptischer Parteien von ca. 20% und mehr.

Quellen: Tabellen 3.6 und 3.7 (vgl. Kap. 3.2).

Die Qualität der integrationsbezogenen Parteipositionen ergibt sich aus der Intensität der Zustimmung oder Ablehnung des Integrationsprozesses durch die Parteien. Gemessen wurde dies in Kap. 3.2 mittels der Unterscheidung in euro-skeptische und EU-skeptische Parteien. Euro-skeptische Parteien lehnen sowohl die Idee wie auch die Praxis der europäischen Integration aktiv ab. Dem gegenüber stehen EU-skeptische Parteien, die der Idee der europäischen Integration durchaus aufgeschlossen gegenüberstehen und sich vor allem gegen die Praxis der Integration im Rahmen der real existierenden Europäischen Union wenden. Die Qualität der Integrationsfähigkeit des Parteiensystems wird demnach negativ gemessen, nämlich über den Stimmenanteil der euro-skeptischen Parteien. Je höher dieser ausfällt, desto größer das Potenzial für das Aufleuchten von Störfeuern auf der europäischen Ebene. Tabelle 3.17

zeigt, dass in fünf Staaten gar keine und in zwei weiteren anteilsmäßig marginalisierte euro-skeptische Parteien existieren. In Polen, Tschechien und Zypern nehmen euro-skeptische Parteien jedoch mit Mandatsanteilen zwischen ca. 20% und ca. 35% starke Minderheitenstellungen ein, aus denen sie ein beträchtliches *Blackmail*-Potenzial (Sartori 1976), also ein Verhinderungspotenzial, in Europa-Fragen entfalten können.

Insgesamt lassen sich damit in den sechs Parteiensystemen Lettlands, Litauens, Maltas, der Slowakei, Sloweniens und Ungarns nur geringe Anzeichen für mangelnde Integrationsfähigkeit ausmachen. In den Parlamenten bestehen strukturelle Mehrheiten zugunsten der europäischen Integration, und die Rolle euro-skeptischer Parteien beschränkt sich mangels Masse auf die Ränder des politischen Geschehens. In Estland und Polen sind die Verhältnisse weniger eindeutig. Der geringe Anteil pro-integrationistischer Parteien in Estland kommt nicht zuletzt wegen der unklaren Zuordnung der *Zentrumspartei* (K) – die in einem Parteikongress gegen den Ratschlag der Parteiführung ein "Nein" beim Referendum empfohlen hatte (vgl. Kap. 3.2) – und der neu gegründeten *Union für die Republik* zustande. In Polen wiederum ist der Konflikt um europapolitische Themen besonders scharf; ein Fünftel der Mandate in euro-skeptischen Händen müssen der an sich vorhandenen Mehrheit pro-integrationistischer Parlamentarier jedenfalls gegenüber gestellt werden. In Tschechien dagegen ist die Mehrheit der integrationsbefürwortenden Kräfte geringer. Neben der euro-skeptischen *Kommunistischen Partei* mit 20.5% der Mandate ist dort noch die EU-skeptische *Bürgerunion* (ODS) zu beachten, die in Tabelle 3.17 nicht mit abgebildet ist. Deshalb gehen vom tschechischen ebenso wie vom zypriotischen Parteiensystem deutlich integrationsskeptische Impulse auf die Europa-Strategien der jeweiligen Länder aus.

Fasst man beide Dimensionen zusammen, gelangt man zu einer tentativen Aussage über die von den Bevölkerungen und der intermediären Ebene ausgehende Integrationsfähigkeit der Neumitglieder (Tab. 3.19). Tentativ ist das Urteil aus mehreren Gründen. Erstens geht die Lehre von der Systemhaftigkeit von Politik zwar davon aus, dass politische Akteure bestimmte Outputs in Anlehnung an Inputs, d.h. die Erwartungen und Forderungen der Bevölkerungen, herbeiführen. In diesem Sinne können Regierende mittel- oder langfristig keine Politik gegen die Präferenzen ihrer Bevölkerungen machen, ohne entscheidend an Legitimität einzubüßen (Almond/Powell/Mundt 1996). Kurzfristig können politische Akteure jedoch sehr wohl von den Präferenzen abweichen. Als intervenierende Variablen bei der Formulierung von Politik müssen nämlich die Gelegenheitsstrukturen des Parteiensystems mit betrachtet werden (Kitschelt 1989: 41-74). Ein Parteiensystem kann fragmentiert, polarisiert, von Massen- oder Eliteparteien charakterisiert sein oder andere Eigenschaften aufweisen. Da Akteure in Parteien ihre Strategien auch auf die Struktur des Parteiensystems anlegen, können programmatische Positionen aus taktischen Gründen auch von den Präferenzen der Wahlklientel abweichen, wenn dies für den Wahlerfolg opportun erscheint.

Zweitens stellen die letzten Monate und Jahre vor dem EU-Beitritt (auf die sich die Analyse in Kap. 3.2 bezieht) und das Beitrittsjahr 2004 in vielerlei Hinsicht eine Neujustierung der Parteiensysteme in den Beitrittskandidatenländern dar. Ein großes Ziel der politischen Eliten, eben der Beitritt, ist erreicht. Dadurch werden andere Konflikte wichtiger; Allianzen müssen aufgrund der veränderten Gegebenheiten neu verhandelt werden. Es scheint daher plausibel, bei der Haltung zu Europa und zur europäischen Integration sowohl auf Bevölkerungs- wie auf Elitenebene eine immanente Dynamik zu unterstellen; die in den Tabellen 3.16 und 3.17 abgebildeten Positionen mögen daher in mancherlei Hinsicht eine Momentaufnahme darstellen.

Drittens darf nicht vergessen werden, dass das Thema "Europa" im Fachjargon der Politikwissenschaft eher ein *issue* als ein *cleavage*, d.h. eine in der Gesellschaft klar identifizierte und in das Parteiensystem übertragene Konfliktlinie, darstellt. Der Parteienwettbewerb orientiert sich auch, aber bei weitem nicht ausschließlich an der Haltung zur europäischen Integration. Daher können Parteien hinsichtlich dieses *issues* von den Präferenzen der Bevölkerungen in dem Maße abweichen, wie sie bei den *cleavages* auf der Linie der Erwartungen bleiben.

Allerdings darf das Thema "Europa" auch nicht vollkommen abgelöst von den Konfliktlinien gesehen werden. Durch einige wichtige Implikationen der EU-Mitgliedschaft – die Souveränitätsverlagerung, die Öffnung der Volkswirtschaften, die Offenheit für von der nationalen Gemeinschaft abgehobene Werte – hat das *issue* eine feste Verankerung auf den liberalen Polen der sozio-ökonomischen sowie der sozio-kulturellen Konfliktlinie. Integrationsbefürwortung geht demnach mit einem im weiten Sinne liberalen wirtschafts- und gesellschaftspolitischen Programm einher (Beichelt 2004c). Daher haben Parteipolitiker zwar die Möglichkeit, das *issue* "Europa" vorübergehend zugunsten der *cleavages* hintan zu stellen. Da politische Programme jedoch auch eine innere Kohärenz besitzen müssen, ist ein dauerhaftes Reibungsverhältnis zwischen Einstellungen und Parteienpositionierung ebenso wenig wahrscheinlich.

Unter Beachtung dieser Einschränkungen ergeben sich aus den bisherigen Zusammenstellungen mögliche Europa-Strategien der Neumitglieder (vgl. Tab. 3.18). Demnach zeigen Litauen, die Slowakei, Slowenien und Ungarn Tendenzen zu einem integrationistischen Auftreten auf der europäischen Bühne, da in den Bevölkerungen wie auch in den Parteiensystemen a) integrationsbefürwortende Positionen überwiegen und b) integrationsskeptische Kräfte marginalisiert erscheinen.

Tabelle 3.18: Mögliche Europa-Strategien der Neumitglieder

		Bevölkerung	Parteiensystem	Tendenz
Integratio-nistisch ↑ ⋮ ↓ Souveränitäts-orientiert	Litauen	+	+	+
	Slowakei	+	+	+
	Slowenien	+	+	+
	Ungarn	+	+	+
	Malta	O	+	+/O
	Lettland	–	+	O
	Polen	O	O	O
	Zypern	O	–	O/–
	Estland	–	O	O/–
	Tschechien	O	–	O/–

Dem gegenüber stehen Estland, Tschechien und Zypern, in denen entweder in der Bevölkerung oder im Parteiensystem recht starke euro-skeptische Positionen vorhanden sind, deren Neutralisierung in Frage steht. In Estland müssen sich die bislang rhetorisch EU-freundlichen Eliten mit auch im gesamteuropäischen Vergleich sehr niedrigen Akzeptanzwerten in der Bevölkerung auseinandersetzen. In Tschechien stehen EU-skeptische (ODS) und euro-skeptische (KSČM) Parteien am Rande der politischen Mehrheit und finden in der recht unentschiedenen Bevölkerung kein erkennbar starkes Gegengewicht, was eine souveränitätsorientierte Europa-Strategie angeht.

Der zypriotische Fall erscheint weniger klar. Das Parteiensystem ist so stark auf den Teilungskonflikt und eine archaisch anmutende Trennlinie zwischen kommunistischer und konservativ-etatistischer Wirtschafts- und Gesellschaftspolitik ausgerichtet, dass über den Stellenwert des *issues* Europa auf der Grundlage der vorliegenden Literatur (Brewin 2000; Kramer 2004; Typaldou 2004) kaum eine verlässliche Aussage gemacht werden kann. Ebenso muss bei den stark schwankenden Zustimmungsraten der Zyprioten zur EU-Mitgliedschaft in Rechnung gestellt werden, dass für die Bevölkerung ein Zusammenhang zwischen der Überwindung der Teilung und dem Beitritt bestehen musste. Die integrationistische Einstellung der Bevölkerung kann daher mindestens teilweise einem benachbarten Bereich zugeschrieben werden.

Zwischen beiden Gruppen befinden sich Polen, Malta und Lettland. Auch der maltesische Fall ist wegen des spezifischen Charakters des Beitrittsreferendums schwer einzuordnen – die hohe Ablehnungsquote im Beitrittsreferendum sagt zwar einiges, aber nicht alles über die Integrationsskepsis der Bevölkerung aus. Als größte Oppositionspartei ist die *Arbeiterpartei* (MLP) dagegen EU-skeptisch, nicht euro-skeptisch einzuschätzen. Insgesamt hängt damit die Europa-Strategie stärker als in allen anderen Beitrittskandidaten von den jeweiligen Wahlergebnissen ab; in dieser Hinsicht ähnelt der maltesische dem britischen Fall.

Lettland ist in vielerlei Hinsicht mit Estland zu vergleichen. Ein hoher, zum Teil der ethnischen Minderheit zugehöriger, Anteil der Bevölkerung ist der europäischen Integration skeptisch gegenüber eingestellt. Während der Beitrittsphase haben sich die Eliten eindeutig einer Pro-EU-Rhetorik bedient, ohne dass es allerdings wie in Estland zu einigen hörbaren, aber schwer einzuschätzenden integrationsskeptischen Zwischenrufen gekommen wäre. Die reine Lehre der politischen Systemforschung ließe erwarten, dass sich die pro-europäischen Eliten mittelfristig den skeptischeren Wählern anpassen müssen.

Polen ist in vielerlei Hinsicht zerrissen. Eine deutliche Mehrheit der Bevölkerung ist integrationsfreundlich eingestellt, und das spiegelt sich letztendlich auch im Parteiensystem wieder. Auf der anderen Seite ist die Intensität der Integrationsskepsis wohl in keinem anderen Beitrittsland so groß. Die Formel "Nizza oder Tod" steht exemplarisch für eine Ablehnungsquote von 22% beim Referendum sowie den Stimmenanteil von etwa 18% für euro-skeptische Parteien bei den Wahlen von 2001 und sogar ca. 25% bei den Wahlen zum Europa-Parlament im Juni 2004. Hinzuzurechnen sind weitere EU-skeptische Kräfte (Klemenska 2003), die die pro-europäische Mehrheit deutlich einengen und auf mittlere Sicht eine integrationistische Europa-Strategie des Landes wenig wahrscheinlich machen.

Setzt man diese Ergebnisse in Beziehung zu den Europa-Strategien der EU-15, ergeben sich einige Parallelen. Litauen, die Slowakei, Slowenien und Ungarn könnten in Richtung der Gründungsstaaten der EU mit tendenziell integrationsfreundlichen Bevölkerungen und Eliten gehen. Malta mit seiner starken EU-skeptischen Bevölkerungs- und Elitenminderheit ist demgegenüber deutlich souveränitätsorientierter einzuordnen, vielleicht vergleichbar dem spanischen Fall, der zwischen Integrationsbereitschaft unter sozialistischen Regierungen und Souveränitätsbewusstsein zu konservativen Regierungszeiten zu oszillieren scheint.

Lettland und Polen könnten auf die von Dänemark und Schweden vorgegebene Linie einschwenken. Diese besteht darin, in einigen Bereichen in der Integration beträchtliche Vorteile zu sehen und diese daher voranzutreiben, in anderen Bereichen jedoch den Souveränitätsvorbehalt einzufordern. Die beiden Länder dürften z.B. in der Struktur- und Agrarpolitik keineswegs als Gegner der Integration auftreten. Im Bereich der Außenpolitik fällt es dagegen schwer, sich Polen bei den in den kommenden Jahren auf der Agenda stehenden Schritten zur Vergemeinschaftung als treibende Kraft vorzustellen. Lettland hat während des Beitrittsprozesses mehrfach signalisiert, im Hinblick auf seine russische Minderheit nicht jeden Schritt im Bereich der Justiz- und Innenpolitik mitgehen zu wollen. Generell bleibt bei diesen Neumitgliedern jedoch abzuwarten, inwiefern diese die bei Dänemark und Schweden akzeptierten *Opt-outs* ebenfalls durchsetzen können. Bei den Beitrittsverhandlungen wurde jedenfalls auf die Übernahme des gesamten *acquis* durch die Neumitglieder gedrungen, und möglicherweise verfügen wenigstens die kleinen mitteleuropäischen Staaten über zu geringe Machtressourcen für die Gewährung grundsätzlicher Ausnahmen.

Estland, Tschechien und Zypern sind gegenüber den zwei zuletzt genannten Ländern als noch etwas souveränitätsorientierter einzuschätzen, da sich entweder bei den Bevölkerungen oder auf Elitenebene eine deutliche Ablehnungsfront gegen die europäische Integration formiert hat. Da es sich bei Politik immer um einen dynamischen Prozess handelt, kann sich diese Entwicklung der letzten Jahre natürlich künftig auch wieder umkehren. Zum Zeitpunkt des Beitritts scheint die Lage jedoch so, dass der EU wenigstens einige Länder mit Überraschungspotenzial für europapolitische Alleingänge beigetreten sind.

Insgesamt legt die Zusammenstellung nahe, dass die Erweiterung der Union nicht einfach eine generelle Heterogenisierung der EU mit sich bringt, eben weil eine EU-25 im Hinblick auf Bevölkerungspräferenzen, Parteien und Institutionen vielfältiger ist. Vielmehr wird die zunehmende Heterogenität durch die auf die nationalen Gegebenheiten eingestellten Bevölkerungen sowie eine entsprechend auf die nationale Souveränität geeichte politische Eliten in einigen Ländern verstärkt. Es widerspricht vielen Annahmen des politikwissenschaftlichen *common sense*, dass sich Regierungen von integrationsskeptischen Bevölkerungen ohne Umschweife in eine integrationistische Europa-Strategie flüchten. Daher könnte in den ersten Jahren der EU-25 der Begriff des nationalen Interesses durchaus ein neues Gewicht erlangen.

Die EU-12 war durch einen stetigen (GB) und zwei periodische (GR, DK) Länder mit souveränitätsorientierter Europa-Strategie gekennzeichnet. Mit der zweiten Norderweiterung kam mit Schweden ein weiterer periodischer Fall hinzu, während das Haider-Intermezzo in Österreich ein weiteres Neumitglied mit Distanz zu Vertiefungstendenzen hervorgerufen hat. Im Zuge der Osterweiterung kommen nun weitere drei bis sechs Fälle hinzu, bei denen angesichts der Einstellungslage in den Heimatstaaten die Betonung der nationalen Souveränität als die mittelfristig wahrscheinliche Strategie der entsprechenden Regierungen erscheinen muss.

Unter diesen Bedingungen, so man wohl folgern, wird ein erneuter Integrationsschub in den kommenden Jahren recht unwahrscheinlich. Fast unbemerkt ist in der Union eine kritische Masse von Staaten zusammengekommen, die unter der EU-Mitgliedschaft nicht automatisch eine "immer engere Union der Völker Europas" (so die berühmte Floskel aus der Präambel des EU-Vertrags) verstehen. Die Dekade nach Maastricht wurde nur in sehr begrenzten Bereichen – z.B. in der Justiz- und Innenpolitik (Kap. 4.4) – für die Schaffung von Kapazitäten zur "positiven", also institutionenbildenden Integration genutzt. Was Helmut Kohl, François Mitterrand und Jacques Delors unter einer "politischen Union" zur Komplementierung und politischen Steuerung der Wirtschafts- und Währungsunion verstanden, ist durch die beiden letzten Erweiterungen in weite Ferne gerückt.

3.4.2 Europäisierungs- und Adaptionspotenzial: demokratische Institutionen und postsozialistischer Kontext

Eines der Kopenhagener Kriterien zur Aufnahme in die EU war politischer Natur und bestand darin, dass Beitrittsstaaten stabile Institutionen, eine Demokratie, Rechtsstaatlichkeit, die Achtung der Menschenrechte sowie den Schutz von Minderheiten aufzuweisen hätten. Damit waren Bedingungen formuliert, die in zwei kritischen Phasen Bedeutung erlangten bzw. im Falle zukünftiger Beitrittsstaaten noch erlangen. Zum einen musste vor der Aufnahme der Beitrittsverhandlungen der Beweis erbracht werden, dass diese Kriterien im Großen und Ganzen erfüllt waren. Die Slowakei wurde beispielsweise im Jahre 1997 genau wegen der Nichterfüllung der politischen Grundbedingungen nicht in die Luxemburg-Gruppe der ersten sechs Anwärter aufgenommen. Zum anderen jedoch blieben die politischen Kriterien während des Beitrittsprozesses auch während des Beitritts aktuell. In jedem Kommissionsbericht zur Erweiterung fand sich ein einschlägiges Kapitel. Die Kriterien wurden dabei ausdifferenziert, allerdings nicht nach der Logik der ursprünglich angegebenen Unterkriterien. Vielmehr wurden die Aspekte Demokratie, Rechtsstaatlichkeit und Menschenrechte zusammenfassend systematisiert, indem das Augenmerk stärker auf den Fortgang der Reformen im Verwaltungssystem und Justizwesen sowie in der Bekämpfung der Korruption geprüft wurde. Diese Bereiche werden in diesem Unterkapitel mit dem Begriff Adaptionspotenzial in Verbindung gebracht.

Damit wurde eine in der politischen Öffentlichkeit wie der Wissenschaft geführte Diskussion fortgeführt und modifiziert. Es waren nicht mehr plumpe Kriterien wie z.B. der Vollzug von einem oder mehreren Regierungswechseln (Huntington 1991; Sartori 1994), die als zentral für die Existenz einer Demokratie gesehen wurden. Auch der viel diskutierte Index der US-amerikanischen Einrichtung *Freedom House* (Karatnycky 1997; Karatnycky 2004) war im Laufe der Zeit obsolet geworden, denn alle zu Beitrittsverhandlungen eingeladenen Staaten wurden als Demokratien eingestuft und gruppierten sich am oberen Rand des Analyserasters. Die Kommission hatte – bewusst oder unbewusst – vielmehr einen neueren Diskussionszweig der Konsolidierungsforschung aufgegriffen und der Dimension des Rechts- und Verfassungsstaates die selbe zentrale Rolle zugewiesen wie einige Wissenschaftler (Linz/Stepan 1996; Merkel 1999). Demokratie wurde demzufolge nicht mehr überwiegend auf einen transparenten und fairen Wahlmechanismus reduziert (Schumpeter 1950), sondern wurde über ein breiteres Konzept der Rechenschaftspflicht des Staates definiert. Die Voraussetzungen dafür sah die Kommission eben in einem funktionierenden und nicht korrumpierten Verwaltungs- und Rechtsstaat.

Außerdem ging es der Kommission nicht allein um Demokratie und deren Konsolidierung. Mindestens genauso wichtig war die Passfähigkeit der Verwaltungs- und Justizsysteme im Hinblick auf die EU und die aus dem *acquis communautaire* erwachsenden Verpflichtungen. Der öffentliche Dienst in den Beitrittsländern hatte demnach zur Aufgabe, mit der "Verwaltungskultur" der EU kompatibel zu sein. Gleichzeitig war ein auf das europäische Rechtssystem ausgerichtetes Justizwesen das Ziel gewesen, um im Bereich der politischen Voraussetzungen zum Abschluss der Beitrittsverhandlungen zu kommen. Zusammen mit dem Ziel der möglichst geringen Korruption hat die Kommission im Laufe der Zeit eben diese drei Bereiche zu den wichtigsten Kriterien für die Integrationsfähigkeit der Neumitglieder entwickelt: In den späteren Beitrittsberichten sind die Kapitel über die politischen Beitrittskriterien in die drei Unterkapitel Öffentliche Verwaltung, Justiz und Korruptionsbekämpfung unterteilt.[69]

Die Berichte der Kommission, die diese seit 1997 regelmäßig im Spätherbst veröffentlicht hat, zeigen seitdem ein deutlich differenziertes Bild der Konsolidierung des Verwaltungs- und Rechtsstaats sowie der erwarteten Kompatibilität mit den Erfordernissen der EU-Mitgliedschaft. Letztlich zufrieden gibt sich die Kommission nur mit den Entwicklungen in Estland und Slowenien (vgl. Beichelt 2004a). Diese beiden Länder sind auch die einzigen, in denen die Kommission die Korruption nicht als ein ernsthaftes Problem ansieht. In Polen, der Slowakei und Tschechien gibt Korruption hingegen Anlass zu "Besorgnis" und wird als schwerwiegendes Problem angesehen. Im (letzten) Bericht des Jahres 2003 wird Polen sogar ein noch einmal erhöhtes Korruptionsproblem nachgesagt.

Diese Befunde werden durch den *Global Corruption Report 2003* (Transparency International 2003: 264-265) bestätigt, wobei hier allerdings auch noch in Bezug auf Lettland Schwierigkeiten ausgemacht werden. In den Kommissionsberichten ist bzgl. Lettland nur von "Besorgnis" die Rede, während Polen, die Slowakei und Tschechien im Jahre 2002 Anlass zu "großer Besorgnis" gaben – ein bedeutender diplomatischer Unterschied – und ihnen im Jahre 2003 keine Verbesserungen in diesem Feld attestiert wurden. Demgegenüber wird nach dem *Global Corruption Report 2003* in Litauen und Ungarn ein geringeres Ausmaß an Korruption verzeichnet als in Griechenland, dem Schlusslicht der EU-15. In Estland und Slowenien wird weniger Korruption als in Italien und ein etwa gleicher Korruptionsgrad wie in Portugal und Frankreich wahrgenommen (ebd.). Damit wird deutlich, dass in eini-

---

[69] Die Fortschrittsberichte seit 1997 finden sich unter http://europa.eu.int/comm/enlargement/index_en.html. Seitenverweise aus den Berichten beziehen sich im Folgenden immer auf die unter dieser Quelle einzusehenden Einzelberichte zu den jeweiligen Länder.

gen Transformationsstaaten die Aufholprozesse bereits in die Überholphase eingetreten sind.

Relativ zugeknöpft gibt sich die Kommission bei der Beurteilung der Korruption in Malta. In Malta werden im Bericht von 2003 wenige, aber schwerwiegende Fälle von Korruption moniert; gleichzeitig wird auf eine weitverbreitete Wahrnehmung von Korruption hingewiesen. Da Malta vom *Global Corruption Report* nicht erfasst wird, fehlt es an Vergleichsmöglichkeiten. Zypern wird im selben Bericht einen Platz vor Slowenien (und damit ebenfalls mehrere Plätze vor Italien) aufgeführt; diese Einschätzung geht mit einer entsprechend positiven Beurteilung durch die Kommission im Bericht aus dem Jahre 2003 einher (S. 15).

Die Bereiche der Verwaltungs- und Justizreform korrelieren in den Beitrittsberichten zu einem guten Teil mit den Einschätzungen zur Korruption. Hinsichtlich Estlands und Sloweniens kommt die Kommission bei den Berichten 2003 zu einer positiven Einschätzung der öffentlichen Verwaltung. Bei den restlichen Staaten werden die verschiedenen Ebenen – Verwaltungsrecht, Verwaltungsstruktur, Effizienz etc. – angesprochen und in unterschiedlichen Bereichen Verbesserungsbedarf angemerkt, ohne dass es jedoch auf markante Ermahnungen hinausliefe. Für den polnischen Fall ist dies anders, denn dort weist der Bericht mehrfach auf die Notwendigkeit "verstärkter Anstrengungen" hin. Im Hinblick auf die Justizreform kommt die Kommission im Jahre 2003 bei Estland, Litauen und Slowenien zu insgesamt wohlwollenden Einschätzungen. Bei Malta, der Slowakei, Tschechien, Ungarn und Zypern merkt sie für verschiedene Ebenen des Verwaltungssystems Verbesserungsbedarf zur Erreichung des *acquis* an. Obwohl dies auch für Lettland und Polen zutrifft, scheint bei diesen beiden Ländern doch ein schärferer Ton vorzuherrschen.

Tabelle 3.19: Ausbau des Rechtsstaats in den Beitrittsländern Mitteleuropas

Voraussetzungen für Übernahme des *acquis* weitgehend geschaffen	Einige oder deutliche Defizite bei den Voraussetzungen für die Umsetzung des *acquis*	
Estland	Lettland	Slowakei
Slowenien	Litauen	Tschechien
Zypern	Malta	Ungarn
	Polen	

Quelle: Auswertung der Fortschrittsberichte der Europäischen Kommission zu den EU-Beitrittskandidaten.

Wenn auch das Fehlen normierter Indikatoren es schwierig macht, eine unangreifbare Typisierung vorzunehmen, so lassen sich doch mindestens Tendenzen erkennen. Nach den Einschätzungen der Kommission sind in Estland, Slowenien und wohl auch Zypern nur noch wenige Anpassungsleistungen vorzunehmen, damit die Umsetzung des *acquis* nach dem Beitritt nicht vor deutlichen Strukturschwierigkeiten steht. Etwas problematischer sieht es bei Lettland, Litauen, Malta, der Slowakei, Tschechien und Ungarn aus, wobei nach einem subjektiven Eindruck Litauen eher in Richtung der ersten Gruppe tendiert.

Im Hinblick auf Lettland, Polen und Tschechien lassen sich dagegen deutliche Vorbehalte in den Kommissionsberichten spüren. Zu Lettland heißt es etwa, die Struktur der Verwaltung des öffentlichen Dienstes sei "wenig klar" (S. 14), und das Strafgesetzbuch und das Gesetz über die richterliche Gewalt sind "noch immer nicht verabschiedet" (S. 16). Bezüglich Tschechiens ist die verzögerte Umsetzung einzelner Bestimmungen im Gesetz über den Öffentlichen Dienst "bedauerlich", da sich die zentralstaatliche Verwaltung "erst in einem sehr frühen Stadium des Reformprozesses" befinde (S. 13). Angesichts von Kompetenzübertragungen auf die kommunale Ebene bestehe "weiterer Klärungsbedarf", auch im Hinblick auf die Finanzreform (S. 14). Weiterhin sind "vor allem bei der Verkürzung der Gerichtsverfahren (...) weitere Fortschritte erforderlich" (S. 15). Im letzten Beitrittsbericht zu Polen grenzen manche Formulierungen an diplomatische Ohrfeigen, etwa wenn die Kommission schreibt, "selbst innerhalb der gegebenen Zwänge könnten bessere Ergebnisse erzielt werden, wenn klar Prioritäten benannt und angegangen würden" (S. 16). An anderer Stelle wird bezüglich Polens ausgeführt, es seien "noch weitere Anstrengungen erforderlich, um die Effizienz und Transparenz der Justiz zu verbessern und so eine zuverlässig hohe Qualität der Rechtsprechung zu fördern" (S. 15).

Wie hoch darf die Evidenz der Monitoring-Berichte gehängt werden? Die Kommission hat besonders die Berichte des Jahres 2003, aus denen hier etwas ausführlicher zitiert wurde, mit dem Ziel erstellt, verbesserungsfähige Bereiche aufzuzeigen und die Fast-Neumitglieder auf der Zielgeraden zu weiteren Anstrengungen anzuspornen. Es ging also nicht um ein "Ranking" der Neumitglieder. Dennoch besteht wenigstens ein Anfangsverdacht für durchaus unterschiedlich ausgeprägte Fähigkeiten der neuen Mitgliedsstaaten, zukünftig zum einen den *acquis* übernehmen zu können, zum anderen aber auch in der Lage zu sein, Kohäsions-, Agrar- und Strukturfondsmittel sachgerecht einzuwerben und zu verwenden. Ohne einen vergleichenden Anspruch werden jedenfalls die Unzulänglichkeiten z.B. im polnischen Fall schon seit längerem diskutiert (Hausner u.a. 1999; Lang 2003: 169-170). Die Stützung durch andere Quellen wie den *Global Corruption Report* macht deutlich, dass vielleicht sogar eine Mehrheit der Neumitglieder lediglich über ein eingeschränktes Adaptionspotenzial verfügt.

3.4.3 Zusammenführung

Mögliche Europa-Strategien nationalstaatlicher Regierungen und das administrative Adaptionspotenzial stellen zwei zentrale Dimensionen der Integrationsfähigkeit der neuen Mitglieder dar. Sie stehen nicht in einem Spannungsverhältnis zueinander, sondern bedürfen der gegenseitigen Flankierung. Eine bestehende Integrationsbegeisterung bei Bevölkerung und Eliten kann schnell in Skepsis umschlagen, wenn Verwaltung und Justiz die aus der Gemeinschaft erwachsenden Verpflichtungen nicht verarbeiten können. Anders herum sichert eine hohe Verwaltungs- und Justizkapazität die Fähigkeit zur Umsetzung von Gemeinschaftsentscheidungen, woraus sich für die Union Legitimität gewinnen lässt. Eine umfassende Verankerung der Union und ihrer Institutionen in den Gesellschaften der Neumitglieder lässt sich jedoch erst dann feststellen, wenn sich die Bevölkerungserwartungen in positiver Weise auf die europäische Ebene richten. Die Europa-Strategie und das Adaptionspotenzial stellen zwei Seiten der Medaille Integrationsfähigkeit dar.

Bei der gemeinsamen Betrachtung der beiden Dimensionen stellt sich freilich heraus, dass es nur noch ein Beitrittsland gibt, das aus Sicht der Bevölkerungen *sowie* der Kommission – die die Adaptionsfähigkeit in ihren Beitrittsberichten beurteilt hat – eine uneingeschränkt gute Integrationsprognose hat: Slowenien (Tabelle 3.20). In Litauen, der Slowakei und Ungarn bestehen aus der Sicht der Bevölkerung sowie der politischen Eliten gute Voraussetzungen für politische Integration, während die heimische Verwaltung und Justiz die Umsetzung der gemeinschaftlichen Vorgaben noch nicht vollständig gewährleisten kann. Bezüglich Zyperns und Maltas besteht entweder bei den Einstellungen oder im Parteiensystem Anlass zur Vermutung, die Europa-Strategie werde mindestens teilweise auf die Bewahrung nationalstaatlicher Kompetenzen zielen. Bei Zypern ist die Adaptionsfähigkeit gegeben, bei Malta nur mit Einschränkungen. Estland und Lettland weisen ebenfalls ein gemischtes Bild auf. Die Europa-Strategie dürfte wegen der vergleichsweise starken Vorbehalte in den Bevölkerungen beider Staaten nicht überaus integrationistisch ausfallen. Die Verwaltungs- und Justizvoraussetzungen Estlands werden positiv beurteilt; hinsichtlich Lettlands bestehen einige Vorbehalte.

Die zwei Länder, bei denen es hinsichtlich der Integrationsfähigkeit wenige positive Indizien gibt, sind Tschechien und Polen. In beiden Staaten stehen eine zögerliche Bevölkerung und ein recht großer Anteil EU-skeptischer und euro-skeptischer Parteien für die Erwartung einer mindestens in Teilbereichen souveränitätsorientierten EU-Strategie. Bei beiden Ländern kommt die Kommission zusätzlich zu eher reservierten Einschätzungen hinsichtlich der öffentlichen Verwaltung sowie des Justizwesens. In beiden Ländern kritisiert die Kommission ein vergleichsweise hohes Maß an Korruption, was durch das Einnehmen hinterer Ränge – z.B. hinter Brasilien, Polen sogar hinter Kolumbien und Mexiko[70] – im *Corruption Perceptions*

---

[70] Siehe nochmals den Global Corruption Report 2003 von Transparency International,
      http://www.transparency.org/cpi/2003/cpi2003.en.html.

Index 2003 bestätigt wird. Von dieser Seite besteht daher zunächst nur begrenzt Anlass zur Hoffnung, die Europäische Union könne sich über vielfältige Wohltaten ein positiveres Bild in den Öffentlichkeiten der beiden Länder verschaffen. Vielmehr erscheint zusätzliche Distanz vorprogrammiert, wenn die Umsetzung von Gemeinschaftsentscheidungen an eine wenig leistungsfähige Verwaltung und Justiz gebunden ist.

Tabelle 3.20: Tentative Aussage zur Integrationsfähigkeit der Neumitglieder

	Land	Europa-Strategie	Adaptions-fähigkeit	Tendenz
Hohe	Slowenien	+/+	+	+
Integrationsfähigkeit	Litauen	+/+	O	+/O
↑	Slowakei	+/+	O	+/O
	Ungarn	+/+	O	+/O
	Zypern	+/–	+	+/O
	Malta	+/O	O	O
	Estland	O/–	+	O
↓	Lettland	+/–	O	O
Gefährdung der	Polen	O/O	O	O
Integrationsfähigkeit	Tschechien	O/–	O	O

Bei alledem handelt es sich selbstredend um Tendenzaussagen, die an eine Reihe von unter Umständen strittigen Grundannahmen gebunden sind. Eine der wichtigsten davon lautet, dass die Einstellungen der Bevölkerungen a) über mittlere Fristen relativ stabil bleiben und b) sich mittelfristig in die Handlungsmuster politischer Akteure übersetzen. Wie weiter oben im Text bereits ausgeführt wurde, sind beide Annahmen in der Literatur kritisiert worden. Daraus ergeben sich Argumentationsvorbehalte gegen die Einordnungen in Tabelle 3.20:

a) Gerade im Transformationskontext, in dem sich wenigstens die mitteleuropäischen Beitrittsländer noch befinden, sind Sozialisationsprozesse diffus (Pollack/Wielgohs 2000). Einstellungsmuster können sich daher bisweilen rapide ändern, und von dieser Volatilität sind auch die Einstellungen zu Europa und zur Europäischen Union nicht ausgenommen. Die Einordnungen in Richtung Integrationismus bzw. Souveränitätsorientierung und, darauf aufbauend, bezüglich einer hohen bzw. einer gefährdeten Integrationsfähigkeit, sind daher u.U. nicht besonders langlebig.

b) Die Entwicklung von Parteiensystemen wird nicht nur durch Präferenzen der Bevölkerungen, sondern auch durch "Gelegenheitsstrukturen" (vgl. Kitschelt 1989) determiniert. Ebenso wichtig wie Einstellungen sind bei der ideologischen Ausrichtung die Spielräume, die die konkurrierenden Parteien einander lassen. Parteien können das *issue*

"Europa" also auch taktisch einsetzen, z.B. um liberale oder anti-liberale Tendenzen des eigenen Programms besonders deutlich hervorscheinen zu lassen. Bei einigen Parteien wie der tschechischen ODS oder dem ungarischen FIDESZ-MPP fällt daher eine Einschätzung schwer, wie verankert der EU-Skeptizismus tatsächlich ist.

c) Die Adaptionsfähigkeit der Neumitglieder wird durch die Verwaltungs- und Justizkapazitäten sicherlich in einem zentralen Bereich abgebildet. Dennoch ist der Indikator – wie häufig – nicht mit der Variablen gleich zu setzen. Die Implementation von Unions- und Gemeinschaftsrecht ist eine vielschichtige Angelegenheit. Es geht nicht nur um die Umsetzung von Vertragsrecht und untergeordneten Rechtsakten, wie etwa Richtlinien. Dort sind in der Tat Verwaltungen und Gerichte gefragt. Die Implementation von EU-Recht hängt auch von sich einpassenden politischen Entscheidungen auf der nationalen sowie auf der subnationalen Ebene ab, wenn etwa Rahmen für EG/EU-Recht geschaffen werden müssen oder – gewollte oder ungewollte – Folgen von Gemeinschaftsrecht in verwandten Bereichen abgemildert oder verstärkt werden sollen. Implementation umfasst damit die Transposition, die Anwendung und die Vollstreckung von EU-Recht (Philip 2000: 271). Umfassend können zu diesem Gesamtbereich Aussagen erst getroffen werden, wenn erste Erfahrungen mit der Implementation und damit der Adaptionsfähigkeit auch empirisch vorliegen. Sobald dies der Fall ist, können sich auch die Einschätzungen aus Tabelle 3.20 als voreilig herausgestellt haben.

Nicht zuletzt wird über die Integrationsfähigkeit natürlich nicht am Grünen Tisch entschieden. Vielmehr kommt es auf die Situation in einzelnen Politikfeldern an, wo sich die Neumitglieder entsprechend ihrer Interessen einbringen und politische Entscheidungen in ihrem Sinne erwirken können. Integrationistische oder souveränitätsorientierte Strategien hängen damit nicht zuletzt von der Gleichgerichtetheit der Interessen aus Sicht der Regierungen der EU-25 ab. Die Herausforderungen variieren dabei von Politikfeld zu Politikfeld. In einigen Bereichen, z.B. in der Wirtschafts-, Regional- oder Agrarpolitik, heben sich die Bedürfnisse und Interessen der Neumitglieder erkennbar von denen der Mehrheit der alten Mitglieder ab. In anderen, wie z.B. der Justiz- und Innenpolitik, scheint es dagegen nur wenige erweiterungsspezifische Brüche zu geben. Der Einschätzung, inwiefern der Beitritt die Union auch auf der *Policy*-Ebene, also auf der Ebene der Politikgestaltung in einzelnen Politikfeldern, verändert, dient das nun folgende Kapitel.

4 Ausgewählte Politikfelder und ihre Gestalt in der erweiterten Union

Das Modell des politischen Systems nach Easton (1965) und später Almond/Powell (1996), an dessen Raster sich das vorige Kapitel orientierte, sieht auf Seiten der Bevölkerungen Erwartungen und Forderungen, die die Akteure durch die Produktion von politischen Outcomes zu erfüllen versuchen. Gelingt ihnen dies auf Dauer nicht, so eine der Grundaussagen des Modells, schwindet die systemerhaltende Legitimität. Wie das vorangegangene Kapitel gezeigt hat, verteilen sich die Erwartungen im Falle der Europäischen Union auf zwei einander ergänzende Ebenen, die nationalstaatliche und die europäische. Über den Rückkopplungsprozess von Wahlen sind es dabei in erster Linie die nationalen Eliten, die gegenüber ihren nationalen Wählerschaften die von einem Zusammenspiel der beiden Ebenen generierten Ergebnisse verantworten müssen. Dem politischen System ist demnach eine kräftige Imbalance zu eigen. Formal bleibt die Legitimitätskette vom Volk über die Regierungen in den Rat selbstverständlich gewährt. Während jedoch viele und auch wichtige Entscheidungen auf der gemeinschaftlichen Ebene getroffen werden (müssen), bleibt die Legitimitätsbasis der politischen Akteure überwiegend national definiert und damit innerhalb der EU hoch fragmentiert (vgl. Kielmannsegg 2003).

Ein guter Teil der etablierten EU-Forschung hat diesen Befund zwar nicht gerade missachtet, ihm in der Gestaltung seiner Paradigmen jedoch einen eher nachgeordneten Rang zugewiesen. EU-Politik wird heute eher als eine Politik der Netzwerke konzeptionalisiert, die sich ihrerseits über mehrere Ebenen erstrecken (Marks u.a. 1996; Sandholtz/Stone Sweet 1998; Kohler-Koch 1999). In Netzwerken ergibt sich Legitimität durch das Verfahren, an dem Akteure mit einem zwangsläufig auf Europa geeichten Horizont teilhaben. Als Hauptproblem der Akteure erscheint dabei weniger das Erringen von Legitimität als die Bewältigung der Komplexität im Mehrebenensystem. Anstelle des Konzepts des politischen Systems steht das der *governance*, also des Regierens ohne Regierung (Rosenau 1992). In dessen Zentrum steht nicht das Schielen der Eliten nach Rückhalt in der Bevölkerung, sondern das Ausloten des Machbaren im nur noch für Experten durchschaubaren Institutionensystem.

Die Verwendung des Modells des politischen Systems bedeutet in gewisser Weise einen Schritt zurück, mit welchem der Frage der Legitimität zentrale Bedeutung beigemessen wird. Die Unterstützung der Mitgliedschaft in der Europäischen Union hat in den letzten Jahren stetig abgenommen, wie die Ausführungen in Kapitel 3.1 gezeigt haben. Im Frühjahr 2004 betrug sie im EU-Durchschnitt 47%; nur 41% der Unionsbürger äußerten Vertrauen in die Europäische Union. Die Wahlbeteiligung bei den Wahlen zum Europa-parlament im Juni 2004 betrug 45.6%, dabei konnten euro- und EU-skeptische Parteien mehr Stimmen gewinnen als je zuvor (vgl. Kap. 3.2). Je mehr in der Erinnerung der Europäer die gewaltsamen Auseinandersetzungen des 20. Jahrhunderts verblassen, desto weniger prägt offenbar die Dividende des Ursprungsmotivs der europäischen Einigung, der "Rückkehr zum Frieden" (Monnet 1976: 255-274), das Bewusstsein der Europäer.

An seine Stelle tritt die kühle Beurteilung der Erträge einer Politik, die sich auf drei verschiedene Entscheidungsebenen verteilt. In einigen Bereichen, z.B. in Teilen der Wirtschafts- und Sozialpolitik, besteht keine vertragliche Normierung auf EU-Ebene, womit den nationalstaatlichen Akteuren zumindest keine direkte Entscheidungskonkurrenz erwächst (nationaler Entscheidungsmodus). In anderen Bereichen, etwa in der Außen- und Sicherheitspolitik, bestehen europäische Koordinierungsmechanismen, bei denen allerdings einzelne Regierungen den Kurs der europäischen Politik mit einem Veto beeinflussen können (intergouvernementaler Modus). Und schließlich existieren – z.B. in der Agrar- oder Strukturpolitik – Bereiche, in denen a) gemeinschaftliche Institutionen eine große Rolle spielen und b) Positionen einzelner Regierungen von einer Mehrheit der anderen im Rat übergangen werden können (supranationaler Modus). Die Modi sind in der europäischen Politik auf charakteristische Weise verteilt. Bei der Legitimitätssuche im politischen System kommt es aber nicht auf den Modus an, sondern auf die Erbringung von politischen Leistungen in den einzelnen Politikbereichen.

Vier der wichtigsten Politikfelder sollen nun im Folgenden diskutiert werden. Dabei werden in den analytischen Passagen stets die zwei Leitfragen des gesamten Textes verfolgt. Erstens: Inwiefern bestehen Voraussetzungen für effiziente Politik, d.h. für eine Politik, deren Ergebnisse legitimitätssteigernd wirken? Und zweitens: Inwiefern ändert die Erweiterung der Union etwas am Potenzial zur Hervorbringung effizienter Entscheidungen? Eine Zusammenführung der Legitimitätspotenziale von Politik im politischen System der EU wird dann abschließend in Kapitel 5 versucht.

4.1 Wirtschaftspolitik: die Verstetigung von Ineffizienz?

Der EG-Vertrag und viele Lehrbücher der europäischen Politikgestaltung (z.B. Wallace/Wallace 1999; Weidenfeld 2002) legen nahe, Wirtschaftspolitik in Europa als etwas stark Desintegriertes zu begreifen. Die "Politik des Binnenmarktes" (Art. 23-31 EGV, vgl. Young/Wallace 1999), steht neben der Politik der Wirtschafts- und Währungsunion (Art. 98-124 EGV, vgl. Tsoukalis 1999), die neben weiteren ökonomisch relevanten Politikfeldern wie der Sozial-, Agrar- oder Strukturpolitik abgehandelt wird.

Diese Sichtweise wird hier nicht eingenommen. Bereits im Jahre 1988 hatte der damalige Kommissionspräsident Jacques Delors unterstellt, zehn Jahre später würden 80% der Wirtschaftsgesetzgebung gemeinschaftlichen Ursprungs sein (zitiert in Hölscheidt 2001: 56). Auch wenn die tatsächliche Höhe des Anteils der EU-induzierten Gesetzgebung schwer zu schätzen ist,[71] steht die große Bedeutung der europäischen Ebene in der Wirtschaftspolitik außer Frage. Mit dem Beginn der dritten Stufe der Wirtschafts- und Währungsunion zum 1.1.1999 besteht auf der gemeinschaftlichen Ebene noch mehr als zuvor Verantwortlichkeit für die europäische Wirtschaftspolitik. Wenn die europäischen Bürger die Arbeitslosigkeit und die wirtschaftliche Situation als wichtigste politischen Probleme definieren und sich im EU-Durchschnitt zu 60% für die gemeinsame Währung aussprechen,[72] verschieben sich die Forderungen und Erwartungen in immer stärkerem Umfang auf die europäische Ebene.

Demzufolge richtet sich das Wirken der politischen Akteure von der Struktur des EG-Vertrags mit seinen segmentierten Politikfeldern ab und der mindestens partiell gemeinsamen Steuerung der Wirtschaft zu. Nicht zuletzt wegen der Schichtung des europäischen Publikums in nationale und/oder europäische Identitäten (vgl. Kap. 3.1) müssen sich die nationalen wie europäischen Akteure bei den Steuerungsversuchen sowohl auf die nationale wie die europäische Ebene beziehen. Dabei variiert die Betonung der einen oder anderen Ebene nicht nur mit den Einstellungsmustern auf nationaler Ebene. Hinzu kommen die Größe der Volkswirtschaften und deren Handelsverflechtung mit den übrigen Mitgliedsstaaten. Ein britischer Premierminister kann die stärker auf den Nationalstaat bezogenen Einstellungen seiner Bürger stärker in autonome wirtschaftspolitische Entscheidungen umsetzen als z.B. sein estnischer Kollege, da die auf die Binnenökonomie bezogenen Regelungen einen wesentlich größeren und geschlosseneren Wirtschaftskreislauf betreffen.

Insgesamt lassen sich drei große Bereiche der europäischen Wirtschaftspolitik unterscheiden (Pelkmans 2001: 291): a) die für verschiedene Politikfelder maßgebliche Allokationspolitik des Gemeinsamen Marktes, b) die Distributionspolitik vor allem der Gemeinsamen Strukturpolitik und c) die Politik der makro-ökonomischen Stabilisierung über Geld-, Fiskal- und Außenwirtschaftspolitik. Während die Allokationspolitik in den einzelnen Politikfeldern den Rahmen dieses Bandes sprengen würde, werden die Distributionspolitik im folgenden und die makro-ökonomische Stabilisierungspolitik in diesem Unterkapitel behandelt. Mit dieser Reihenfolge und der Gewichtung wird implizit auch die These unterstützt, dass die Umstände der makroökonomischen Wirtschaftspolitik die Entscheidungsspielräume in den distri-

---

[71] Einschlägige Publikationen wie die von Elisabeth Töller (1995) oder Sturm (2001: 57-76) halten sich jedenfalls mit quantitativen Schätzungen zurück.

[72] Eurobarometer EB61 – CCEB 2004.1 (Frühjahr 2004), Comparative highlights, S. 7+10.

butiven Politikfeldern stark einengen können, dass also im Hinblick auf Outputs und Outcomes eine gewisse Bedeutungshierarchie der wirtschaftspolitischen Bereiche existiert.

4.1.1 Das wirtschaftspolitische Regime der EU

Im EG-Vertrag lässt sich die auf makro-ökonomische Steuerung ausgerichtete Politik in mehrere Bereiche unterteilen. Die allgemeinen Grundsätze der Wirtschaftspolitik finden sich in den Artikeln 98 bis 100 des EG-Vertrags, wo in Art. 99 EGV die Wirtschaftspolitik als "Angelegenheit von gemeinsamem Interesse" bezeichnet, die im Rat "koordiniert" wird. Damit kommt der Wirtschaftspolitik in ihrer Gesamtheit trotz des weitreichenden Begriffs der Wirtschafts- und Währungs*union* nicht der Status einer gemeinsamen Politik zu, d.h. einer in ihren Entscheidungsprozessen vollends auf die supranationale Ebene beförderten Politik.

Im Teilbereich der Geldpolitik trifft allerdings genau dies zu. In Art. 105 bis 124 EGV werden deren Bestimmungen mit dem "vorrangigen Ziel der Preisstabilität" (Art. 105 EGV) dargelegt. Die Währungspolitik wird in den einschlägigen Artikeln nicht zuletzt als institutionelles Arrangement definiert. Darin stellen das Europäische System der Zentralbanken (ESZB) und die Europäischen Zentralbank (EZB) in Form des EZB-Rates, der Rat der Finanzminister (ECOFIN-Rat), der Wirtschafts- und Finanzausschuss nach Art. 114 EGV und die Kommission die wichtigsten Instanzen dar. Demgegenüber kommt anderen EU-Institutionen wie dem Europäischen Rat, dem Europaparlament sowie dem Wirtschafts- und Sozialausschuss im währungspolitischen Entscheidungsprozess nur eine sekundäre Rolle zu, da sie an der geldpolitischen Willensbildung und/oder an Letztentscheidungen lediglich nachrangig beteiligt sind.

Auch die Rolle der Kommission ist im Vergleich zu den gemeinsamen Politiken eingeschränkt. Nach Art. 115 EGV kann sie in bestimmten Bereichen nur nach Aufforderung durch den Rat tätig werden, nach Art. 99(3) EGV "überwacht der Rat anhand von Berichten der Kommission die wirtschaftliche Entwicklung in jedem Mitgliedsstaat". Die Kommissionsfunktion als Hüterin der Verträge ist damit auf eine formale Rolle reduziert; ihr Handlungsspielraum erstreckt sich auf das durch den Rat Autorisierte. Es ist also vor allem die zentrale und unabhängige Stellung der EZB, die dem Politikfeld seinen supranationalen Charakter verleiht. Die vergleichsweise schwache Stellung von Kommission und Parlament macht es allerdings fraglich, von einer Vergemeinschaftung im üblichen Sinn des Begriffs zu sprechen.

Eine institutionelle Schwierigkeit der EU-Währungspolitik besteht in der Notwendigkeit, drei Gruppen von Staaten in einen Interessenausgleich zu bringen (vgl. Tabelle 4.1). Die zwölf Euromitglieder umfassen alle Länder

der EU-15 mit Ausnahme Dänemarks, Großbritanniens und Schwedens. Von diesen Nicht-Euroländern sind die Neumitglieder der EU zu unterscheiden, deren Ökonomien sich noch immer im Zustand der Transformation befinden und die deshalb – nicht zuletzt wegen der unterschiedlichen Zinssätze – höchstens mittelfristig der Eurozone beitreten können. Der im EG-Vertrag verschiedentlich erwähnte Rat ist demzufolge auch der impliziten Mission, die Geldpolitik nicht allein im Interesse des Euro-Raums zu betreiben.

Tabelle 4.1: Beteiligung der EU-Staaten an der gemeinsamen Währung (Stand: 2004)

Euro-Raum		Alte Mitglieder ohne Anbindung an den Euro-Raum	Neumitglieder im Wartestand	
Belgien	Italien	Dänemark	Estland*	Slowakei
Deutschland	Luxemburg	Großbritannien	Lettland*	Slowenien*
Finnland	Niederlande	Schweden	Litauen	Tschechien
Frankreich	Österreich		Malta	Ungarn
Griechenland	Portugal		Polen	Zypern
Irland	Spanien			

* Seit Juli 2004 Mitglied im EWS II.

Zur Absicherung ihrer gemeinsamen Interessen haben die Euro-Länder eine ratsähnliche Institution namens Eurogruppe ins Leben gerufen, die in der Regel vor der Sitzung des ECOFIN-Rates zusammentrifft und neben den beteiligten Finanzministern auch ein EZB-Direktoriumsmitglied, einen Vertreter der Kommission und den Vorsitzenden des Wirtschafts- und Finanzausschusses umfasst (Weidenfeld/Wessels 2002: 392-393). Trotz ihres informellen Charakters hat die Eurogruppe eine wichtige Kommunikationsfunktion zwischen den Institutionen der EU-Geldpolitik erfüllt (Hillenbrand 2002b: 367). Es ist noch nicht entschieden, ob sich die Eurogruppe nach der Erweiterung nicht auch stärker zu einem politischen Gremium mit Entscheidungsanspruch entwickeln wird. Seit dem 1.5.2004 übersteigt die Zahl der Nicht-Euroländer die Zahl der Euroländer mit 13 zu 12, und als eine Folge könnte sich eine stärkere Artikulation der wirtschaftspolitischen Ansprüche an die Geldpolitik durch die Eurogruppe ergeben.

Der Teilbereich der Fiskalpolitik könnte ebenfalls als supranational bezeichnet werden, denn der ECOFIN-Rat entscheidet in Bezug auf übermäßige Defizite in einem Mitgliedsland mit qualifizierter Mehrheit (Art. 104 EGV). In einer viel beachteten Entscheidung geschah dies zuletzt am 25.11.2003, als die Mehrheit der Finanzminister den Vorschlag der Kommission zurückwies, ein Defizitverfahren gegen Deutschland und Frankreich einzuleiten (vgl. FAZ, 26.11.2004). Dieses beruhte auf der Verbindung von

Art. 104 EGV und dem an den EGV angehängten Protokoll über das Verfahren bei einem übermäßigen Defizit (vgl. Läufer 2002: 294-296). Demnach vermeiden – alle – Mitgliedsstaaten ein Haushaltsdefizit von mehr als drei Prozent und eine Staatsschuldquote von über 60%. Das Protokoll stellt das Herzstück des Stabilitäts- und Wachstumspaktes dar, der im Juni 1997 geschlossen wurde. Übermäßige Defizite und Schuldenstände stellen innerhalb einer Währungsunion deshalb ein Problem dar, da die von ihnen induzierten höheren Zinssätze auf alle Mitglieder des Wirtschaftsraums durchschlagen und *ceteris paribus* eine restriktivere Geldpolitik zur Wahrung der Preisstabilität erfordern. Darüber hinaus erschweren heterogene fiskalische Situationen die einheitliche geldpolitische Steuerung, denn dadurch existieren im einheitlichen Wirtschaftsraum entgegengesetzte Zyklen der Wirtschaftspolitik. Beim Stabilitäts- und Wachstumspakt geht es also um die Abmilderung des Ungleichgewichts zwischen nationaler Wirtschaftspolitik und europäisierter Geldpolitik (Hillenbrand 2002a: 465).

Trotz der inhaltlichen und institutionellen Normierung auf der europäischen Ebene und des teils supranationalen Arrangements erschließt sich jedoch der Charakter der Fiskalpolitik in Europa in erster Linie über das Agieren auf nationalstaatlicher Ebene. Wie Tabelle 4.2 offenbart, herrschen bei den gegenwärtigen Regierungen der EU-Mitgliedsstaaten weit auseinanderklaffende fiskalpolitische Programme vor. Belgien, Dänemark, Finnland, Irland, Luxemburg, Schweden und Spanien, aber auch Estland setzen derzeit nicht auf Neuverschuldung und weisen zum Teil sogar deutliche Haushaltsüberschüsse auf. Demgegenüber haben in den letzten Jahren Deutschland, Frankreich, aber auch Portugal mit dem Defizitkriterium des Stabilitätspakts ihre Schwierigkeiten gehabt. Im April 2004 bemängelte die Kommission die Haushaltsdisziplin nicht nur Frankreichs und Deutschlands, sondern auch der Niederlande und Großbritanniens und sprach zudem eine Frühwarnung an Italien aus (FAZ, 8.4.2004).

Dabei sollten die Auseinandersetzungen zwischen der Kommission auf der einen und den auf das Sünderbänkchen versetzten Finanzministern und ihrer nationalstaatlichen Regierungen auf der anderen Seite nicht leichtfertig skandalisiert werden. Die Konflikte sprechen lediglich für die Existenz eines institutionellen Konflikts um Zuständigkeit in Wirtschaftsfragen, der angesichts des Reibungsverhältnisses zwischen der Kommission und Mitgliedsregierungen unausweichlich ist. Die Kommission ist nach Art. 211 EGV gehalten, nach Maßgabe des EG-Vertrags "in eigener Zuständigkeit Entscheidungen zu treffen". Die Regierungen müssen sich dagegen vor ihren Bevölkerungen verantworten, die in der Erzeugung einer gesamtwirtschaftlich befriedigenden Situation nach wie vor eine der wichtigsten staatlichen Aufgaben sind.

Von Bedeutung ist allerdings die Konsequenz der unterschiedlichen Zielrichtungen der stabilitätsorientierten Gemeinschaftsinstitutionen EZB und Kommission einerseits und (manchen) Regierungen andererseits. Anders als nämlich in der Theorie des optimalen Währungsgebiets impliziert (Mundell 1961; spezifischer bei Pelkmans 2001: 343-351), nähern sich die wirtschaftlichen Zyklen in den Mitgliedsländern bislang nur recht zögerlich an.

Tabelle 4.2: Wirtschaftspolitische Kerndaten in der EU-15, 2003

Mitgliedsland	Wirt- schafts- wachs- tum*	Arbeitslo- senquote*	Konvergenzkriterien für Wirtschafts- und Währungsunion			
			Inflations- rate*	Schul- denstand	Budget- defizit	Langfristige Zinssätze*
Euroländer						
Belgien	0.8	8.5	1.6	100.5	+0.2	4.3
Deutschland	-0.3	9.8	1.2	64.2	-3.9	4.1
Finnland	2.0	9.1	0.7	45.3	+2.3	4.1
Frankreich	0.4	9.4	2.2	63.0	-4.1	4.2
Griechenland	5.0	9.3	3.2	102.4	-1.7	4.4
Irland	-0.2	4.5	2.9	32.0	+0.2	4.3
Italien	0.4	8.5	2.6	106.2	-2.4	4.4
Luxemburg	n.a.	4.2	2.3	4.9	-0.1	2.8
Niederlande	-1.2	4.7	1.8	54.8	-3.0	4.1
Österreich	0.9	4.5	1.3	65.0	-1.1	4.2
Portugal	-1.0	6.8	2.6	59.4	-2.8	4.3
Spanien	2.4	11.2	2.7	50.8	+0.3	4.2
Ø Euro-Raum	0.4	9.0	2.0	70.4	-2.7	n.a.
Nicht-Euroländer						
Dänemark	0.1	5.9	1.2	45.0	+1.5	4.3
Großbritannien	2.2	4.7	1.3	39.8	-3.2	5.0
Schweden	1.6	6.3	1.6	51.8	+0.7	4.6
Ø EU-15	0.6	8.1	1.8	64.0	-2.6	n.a.
Neumitglieder						
Estland	4.4	9.2	1.2	5.7	+1.8	4.6
Lettland	7.3	10.7	4.1	15.5	-2.7	4.9
Litauen	9.1	11.5	-0.8	22.8	-1.4	4.6
Malta	1.9	9.0	1.9	61.7	-5.7	4.7
Polen	4.0	18.9	1.5	41.2	-3.6	7.0
Slowakei	4.2	16.6	8.7	43.3	-5.7	5.1
Slowenien	2.3	6.4	4.7	27.8	-1.9	4.8
Tschechien	3.3	8.5	1.1	28.9	-6.4	4.6
Ungarn	2.9	5.9	5.8	57.1	-9.3	7.9
Zypern	2.0	4.4	2.2	67.1	-4.6	5.2
Ø EU-25	0.7	9.1	1.9	61.5	-2.1	n.a.

* Wirtschaftswachstum: Drittes Quartal 2003. Arbeitslosenquote: April 2004. Inflationsrate: zwölfmonatige Durchschnittsraten Mai 2004/03 zu Mai 2003/02. Zinssätze: April 2004.

Quellen: Spalten 2-4: Eurostat (http://europa.eu.int/comm/eurostat/Public/ datashop/ am 17.6.2004; Spalten 5 und 6: FAZ, 17.3.2004; Spalte 7: Europäische Zentralbank (http://www.ecb.int/ am 18.6.2004).

Mit der Währungsunion ist naturgemäß das Ziel der "Realisierung kurzfristiger Beschäftigungsziele" (Willms 1990: 258) durch eine nationale *Geld*politik aufgegeben worden. Die Regierungen, die so oder so immer um ihre Wiederwahl kämpfen, haben in ihren nationalen Arenen jedoch keineswegs auf nationale *fiskal*politische Impulse mit nachrangiger Beachtung der EU-Volkswirtschaft verzichtet.

In dieser Konstellation haben nun einzelne Mitgliedsstaaten durchaus unterschiedliche Ausgangspositionen. EU-Länder mit vergleichsweise hohen Löhnen haben eine strukturell niedrigere Inflationsrate als Länder, bei denen dies (noch) nicht der Fall ist. Die Preise bei Dienstleistungen und anderen nicht gehandelten Gütern sind in diesen Ländern niedrig, und die durch die Wirkungen des Binnenmarktes zu erwartende Konvergenz bewirkt daher eine höhere Inflation als in Hochlohnländern. "Deshalb können die Inflationsraten im Euro-Raum nicht gleich sein" (Sinn 2002: 10, an der zitierten Passage orientiert sich die ganze Argumentation dieses und des folgenden Absatzes). Die EZB muss sich aber für ihre Geldpolitik an einem gemeinsamen Inflationsziel orientieren; seit dem Juni 2003 lag dieses bei einer Inflationsrate von zwei Prozent im Euro-Raum (Hillenbrand 2002b: 366).

Damit besteht im Euro-Raum ein latenter Konflikt zwischen Hoch- und Niedriglohnländern, solange der Prozess der ökonomischen Konvergenz fortdauert. Für erstere ist der von der EZB ausgehende geldpolitische Impuls tendenziell zu schwach, für letztere zu stark. Hochlohnländer wie die Bundesrepublik benötigen deshalb ein überproportional großes Haushaltsdefizit, um überhaupt einen (kurzfristigen) Beschäftigungseffekt zu erzielen. Damit verfügen die Regierungen im Euro-Raum über abweichende Gelegenheitsstrukturen zur Steuerung ihrer Volkswirtschaften. Verschärfend kommt selbstverständlich hinzu, dass der Stabilitätspakt und dessen Sanktionsmechanismus antizyklisch funktionieren: Genau in der Phase des wirtschaftspolitischen Zyklus, in der staatliche Interventionen in der Wirtschaftspolitik von den Bürgern in besonderer Weise gefordert werden, müssen sich die Hochlohnländer-Staaten beschränken oder noch zusätzliche Sanktionen in Kauf nehmen.[73]

Darüber hinaus sind noch zwei weitere Unterschiede bei der nationalstaatlichen Steuerung der Wirtschaftspolitik zu benennen. Zum einen hatten die Konvergenzkriterien für die Währungsunion zwar eine Obergrenze der Staatsverschuldung bei 60% vorgesehen. Mit Belgien, Griechenland und Italien verstießen allerdings schon zur Einführung des Euro drei Länder mit jeweils dreistelligen Schuldenquoten recht eindeutig gegen das Kriterium. Damals wurde das Kriterium der Neuverschuldung, das alle drei Länder erfüllten, höher bewertet; für die Staatsschuld reichte eine Verringerungsten-

---

[73] Allerdings: In der Bundesrepublik wurde zuletzt vor über 30 Jahren unter dem Finanzminister Franz-Josef Strauß ein ausgeglichener Haushalt vorgelegt und erreicht. Die keynesianische Lehre geht dagegen von Überschusshaushalten in Phasen wirtschaftlicher Prosperität aus.

denz in Richtung 60% aus (vgl. Hillenbrand 2002a: 461, 475). Damit waren und sind die drei Länder formal jedoch nicht von der Verpflichtung befreit, ihre Staatsschuld mittelfristig auf den im Stabilitätspakt festgesetzten Wert zu reduzieren. Dies kann wiederum nur dann gelingen, wenn die Staatsdefizite deutlich reduziert und – am besten – in Haushaltsüberschüsse umgewandelt werden. Damit ist der wirtschaftspolitische Spielraum dieser drei Länder gegenüber den übrigen Euroländern ebenfalls eingeschränkt, und es darf daher kaum als Zufall gewertet werden, dass sich gerade italienische Politiker inklusive des Kommissionspräsidenten Romano Prodi wiederholt für eine Neuinterpretation des Stabilitätspaktes eingesetzt haben (vgl. FAZ, 26.11.2003).

Zum anderen ist die dem politischen System geschuldete abweichende Taktung der politischen Konjunktur- und Wahlzyklen in den Euroländern zu bedenken. Zwar ist die reine Lehre veraltet, die Neuverschuldung von Regierungen sei in erster Linie vom *political business cycle* – dem Sparen nach einer Wahl und dem Einsatz expansiver Mittel vor einer Wahl – abhängig (Nordhaus 1975). Zu vielen anderen Variablen wurde inzwischen eine Wirkung auf das Ausgabenverhalten des Staates nachgewiesen (vgl. Wagschal 1996: 247-248): der Parteifärbung von Regierungen (Hibbs 1977; Schmidt 1982), der Unabhängigkeit von Zentralbanken, der wirtschaftlichen Lage in Sachen Arbeitslosigkeit und Wirtschaftswachstum und der allgemeinen politischen Stabilität. Die Vielfalt relevanter Einflussfaktoren macht bereits eine autonome nationalstaatliche Fiskalpolitik schwierig. Eine Grob- oder gar Feinsteuerung der europäischen Wirtschaftspolitik ist unter diesen komplexen Bedingungen noch schwerer zu erreichen und erscheint daher in gewisser Weise von glücklichen Fügungen abhängig.

Insgesamt ergibt sich jedenfalls der Befund, dass die Voraussetzungen für eine potenziell effiziente Fiskalpolitik im EU-Wirtschaftsraum nur bedingt gegeben sind: a) Sie erfordert eine Koordination von formal unabhängigen Regierungen in sehr unterschiedlichen strukturellen, konjunkturellen und wahlzyklischen Ausgangspositionen, und b) sie muss mit einer um ihre Unabhängigkeit bemühten Zentralbank abgestimmt werden, die ihrerseits aus strukturellen Gründen eine optimale Geldpolitik nur auf einen kleinen Teil des Währungsraums, keineswegs jedoch auf dessen Gesamtheit ausrichten kann. Die Eurozone und damit die gesamte EU läuft Gefahr, sich zu einem "problematischen fiskalischen Regime" (McKay 2002: 87) zu entwickeln, in dem jede Art von wirtschaftspolitischer Koordinierung aus strukturellen Gründen unmöglich wird.

Aus theoretischer Sicht könnten die strukturellen Probleme der Steuerungsfähigkeit durch eine stärkere Zentralisierung der Fiskalpolitik, z.B. eine auf europäischer Ebene koordinierte Steuer- und Haushaltspolitik, überwunden werden (ebd.: 93). Das ist der Kern der "politischen Union", die einst Jacques Delors, Helmut Kohl und François Mitterrand komplementär zur Währungsunion anvisiert hatten. Die Integrationsgeschichte ging jedoch in eine andere Richtung. Die wichtigsten Entscheidungen der koordinierenden Wirtschaftspolitik – z.b. eine konjunktursteuernde Steuerpolitik – wurden auch im Zuge des Verfassungsgebungsprozesses nicht einmal in das Verfahren des qualifizierten Mehrheitsentscheides, geschweige denn in die Hände einer gemeinschaftlichen Institution überführt. Die Ineffizienz der europäischen makro-ökonomischen Politik erscheint demnach mittelfristig festgeschrieben und hat – das legt die z.t. beträchtliche Identifizierung von Teilen der Bevölkerung mit der nationalen (und nicht der europäischen) Sphäre nahe – in den politischen Kulturen auch einen gewissen Rückhalt.

Neben der Geld- und der Fiskalpolitik lässt sich vordergründig mit der Beschäftigungs- und Sozialpolitik ein dritter Bereich der europäischen Wirtschaftspolitik ausmachen. Die beiden Bereiche werden im EG-Vertrag zwar getrennt aufgeführt, nämlich die Beschäftigungspolitik in Titel IX des dritten Teils (Art. 125-130 EGV) und die "Sozialpolitik, allgemeine und berufliche Bildung und Jugend" (-Politik) in Titel XI (Art. 136-150 EGV). Dennoch können sie zusammengefasst werden (Däubler 2002). Zum einen wird das Ziel des hohen Beschäftigungsniveaus nicht zuletzt mit der "Förderung der Qualifizierung, Ausbildung und Anpassungsfähigkeit der Arbeitnehmer" und explizit unter Berücksichtigung der Sozialpartner anvisiert (Art. 125 EGV).

Zum anderen stehen beide Politikbereiche auf einem ähnlichen Niveau der Verbindlichkeit für die einzelnen Mitgliedsstaaten – allerdings auf einem recht niedrigen. In Art. 129 EGV wird eine "Harmonisierung von Rechts- und Verwaltungsvorschriften" ausdrücklich ausgeschlossen, und nach Art. 137 EGV unterliegen der soziale Schutz von Arbeitnehmern, der Kündigungsschutz, die sozialpartnerliche Mitbestimmung und die Beschäftigungsbedingung von Drittstaatsangehörigen im Rat der Einstimmigkeit. Die Abstimmung der beschäftigungspolitischen Maßnahmen zwischen den Mitgliedsstaaten erfolgt daher mittels "weicher Koordination" (Wessels/Linsenmann 2002: 58-59): Die von der Gemeinschaft ausgehenden Impulse bestehen vor allem in der Begleitung durch ein Ausschusswesen (den Beschäftigungsausschuss, Art. 130 EGV, und den Ausschuss für Sozialschutz, Art. 144 EGV), von dem unverbindliche Politikempfehlungen an die mit einem Vetorecht ausgestatteten Akteure im Rat ausgehen. Dadurch spielen die Sozial- und Beschäftigungspolitik im EU-Wirtschaftsraum bei weitem nicht die Rolle, die ihnen in den nationalen Arenen zukommen. Für die makro-ökonomische Steuerung nehmen sie daher einen nachgeordneten Rang ein.

4.1.2 Wirtschaftliche Steuerung in der erweiterten EU

Die bis hier geschilderte Struktur der EU-Wirtschaftspolitik wird, so erstaunlich sich dies angesichts der Masse von zehn Neumitgliedern zunächst anhören mag, durch die Osterweiterung nicht in entscheidendem Maße verändert. Dies liegt in erster Linie am geringen absoluten Gewicht der beigetretenen Volkswirtschaften, die im Jahr 2001 gemeinsam auf ein Bruttoinlandsprodukt von € 403.5 Mrd. kamen. Dies entsprach weniger als fünf Prozent des BIP der EU-15 und belief sich auf etwa 94% des niederländischen Volkseinkommens (Eurostat 2003: 46, 153). Für einen Beitrag zur Steuerung des gesamteuropäischen Wirtschaftsraums fehlt es den Neumitgliedern an Masse.

Damit wird zum einen deutlich, dass die Neumitglieder bei einer zu unterstellenden immer stärkeren wirtschaftlichen Integration den Impulsen aus den Ökonomien der EU-15 weitgehend ausgeliefert sind. Das lässt auch vermuten, dass sich die Konjunkturzyklen der Neumitglieder mittelfristig den Entwicklungen in der EU anpassen werden – wobei wir ja gesehen haben, dass diese innerhalb der EU-15 durchaus noch differieren. Wegen der geographischen Nähe und wegen des Gewichts als größter Volkswirtschaft Europas dürfte es wahrscheinlich vor allem der bundesrepublikanische Wirtschaftszyklus sein, an dem sich die mitteleuropäischen Staaten wohl oder übel orientieren müssen; dafür spricht zumindest das häufig verwendete Gravitationsmodell für den Offenheitsgrad von Volkswirtschaften (vgl. EBRD 2003: 75-76).

Zum anderen kann argumentiert werden, dass bei den Neumitgliedern noch stärker als bei den Altmitgliedern der Anreiz entfällt, bei ihrer Wirtschaftspolitik wenigstens mit einem Auge auf die Steuerung des EU-Wirtschaftsraums zu schielen. Schließlich sind sie angesichts der nach wie vor auf ihnen lastenden Mühen der wirtschaftlichen Systemtransformation vorrangig mit dem Umbau der Wirtschaft und der Vermeidung allzu großer sozialer Härten im Transitionsprozess beschäftigt. Diesbezüglich kommen aus den Beitrittsländern jedoch gemischte Signale. Die fünf Präsidenten der Nationalbanken Polens, der Slowakei, Sloweniens, Tschechiens und Ungarns äußerten kurz vor dem EU-Beitritt ihrer Staaten durchgängig eine Position, die in der schnellen Konvergenz und einem baldigen Beitritt ihrer Länder zur Währungsunion besteht. Dabei führten sie neoklassische Begründungsmuster an, so der polnische Notenbankchef Leszek Balcerowicz: "Stabile Preise, niedrige Zinsen, ein ausgeglichener Haushalt und ein möglichst niedriger Schuldenstand sind die beste Voraussetzung für ein langfristig nachhaltiges Wachstum" (zitiert in: FAZ, 24.4.2004).

Dem steht wenigstens in einigen Neumitgliedern eine recht expansive Fiskalpolitik entgegen, die wenig mit dem von den Nationalbankchefs propagierten Stabilitätskurs zu tun hat. Polen, die Slowakei, Tschechien und Ungarn verfügen seit Jahren über Budgetdefizite jenseits der magischen Dreiprozentmarke. Auch Malta und Zypern haben ihre Prioritäten wenigstens im Jahr 2003 anders gesetzt. Bei den Transformationsstaaten wird häufig die Tradition der überdimensionierten Wohlfahrtsstaaten zu Zeiten des Sozialismus angeführt (Kornai 1995), die heute das Zurückstutzen sozialer und kostenintensiver Leistungen erschwert. Die Wohlfahrtsstaaten verhalten sich auch tatsächlich klar pfadabhängig (Wagener 2002: 160), was die Schwierigkeiten bei der Konsolidierung der öffentlichen Haushalte bereits hinreichend zu erklären scheint. Wenn es sich jedoch um solche längerfristigen Trends handelt, dürften die politischen Akteure es selbst bei gutem Willen sehr schwer haben, eine stabilitätsorientierte Politik auf Dauer durchzusetzen.

Die Entscheidung, die die Neumitglieder zwischen stabilisierender und expansiver Fiskalpolitik zu treffen haben, geht in starkem Maße mit deren Kompatibilität für die Wirtschafts- und Währungsunion einher. Bei diesem Prozess kommen die Konvergenzkriterien, die am Ende der 1990er-Jahre die WWU-Beitrittsfähigkeit der Länder der EU-15 signalisiert hatten, erneut ins Spiel. Sie sind vielleicht etwas in Vergessenheit geraten, deshalb seien sie hier noch einmal aufgeführt (vgl. Hillenbrand 2002a: 460-461):

- ein hoher Grad von Preisstabilität, der erreicht ist, wenn die Inflationsrate eines Staates die durchschnittliche Inflationsrate der drei Mitgliedsstaaten mit dem besten Ergebnis um höchstens 1.5 Prozentpunkte übersteigt,
- eine auf Dauer tragbare Finanzlage der öffentlichen Hand, die durch eine Neuverschuldung von nicht über drei Prozent des BIP und eine Gesamtverschuldung nicht über 60 Prozent des BIP gekennzeichnet ist,
- Wechselkursstabilität, die durch einen mindestens zweijährigen Verbleib in den engen Bandbreiten des Europäischen Währungssystems (EWS II) bewiesen wird, und
- die Dauerhaftigkeit der Konvergenz, die mit langfristigen Zinssätzen gemessen wird, die den Durchschnitt in den drei Ländern mit den tiefsten Inflationsraten um nicht mehr als zwei Prozent übersteigen dürfen.

Von den nominalen Kriterien her (Tab. 4.2) liegen also Estland, Lettland, Litauen und Slowenien wenigstens in deren Nähe. Im Juli 2004 sind Estland, Lettland und Slowenien auch dem Wechselkursmechanismus (EWS II) beigetreten, so dass der Eurobeitritt dieser Länder vielleicht in gar nicht allzu ferner Zeit eine reale Option ist. Dagegen erfüllen Malta, Polen, die Slowakei, Tschechien, Ungarn und Zypern das Kriterium der Haushaltsdisziplin nicht. Probleme bei der Inflation bestehen in der Slowakei und Ungarn, die langfristigen Zinssätze heben sich in Polen und Ungarn vom Durchschnitt des Euro-Raums ab. Der Schuldenstand bewegt sich dagegen in fast allen Neumitgliedern deutlich unter der Grenze von 60%. Falls sich die Regierungen auch in diesen Ländern zu einer Stabilisierungspolitik durchringen können – ähnlich wie dies ja entgegen aller Unkenrufe Ende der 1990er-Jahre auch in Italien oder Griechenland gelang – stünde dem Beitritt noch in diesem Jahrzehnt wohl nichts im Wege.

Nicht ausgemacht scheint indes, ob der schnelle Beitritt für die Volkswirtschaften und damit die Regierungen der Neumitglieder selbst von Vorteil wäre. Auf der Habenseite der Währungsunion stehen Vorteile durch den Wegfall des Wechselkursrisikos und währungsbedingter Transaktionskosten. Dem gegenüber stehen aber potenzielle Steuerungsnachteile (Willms 1990: 258), denn der Wechselkurs kann nicht mehr als Steuerungsinstrument eingesetzt werden und die Geldpolitik ist nicht mehr an der nationalen Volkswirtschaft, sondern am Median der EU-Länder orientiert (Sinn 2002: 10). Die Einschätzungen variieren, inwiefern bei einem schnellen Beitritt der Neumitglieder die Vorteile oder die Nachteile überwiegen würden. Die oben angeführten Notenbankchefs sehen vor allem im geringen Gewicht ihrer Volkswirtschaften den Grund dafür, dass sich die Konjunkturzyklen schnell anpassen werden und zudem eine autonome Wirtschaftspolitik sowieso nicht möglich ist. Sie plädieren daher unisono für einen schnellen Beitritt zur Währungsunion. Freilich kann der Verdacht nicht ganz von der Hand gewiesen werden, hier versuchten stabilitätsorientierte Akteure, den Politikern ihrer Länder Fesseln bei der Budgetpolitik anzulegen.

In Fortführung der Argumentation von Sinn (2002) sollte vielmehr gefragt werden, ob bei einer zu rapiden Beschneidung der nationalen Steuerungsmöglichkeiten ein "Kaltstart" in den EU-Wirtschaftsraum droht. Der Transformationsprozess der neuen Ökonomien ist zwar fortgeschritten. Er kann aber bei weitem noch nicht als abgeschlossen gelten, insbesondere wenn die sozial-ökonomischen Belange des Wohlfahrtsstaats mit bedacht werden. Das stürmische Wachstum, das insbesondere der Dienstleistungssektor der Neumitglieder erfahren hat, führt fast zwangsläufig zu höheren Löhnen, die sich in einer *ceteris paribus* höheren Inflationsrate als in den Altmitgliedern niederschlagen. Sollen sich die Wirtschaftspolitiker etwa der Slowakei hier wirklich auf die Inflationsrate der trotz allem saturierten Volkswirtschaften der Kernstaaten der EU-15 verpflichten lassen? Dies würde einem kontraktiven geldpolitischen Impuls gleichkommen, auf den die Akteure in den Transformationsökonomien sich eigentlich nicht einlassen dürften.

Nicht zu übersehen ist auf jeden Fall, dass einige Akteure unter den Altmitgliedern die latente Konkurrenzsituation zwischen den sich entwickelnden Ökonomien der Neumitglieder – die in den Jahren 2003 und 2004 fast alle Wachstumsraten weit jenseits des Euro-Raums aufweisen – und den Niedriglohnsektoren in den eigenen Ländern erkannt haben. Im Mai 2004 argumentierte beispielsweise der deutsche Bundeskanzler Gerhard Schröder, der Slowakei solle es im gemeinsamen Europa nicht gestattet sein, über allzu niedrige Unternehmenssteuersätze zur Ansiedlung neuer Unternehmen zu verfügen. Während die Slowakei ihren eigenen Haushalt über die Strukturfonds der EU entlaste, würde so ein Steuerwettbewerb nach unten in Gang gesetzt.

Der Ansatz Schröders ist weniger in der Sache interessant, denn bekanntlich gehört die Steuerpolitik im Nizza-Vertrag nicht zum Gegenstandsbereich des gemeinschaftlichen Handelns. Sie deutet aber auf eine Haltung der mangelnden Solidarität im europäischen Wirtschaftsraum hin, denn sie nimmt wenig Rücksicht auf den Aufholprozess der Transformationsstaaten, in dem das konservative kontinentale Modell des Wohlfahrtsstaats (Esping-Andersen 1990) ja nicht die einzige Option sein muss. Durch die Einreihung der Neumitglieder in die wenig zielgerichtete und unbewegliche Steuerungshierarchie durch die EZB und die Finanz- und Wirtschaftsminister der reicheren EU-Mitglieder könnten die Neumitglieder jedenfalls an Spielräumen für den Aufholprozess ihrer Transformationsökonomien verlieren.

Daher könnte die Erweiterung nicht nur der Währungsunion, sondern auch dem EU-Wirtschaftsraum insgesamt, zu einem Konfliktherd verhelfen. Mit der Wirtschafts- und Währungsunion hat sich die EU eine Wirtschaftsverfassung gegeben, in der eine zentrale Geldpolitik und eine extrem dezentrale Fiskalpolitik zueinander finden müssen. Die Zentralisierung der Wirtschaftspolitik könnte nur über eine Art Wirtschaftsregierung stattfinden, die aber erstens – wenn sie nicht einmal in der Verfassung verankert wurde – in den nächsten zehn Jahren nicht auf der Agenda der EU steht und zweitens sowieso nur in einer Form denkbar ist, die die Heterogenität der Union abbildet. Mit oder ohne zentrale Wirtschaftsinstitutionen muss also der Kitt der gemeinschaftlichen Solidarität für eine effiziente europäische Wirtschaftspolitik sorgen. Für eine *gouvernance économique*, die nicht in nationale Kategorien zerfällt, sind aufeinander abgestimmte Fiskalpolitiken notwendig, an denen sich die Geldpolitik dann orientieren kann. Davon erscheint die alte wie die neue EU weit entfernt; es droht ein "Fragmentierungsszenario" (Wessels/Linsenmann 2002) im EU-Wirtschaftsraum.[74]

In der europäischen Wirtschaftspolitik haben sich die Akteure in eine Konfiguration manövriert, in der sie der "negativen Integration" der Marktschaffung zu wenig "positive Integration" zur Fesselung der Kräfte des reinen Marktes entgegengesetzt haben (Scharpf 1999). Während der Binnenmarkt eine europäische Angelegenheit ist, wird der sozialdemokratisch-christdemokratisch/konservative Konsens der Marktbändigung im Dienste sozialer Gemeinschaften weitgehend auf nationaler Ebene ausgelebt. Dabei können geschickt vorgehende Nationalregierungen im Einzelfall durchaus befriedigende Wirtschaftspolitiken für ihre nationale Klientel machen. Alle Volkswirtschaften der EU hängen jedoch in starkem Maße von der Gesamtheit des europäischen Wirtschaftsraums ab, und auf dieser Ebene erscheint das Steuerungspotenzial durch nationale wie europäische Akteure derzeit zu eingeschränkt, um dauerhaft und systematisch zu befriedigenden Resultaten für die Bevölkerungen der EU-Staaten zu führen.

---

[74] Zur Klarstellung sollte noch einmal darauf hingewiesen werden, dass wirtschaftliche oder politische Integration nicht an sich normative Ziele darstellen (siehe Einleitung). Die Verfolgung politischer Ziele hängt in der EU nach wie vor in starkem Maße an nationalen *settings*, die mit der Konkurrenzdemokratie darüber hinaus über die einzigen wirklich effizienten Mechanismen zur Korrektur politischer Entscheidungen verfügen. Demnach ist es nicht nur verständlich, wenn sich gewählte Politiker an ihren nationalen Arenen orientieren, es sollte aus Sicht der normativen Demokratietheorie sogar vorrangig sein.

4.2 Agrar-, Struktur-, Regional- und Haushaltspolitik: die drohende Marginalisierung der neuen Mitgliedsstaaten

4.2.1 Allgemeine Aspekte

In den letzten 20 Jahren ist der Haushalt der EG/EU rasant angewachsen. Während sich im Jahre 1975 die Ausgaben des Gemeinschaftsbudgets auf etwa 6.3 Mrd. ECU beliefen, waren es im Jahre 1985 bereits 28.2 Mrd. ECU. Nach der Einheitlichen Europäischen Akte und dem Einsetzen der Heranführungspolitik für die damaligen Neumitglieder Griechenland, Portugal und Spanien gab die EG im Jahre 1990 46.8 Mrd. ECU aus, im Jahre 1998 bereits 84.5 Mrd. ECU (Daten bei Axt 2000: 208). Der Haushaltsentwurf für das Jahr 2004 geht von einer Obergrenze von € 111.4 Mrd. aus (vgl. Tabelle 4.3).

Bei Summen dieser Größenordnung versteht sich von selbst, dass in einem politischen Gebilde mit gleichberechtigten Gliedstaaten Verteilungsfragen eine wichtige Rolle spielen. Einerseits liegt der Anteil der EU-bezogenen Ausgaben bei maximal 1.27% des EU-Bruttosozialprodukts und wird deswegen häufig als zu gering für die anstehenden Aufgaben eingeschätzt (siehe z.B. Heinemann 2002: 249). Andererseits profitierten einige EG/EU-Staaten, z.B. die Süderweiterungsstaaten und Irland, in einzelnen Jahren mit bis zu vier Prozent ihres jeweiligen Bruttoinlandsprodukts von den Zahlungen der EU.[75] Auch sektoral, vor allem in der Landwirtschaft, konditioniert der EU-Haushalt die Entscheidungen der Wirtschaftssubjekte in ganz erheblichem Maße. Quantitativ sind die Bereiche der Struktur- und Agrarpolitik von herausragender Bedeutung; im Jahre 2004 stehen sie für 79.1% der veranschlagten Ausgaben der EU (siehe Tab. 4.3).

Aus Tabelle 4.3 ist zu ersehen, dass wegen der Unsicherheit, die im Jahre 1999 über Beitrittsländer und Beitrittstermine herrschte, die Erweiterung in die Finanzielle Vorausschau 2000-2006 als Sonderposten eingestellt wurde. Die bereitgestellten Summen sind im Kontext der nationalen Haushaltsdisziplin in wichtigen Zahlerstaaten, allen voran Deutschlands, zu interpretieren. Anders als bei der Süderweiterung hat der Zuwachs um strukturschwache Länder und Regionen bisher nicht zu einem massiven Ausgabensprung geführt. Der Gesamthaushalt steigt in moderaten Steigerungsraten knapp oberhalb der Inflationsrate, während die Finanzhilfen für die Altmitglieder in realen Zahlen leicht sinken. In der Differenz stehen jährlich für die Erweiterung – d.h. zur Zahlung an die neuen Mitgliedsstaaten – zwischen € 4.4 Mrd. im Jahre 2002 und € 15.7 Mrd. im Jahre 2006 zur Verfügung. Diese Summen werden für ca. 20% der (neuen) EU-Bevölkerung bereitgestellt, von denen

---

[75] Allocation of 2000 EU operating expenditure by Member State, S. 126. Siehe http://europa.eu.int/comm/budget/agenda 2000/reports_en.htm.

92% in Gebieten mit einem Einkommen von weniger als 75% des (neuen) EU-Durchschnitts leben.[76]

Tabelle 4.3: Finanzielle Vorausschau 2000-2006 aus der Perspektive des Haushaltsjahres 2004, in Mrd. Euro.

	Jeweilige Preise					Preise von 2004	
	2000	2001	2002	2003	2004	2005	2006
1. Landwirtschaft	**41.7**	**44.5**	**46.6**	**47.4**	**47.2**	**46.3**	**46.0**
2. Strukturmaßnahmen	**32.7**	**32.7**	**33.6**	**34.0**	**34.3**	**34.1**	**33.2**
Strukturfonds	30.0	30.0	30.8	31.1	31.5	31.3	30.5
Kohäsionsfonds	2.7	2.7	2.8	2.8	2.8	2.8	2.8
3. Interne Politikbereiche	**6.0**	**6.3**	**6.6**	**6.8**	**7.1**	**7.2**	**7.3**
4. Externe Politikbereiche	**4.6**	**4.7**	**4.9**	**5.0**	**5.1**	**5.1**	**5.1**
5. Verwaltung	**4.6**	**4.8**	**5.0**	**5.2**	**5.4**	**5.5**	**5.6**
6. Reserven	**0.9**	**0.9**	**0.7**	**0.4**	**0.4**	**0.4**	**0.4**
7. Heranführungsstrategie	**3.2**	**3.2**	**3.3**	**3.4**	**3.5**	**3.5**	**3.5**
Gesamtmittel (Verpflichtungen)	**93.8**	**97.2**	**100.7**	**102.1**	**103.0**	**102.0**	**101.2**
Gesamtmittel (Zahlungen)	**91.3**	**94.7**	**100.0**	**102.8**	**101.5**	**99.6**	**99.0**
In % des BIP	1.07	1.08	1.11	1.09	1.03	0.99	0.96
Für Erweiterungszwecke	**0**	**0**	**4.4**	**7.3**	**9.8**	**12.6**	**15.7**
Landwirtschaft	0	0	1.7	2.2	2.7	3.2	3.8
Sonstige Ausgaben	0	0	2.7	5.1	7.1	9.4	12.0
Obergrenze der Mittel für Zahlungen	**91.3**	**94.7**	**104.5**	**110.0**	**111.4**	**112.2**	**114.7**
In % des BIP	1.07	1.08	1.15	1.17	1.13	1.12	1.11
Spielraum für unvorhergesehene Ausgaben, in %	0.17	0.16	0.09	0.07	0.11	0.12	0.13
Eigenmittelobergrenze, in %	1.24	1.24	1.24	1.24	1.24	1.24	1.24

Quelle: Gesamthaushaltsplan der EU für das Jahr 2004.[77]

Verhandelt wird über den Haushalt der EU auf verschiedenen Ebenen. Vertragsrechtlich einschlägig ist das ordentliche Budgetverfahren (Art. 268-280 EGV). Dieses bezieht sich vor allem auf den jährlichen Haushaltsprozess. Von grundlegender Bedeutung für die Gestalt des jährlichen Haushalts ist die mehrjährige Finanzielle Vorausschau, die seit dem sogenannten Delors-I-Paket (1988-1992) den Rahmen für die Ausgabenpolitik der Union darstellt. Die wichtigsten Weichen, etwa für die Finanzielle Vorausschau der Jahre

---

[76] Vgl. "A new partnership for cohesion. Convergence, competiziveness, cooperation"; http://europa.eu.int/comm/regional_policy/sources/docoffic/official/reports/cohesion3/cohesion3_en.htm.

[77] http://europa.eu.int/comm/budget/pdf/budget/syntchif2004/de.pdf.

2000-2006, werden also in einem Verfahren außerhalb des vertraglichen Regelwerks gestellt. Das Verfahren der Finanziellen Vorausschau hat nicht zuletzt den Vorteil, dass alle wichtigen redistributiven Ausgaben der Gemeinschaft gemeinsam verhandelt werden. Die früher relevante Unterscheidung zwischen obligatorischen – da sie sich vermeintlich "zwingend aus dem Vertrag oder den aufgrund des Vertrags erlassenen Rechtsakten ergeben" (Art. 272 EGV) – Agrarausgaben und den nicht-obligatorischen Strukturmitteln ist damit in ihrer Bedeutung zurückgedrängt. Wichtig war die Unterscheidung nicht zuletzt wegen der Zuständigkeit des Europaparlaments für obligatorische, nicht jedoch für nicht-obligatorische Ausgaben gewesen (vgl. Heinemann 2002).

Die Verhandlungen um eine Finanzielle Vorausschau, die zuletzt im Rahmen der Agenda 2000 auf dem Berliner Gipfel von 1999 abgeschlossen wurden (Giering 2002), finden auf der obersten Ebene der Staats- und Regierungschefs statt. Zu unterscheiden sind Verhandlungskonstellationen zwischen einzelnen prinzipiell gleichberechtigten Staaten und verschiedenen Staatengruppen innerhalb der EU. Den einzelnen Staaten kann im Prinzip gleichermaßen das Interessenprinzip der Nutzenmaximierung unterstellt werden. Bei den Regierungen der Einzelstaaten kann also die Annahme gelten, dass diese versuchen, das den eigenen Interessen am ehesten Entsprechende aus Verteilungskämpfen zu holen. Allerdings muss eine Maximierung des Nutzens wegen möglicher indirekter und nichtfiskalischer Effekte nicht unbedingt mit der Optimierung der fiskalischen Position übereinstimmen. Bei den Verteilungskämpfen ist seit der Osterweiterung zwischen drei wichtigen Staatengruppen zu unterscheiden. Während vorher vor allem zwischen Nettozahlern und Nettoempfängern zu differenzieren war, bilden nun innerhalb der letzteren Gruppe die südlichen Kohäsionsländer und die mitteleuropäischen Neumitglieder zwei Subgruppen mit recht unterschiedlichen Interessen und Ausgangspositionen.

Aus theoretischer Perspektive stoßen innerhalb aller Gruppen zwei verschiedene Handlungslogiken aufeinander. Zum einen erstreben Regierungen nach wie vor die Maximierung der nationalen Interessen, zum anderen müssen innerhalb der Gruppen verschiedene Positionen koordiniert werden. Der Ausgleich der vielfältigen und z.T. miteinander verschränkten Interessen kann häufig nur auf der "Gipfelebene" erfolgen, wo "die beteiligten Akteure autorisiert sind, Entscheidungen aus mehreren Politikbereichen zu behandeln und miteinander zu verknüpfen" (Scharpf 2000: 220). Die Ergebnisse solcher Verhandlungen, mit denen Begriffe wie "Koppelgeschäfte", "Paketlösungen" oder "*log-rolling*" verbunden sind, fallen theoretisch sowohl allseits akzeptabel wie auch insgesamt wohlfahrtseffizient aus (ebd.: 218). Dieser allgemeine Befund trifft jedoch nur noch in eingeschränkter Form zu, wenn die an distributiven Verhandlungen beteiligten Akteure über unterschiedliche eigene Machtressourcen verfügen (ebd.: 248; siehe unten). Da dies gerade in den Bereichen der Agrar- und Strukturpolitik der Fall ist, droht – so die nun im

161

Folgenden zu entwickelnde These – in der EU-Distributionspolitik eine Marginalisierung der Neumitglieder zugunsten der alten Empfängerstaaten.

Bei der Verfolgung dieses Arguments gilt es zunächst, nach Politikfeldern der Struktur- und der Agrarpolitik zu differenzieren. Welche Regionen und Sektoren von Maßnahmen der Strukturpolitik profitieren sollen, wird zwischen den EU-Staaten in einem komplizierten und für Außenstehende wenig durchschaubaren Verfahren entschieden (Axt 2000: 84). Die Zuständigkeit der Regierungen leitet sich aus vertragsrechtlichen und institutionellen Gründen ab. Die Strukturpolitik wird in Art. 159 EGV vorrangig in die Zuständigkeit der Mitgliedsstaaten gelegt, die sich hierzu in der Wirtschaftspolitik "koordinieren". Die Gemeinschaft dagegen "unterstützt" diese Bemühungen lediglich. Der Kommission kommt somit zwar eine Rolle bei der operativen Planung zu. Außerdem stellt sie bei der Verwaltung und Implementierung der Strukturfonds den zentralen Akteur dar. Es besteht jedoch kein Zweifel daran, dass die intergouvernementale Ebene bei der Verteilung der Strukturmittel selbst das letzte Wort spricht (vgl. Allen 1999: 263). Trotz der Existenz des Ausschusses der Regionen und aller sonstigen Instanzen im Mehrebenensystem sind es deshalb im Wesentlichen die Staats- und Regierungschefs, die die Verteilung der Strukturmittel zwischen den Regionen der EU untereinander aushandeln.

Bezüglich des größten Topfes des EU-Haushalts, der Mittel für die Agrarpolitik, muss dagegen der Blick mehr auf das Zusammenspiel zwischen der supranationalen und der intergouvernementalen Ebene gerichtet werden. Die Agrarpolitik gehört zu den vergemeinschafteten Politikfeldern, was sich am Attribut der "Gemeinsamen Agrarpolitik" (Art. 32-39 EGV), auf englisch der "Common Agricultural Policy" (CAP), erkennen lässt. Die Vergemeinschaftung ergibt sich aus der Funktionslogik des Gemeinsamen Marktes, der im Falle des Marktes für Agrargüter ja bereits vor der angestrebten "Vollendung" des Binnenmarkts im Jahre 1992 weitgehend etabliert war. Charakteristisch für die gemeinsamen Politiken ist die "volle Zuständigkeit der EG" (Axt 2000: 42). Damit wird die Kommission als Gemeinschaftsinstitution zur führenden Kraft, der die Strategieentwicklung stärker als im Falle der Strukturpolitik obliegt. Zwar bleiben bei gründlicher Betrachtung auch in der Gemeinsamen Agrarpolitik die intergouvernementalen Akteure – die Regierungen, das Komitee der Permanenten Vertreter (COREPER), das Spezielle Komitee für Landwirtschaft – die entscheidenden Akteure (Rieger 1999: 188-189). Die Kommission verfügt jedoch mit dem Initiativrecht und ihren Kompetenzen im Hinblick auf "das ordnungsgemäße Funktionieren und die Entwicklung des Gemeinsamen Marktes" (Art. 211 EGV) über Instrumente zur Beeinflussung der Verteilungskonflikte, die in der Strukturpolitik nicht in dieser Ausprägung vorliegen.

Für die Finanzierung der ausgabenintensiven Politiken der EU stehen verschiedene Fonds zur Verfügung. Bereits kurz nach der Verabschiedung der Römischen Verträge wurden erste gemeinschaftliche Strukturfonds eingerichtet, so der Europäische Sozialfonds (ESF) im Jahre 1960 und der Europäische Ausrichtungs- und Garantiefonds für die Landwirtschaft (EAGFL) im Jahre 1962. Als zusätzlich im Jahre 1975 der Europäische Fonds für Regionale Entwicklung (EFRE) eingerichtet wurde, war die Gesamtfördersumme aller Fonds immer noch gering und konnte damit mangels Masse allenfalls sektorale Auswirkungen zeigen.

Der Beitritt der drei neuen Südstaaten ging jedoch fast zeitgleich einher mit generellen Bemühungen um eine Ausweitung von Gemeinschaftskompetenzen. Der Antritt des Kommissionspräsidenten Jacques Delors im Januar 1985 markierte nach den langen Jahren der "Eurosklerose" den Aufbruch in eine Phase der Vertiefung in vielen Bereichen. In der zwei Monate nach dem Beitritt Portugals und Spaniens verabschiedeten Einheitlichen Europäischen Akte (EEA) wurde die Kommission aufgefordert, einen Vorschlag für die Reform der Strukturpolitik "aus einem Guss" vorzulegen (Seidel 2002: 324). Im Hinblick auf die Konsequenzen der Süderweiterung gingen die neuen und alten Mitglieder der Gemeinschaft eine implizite Übereinkunft über eine starke Ausweitung der Fördermittel ein (Dinan 2000c: 437).

Die einzelnen Fonds seien hier kurz skizziert. Der Europäische Sozialfonds (Art. 146-148 EGV) weist die Ziele der Förderung der beruflichen Verwendbarkeit, der örtlichen und beruflichen Mobilität und der Anpassung an industrielle Wandlungsprozesse und an Veränderungen der Produktionssysteme insbesondere durch berufliche Bildung und Umschulung auf (Art. 146 EGV). Das Ziel des Europäischen Fonds für regionale Entwicklung lautet, "durch Beteiligung an der Entwicklung und an der strukturellen Anpassung der rückständigen Gebiete und an der Umstellung der Industriegebiete mit rückläufiger Entwicklung zum Ausgleich der wichtigsten regionalen Ungleichgewichte in der Gemeinschaft beizutragen" (Art. 160 EGV). Der 1993 gegründete Kohäsionsfonds trägt insofern eine irreführende Bezeichnung, als er nur für den kleinen Teilbereich des politischen Ziels der wirtschaftlichen und sozialen "Kohäsion" eingerichtet wurde. Art. 161 EGV führt aus, dass der Fonds zu Vorhaben in den Bereichen Umwelt und transeuropäische Netze auf dem Gebiet der Verkehrsinfrastruktur finanziell beiträgt.

Von diesen vor allem auf die Strukturpolitik ausgerichteten Fonds zu unterscheiden sind die überwiegend agrarpolitischen Fonds. Als wichtigstes Instrument der EU zur Finanzierung der Agrarpolitik ist der Europäische Ausrichtungs- und Garantiefonds für die Landwirtschaft (EAGFL) zu nennen. Im Hinblick auf seine Bedeutung wirkt die vertragliche Fixierung des EAGFL eher beiläufig. Erwähnt wird er zwei Mal im dritten Teil des EG-Vertrags, der die Politiken der Gemeinschaft fixiert. Der EAGFL taucht in Titel II (Landwirtschaft) und Titel XVII (Wirtschaftlicher und Sozialer Zusammenhalt) auf, was auf die beiden unterschiedlichen Funktionen des Fonds hinweist. Art 34(3) EGV führt den EAGFL als Kann-Institution auf, denn zur Erreichung der Ziele der Agrarpolitik "können ein oder mehrere Ausrichtungs- oder Garantiefonds für die Landwirtschaft geschaffen werden". Konkret wird damit auf die seit 1964 bestehende Trennung des Agrarfonds in eine Ausrichtungs- und eine Garantieabteilung angespielt. In der Abteilung "Garantie" werden über 90% der Fondsmittel verwaltet, und diese werden überwiegend für Ausgaben zur Finanzierung der gemeinsamen Agrarmarktordnungen herangezogen (vgl. Axt 2000: 102).[78] Die Erwähnung des EAGFL in Art. 159 EGV und damit im Bereich der Strukturpolitik ist demgegenüber mit der Fonds-Abteilung "Ausrichtung" verbunden. Die Ausrichtungsabteilung verfügte im Jahre 1998 über etwa 8% des gesamten EAGFL, was immer noch etwa 4.2% des Gesamtbudgets dieses Jahres ausmachte (ebd.).

Zuletzt zu nennen ist das Finanzinstrument für die Ausrichtung der Fischerei (FIAF). Dieser Fonds widmet sich der Entwicklung der Fischereipolitik im Rahmen der allgemeinen Landwirtschaftspolitik (Art. 32-38 EGV). Der FIAF ist eine Institution, die unterhalb der Vertragsebene durch eine Verordnung geschaffen und reguliert wird. Trotz der Verankerung in der Agrarpolitik wird der Fonds seit 1999 der Strukturpolitik zugeordnet.

Zusammengefasst ergeben sich damit sechs Fonds für die Ausgabenseite des EU-Haushalts. Die Agrarpolitik wird aus dem EAGFL gefördert. Die Strukturpolitik zieht ihre Mittel vordergründig aus vier Strukturfonds: dem ESF, dem EFRE, dem FIAF und dem Kohäsionsfonds. Gleichzeitig verfügt jedoch auch die Abteilung Ausrichtung des EAGFL über die Funktion eines Strukturfonds (und wird in Art. 159 EGV auch entsprechend bezeichnet). Letztlich ist es also gerechtfertigt, von insgesamt fünf Strukturfonds zu sprechen.

Weiterhin betreibt die Union eine Reihe von Gemeinschaftsinitiativen mit strukturpolitischen Zielen, die in der Periode 2000-2006 auf die vier Programme Interreg III (Entwicklung der grenzüberschreitenden Zusammenarbeit), Leader III (Entwicklung des ländlichen Raums), URBAN (zugunsten sozial benachteiligter Städte und Stadtteile) sowie EQUAL (zur Bekämpfung von Diskriminierung auf dem Arbeitsmarkt) reduziert sind (Axt 2000: 91-92). Zusätzlich ergeben sich aus den Untergliederungen des Haushaltspostens 2 für Strukturmaßnahmen (Tab. 4.3) Maßnahmen zur "Betrugsbekämpfung, Begleitung, Übergangsmaßnahmen" sowie der EWR-Finanzmechanismus.

Es bestehen also zusammengefasst in der Strukturpolitik fünf Finanzfonds, vier Gemeinschaftsinitiativen plus zwei weitere Haushaltsposten. Nicht zuletzt wegen dieser historisch zwar erklärbaren, im Resultat jedoch wenig transparenten und ineffizienten Struktur hat die Kommission in einem Strategiepapier aus dem Januar 2004 vorgeschlagen, den EAGFL allein auf die Landwirtschaft zu konzentrieren und mit dem Kohäsionsfonds, dem ESF

---

[78] Es existieren auch förderfähige Maßnahmen im Bereich der Strukturpolitik, die aus dem EAGFL – Abteilung Garantie kommen, z.B. Ausgleichszahlungen für benachteiligte Gebiete und Beihilfen für Vorruhestandsregelungen (vgl. Axt 2000: 207).

und dem ERDF für die Periode 2007-2013 lediglich noch drei "Instrumente" für die Strukturpolitik vorzusehen.[79]

4.2.2 Strukturpolitik und Osterweiterung

Der Begriff der Strukturpolitik wird hier als Oberbegriff für die Maßnahmen der "Regional-, Struktur- und Kohäsionspolitik" (Seidel 2002) verwendet. Dies ist durchaus nicht selbstverständlich. Wie erwähnt, ergibt sich aus dem EG-Vertrag eher der Begriff des (wirtschaftlichen und sozialen) Zusammenhalts, eben der Kohäsion (Art. 158-162 EGV); daraus folgend ließe sich von Kohäsionspolitik sprechen. Auf der quasi-offiziellen Selbstdarstellung der Homepage der Europäischen Kommission findet sich der Begriff der "Regionalpolitik"[80], wohl nicht zuletzt als Markierung des eigenen Gestaltungsanspruchs in Konkurrenz zu den Nationalstaaten. "Regionen" stehen eben für gemeinschaftliche Förderungssubjekte, während der gesellschaftliche Zusammenhalt an sich noch weithin über nationale Gemeinschaften definiert wird. In der wissenschaftlichen Debatte ist demgegenüber der Begriff der Strukturpolitik etabliert:

> Unter EU-Strukturpolitik begreift man die Gesamtheit der Maßnahmen, um auf der Ebene der EU (neben den nationalen Anstrengungen) mit den durch die Strukturfonds und weiteren Finanzinstrumenten zur Verfügung gestellten Mitteln die (...) Ziele regionaler, sektoraler, horizontaler oder auch allgemein politischer Art ("Solidarität") zu verfolgen (Axt 2000: 23).

Die Vielfalt der strukturellen – d.h. regionalen, sektoralen und horizontalen – Unterschiede in der EU wird an mehreren Kriterien festgemacht. Traditionell unterliegt die Festlegung dieser Kriterien heftigem politischen Streit, da damit über die Transferberechtigung einzelner Regionen entschieden wird. Im Mehrebenenverhandlungssystem kam es rasch zu einer Ausdehnung von möglichen Gründen, so dass in der Periode 1994-1999 sieben Ziele von der EU-Strukturpolitik verfolgt wurden (Axt 2000: 85). Die Kommission sprach sich mit der Agenda 2000 jedoch für eine Konzentrierung der Ziele aus. Entsprechend hat die EU seit der Periode 2000-2006 ihre strukturpolitischen Ziele von sieben auf drei reduziert (Seidel 2002: 325-326):

- Ziel 1 bezieht sich auf die Förderung von Regionen mit Entwicklungsrückstand, was im Wesentlichen bei einem Niveau des Brutto-

---

[79] Der dritte Bericht zur wirtschaftlichen und sozialen Kohäsion ist erschienen unter dem Titel: "A new partnership for cohesion. Convergence, competiveness, cooperation". Siehe http://europa.eu.int/comm/regional_policy/sources/docoffic/official/reports/cohesion3/cohesion3_en.htm.
[80] Siehe http://europa.eu.int/comm/regional_policy/index_en.htm.

inlandsprodukts einer Region von weniger als 75% des EU-Durchschnitts gegeben ist.

* Ziel 2 ist der wirtschaftlichen und sozialen Umstellung von Gebieten mit Strukturproblemen gewidmet. Die aufgeführten Problembereiche belaufen sich auf Deindustrialisierung, ländliche Räume mit rückläufiger Entwicklung, Problemgebiete in Städten sowie von der Fischerei geprägte Krisengebiete. Kriterien für die Förderung sind dabei hohe Arbeitslosigkeit, ein großer Anteil Langzeitarbeitsloser, rückläufige Bevölkerung, rückläufige industrielle Beschäftigung sowie Anzeichen für große Armut.

* Ziel 3 betrifft die Modernisierung der Bildungs-, Ausbildungs- und Beschäftigungspolitiken und -systeme. Auch hier werden mehrere Kriterien bei der Förderungswürdigkeit herangezogen: Arbeitslosigkeit, die Benachteiligung von Frauen, Qualifikationsniveaus und Armut.

Ziel 1 wird über alle vier allgemeinen Strukturfonds ERFE, ESF, EAGFL-Ausrichtung und FIAF – der Kohäsionsfonds spielt mit seinen konkret formulierten Zielen eine Sonderrolle – finanziert. Ziel 2 ist dem ERFE sowie dem ESF zugeordnet; der ESF ist allein für Ziel 3 zuständig. Von den Gemeinschaftsinitiativen sind INTERREG und URBAN dem ERFE zugeordnet, EQUAL wird über den ESF und LEADER+ über den EAGFL-Ausrichtung finanziert.[81]

Die strukturpolitischen Hilfen für die Beitrittsländer für den Zeitraum 2000-2006 waren bzw. sind in mehrfacher Hinsicht gestaffelt. Bis zum 1.5.2004 war das Strukturpolitische Instrument zur Vorbereitung auf den Beitritt (ISPA) die zentrale Finanzquelle, die bereits im Vorgriff auf die Erweiterung strukturelle Hilfen verwirklichte. Dabei werden über den Zeitraum von 2000-2006 jeweils € 1.04 Mrd. zur Verfügung gestellt (Axt 2000: 193). Diese Mittel konnten von den Beitrittsländern bis zum Zeitpunkt der Erweiterung für beitrittsvorbereitende Maßnahmen in Anspruch genommen werden; nach dem 1.5.2004 ist ihre Verwendung daher nur noch durch die übrig gebliebenen Beitrittskandidaten Bulgarien, Rumänien und Türkei – ab Anfang 2005 vermutlich auch Kroatien – möglich.

Nicht verwechselt werden darf ISPA mit den in den EU-Haushalt eingestellten Mitteln für die Erweiterung, die weiter oben in Tabelle 4.3 dargestellt wurden. In den EU-Haushalt integriert wurden ab dem Jahre 2004 die für die neuen Mitgliedsstaaten vorgesehenen Mittel. In Tabelle 4.4, die die entsprechenden Transfergelder aufführt, findet sich daher die Gesamtheit der strukturpolitischen Hilfen für die Mitgliedsstaaten in deren ersten Jahren der Mitgliedschaft.

---

[81] Vgl. nochmals "A new partnership for cohesion", dort die Tabelle auf S. xlii.

Tabelle 4.4: Verteilung von Mitteln aus Kohäsions- und Strukturfonds an die neuen Mitgliedsstaaten, 2004-2006 (Mio. €, in Preisen von 1999)

Land	Kohäsionsfonds Zuteilung in % der Gesamtmittel	Ziel 1	Ziel 2	Ziel 3	FIAF	GI Inter-reg	GI Equal	Gesamt
Estland	2.88-4.39	328.6	0	0	0	9.4	3.6	341.6
Lettland	5.07-7.08	554.2	0	0	0	13.5	7.1	574.8
Litauen	6.15-8.17	792.1	0	0	0	19.9	10.5	822.5
Malta	0.16-0.36	55.9	0	0	0	2.1	1.1	59.1
Polen	45.65-52.72	7320.7	0	0	0	196.1	118.5	7635.3
Slowakei	5.71-7.72	920.9	33.0	39.9	0	36.8	19.7	1050.3
Slowenien	1.72-2.73	210.1	0	0	0	21.0	5.7	236.8
Tschechien	9.76-12.28	1286.4	63.3	52.2	0	60.9	28.4	1491.2
Ungarn	11.58-14.61	1765.4	0	0	0	60.9	26.8	1853.1
Zypern	0.43-0.84	0	24.9	19.5	3.0	3.8	1.6	52.8
∑ Neu-10	€ 7590.5	13234.3	121.2	111.6	3.0	424.4	223.0	14117.5
Zum Vergleich								
∑ EU-15 (2000-2006)		135954	22454	24050	1106			183564

Quellen: Zweiter Zwischenbericht über den wirtschaftlichen und sozialen Zusammenhalt, KOM(2003) 34, Tabelle 11.[82] Letzte Zeile: Axt (2000: 213) unter Berücksichtigung der regulären sowie der *Phasing-Out*-Zahlungen.

In der Tabelle wird deutlich, dass der Schwerpunkt der Strukturpolitik im Hinblick auf die neuen Mitgliedsstaaten auf Ziel 1, d.h. die pauschale Verringerung des Entwicklungsrückstandes, konzentriert ist. Dies ist insofern bemerkenswert, als die übrigen Gegenstände der EU-Strukturpolitik – rückläufige sozio-ökonomische Entwicklung, Deindustrialisierung, Bildungs- und Beschäftigungssysteme – durchaus zu den zentralen Problemgegenständen der Transformation gehören. Einige von der Europäischen Bank für Wiederaufbau und Entwicklung in ihren jährlichen *Transition Reports* festgesetzten Schwerpunktthemen fallen zu einem guten Teil unter die Ziele 2 oder 3 (vgl. etwa EBRD 2000; EBRD 2001). Teilweise werden diese Ziele durch die Gemeinschaftsinitiativen INTERREG und EQUAL abgedeckt; insgesamt sind die in diesen beiden Programmen eingesetzten Mittel jedoch eher gering.

Etwa 94% der Strukturmittel für die Neumitglieder fließen demzufolge nach den Maßgaben von Ziel 1, d.h. in die Infrastruktur, die Verbesserung

---

[82] http://europa.eu.int/comm/regional_policy/sources/docoffic/official/reports/interim2_en.htm.

der Wettbewerbsfähigkeit, in geringerem Umfang auch in die Bereiche Wissenschaft und Kultur.[83] Hier ist deutlich die Handschrift der Kommission zu erkennen, die immer wieder eine Konzentration der Mittel auf Regionen mit erheblichem Entwicklungsrückstand angemahnt hatte. Im Hinblick auf die EU-15 wurde im Rahmen der Agenda 2000 festgelegt, dass 69.7% aller Strukturmittel für Ziel 1 zur Verfügung stehen (Becker 2001: 68).[84]

Da der sozio-ökonomische Rückstand der Neumitglieder besonders hoch ist, scheint die nochmalige Erhöhung des Ziel-1-Anteils eine sinnvolle Lösung zu sein. Die Strategie der Kommission im Hinblick auf die EU-25 macht jedoch deutlich, dass in der Strukturpolitik künftig nicht wie bisher eine Zweiklassen-, sondern eher eine Dreiklassengesellschaft etabliert wird. Dies gilt nicht nur für die absolute Verteilung von finanziellen Mitteln (siehe hierzu unten), sondern auch institutionell. Allein mit den im Rahmen von Ziel 1 zugewiesenen Mitteln stoßen die Neumitglieder an die obere Grenze der Aufnahmefähigkeit von Gemeinschaftsmitteln, die bei 4% des BIP eines Landes gesehen wird (Conzelmann 2004: 339). Estland beispielsweise wird nach den kombinierten Informationen aus Tab. 4.4 und 4.5 in den Jahren 2004-2006 ca. 5.3% seines BIP aus Ziel-1-Mitteln erhalten. Mit anderen Worten: Die Rückständigkeit der meisten Mitglieder ist so groß, dass für zusätzliche Strukturmittel zur gezielten Eindämmung weiterer Kohäsionsziele nicht einmal potenziell Finanzmittel zur Verfügung stehen.

In diesem Kontext sind auch die großen nominalen Unterschiede zwischen den alten und neuen Mitgliedern zu sehen. Während der gesamten Periode 2000-2006 bekommen die Neumitglieder nur etwa 7.7% der Strukturmittel, die den alten Mitgliedern zur Verfügung stehen. Auch bei einer Bereinigung um den kürzeren Zeitraum der Mitgliedschaft ist mehr als deutlich, dass der Abstand bei der Förderfähigkeit riesengroß ist. Zusätzlich zu bedenken ist die Verteilung der Strukturmittel innerhalb der alten EU. Die drei Länder der Süderweiterung (Griechenland, Portugal, Spanien), die neuen Länder der Bundesrepublik sowie der italienische *Mezzogiornio* teilen etwa drei Viertel der gesamten zur Verfügung stehenden € 183.6 Mrd. untereinander auf, und diese Verteilung geht überwiegend auf Ziel-1-Gelder zurück (Axt 2000: 213). In der Strukturpolitik nach der Osterweiterung muss also nicht zuletzt im Hinblick auf die Mittelverteilung tatsächlich zwischen (alten) Staaten mit keinen oder wenigen Ziel-1-Regionen, (alten) Staaten mit einer hohen Fähigkeit und (neuen) Staaten mit einer niedrigen Fähigkeit zur Absorption von Strukturmitteln unterschieden werden.

Die Dreiteilung wird durch einen nochmaligen Blick in den dritten Bericht zum wirtschaftlichen und sozialen Zusammenhalt bestätigt, aus dem sich mehrere Gruppen ergeben. In den Niederlanden, Luxemburg, Frank-

---

[83] Ein Überblick über die Gesamtheit der nach Ziel 1 vergebenen Projekte findet sich unter http://europa.eu.int/comm/regional_policy/country/prordn/index_en.cfm.

[84] Die Diskrepanz zu Tabelle 4.4 ergibt sich dadurch, dass die Gemeinschaftsinitiativen bei Axt (2000: 213) dem Ziel 1 zugerechnet werden.

reich, Westdeutschland, den skandinavischen Staaten und Österreich gibt es nur vereinzelt Gebiete mit einem Einkommensniveau unter 90% und gar keine Regionen unter 75% des Niveaus der EU-25. Auch Irland gehört künftig zu dieser Gruppe der wohlhabenden Mitgliedsstaaten, die höchstens marginal Empfängerländer im Rahmen der Ziel-1-Förderung sind. Diese Länder werden ihre Ansprüche an die Strukturmittel dementsprechend an die Ziele 2 und 3 koppeln (müssen).

Die zweite Gruppe besteht aus Deutschland, Griechenland, Italien, Portugal, Spanien, d.h. Ländern mit einem deutlichen Anteil an Gebieten unter 75% des EU-Durchschnitts. Während Griechenland und Portugal fast in ihrer Gesamtheit als rückständige Gebiete gelten müssen, sind in Deutschland und Italien nur einzelne Regionen betroffen. Der deutsche Osten fällt nicht in seiner Gesamtheit unter die 75%-Marke, da große Teile Sachsens, der Süden Brandenburgs und Berlin nach der Neujustierung in der EU-25 nicht mehr zu den ganz armen Regionen zählen. Diese Länder haben die EU-Strukturpolitik für ihre Bedürfnisse maßschneidern können. Die armen Regionen fallen unter die Ziel-1-Berechtigung, während in anderen Regionen über die übrigen Ziele regionalpolitische Möglichkeiten bestehen.

Die dritte Gruppe[85] besteht aus den mitteleuropäischen Neumitgliedern, in denen alle Regionen außer Prag (Tschechien), Bratislava (Slowakei) und Budapest (Ungarn) unterhalb der 75%-Marke liegen. Obwohl damit – wie bisher bei den alten Kohäsionsländern ebenso der Fall – ganze Staatsgebiete unter das Ziel-1-Förderkriterium fallen, muss auf einige Differenzen hingewiesen werden. Slowenien, das lediglich eine einzige Region im Sinne der EU-Regionalpolitik aufweist, liegt mit einem BIP/Kopf von 74.4% am obersten Rand der Förderwürdigkeit.[86] Ganz Tschechien, das nordwestliche Ungarn sowie die polnische Mazowieckie-Region um Warschau liegen zwischen 50% und 75% des EU-25-Durchschnitts. Alle übrigen Gebiete im mitteleuropäischen Beitrittsgebiet liegen nach der Erweiterung jedoch unterhalb von 50% dieses Schnitts.

Geht die These zu weit, dass viele Neumitglieder bei dem gegenwärtigen, stark auf die Absorptionsfähigkeit der Mitgliedsstaaten abgerichteten System der Strukturpolitik nur in recht beschränktem Maße von deren Vorteilen profitieren können? In den baltischen Staaten, der polnischen und ungarischen Provinz sowie in der Slowakei – kurz: in allen Regionen abseits

---

85 Vier Länder sind keiner der Gruppen zugeordnet. Belgien und Großbritannien verfügen nach der Neuberechnung des Durchschnitt in der EU-25 über eine beträchtliche Anzahl von Gebieten, die zwischen 75% und 90% des neuen Mittels liegen. Dies liefert ihnen für die Neuverhandlungen zur Phase 2007-2013 einige Möglichkeiten zur Forderung nach Kompensationszahlungen. Malta und Zypern lassen sich ebenfalls schlecht zuordnen, da sie oberhalb der 75%-Grenze liegen. Sie müssen sich daher auf die Ziele 2 und 3 beschränken, liegen aber mit 76.2% (Malta) und 85.4% (Zypern) dennoch mit dem Gesamtgebiet deutlich unter dem EU-Durchschnitt.

86 Die Daten sind weiterhin dem Dritten Bericht (siehe vorherige Fußnoten) entnommen, hier S. 202.

der "*metropolitan corridors*" (Schlögel 2003: 28) – werden die nach oben am jeweiligen Bruttoinlandsprodukt begrenzten Strukturmittel keine Quantensprünge erlauben.

Tabelle 4.5: Begünstigung bzw. Benachteiligung der Neumitglieder bei Transferzahlungen in der Strukturpolitik, 2004-2006

	Bevöl-kerung		BIP (2001)			Kohä-sions-fonds	Strukturfonds		
	Mio. Ein-woh-ner	%	Mrd. €	%	€ / Kopf	%	Mio. €	%	€ / Kopf/ Jahr*
Zypern	0.8	1.1	10.2	2.5	12,750.0	0.4-0.8	52.8	0.4	24.8
Slowenien	2.0	2.7	20.9	5.2	10,450.0	1.7-2.7	236.8	1.7	44.4
Tschechien	10.3	13.7	63.3	15.7	6,145.6	9.8-12.3	1,491.2	10.6	54.3
Malta	0.4	0.5	4.0	1.0	10,000.0	0.2-0.4	59.1	0.4	55.4
Ungarn	10.1	13.4	58.0	14.4	5,742.6	11.6-14.6	1,853.1	13.1	68.8
Slowakei	5.4	7.2	22.3	5.5	4,129.6	5.7-7.7	1,050.3	7.4	72.9
Polen	38.7	51.4	196.7	48.7	5,082.6	45.7-52.7	7,635.3	54.1	74.0
Litauen	3.7	4.9	13.4	3.3	3,621.6	6.2-8.2	822.5	5.8	83.4
Lettland	2.4	3.2	8.5	2.1	3,541.7	5.1-7.1	574.8	4.1	89.8
Estland	1.4	1.8	6.2	1.5	4,428.6	2.9-4.4	341.6	2.4	91.5
∑ Neu-10	75.2	99.9	403.5	99.9	5,365.7	89.1-110.9	14,117.5	100.0	70.4
Zum Vergleich: Daten für die EU-15 für die Periode 2000-2006									
∑ EU-15	375.9		8,814.8		23,449.9		183,564.0		69.8
Griechenl.	10.5		130.9		12,467	3060	21820		296.9
Irland	3.8		114.5		30,131	556	3247		122.1
Portugal	10.0		122.7		12,270	3060	19762		282.3
Spanien	39.4		651.6		16,538	11160	45137		163.7

* Die im oberen Teil der Tabelle 4.5 angegebenen Mittel werden für einen Zeitraum von 32 Monaten (Mai 2004 bis Dezember 2006) gewährt. Die Jahresdurchschnittswerte ergeben sich daher durch folgende Rechnung: Wert (Spalte 8) geteilt durch Bevölkerung geteilt durch 32 mal 12.
Quellen: Spalten 2+3: Maurer (2002b: 354); Spalten 4+5: Eurostat (2003: 46, 153), Spalten 7-8: Tab. 4.4 (obere Tabellenhälfte) sowie Dritter Kohäsionsbericht, S. 180 (untere Tabellenhälfte). Spalten 6, 9+10: eigene Berechnung.

Im Einzelnen gibt Tabelle 4.5 über die Bemühungen der einzelnen Mitglieder um die Anteile an Strukturmitteln in der Phase 2004-2006 Auskunft. Demnach kommen die vergleichsweise reichen Neumitglieder Zypern und Slowenien mit Abstand auf die geringsten Mittel pro Einwohner, nämlich auf jährlich € 24.8 im Falle Zyperns und € 44.4 im Falle Sloweniens.[87] Der Vergleich der Spalten 6 und 10 offenbart, in welchem Maße die Neumitglieder bei den Verhandlungen einzelne Regionen so begünstigen konnten, dass die Rangfolge beim BIP/Kopf durchbrochen wird. Den maltesischen Unterhändlern gelang es beispielsweise, die Sonderbelange der Insellage in eine disproportional hohe Unterstützung pro Kopf umzumünzen. Die im Schnitt deutlich ärmere Tschechische Republik konnte dagegen nur eine um etwa ein Fünftel höhere Position bei der Rubrik €/Kopf aushandeln als im um etwa 40% wohlhabenderen slowenischen Fall. Ein ähnlicher Erfolg gelang Polen, das einen höheren Anteil aushandelte als der nach der Maßzahl des BIP/Kopf deutlich ärmere slowakische Nachbar. Die drei baltischen Staaten liegen oberhalb des Durchschnitts für die zehn Neumitglieder, der bei € 187.7 für den angegebenen Zeitraum von Mai 2004 bis Dezember 2006 und damit bei € 70.4 im Jahresdurchschnitt liegt.

Den eigentlich interessanten Tatbestand der Strukturpolitik nach der Erweiterung liefert allerdings der untere Teil der Tabelle 4.5. Der Durchschnitt der Strukturmittelzuwendungen in die Empfängerländer der EU-15 ist selbst gegenüber den ärmsten Neumitgliedern deutlich höher. Während die drei baltischen Staaten etwas weniger als € 100 pro Einwohner und Jahr erhalten, belaufen sich die Werte für die alten Kohäsionsstaaten auf € 296.9 (Griechenland), € 122.1 (Irland), € 282.3 (Portugal) und € 163.7 (Spanien). Hinzu kommen, wie Tab. 4.5 weiter offenbart, in allen vier Ländern noch Zahlungen aus dem Kohäsionsfonds in Höhe von etwa € 40 pro Kopf und Jahr (ca. € 20 im Falle Irlands). Damit wird noch einmal der große Abstand deutlich, der sich durch die geringe Absorptionsfähigkeit der Neumitglieder zumindest in den unmittelbar kommenden Jahren nicht schnell aufholen lässt. Mit jedem Euro, den sie auf dem Wege der Strukturpolitik erhalten, fließt den "alten" Kohäsionsregionen ein Mehrfaches an Unterstützung zu, womit sich der Abstand von den Armen zu den Ärmsten weiter zu vergrößern droht.

Dieser Sachverhalt kann nun in ein griechisches oder ein irisches Szenario führen. Der griechische Fall steht für letztlich bescheidene Fortschritte. Das Szenario beruht auf folgendem Mechanismus: Sind die Zuflüsse zu gering, verlieren benachteiligte Regionen weiter an Boden. Fließen sie dagegen in üppigem Umfang, steigt die Gefahr der Transfermittelabhängigkeit agrarisch strukturierter Volkswirtschaften; genau dies ist beim griechischen Fall erfolgt (Markou/Nakos/Zahariadis 2001: 222). Stellen sich dann die Akteure in den Empfängerländern erst einmal auf den (vermeintlichen) Geldsegen aus Brüssel ein, folgt daraus eine problematische Verfestigung ineffizienter Allokationsstrukturen.

Das irische Szenario ist dagegen durch eine effiziente Nutzung der Transfergelder gekennzeichnet. Diese wurden nicht für eine Verfestigung nicht konkurrenzfähiger Strukturen genutzt, sondern flankierend für die Ab-

---

[87]   Für die Berechnung ist die Erläuterung unter Tabelle 4.5 zu beachten.

federung einer durchdringenden ökonomischen Reform verwendet. Diese bestand im irischen Fall in einer Politik der niedrigen Unternehmenssteuern, die im Binnenmarkt ausländische Investitionen in großem Umfang anzog und so mittelfristig Wachstum induzierte (Lee 2002).

In Mitteleuropa scheinen am ehesten die baltischen Länder, und in jüngerer Zeit vielleicht die Slowakei, diesem Pfad der liberalisierten Wirtschaftspolitik zuzuneigen (Fritsche/Plötz/Polkowski 1997; Plötz/Polkowski 2002). Der polnische Fall hingegen steht trotz der anfänglichen Euphorie um den vermeintlichen *big bang* eher für eine langsame Privatisierung und insgesamt für eine behutsame Restrukturierung (Pus'lecki 1998). Angesichts der oben skizzierten Bemühungen Polens um Ausnahmeregelungen und um frühzeitige Berücksichtigung in den EU-Zahlungslisten fällt es schwer zu glauben, das Land verfolge eine Politik zur Umstrukturierung jenseits der doch deutlich begrenzten Möglichkeiten der EU-Strukturpolitik in ihrer jetzigen Form. Jedenfalls steht bei der Analyse der Effekte der Erweiterung auf die Strukturpolitik fest, dass sich die mitteleuropäischen Länder bei der Verringerung der Wohlstandslücke mitnichten auf die Politik der wirtschaftlichen und sozialen Kohäsion verlassen können. Die Lücke selbst zu den ärmeren Ländern der EU-15 muss über nationalstaatliche Wirtschaftspolitik geschlossen werden; die kargen Strukturmittel können allenfalls manche soziale Härten zu überwinden helfen.

4.2.3 Agrarpolitik und Osterweiterung

Die Agrarpolitik der EU galt vor und während der Beitrittsverhandlungen als eines der am schwersten abzuschließenden Kapitel. Als zu vermachtet, kostspielig, ineffizient und daher für die Erweiterung nicht hinreichend flexibel wurde der bestehende Agrarmarkt der EU eingeschätzt. Gezeigt hatte sich dies nicht zuletzt bei den Verhandlungen zur Agenda 2000, die für den Agrarbereich nicht zu hinreichenden Reformen geführt hatte (Becker 2001: 68).

Dabei stand im politischen und öffentlichen Diskurs allerdings vergleichsweise selten zur allgemeinen Debatte, dass die europäische Agrarpolitik ihren Ursprung in der Bewältigung unterschiedlicher Sozialstrukturen innerhalb der Gemeinschaft hatte. Wie General de Gaulle in seinen Memoiren ausführte, lautete die französische Formel der 1960er-Jahre, auf der einen Seite die Industrialisierung des eigenen Landes durch den Gemeinsamen Markt zu erleichtern, auf der anderen Seite aber vor allem die veraltete und überdimensionierte Landwirtschaft zu modernisieren (zitiert nach Dinan 1999: 41). Nicht zuletzt mit Hilfe der seit 1962 sukzessive vergemeinschafteten Agrarpolitik gelang es, den sozialen Wandel in der französischen und übrigen westeuropäischen Landbevölkerung vergleichsweise erfolgreich abzufedern. Auch die Neumitglieder – besser: einige der Neumitglieder – verfügen über einen deutlichen Bedarf zur Modernisierung ihrer Landwirtschaften. Von der Grundkonstellation her bildet die Agrarpolitik daher einen Bereich, in dem ein deutlicher Integrationsimpuls von West- nach Mitteleuropa ausgehen könnte.

Tabelle 4.6: Grunddaten zur Landwirtschaft in den Beitrittsländern

	Anteil der Landwirtschaft an der Beschäftigung (2002, in %)	Anteil der Landwirtschaft am BIP (2002, in %)	Anteil der öffentlichen Unterstützung am landwirtsch. Einkommen, Ø 1997-2001
Estland	6.5	2.9	9.6
Lettland	15.3	2.9	15.6
Litauen	18.6	2.1	10.6
Malta	2.3	1.9	n.a.
Polen	19.6	2.5	14.0
Slowakei	6.6	2.1	20.2
Slowenien	9.7	2.1	40.4
Tschechien	4.9	1.2	17.2
Ungarn	6.0	3.1	16.0
Zypern	5.3	n.a.	n.a.
Durchschnitt Neumitglieder	9.5	2.3	18.0
Durchschnitt EU-15	4.0	1.6	35.2

Quellen: FAZ, 23.3.2004. Spalte 4: Rieger 2004: 6 (eigene Berechnung).

Die Skepsis der Prognosen im Hinblick auf die Erweiterung der Agrarpolitik hatte demzufolge einen anderen Grund. Die Unterschiede zwischen der landwirtschaftlichen Sozial- und Beschäftigungsstruktur in einigen neuen und alten Mitgliedsländern erschienen zu groß, um die Agrarpolitik der EU-15 in der gewohnten Form, vor allem in dem selben finanziellen Umfang fortzuführen. Tabelle 4.6 zeigt die beträchtlichen Differenzen. Während in der EU-15 noch vier Prozent der Beschäftigten im landwirtschaftlichen Sektor tätig sind, beläuft sich der Durchschnitt für die Beitrittsländer auf 9.5%. Dabei springen Lettland (15.3%), Litauen (18.6.%) und Polen (19.6%) in besonderer Weise heraus, während die Unterschiede aus slowakischer (6.6%), estnischer (6.5%), ungarischer (6.0%), zypriotischer (5.3%) und tschechischer (4.9%) Sicht nicht gar so groß erscheinen. Malta verfügt mit einem Anteil von 2.3% sogar über einen geringeren Anteil an landwirtschaftlicher Beschäftigung als der EU-Durchschnitt, was das Land jedoch nicht davon abhielt, im einschlägigen Teil des Berichts über die Beitrittsverhandlungen 16 Mal mit singulären Übergangsbestimmungen alle anderen Beitrittsländer zu übertreffen.[88]

Der Blick auf den Anteil der Landwirtschaft am Bruttoinlandsprodukt erhellt die geringe Produktivität der landwirtschaftlichen Beschäftigung, die besonders in den genannten Ländern mit hohem agrarischem Bevölkerungsanteil das eigentliche Problem darstellt. In keinem Land bis auf Ungarn übersteigt der Anteil der Landwirtschaft am gesamten BIP die Grenze von drei Prozent. In Polen erarbeiten fast 20 Prozent der Bevölkerung lediglich 2.5% des BIP. Die geringe Effizienz hat geringe Einkommen im Landwirtschaftssektor zur Folge. Im Jahre 1998 etwa betrug das Durchschnittseinkommen eines landwirtschaftlichen Vollbeschäftigten gerade einmal 40 Prozent des allgemeinen polnischen Durchschnitts (Hausner u.a. 1999: 30), der seinerseits bereits zu den niedrigsten in Mitteleuropa zählt (siehe Kap. 2). Häufig sind darüber hinaus in Polen im landwirtschaftlichen Sektor nur Teilzeitbeschäftigungen möglich. Da viele Betriebe zu klein für familienexterne Beschäftigung sind, herrschte in jenem Jahr bei unselbständigen Landarbeitern eine Arbeitslosenquote von 24.3% (ebd.: 31).

Allerdings scheint die Durchschlagskraft dieser Probleme auf die Gemeinsame Agrarpolitik eher begrenzt. Der Grund hierfür liegt in der sich abzeichnenden Zweiteilung der polnischen Landwirtschaft in subsistenzwirtschaftlich arbeitende Kleinbetriebe und marktfähige Höfe mit mehr als 15 Hektar Nutzfläche. Die Familienbetriebe stellen etwa ein Viertel der Höfe, bearbeiten aber lediglich fünf Prozent der landwirtschaftlichen Nutzfläche. Andererseits stieg der Nutzflächenanteil der größeren Betriebe in den letzten Jahren rapide auf etwa 40 Prozent. Die Ausdehnung der Gemeinsamen Agrarpolitik wird sich vor allem auf diese größeren Betriebe beziehen, denn diese allein sind in der Lage, den Empfang von Beihilfen administrativ und mit hinreichenden Aussichten für Einkommensverbesserungen zu bewältigen. Der hohe Anteil an familienorientierten Kleinbetrieben, der sich auch in anderen mitteleuropäischen Ländern beobachten lässt, ist dagegen als "eine Form von sozialem Sicherheitsnetz" in der Transformationsgesellschaft zu interpretieren (Zitat und vorherige Daten bei Rieger 2004: 299).

Wie im Frankreich de Gaulles bedarf es also in Mitteleuropa in der agrarsozialen Sphäre der Abstützung für eine vom wirtschaftlichen Niedergang bedrohte Bevölkerungsschicht. Was in der EU-15 die Gemeinsame Agrarpolitik leistet, konnte in Mitteleuropa bisher nicht in gleicher Weise von den nationalen Wohlfahrtssystemen übernommen werden. Spalte 4 in Tabelle 4.6 offenbart, dass der Anteil der öffentlichen Unterstützung an den landwirtschaftlichen Einkommen mit Ausnahme Sloweniens in den Jahren vor dem Beitritt wesentlich niedriger war als im EU-Raum. In den baltischen Staaten, Polen, Tschechien und Ungarn bewegte sich dieser zwischen etwa zehn und

---

[88] Vgl. http://europa.eu.int/comm/enlargement/negotiations/pdf/negotiations_report_to_ep.pdf, siehe S. 15-23.

15 Prozent, während Landwirte in der EU-15 immerhin 35.2% ihres Einkommens in Form – nationaler und europäischer – staatlicher bzw. quasistaatlicher Beihilfen bekamen.

Hier lag der Knackpunkt für die pessimistischen Prognosen über die Integrationsfähigkeit der Landwirtschaft: Eine Ausweitung des Unterstützungsniveaus der EU-15 auf die EU-25 hätte eine Ausdehnung oder eine starke Umstrukturierung des EU-Haushalts bedeutet, was gegen den Widerstand entweder der Nettoempfänger oder -zahler der EU-15 nicht durchsetzbar war. Die EU löste das Problem, indem sie auf dem Berliner Gipfel von 1999, als die Agenda 2000 verhandelt wurde, die Situation der Beitrittsländer ausklammerte (Becker 2001: 99). Seinerzeit wurde kommentiert, damit sei die Erweiterungsfähigkeit der Agrarpolitik grundsätzlich zur Disposition gestellt worden (ebd.). Inzwischen wissen wir, dass auch das Agrarkapitel – Kapitel 7 der insgesamt 31 Verhandlungskapitel – abgeschlossen wurde und der Erweiterung letztlich nicht im Wege stand. Ein wesentlicher Grund hierfür ist prozeduraler Art und hat damit zu tun, dass der finanzielle Angebotsrahmen der Altmitglieder erst auf einem Sondergipfel in Brüssel im Oktober 2002 erstellt wurde, die Beitrittskandidaten sich aber schon für den Kopenhagener Gipfel im Dezember 2002 für die Annahme oder Ablehnung des Angebots entscheiden mussten. Der Druck auf die Eliten der Beitrittskandidaten wurde damit beträchtlich erhöht, da sie den gesamten Beitritt an der Finanzierung eines einzelnen Sektors hätten scheitern lassen müssen.

In der Substanz entsprechen die Regelungen der Beitrittsverträge den bereits hinsichtlich der Strukturpolitik festgestellten Tendenzen: Wenigstens für die ersten Jahre der EU-25 entwickelt sich innerhalb der Union eine Drittelgesellschaft zwischen bevorzugten und weniger bevorzugten Altmitgliedern auf der einen und im Vergleich zurückgesetzten Neumitgliedern auf der anderen Seite. Am besten lässt sich dies an der Fixierung der Direktzahlungen auf zunächst lediglich 25% des Niveaus der EU-15 im Jahre 2004 und anschließenden jährlichen Steigerungen um jeweils fünf Prozentpunkte ablesen (vgl. Tabelle 4.7). Direktzahlungen stellen natürlich nur einen Teil der EU-Beihilfen an Bauern dar, und aus dem EU-Haushalt wurden im Januar 2004 nochmals € 5.8 Mrd. für die Entwicklung des ländlichen Raums in der Phase 2004-2006 alloziert.[89] Dennoch ist der Niveauunterschied zwischen Alt- und Neumitgliedern klar erkennbar. Begründet wird er nicht zuletzt mit der ungenügenden Verwaltungs- und Kontrollkapazität für die neuen Marktordnungen, die bis auf Zypern noch kein anderer Beitrittskandidat sechs Wochen vor dem Beitritt geschaffen hatte (Rieger 2004: 308).

---

[89] Tagesschau-Online, 15.1.2004.

Tabelle 4.7: Übergangsregeln für die Landwirtschaft

Horizontale Aspekte	• Direktzahlungen beginnen bei 25% des Niveaus der EU-15 im Jahre 2004. 2005: 30%. 2006: 35%. Weitere Niveauerhöhungen bis 2013, wenn 100% des Niveaus der EU-15 erreicht werden sollen. • Top-Ups (=Zuzahlungen durch nationale Beihilfen) dürfen i.d.R. bis zu 30 Prozentpunkte über den Direktzahlungen der EU liegen und für eine Übergangszeit bis 2006 z.T. auch aus dem Agrarfonds (Ausrichtung) bezahlt werden. • Alternativ zu den Direktzahlungen nach GAP-Regeln können sich Neumitglieder während einer Übergangszeit für pauschale Direktzahlungen (€/Hektar) entscheiden. • "Safeguard Clause": Das generelle Schutzrecht für die Wirtschaften der alten Mitgliedsstaaten bezieht sich explizit auch auf die Agrarpolitik
Verschiedenes	• Übergangsregeln für die biologische Landwirtschaft der drei baltischen Staaten • Schutz verschiedener tschechischer Biersorten
Organisation des Gemeinsamen Markts	Vereinbarung von Referenzquoten
Landwirtschaftliche Produkte	Zahlreiche länderspezifische Regelungen bzgl. Obst und Gemüse, Wein und Alkohol, Viehhaltung und Tierprodukten
Ländliche Entwicklung	• Einrichtung eines temporären Fonds für die Phase 2004-2006 • Zahlreiche länderspezifische Regelungen
Veterinäre Aspekte	• Spezielle Regelungen zur ungarisch-rumänischen Grenze • Zahlreiche länderspezifische Übergangsregeln bzgl. einzelner Betriebe • Zahlreiche produktspezifische Übergangsregeln, z.B. bzgl. der Qualität von Milch • Zahlreiche phytosanitäre (pflanzensanitäre) Übergangsregeln, z.B. bzgl. Qualität des Saatguts
Transitionelle und horizontale Maßnahmen	• Zuständigkeit der Kommission für die Ergreifung von Maßnahmen, die auf Grundlage des *acquis* stehen, während der ersten drei Jahre nach dem Beitritt • Zuständigkeit des Rates (Einstimmigkeit nach Vorschlag der Kommission) für die Ergreifung von Maßnahmen, die aufgrund modifizierter Gemeinschaftsregeln ergriffen werden

Quelle: Bericht über die Ergebnisse der Beitrittsverhandlungen[90]

Im Fazit sieht die Agrarpolitik im Zuge der Erweiterung keine Kostensenkung bei den Altmitgliedern vor (Becker 2001: 99), führt auf der anderen Seite jedoch die Neumitglieder von einem viel niedrigeren Niveau an die Gemeinschaft heran. Als Beleg lässt sich nochmals die weiter oben abgedruckte Tabelle 4.3 heranziehen: Während für die Landwirtschaft der Altmitglieder im Jahre 2004 €47.2 Mrd. veranschlagt werden, beläuft sich der für die Neumitglieder veranschlagte Betrag im Jahre 2004 auf €2.7 Mrd., im Jahre 2005 auf €3.2 Mrd. und im Jahre €3.8 Milliarden. Hinzu kommen frei-

---

[90] http://europa.eu.int/comm/enlargement/negotiations/pdf/negotiations_report_to_ep.pdf.

lich noch "sonstige Ausgaben", die wegen des Strukturrückstands zusätzlich direkt oder indirekt in die Landwirtschaft fließen konnten. Dennoch werden die Altmitglieder bei den Verhandlungen für die nächste finanzielle Vorausschau, wo die Neumitglieder mit am Tisch sitzen, wohl unter starken Druck zur Beseitigung der symbolischen und realen Ungleichheit geraten.

Neben der Begrenzung der Direktzahlungen und der Einrichtung des temporären Fonds für die Phase 2004-2006 spiegeln die verhandelten Übergangsbestimmungen aus Tabelle 4.7 im übrigen einige nicht-finanzielle Niveauunterschiede zwischen der EU-15 und Mitteleuropa wieder. Der bislang mangelnden Verwaltungsqualität wird durch die Regelung Rechnung getragen, dass im Gegensatz zu Direktzahlungen nach GAP-Regeln eine Zeit lang auch pauschale Direkthilfen von der Kommission an die agrarpolitischen Verwaltungseinheiten in den neuen Mitgliedstaaten erfolgen können. Bei diesen können die Landwirte ihre Beihilfen dann pauschal entgegennehmen. Bei veterinären und phytosanitären Aspekten besteht offensichtlich noch in vielen Bereichen Nachholbedarf bei der Angleichung an die in der EU gängigen Standards, so dass auch hier eine Reihe von Übergangsregeln vereinbart wurden.

Bei der Bewertung der Agrarpolitik für die Neumitglieder ist zu bedenken, dass die Agrarpolitik trotz ihrer hohen Kosten von ca. € 50 Mrd. pro Jahr eine wichtige Wohlfahrtsfunktion erfüllt. Da die Neumitglieder in den 1990er-Jahren nationale Agrarpolitiken geführt haben, ersetzt die Gemeinsame Agrarpolitik eher nationale Wohlfahrtstransfers und baut diese aus, als dass sie neue Opportunitäten schaffen würde. Werden die Ungleichheiten und Ungerechtigkeiten bei der Mittelverteilung im Laufe der Jahre eingeebnet, könnte daher von der europäischen Agrarpolitik ein bedeutender Vergemeinschaftungsimpuls ausgehen, indem – ganz im Sinne der Lehre von politischen Systemen (Easton 1965; Almond/Powell/Mundt 1996) – die Erwartungen von Teilen der Gesellschaft in affirmativer Weise auf die europäische *polity* gerichtet werden. Interessanterweise haben etwa die Agrarpopulisten der polnischen *Samoobrona* ihre zuvor vollständig ablehnende Europa-Strategie in Richtung "Euro-Realismus" geändert, sobald der EU-Beitritt nicht mehr abzuwenden war (vgl. Beichelt 2004b). Da es aus Sicht der Sozialtheorie kaum etwas "realistischeres" gibt als die Verfolgung eigener und sogar noch pekuniärer Interessen, scheint die Anreizsetzung durch die Gemeinsame Agrarpolitik bereits erste Früchte zu tragen.

4.2.4 *Verteilungskonflikte in der erweiterten EU*

In den vorangegangenen Betrachtungen zur Struktur- und Agrarpolitik wurden die Distributionspolitiken der EU zuerst in ihrer positiven Funktion für die europäische Integration gesehen. Die distributiven Geldmittel verschwinden demnach in erster Linie nicht in einem Fass ohne Boden, wie dies in der (deutschen) politischen Öffentlichkeit häufig gesehen wird. Auch wird die These der schwedischen EU-Kommissarin Margot Wallström nicht unterstützt, die die Agrarsubventionen vor einiger Zeit als "pervers" bezeichnete (FAZ, 11.6.2003). Vielmehr interpretiere ich die Distributionspolitiken im Übereinklang mit einer Reihe von Forschern (Rieger 1999; Axt 2000: 15) als "Schmiermittel einer sonst nicht in gleicher Geschwindigkeit voranzutreibenden Integrationspolitik" (Conzelmann 2004: 336), die zudem Erschütterungen des sozialen Wandels in der EU bzw. den Mitgliedsstaaten erfolgreich abfedern können. Struktur- und Agrarpolitik werden in diesem Kontext als Sozialpolitik im Rahmen der westeuropäischen Wohlfahrtsstaaten gesehen, auch wenn die traditionelle Wohlfahrtsstaatsforschung in erster Linie in traditionellen Kategorien der Sozial- und Vorsorgepolitik denkt (Esping-Andersen 1990; Esping-Andersen 1998; Schmid 2002).

Nichtsdestotrotz trägt die Neuaufnahme wohlfahrtsstaatlich besonders bedürftiger Mitglieder einen neuen Konfliktherd in die Union. Die Neumitglieder sind in weiten Teilen, und außerhalb der Hauptstädte und *metropolitan corridors* eigentlich fast überall, von regionaler und sektoraler Strukturschwäche mit einem unproduktiv hohen Anteil an agrarischer Bevölkerung geprägt. Hinzu kommt, wie bereits erwähnt, dass das Erbe des Staatssozialismus überdimensionierte Wohlfahrtsstaaten mit sich bringt. Der Umfang der Transfer- und Umverteilungsleistungen des Staates während der sozialistischen Epoche war im Hinblick auf die bestehende ökonomische Basis zu hoch. Dennoch haben sich die Bevölkerungen im langjährigen sozialistischen Experiment an die fürsorgende Funktion des Staates gewöhnt und erwarten daher auch eine umverteilende Rolle des Staates (vgl. Kornai 1995).

Auf der einen Seite passen also die Distributionsmittel im Angebot der EU recht gut zur Problemlage der Neumitglieder. Auf der anderen Seite steht jedoch der EU-Haushalt. Angesichts der seit dem Berliner Gipfel von 1999 noch weiter verschärften Haushaltslage wichtiger Nettozahlerländer ist kaum zu erwarten, dass sich dieser Anteil bei der Finanziellen Vorausschau 2007-2013 erhöhen wird. Daher müssen die Bedürfnisse der Neumitglieder mit den begrenzten Ressourcen der Altmitglieder in Balance gebracht werden.

In den Jahren vor der Erweiterung war der Haushalt der EU von drei Ländergruppen geprägt (siehe Tabelle 4.8). Die Geberländer Belgien, Deutschland, Frankreich, Großbritannien, Luxemburg, Niederland, Österreich und Schweden standen den Nehmerländern Griechenland, Irland, Portugal und Spanien gegenüber. Bei der dritten Gruppe, bestehend aus Dänemark, Finnland und Italien, kam es immer auf das gerade laufende Jahr an, ob sich ein Land in der Gruppe der Nehmer oder Empfänger wiederfand. Die Haushaltsposition eines Landes war – und ist – stark von der Ausgabenstruktur der EU geprägt. Nur Länder, die von den Beihilfen der Agrar- oder der Strukturpolitik profitieren können, werden auch aus dem EU-Haushalt bedient. Dies bedeutet, dass wirtschaftliche Wohlfahrt allenfalls ein indirektes Kriterium für Bezuschussung ist. Das Problem stand im Mittelpunkt der

Debatte um den britischen Haushaltsbeitrag. Als nicht-agrarisches Land –
und vor der Ausweitung der Strukturpolitik mit der Süderweiterung – profi-
tierte das Land einfach nicht von den Allokationsprinzipien der EG und
konnte sich in einem konfliktreichen Prozess einen bis heute bestehenden
Budgetnachlass als Ausgleich für die Nichtpassfähigkeit der Sozialstruktur
an die Verteilungsinstrumente der EU erkämpfen (Dinan 1999: 88-93).

Tabelle 4.8: Haushaltsposition der Mitgliedsstaaten gegenüber der EU, 1997-
2000

	1997		1998		1999		2000	
	Mio. ECU	% des BIP	Mio. ECU	% des BIP	Mio. Euro	% des BIP	Mio. Euro	% des BIP
Belgien	-505.1	-0.24	-508.4	-0.23	-426.4	-0.18	-327.3	-0.13
Dänemark	61.8	0.04	-64.9	-0.04	50.0	0.03	169.1	0.10
Deutschland	-11588.8	-0.63	-8962.7	-0.48	-9478.9	-0.49	-9273.2	-0.47
Finnland	-12.4	-0.01	-154.2	-0.14	-252.8	-0.22	216.9	0.17
Frankreich	-1947.9	-0.16	-1486.7	-0.12	-640.6	-0.05	-1415.3	-0.10
Griechenland	4302.5	4.05	4676.3	4.35	3755.6	3.22	4373.9	3.61
Großbritannien	-742.4	-0.06	-4193.7	-0.34	-3506.8	-0.26	-3774.7	-0.29
Irland	2788.0	4.40	2337.8	3.35	1930.5	2.44	1674.6	1.83
Italien	-665.8	-0.07	-1888.2	-0.18	-1260.2	-0.12	713.4	0.06
Luxemburg	-62.8	-0.39	-86.8	-0.54	-94.3	-0.56	-65.1	-0.35
Niederlande	-1265.1	-0.39	-1716.3	-0.50	-2014.2	-0.55	-1737.7	-0.44
Österreich	-886.1	-0.49	-724.3	-0.39	-725.6	-0.37	-543.5	-0.27
Portugal	2664.4	2.92	2971.0	3.08	2802.0	2.72	2112.0	1.93
Schweden	-1210.2	-0.60	-883.4	-0.43	-1004.6	-0.47	-1177.4	-0.50
Spanien	5512.2	1.15	6881.5	1.36	7090.7	1.31	5055.9	0.86

Quelle: (Kommission 2003a: 126).

Insgesamt ist durch die spezifische Struktur der EU-Verteilungspolitik deren
Gerechtigkeit stark eingeschränkt. Wegen großer Begünstigungen in der
Agrarpolitik (Eliason 2001: 203) hat beispielsweise Dänemark in manchen
Jahren mehr Geld aus dem EU-Haushalt erhalten, als es in diesen eingezahlt
hat, obwohl es in der EU nach Luxemburg über das zweithöchste BIP pro
Kopf verfügt (Heinemann 2002: 246). Ebenso ist nur noch schwer zu verste-
hen, warum Ende der 1990er-Jahre das frühere Armenhaus Europas, Irland,
weiterhin das – pro Einwohner gerechnet – drittgrößte Kuchenstück aus dem
EU-Fördertopf erhalten hat, obwohl es dank einer klugen Steuer- und Entwicklungspolitik zum viertreichsten Land der EU-15 aufgestiegen war (ebd.).

Damit stehen Geber- und Nehmerländer im Konflikt um die Ausstattung
des EU-Haushalts, in den die einen Länder hineinzahlen, was die anderen
herausnehmen. Zwar wird von keinem Mitgliedsstaat grundsätzlich der ak-
kommodierende Charakter der europäischen Verteilungspolitik geleugnet,
und viele Geberländer mit innernationalen Brüchen partizipieren in beträcht-
lichem Umfang an den Strukturmitteln der EU. Dennoch steht am Ende der

Status als Nettozahler oder –nehmer, und gerade wenn die sozio-strukturellen Unterschiede zwischen Ländern nicht so groß sind, besteht ein Konfliktpotenzial, das mindestens bei den Verhandlungen über Finanzielle Vorausschauen offen hervorbricht. In diesem Zusammenhang ist von Bedeutung, dass Art. 161 EGV ab dem 1.1.2007 das Verfahren qualifizierter Mehrheit im Bereich des wirtschaftlichen Zusammenhalts vorsieht. Die kommende Vorausschau wird also noch einstimmig beschlossen. Danach werden die Karten neu gemischt.

Dabei ist von entscheidendem Interesse, wie sich die Nettopositionen im Zuge der Erweiterung verschieben. Erstaunlicherweise liegen hierzu keine offiziellen Daten oder Hochrechnungen vor. Deswegen muss an dieser Stelle auf eine etwas ältere Modellrechnung aus dem Jahre 2001 zurückgegriffen werden (Weise u.a. 2001). In verschiedenen Szenarien wird dort errechnet, dass die vier alten Empfängerländer der EU-15 – Griechenland, Irland, Portugal, Spanien – bis zum Jahr 2013 in dieser Position verbleiben werden. Dieser Befund gilt im Großen und Ganzen unabhängig von (a) nicht durchgeführten, (b) "moderaten" oder (c) "entschiedenen" Reformen in der Struktur- und Agrarpolitik (ebd.: 119-127). Die übrigen Mitglieder der EU-15, auch diejenigen mit vor der Erweiterung unklarer Nettoposition, würden sich demnach zu stabilen Geberländern entwickeln, wobei alle Szenarien neben Luxemburg (das prozentual am meisten belastet wird) Deutschland, Großbritannien und Schweden als die Länder ansehen, deren Bürger in den Modelljahren 2007 und 2013 den höchsten Anteil pro Kopf in die EU-Kasse zahlen müssen.

Die Neumitglieder werden sich demgegenüber bis auf Malta, Slowenien und Zypern zu Nehmerländern im EU-Finanzausgleich entwickeln. Trotz der beträchtlichen Unterschiede in der Agrarstruktur der Staaten (vgl. oben Tabelle 4.6) sehen die Szenarien von Weise u.a. keine Ausreißer bei den neuen Empfängerländern. Estland, Lettland, Litauen, Polen, die Slowakei, Tschechien und Ungarn erhalten demnach im Jahre 2007 je nach Szenario zwischen etwa € 150 und € 300 pro Einwohner. Slowenien könnte nur im Falle deutlicher Reformen in der Agrar- und Strukturpolitik darauf hoffen, zu einem Empfängerland zu werden. Ansonsten käme es laut der zitierten Modellrechnung aus dem Jahre 2001 genau wie Zypern in die Rolle eines Nettozahlers. Während der Beitrittsverhandlungen wurde später die Gefahr, dass ein im Vergleich zum Schnitt der EU-15 immer noch ärmeres Neumitglied wegen eines vergleichsweise kleinen Agrarsektors in eine Nettozahlerposition kommen könnte, antizipiert. Dabei wurden für die vier Länder Malta, Slowenien, Tschechien und Zypern in der Phase 2004-2006 Extrabeträge festgeschrieben, um einen Rückfall hinter die positive Position als Nutznießer der Heranführungsstrategie ("pre-accession-aid") zu vermeiden.[91] Da

---

[91] Siehe nochmals http://europa.eu.int/comm/enlargement/negotiations/pdf/negotiations_report_to_ep.pdf, S. 55.

über die Vorausschau von 2007-2013 noch einstimmig entschieden wird, könnte sich diese Konstellation mit etwas Verhandlungsgeschick noch in die nächste Haushaltsphase hinüberretten lassen.

Die Verteilungskonflikte in der erweiterten EU beschränken sich indes nicht auf die Interessengegensätze von Zahler- und Empfängerländern. Gerade zwischen den beiden zuletzt skizzierten Gruppen dürfte es bei der nächsten Aushandlungsrunde zu deutlichen Konflikten darüber kommen, ob die von den Altmitgliedern zu ihren Gunsten durchgesetzten "Wettbewerbsverzerrungen" (Mayhew 2003: 35) in der Agrar- sowie der Strukturpolitik weiter Bestand haben sollen. Zu beachten ist dabei auch, dass die Neumitglieder, wie wir gesehen haben, über recht unterschiedliche agrarstrukturelle Voraussetzungen verfügen. Während sie in der Strukturpolitik häufig an einem Strang ziehen dürften, ergeben sich daher im ausgabenintensivsten Politikfeld Trennlinien zwischen den Neumitgliedern, die an einer geschlossenen Strategieformulierung zweifeln lassen.

Über die Verteilung der Mittel wird im EU-Verhandlungssystem entschieden. Dieses sieht zwar in vielen Bereichen Einstimmigkeit vor. Die Verhandlungstheorie legt jedoch recht eindeutig nahe, dass in Verhandlungen vorhandene Vor- und Nachteile reproduziert werden (vgl. Scharpf 2000: 197-249). Fritz Scharpf bezeichnet die EU sogar als "Zwangsverhandlungssystem", in dem "institutionalisierte Vetopositionen 'künstliche' Verhandlungsmacht" suggerieren, die jedoch gegen die existierende Ressourcenverteilung keine wirklich durchschlagende Barriere darstelle (ebd.: 248). Solange sie einzelne Neumitglieder, zudem noch in der Phase der sozialen und wirtschaftlichen Transformation, auf einer Ebene von etwa 50% des durchschnittlichen BIP/Kopf in der EU bewegen, haben sie von Nichteinigungen wesentlich mehr zu befürchten als die alten Kohäsionsländer und erst recht die Geberländer. Deswegen ist aus verhandlungstheoretischer Sicht anzunehmen, dass sich die unterschiedlichen ökonomischen Gewichte in der EU auch auf die Durchsetzungsfähigkeit auswirken werden; auch von dieser Seite droht eine Marginalisierung zumindest der ärmeren Neumitglieder.

In der Bundesrepublik Deutschland, die mit dem System des Finanzausgleichs und den Disparitäten zwischen großen, kleinen, armen und reichen Bundesländern ähnliche Probleme kennt, sind Verteilungskonflikte stets nur durch Interventionen und finanzielle Zugaben des Bundes zu lösen gewesen. Dies ist bei der Großen Finanzreform von 1969 der Fall gewesen (Kilper/Lhotta 1996: 183-198), aber auch später hatte der Bund bei die horizontale Verteilungsdimension betreffenden Fragen finanzielle Zugeständnisse zu machen, ebenso wie "im Heiligen Römischen Reich eine Kaiserdynastie nach der anderen ihr Hausgut aufbrauchte, um die Loyalität der Reichsfürsten für Feldzüge gegen Mongolen, Sarazenen, Päpste und Türken zu gewinnen" (Scharpf 1985: 335). Im Falle der Europäischen Union fehlt jedoch eine Kaiserdynastie, und wenn sie sich um einen Staat oder eine Staatengruppe kristallisieren würde, wäre dies das sichere Ende der "immer engeren Union" der europäischen Völker. Deshalb erscheint die Verteilungspolitik der EU bis auf weiteres in ihrer derzeitigen Grundstruktur gefangen. Früher oder später wird sich der Status Quo jedoch ändern müssen, wenn die innereuropäische Solidarität zwischen Neu- und Altmitgliedern auch im Dienste anderer Politikfelder gestärkt werden soll.

4.3 Die Gemeinsame Außen- und Sicherheitspolitik: Intergouvernementalismus und "Brüsselisierung"

Die Gemeinsame Außen- und Sicherheitspolitik (GASP) wurde 1991 als Fortsetzung der alten Europäischen Politischen Zusammenarbeit (EPZ) in die zweite Säule des Maastricht-Vertrags über die Europäische Union aufgenommen. Einer der wichtigsten Gründe für die Aufwertung desjenigen Politikfeldes, das vielleicht am stärksten mit der Ausübung nationalstaatlicher Souveränität verbunden wird, lag in einer hohen Diskrepanz von Wünschbarem und Erreichbarem. Auf der einen Seite pflegten die Verlautbarungen der EG-Außenminister häufig einen hohen moralischen Anspruch, der z.B. in der Entwicklungspolitik im Rahmen der Lomé-Abkommen I-IV (1975, 1980, 1985, 1990) durchaus auch konkrete Folgen hatte. Auf der anderen Seite kam es aber viel häufiger vor, dass moralische Positionen nicht mit Handlungsressourcen untermauert wurden. Einige EG-Mitgliedsstaaten, insbesondere Frankreich, Großbritannien oder auch Griechenland, bestanden auf der Verfolgung einer eigenen Außenpolitik, die sich im Zweifelsfall auch mit den Interessen anderer Mitgliedsstaaten reiben konnte und die Einigkeit der Außenminister in der EPZ systematisch untergrub (Church/Phinnemore 2002: 108).

Der Ausweg, den die Versäulung der Außenpolitik im EU-Vertrag wies, lag in der verstärkten Konsultation und in der Stärkung der rudimentären gemeinsamen Instrumente. Die Vision der GASP bestand mithin nicht in der Einebnung der außenpolitischen Unterschiede und damit auch nicht in der Verschiebung der "Loyalitäten, Erwartungen und politischen Aktivitäten auf ein neues Zentrum" (Haas 1968: 16), sondern vielmehr in der Abgleichung von Interessen, um wenigstens beim Nichtvorhandensein von unterschiedlichen Positionen ein Mehr an Handlungsfähigkeit zu erreichen. Diesem Paradigma ist die GASP bis in den Verfassungsvertrag hinein verhaftet geblieben. Das heißt: Während einerseits eine Integration des Politikfeldes im Haasschen Sinne nicht stattgefunden hat, konnten andererseits einige bedeutende Fortschritte sowohl bei den Konsultationsmechanismen wie den eingesetzten Instrumenten verzeichnet werden.

Die Außenpolitik Europas ist nach wie vor von unterschiedlichen Verhaltensweisen bestimmt (Pfetsch 1994: 125): Nationale Außenpolitiken (z.B.

die französische Afrika-Politik) stehen neben koordinierten (z.B. i.d.R. im UNO-Sicherheitsrat) und gemeinsamen Außenpolitiken. Gemeinsame außenpolitische Maßnahmen wiederum werden von Teilmengen der EU-Mitglieder (z.B. Mittelmeerpolitik der südlichen EU-Staaten) oder von allen Mitgliedern in der Form Gemeinsamer Aktionen, Gemeinsamer Standpunkte und Gemeinsamer Strategien durchgeführt. Die zuletzt genannten Aktivitäten stellen gewissermaßen das offizielle Instrumentarium der GASP dar, welches von einer Reihe abgestufter Policy-Instrumente begleitet wird (vgl. Seidelmann 2001).

Der EU-Vertrag in der Maastrichter Form sah neben diesen neuen Instrumentarien vor allem die Unterstützung der GASP durch alle Mitgliedsstaaten "aktiv und vorbehaltlos im Geist der Loyalität und gegenseitigen Solidarität" (Art. J.1(4) EUV-M)[92] vor. Inwiefern hierfür im erweiterten Europa die Voraussetzungen bestehen, soll in diesem Unterkapitel thematisiert werden. Da die Regierungskonferenzen der 1990er-Jahre in der Außen- und Sicherheitspolitik eine hohe Dynamik entfaltet haben, soll jedoch zuvor ein Überblick über die schrittweise Erweiterung der GASP-Instrumente sowie die sukzessiven institutionellen Neuerungen gegeben werden.

4.3.1 Die Außen- und Sicherheitspolitik von der EPZ bis zum Verfassungsentwurf

Am Vorabend des Maastrichter Vertrags hatte die EPZ bereits beträchtliche Fortschritte gemacht. Seit der Einheitlichen Europäischen Akte (1986) trafen sich die Außenminister im Rahmen des Allgemeinen Rats mindestens vier Mal pro Jahr. Mit dem Politischen Komitee und dem EPZ-Sekretariat verfügte die EG über permanente Institutionen auf dem Gebiet der Außenpolitik. Die Zusammenarbeit fand indes überwiegend in Form von Konsultationen oder gar nur Unterrichtungen statt. Die Angleichung und Abstimmung von Standpunkten wurde angestrebt, ohne dass ein hohes Maß an Verbindlichkeit herrschte. Die Einheitliche Akte hatte zwar Gemeinsame Aktionen im Bereich der Außen- und Sicherheitspolitik eingeführt; diese entwickelten sich aber nicht zu einem wichtigen Instrument.

Neben der Verpflichtung auf Solidarität und Loyalität enthielt der Maastrichter Vertrag zusätzliche Instrumente für die Erreichung der Ziele der GASP. Der seinerzeit in Art. J.2 EUV-M niedergelegte Zielkatalog entspricht weitgehend dem noch heute gültigen und erstreckt sich a) auf die Wahrung der Werte, Interessen und Unabhängigkeit der Union, b) auf die Stärkung der Sicherheit der Union, c) auf die Wahrung des Friedens und der internationalen Sicherheit, d) auf die Förderung der internationalen Zusammenarbeit und

---

92 EUV-M: EU-Vertrag in der Fassung von Maastricht. EUV-A: Amsterdam. Wenn ohne Zusatz auf den EUV oder den EGV verwiesen wird, ist immer der derzeit gültige Vertrag von Nizza gemeint.

e) auf die Entwicklung und Stärkung von Demokratie und Rechtsstaatlichkeit sowie der Achtung der Menschenrechte und Grundfreiheiten. Besonders der letzte Punkt verdient Beachtung, da er das außenpolitische Regime der EU von denen anderer Weltregionen unterscheidet. Die Ziele der Demokratie, Rechtsstaatlichkeit, der aktiven Schaffung von Menschenrechten und Grundfreiheiten liefern die wichtigste Legitimationsgrundlage für die Eingliederung der sogenannten "Petersberg-Aufgaben"[93] in die EU. Dabei handelt es sich um die Übernahme humanitärer Aufgaben und Rettungseinsätze, um friedenserhaltende Aufgaben sowie um Kampfeinsätze bei der Friedensbewältigung einschließlich friedensschaffender Maßnahmen; das Gesamtpaket wurde 1997 in den Vertrag eingefügt (Art. 17(2) EUV-A).

Doch zurück zum Vertrag in der Version von Maastricht, da dort viele der bis heute gültigen Bestandteile der GASP erstmals erwähnt wurden. Im Unterschied zur Einheitlichen Europäischen Akte sah der Vertrag nun eine Regelmäßige Zusammenarbeit sowie das Instrument der Gemeinsamen Standpunkte vor. Gemeinsame Standpunkte und – die schon in der EEA verankerten – Gemeinsamen Aktionen stehen in keinem hierarchischen Verhältnis zueinander, sondern ergänzen einander und sind in verschiedenen Phasen des Verhältnisses zu einem Land, einer Region oder auch einem Problemkreis wie etwa dem Terrorismus von Bedeutung. Die wichtigste institutionelle Neuerung bestand in der Troika, die sich aus den Außenministern des jeweiligen Ratsvorsitzes sowie dem jeweils vorhergehenden und nachherigen Ratsvorsitz zusammensetzte. Mit ihr sollte vor allem eine höhere Kontinuität der gemeinsamen Außenpolitik hergestellt werden, die zudem durch die "volle Beteiligung der Kommission" gesichert wurde (beide Regelungen finden sich in Art. J.5(3) EUV-M).

Die Phase nach dem Inkrafttreten des Maastrichter Vertrags war von "learning by doing" geprägt (Forster/Wallace 1999: 477). Das Aufflammen verschiedener Kriegsherde im ehemaligen Jugoslawien und die Unfähigkeit der EU, diese mit den vorhandenen Instrumentarien zu löschen, offenbarte die Schwäche der GASP. Zwar wurde das Sekretariat auf zwanzig Mitarbeiter aufgestockt, aber zu den in Brüssel nur wenige Kilometer entfernten Sekretariaten von WEU und NATO bestand kaum nennenswerter Kontakt (ebd.: 480). Ein Ausweg wurde im Vorfeld des Amsterdamer Beschlusses in der Stärkung der seit 1954 bestehenden Westeuropäischen Union (WEU) als sicherheitspolitischer Flanke der GASP gesehen. Dies geschah in Art. 17 EUV-A, in dem die WEU "als integraler Bestandteil der Entwicklung der Union" bezeichnet wurde. Gleichzeitig wurde eine Planungs- und Frühwarnungseinheit geschaffen, was neben der "schrittweisen Festlegung einer

---

[93] Der Name geht zurück auf eine Konferenz, die im Jahre 1992 auf dem Bonner Petersberg stattfand. Dort wurde zunächst über den Rang der Westeuropäischen Union (WEU) zwischen EU und NATO entschieden. Die Petersberg-Aufgaben erhielten ihren Namen, weil explizit über die Beteiligung der WEU an Maßnahmen der Konfliktprävention und des Friedenserhalts entschieden wurde (Dinan 2000b).

gemeinsamen Verteidigungspolitik" (ebenfalls Art. 17 EUV-A) als weiteres Signal zur Stärkung sicherheitspolitischer Belange verstanden werden konnte.

Alle Beteuerungen zu Loyalität und Solidarität, die innerhalb und außerhalb der Verträge geliefert wurden, konnten jedoch nicht über den latent immer noch vorherrschenden Anspruch der beteiligten Nationalstaaten zur Führung einer souveränen Außenpolitik hinwegtäuschen. Nach wie vor blieb die GASP eine eigene Säule mit streng intergouvernementalem Charakter. Art. 23 EUV-A schrieb dementsprechend weiterhin die Einstimmigkeit für fast alle Entscheidungen in der GASP vor, wobei allerdings die Regelung der "konstruktiven", d.h. nicht blockierenden Enthaltung eingeführt wurde. Eine Ausnahme bildeten lediglich Entscheidungen zur Ausführung und Implementation gemeinsamer Strategien, Aktionen oder Standpunkte (Art. 23(2) EUV-A), über die fortan mit qualifizierter Mehrheit entschieden werden konnte. Deshalb wurde weiterhin über den "Mythos" der Existenz einer Gemeinsamen Außenpolitik debattiert, die das Attribut der Gemeinsamkeit vermeintlich nicht verdiente (Peterson 1998).

Dennoch, und darauf weisen verschiedene Beiträge des eben zitierten Bandes von John Peterson und Helene Sjursen hin, enthielt der Vertrag von Amsterdam auch eine Reihe von Vertiefungselementen. Institutionell von hoher Bedeutung war der neu eingeführte Generalsekretär des Rates, der die Aufgabe eines "Hohen Vertreters für die Gemeinsame Außen- und Sicherheitspolitik" (Art. 18 EUV-A) wahrzunehmen hatte. Der Hohe Vertreter – bald in Person des Spaniers Xavier Solana – wurde gleichzeitig als einer der drei Vertreter der "neuen" Troika eingesetzt. Die alte Troika-Regelung hatte trotz der Neuerungen von Maastricht nicht die gewünschte Kontinuität gebracht, und so bestand diese nun aus dem Ratsvorsitz, dem für das Auswärtige zuständigen Kommissionsmitglied sowie eben dem Generalsekretär des Rates. Seither besteht die Troika aus zwei Vertretern, die dem Einfluss einzelner Nationalstaaten nur noch begrenzt ausgesetzt sind. Da zudem in Amsterdam die Kommission ein – neben dem Rat gleichberechtigtes – Vorschlagsrecht für alle Fragen der GASP erhalten hat, sehen die Neuregelungen des Amsterdamer Vertrags trotz der Beibehaltung des intergouvernementalen Prinzips eine Verschiebung von Kompetenzen auf die gemeinschaftliche Ebene vor. Dafür spricht auch, dass seither der Ratsvorsitz die Verhandlungsführung bei internationalen Verträgen übernimmt und damit auch Teile der gestalterischen Aufgaben aus der Hand einzelner Regierungen in die gemeinsame Vertretung der Regierungen gegeben wurden.

Die Instrumente der GASP wurden in Amsterdam erweitert und in Art. 12 EUV in eine gewisse hierarchische Ordnung gebracht: (1) Grundsätze und allgemeine Leitlinien für die GASP, (2) Gemeinsame Strategien, (3) Gemeinsame Aktionen, (4) Gemeinsame Standpunkte sowie (5) der Ausbau der regelmäßigen Zusammenarbeit der Mitgliedsstaaten bei der Führung ihrer Politik. Die Hierarchie ist daran erkennbar, dass der Entscheidungsmodus vom Europäischen Rat bei den allgemeinen Leitlinien und den gemeinsamen Strategien auf den (Allgemeinen) Rat bei Aktionen, bei Standpunkten und der sonstigen Zusammenarbeit übergeht (siehe Art. 14-16 EUV). Folgen Aktionen und Standpunkte aus einer gemeinsamen Strategie, kann über sie mit qualifiziertem Mehrheitsentscheid beschlossen werden (Art. 23 EUV). Die gemeinsamen Strategien müssen Bereiche betreffen, "in denen wichtige gemeinsame Interessen der Mitgliedsstaaten bestehen" (Art. 13 EUV). In diesem Punkt sind die vertraglichen Formulierungen bei den Aktionen und Standpunkten wesentlich weicher, so dass auch Interessen von einzelnen EU-Staaten berücksichtigt werden können. Das damit umrissene Instrumentarium der GASP ist bis heute aktuell, wenn man von dem im Vertrag von Nizza geschaffenen Posten eines Sonderbeauftragten (Art. 23 EUV) absieht.

In der Regierungskonferenz von Nizza wurden weitere Entscheidungen gefällt, die auf die Stärkung des gemeinschaftlichen Elements im Rahmen des intergouvernementalen Prinzips hindeuten. In systematischer Hinsicht am wichtigsten ist dabei wohl die Einführung der Verstärkten Zusammenarbeit bzw. deren Ausdehnung auf die Bereiche der GASP (Art. 27a-e EUV). Danach kann eine Gruppe von mindestens acht (Art. 43 EUV) Mitgliedsstaaten in ein Stadium verstärkter Zusammenarbeit eintreten, wenn die Grundsätze und Ziele der gemeinschaftlichen Außen- und Sicherheitspolitik dabei gewahrt bleiben.

Praktisch ist diese weit reichende Regelung jedoch bislang von geringer Bedeutung. Seit dem Inkrafttreten des Nizza-Vertrags im März 2003 gab es keine Anzeichen für deren Inanspruchnahme. Der zwischenzeitliche sicherheitspolitische Schulterschluss von Belgien, Deutschland, Frankreich und Luxemburg beim sogenannten Brüsseler "Pralinengipfel" nach dem Ende des Golfkriegs barg zwar vordergründig das Potenzial zu einer Verstärkten Zusammenarbeit. Zum einen schließt jedoch Art. 27b EUV die Verstärkte Zusammenarbeit bei Fragen mit militärischen oder verteidigungspolitischen Bezügen aus. Zum anderen steht eine solche Vereinbarung immer in latentem Konflikt zu den in Art. 11(2) EUV angesprochenen Prinzipien der Loyalität und Solidarität. In der konkreten Situation des Jahres 2003 hätte eine Verstärkte Zusammenarbeit unabhängig von Art. 27b EUV eine Vertiefung der Gräben zwischen GASP-bezogenen Leitlinien einzelner Mitgliedsstaaten bedeutet und von daher womöglich gegen deren grundlegenden Geist verstoßen. Ganz allgemein erscheint fraglich, in welchen Bereichen eine Verstärkte Zusammenarbeit überhaupt ohne Verstörung der Partner stattfinden kann und inwiefern bei den – auch vertragsrechtlich – begrenzten Anwendungsfeldern das Instrument der konstruktiven Enthaltung nicht leichter zu handhaben ist.

Von Bedeutung für die Sicherheitsarchitektur Europas ist die in Nizza vorgenommene Abkehr von der Formel, die WEU stelle einen integralen Bestandteil der EU dar. Dies wird als Stärkung der EU interpretiert, vor allem da eine latente Konkurrenzsituation zwischen zwei Organisationen durch einer klarere Zuständigkeitsregelung ersetzt wird (Church/Phinnemore 2002:

114). Konkret war die WEU zwischen Amsterdam und Nizza sowieso nicht auf den Plan getreten. Nicht nur in der Vertragslyrik, sondern auch institutionell fällt damit nunmehr die Sicherheits- und Verteidigungspolitik allein in den Bereich der EU. In der Fortführung dieses Gedankens wird sogar formuliert, die WEU habe durch den Nizza-Vertrag eigentlich ihre Daseinsberechtigung verloren (ebd.).

Ein weiterer Schritt zu einer begrenzten, aber doch deutlich sichtbaren Stärkung des gemeinschaftlichen Elements der Sicherheitspolitik war auch die Erweiterung des Politischen Komitees zum Politischen und Sicherheitspolitischen Komitee (PSK, vgl. Art. 25 EUV). Auf jeden Fall dienen die sicherheitspolitischen Neuerungen des Vertrags von Nizza der Übersichtlichkeit der europäischen Sicherheitsarchitektur, denn bekanntlich besitzt neben den vier neutralen Staaten Finnland, Irland, Österreich und Schweden auch das NATO-Land Dänemark lediglich einen Beobachterstatus in der WEU (Steltemeier 1998: 149).

Außer der Verstärkten Zusammenarbeit, der Ermöglichung von Sonderbeauftragten und der Aufgabenerweiterung für das Politische und Sicherheitspolitische Komitee gab es auf der Regierungskonferenz von Nizza keine nennenswerten Bemühungen zur Vertiefung im Bereich der Außen- und Sicherheitspolitik. Es ist jedoch kaum zu übersehen, dass sich parallel zur Regierungskonferenz eine beträchtliche "außervertragliche Dynamik" (Regelsberger 2001) entwickelte, die von Akteuren wie Beobachtern des Prozesses sogar als "außen- und sicherheitspolitische Einigung mit 'Lichtgeschwindigkeit'" charakterisiert wurde (Kremer/Schmalz 2001: 167).

Von besonderer Bedeutung ist die Installierung verschiedener Gremien, neben dem PSK ein Militärausschuss mit einem selbständigen Vorsitzenden im Range eines Vier-Sterne-Generals und ein dem Hohen Vertreter unterstellter Militärstab (Regelsberger 2001: 161-162). Ebenfalls an der Regierungskonferenz vorbei wurde über die Einsetzung einer Schnellen Eingreiftruppe mit einer Stärke von 50.000 bis 60.000 Soldaten entschieden (auf dem Europäischen Rat in Helsinki im Dezember 1999, vgl. Kommission 2000), und es wurde die Aufstellung von 5.000 Polizeikräften zum Zwecke nichtmilitärischen Krisenmanagements beschlossen (Regelsberger 2001: 162). Die vom Hohen Repräsentanten, dem Spanier Xavier Solana, entworfene EU-Sicherheitsstrategie wurde im Laufe des Jahres 2003 diskutiert und schließlich auf dem Europäischen Rat in Brüssel im Dezember 2003 verabschiedet (vgl. Reiter 2004). Bei all diesen Maßnahmen war es das Gegenwirken einzelner Staaten, aber nicht zuletzt auch das Vetopotenzial in Referendumsländern wie Dänemark oder dem neutralen Irland, welches die integrationsfreudigen Staaten davon abhielt, Bestimmungen zu einer Gemeinsamen Verteidigungspolitik allzu extensiv in den Vertrag aufzunehmen (Church/Phinnemore 2002: 111). Sieht man vom Verfassungsprozess ab, sind damit in den letzten Jahren viele wichtige Entscheidungen der Gemeinsamen Außen- und Sicherheitspolitik tatsächlich unterhalb der Vertragsebene getroffen worden.

Institutionell steht die GASP damit im Jahre 2004 auf dem in Tabelle 4.9 referierten Stand. Es ist sicher nicht falsch, sie weiterhin im intergouvernementalen Modus zu verorten. Institutionell spielt allerdings die Gemeinschaftsebene durchaus eine wichtige Rolle, was sich u.a. an der Befassung der Kommission "im vollen Umfang" (Art. 27 EUV), an der – allerdings begrenzten – Kontrollfunktion des Parlaments (Art. 21 EUV), an der Rolle gemeinschaftlicher Akteure in der reformierten Troika, an der Aufgabenausweitung des Politischen und Sicherheitspolitischen Komitees und der daraus folgenden Vernetzung mit nationalen Ministerien und Entscheidungsträgern ablesen lässt. All diese institutionellen Merkmale erzeugen ein nicht unbeträchtliches Maß an Verbindlichkeit in Planungs- und Entscheidungsfragen. Demnach hat in den letzten Jahren eine "Brüsselisierung" (Regelsberger 2001: 162) der GASP bei Beibehaltung des intergouvernementalen Elements stattgefunden.

Durch die Institutionalisierung der GASP nimmt auf der anderen Seite die Bedeutung der rein nationalen Außenpolitik rapide ab. Aus dem Vertragstext, aber auch aus vielen Äußerungen von Akteuren der GASP lässt sich kaum noch ein Gebiet der Außenpolitik definieren, das allein nationale Bedeutung ohne Tangierung der europäischen Ebene hat. Dies gilt sicherlich für die großen Themen der außenpolitischen Agenda wie die Befriedung Jugoslawiens oder etwa Afghanistans, die Bekämpfung des Terrorismus oder die Definierung des Verhältnisses zu den USA. Nicht einmal die stets zitierte französische Afrikapolitik wird von den Akteuren als rein nationale Angelegenheit betrachtet: In der Selbstdarstellung der "Direction générale de la Coopération internationale et du Développement" (DGCID) des französischen Außenministeriums taucht die Region "Europa" in der geographischen Koordinierungsgruppe an erster Stelle auf.[94] Besonders in bedeutenden Fragen der Außen-, Sicherheits- und Verteidigungspolitik erscheint das Alleinformulierungspotenzial selbst der großen Nationalstaaten in den letzten Jahren stark zurückgegangen zu sein.

---

[94] Siehe http://www.diplomatie.gouv.fr/cooperation/dgcid/direction/page_07.html.

Tabelle 4.9: Instrumente und Institutionen der Gemeinsamen Außen- und Sicherheitspolitik seit der Einheitlichen Europäischen Akte

	Instrumente	Institutionelle Neuerungen
Einheitliche Europäische Akte (1986)	• Unterrichtung • Konsultation • Abstimmung und Angleichung von Standpunkten • Gemeinsame Aktionen	• Tagungen des Allgemeinen Rats, mind. 4x jährlich • Politisches Komitee • EPZ-Sekretariat
Maastricht (1991), Art. J-J11 EUV	• Regelmäßige Zusammenarbeit • Gemeinsame Standpunkte • Gemeinsame Aktionen	• Troika (Vorsitz + vor- + nachheriger Vorsitz) • Volle Beteiligung der Kommission • Anhörung des EP
Amsterdam (1997), Art. 11-28 EUV	• Art. 12 EUV: - Grundsätze und allgemeine Leitlinien - Gemeinsame Strategien - Gemeinsame Aktionen - Gemeinsame Standpunkte - Ausbau der regelmäßigen Zusammenarbeit • Schrittweise Festlegung einer gemeinsamen Verteidigungspolitik (Art. 17(1)) • Einbeziehung der "Petersberg-Aufgaben" (Art. 17(2)) • Abschluss von Übereinkünften mit anderen Staaten (Art. 24)	• Hoher Vertreter ("Mister GASP") • Planungs- und Frühwarnungseinheit (Erklärung 6 zum Amst. Vertrag) • Reform der Troika (Vorsitz + Mister GASP + Außenkommissar) • "Konstruktive Enthaltung" (Art. 23) • Vorschlagsrecht der Kommission (Art. 22) • Einbeziehung der WEU • Ansätze von QMV in der Umsetzung von Gemeinsamen Strategien • Verhandlungsführung des Ratsvorsitzes bei internationalen Verträgen
Nizza (2000), Art. 11-28 EUV	• i.W. wie Amsterdam • Benennung von Sonderbeauftragten (Art. 23)	• Verstärkte Zusammenarbeit (Art. 27a-e) • Wiederausklammerung der WEU aus dem EUV • Politisches und Sicherheitspolitisches Komitee (Art. 25) • Weitere Stärkung der Präsidentschaft bei der Aushandlung internationaler Verträge (Art. 24) • Leichte Ausweitung von QMV-Entscheidungen bei der Umsetzung
Verfassung (2004), Art. III-195 bis III-215 VfE	Art. III-195-3 VfE: • Allgemeine Leitlinien • Europäische Beschlüsse über: - Aktionen der Union - Standpunkte der Union - Umsetzung der Aktionen und Standpunkte • Ausbau der systematischen Zusammenarbeit der Mitgliedsstaaten	• Außenminister der Union, gleichzeitig Vizepräsident der Kommission (Art. III-197 VfE) • Europäischer Auswärtiger Dienst (III-197) • Ausweitung QMV (III-201) • Europäisches Rüstungsamt (III-212) • "Strukturierte Zusammenarbeit" in der Sicherheits- und Verteidigungspolitik (III-213) • Finanzbestimmungen der Außen- und Sicherheitspolitik (III-215)

Strategisch bestehen damit für die gewichtigen Akteure in der GASP zwei Optionen. Entweder versucht eine Regierung, ein Thema zu besetzen und in ihrem Sinne durch die gemeinsamen Gremien zu bringen; im Zweifelsfalle besteht dann für die Partner wenigstens theoretisch die Möglichkeit des *Opting-out*. Oder eine Regierung sucht bei kontroversen und wichtigen Themen den internen oder offenen Konflikt mit anders denkenden Regierungen. Dabei muss es nicht immer zum offenen Streit wie etwa im Zusammenhang mit dem Irak-Krieg von 2003 und der anschließenden Besetzung des Landes kommen. Typischer ist der unterschwellige Hang zur Nichteinigung mit einer einhergehenden Einschränkung der Handlungsfähigkeit, so wie es lange Zeit im Hinblick auf die Jugoslawien-Krisen zu verfolgen war. Für beide Optionen erscheinen die Mechanismen nach dem Stand des Nizza-Vertrags an die Grenzen des intergouvernementalen Prinzips zu kommen. Durch den sukzessiven Bedeutungsgewinn der Institutionen der GASP, aber auch durch die zunehmende Perzeption Europas als einheitlichem Akteur (vgl. etwa Moravcsik 2003; Krause 2004) steigt der Druck, zu mehr als nur abgestimmten oder "koordinierten" Verhaltensweisen zu kommen.

Einige Schlussfolgerungen dieser Verengung nationaler außenpolitischer Optionen finden sich im Entwurf des Verfassungsvertrags (für das Folgende siehe Jopp/Regelsberger 2003). Alle wichtigen Weiterentwicklungen der GASP im VfE gehen weiter in Richtung "Brüsselisierung". Dazu gehört vor allem die Einführung des Amts des Außenministers (Art. I-23(2) sowie Art. I-27 VfE), der vom Europäischen Rat mit qualifizierter Mehrheit mit Zustimmung des Kommissionspräsidenten ernannt wird und der die Gemeinsame Außen- und Sicherheitspolitik "leitet" (Art. I-27(1) VfE). Gleichzeitig ist er einer der Vizepräsidenten der Kommission und "dort mit den Außenbeziehungen und der Koordinierung der übrigen Aspekte des auswärtigen Handelns der Union betraut" (Art. I-27(3) VfE). Diese Konstruktion, für die sich im Laufe der Konventsverhandlungen der Begriff des "Doppelhuts" etablierte, macht den Außenminister zu einer zentralen Figur und weitet die Dichotomie zwischen dem Präsidenten der EU und dem Kommissionspräsidenten zu einem Entscheidungsdreieck aus. Dem Außenminister wird ein Europäischer Auswärtiger Dienst beigestellt (Art. III-197(3) VfE), und als herausgehobenes Mitglied der Kommission erhält er das Initiativrecht in Fragen der Außen- und Sicherheitspolitik (Art. III-200 VfE). Das neue "Europäische Amt für Rüstung, Forschung und militärische Fähigkeiten" (Art. III-212 VfE) ist allerdings nicht ihm, sondern dem Ministerrat unterstellt.

Durch den Verfassungsvertrag wird außerdem eine Reihe von eher symbolischen Flexibilisierungsinstrumenten geschaffen. Als solches ist die zukünftig uneingeschränkte Ausdehnung der Verstärkten Zusammenarbeit auf die Außen-, Sicherheits- und Verteidigungspolitik zu sehen. Deren Grundsätze werden in Art. I-43 VfE niedergelegt: Es muss mindestens ein Drittel der Mitgliedsstaaten, also gegenwärtig neun von 25, teilnehmen. Diese stellen einen Antrag an den Ministerrat, der Außenminister der EU nimmt Stellung zur Kohärenz der Maßnahme mit der sonstigen Außen- und Sicherheitspolitik (Art. III-325(2) VfE) und der Rat entscheidet einstimmig (Art. I-39(7) VfE).[95] Zusätzlich fügt der Verfassungsvertrag das Element der "Strukturierten Zusammenarbeit" in die Sicherheits- und Verteidigungspolitik ein (Art. I-40 sowie Art. III-213 VfE). Die Strukturierte Zusammenarbeit steht in einem wohl nur durch die Praxis zu spezifizierenden Spannungsverhältnis zur Verstärkten Zusammenarbeit. Im Verfassungskonvent wurde die Strukturierte Zusammenarbeit erarbeitet, nachdem sich mehrere Konventsvertreter gegen die Verstärkte Zusammenarbeit in der Sicherheitspolitik ausgesprochen hatten (Jopp/Regelsberger 2003: 553). Letztlich stellt sie einen Rettungsversuch für die deutsch-französischen Bemühungen um eine verteidigungspolitische Dimension der EU dar.

Im Gegensatz zur Verstärkten umfasst die Strukturierte Zusammenarbeit in ihren Entscheidungsstrukturen nur die Mitglieder; d.h. nicht beteiligte Mitglieder können über den Rat höchstens informellen Einfluss ausüben. Das Instrument der Strukturierten Zusammenarbeit steht durch den Ausschluss nicht beteiligter EU-Regierungen von Entscheidungen noch stärker als im Fall der Verstärkten Zusammenarbeit im Widerspruch zum erklärten "Geist der Loyalität und der gegenseitigen Solidarität" (Art. III-195); beide Instrumente werden deshalb wie bisher vermutlich keine große Bedeutung gewinnen.

Der Verfassungsentwurf stellt damit sicher keinen Quantensprung auf dem Weg zu einer *Gemeinsamen* Außen- und Sicherheitspolitik dar. Es handelt sich um einen Text, der den intergouvernementalen Charakter der GASP weiter fortschreibt, aber einige Drehschrauben in Richtung der Fixierung gemeinsamer Interessen anzieht. Eine kontrafaktische Analyse der GASP-Verfassungsbestimmungen hat ergeben, dass die Institutionen des Verfassungsentwurfs wohl eine derart tiefe Krise wie anlässlich des zweiten Irak-Kriegs hätten verhindern können (Risse 2003). Allein institutionell lassen sich jedoch weder in der Außen- und Sicherheitspolitik noch in anderen Politikfeldern tiefgreifende Divergenzen von Interessen und Präferenzen überbrücken. Deswegen ist für den künftigen Kurs der EU-Außenpolitik der Wille zur Gemeinsamkeit weitaus wichtiger als die Fortentwicklung ihrer Institutionen (ebd.: 572-573).

---

95 Jopp/Regelsberger (2003: 555) nehmen zu einer Unklarheit im Vertragstext Stellung, nach der Modus der Beschlussfassung nicht eindeutig ist. Nach Art. I-22(3) VfE werden alle Beschlüsse des Ministerrates mit qualifiziertem Mehrheitsentscheid gefällt, soweit nichts anderes vorgegeben ist. Im einschlägigen Art. III-325(2) VfE wird der erforderliche "Europäische Beschluss" tatsächlich nicht spezifiziert. Art. I-39(7) VfE sowie Art. I-40(4) VfE heben den besonderen Charakter der GASP indes deutlich hervor und verweisen auf Einstimmigkeit. Im Falle eines entsprechenden Konflikts käme wieder die Generalklausel der Loyalität und Solidarität ins Spiel: Vertiefungen innerhalb der EU sind nur beim Einverständnis der übrigen Mitglieder denkbar. Entweder es besteht also eine einstimmige Entscheidungssituation, oder es kommt keine Entscheidung zustande. Insofern bietet der Verfassungsentwurf keine grundsätzliche Neuerung gegenüber dem Vertrag von Nizza.

In der Zusammenschau der Entwicklung der GASP seit der Einheitlichen Europäischen Akte lässt sich feststellen, dass – im Gegensatz zur Lehrmeinung der 1990er-Jahre (Weidenfeld 1994) – Erweiterung und Vertiefung sich durchaus nicht ausschließen müssen. Die EU vergrößerte sich auf mehr als das doppelte der Maastrichter EU-12. Zwar kam es nicht zur regelgerechten Vergemeinschaftung wie in Teilen der dritten Säule des Vertrags von Maastricht (vgl. Kap. 4.4), sondern lediglich zur "Brüsselisierung". Dabei stehen jedoch die Einsetzung des Hohen Vertreters, die prinzipielle Einführung von konstruktiver Enthaltung und Verstärkter Zusammenarbeit sowie der konstruktive Mehrheitsentscheid bei der Durchführung Gemeinsamer Aktionen und Strategien für eine deutliche Stärkung der europäischen Ebene, selbst wenn einige Nationalstaaten auf der hohen Bedeutung der nationalstaatlichen Entscheidungsfreiheit bestehen. Die Verfassung mit dem Außenminister als Vizepräsidenten der Kommission wird diese Tendenz, so sie denn einmal in Kraft treten wird, noch verstärken.

4.3.2 Die GASP nach der Osterweiterung

Der Gleichgalopp von Erweiterungen und Brüsselisierung hat eine Reihe von Brüchen im Feld der GASP geschaffen und vorher bestehende Schieflagen noch verschärft. An erster Stelle ist die Bündnisvielfalt zu nennen. Fünf EU-Staaten bewegen sich jenseits der großen Verteidigungsbündnisse und verfügen über den klassischen Status der Neutralität: Finnland, Irland, Malta, Österreich und Schweden; hinzu kommt das zwischen den NATO-Staaten Griechenland und Türkei umstrittene und geteilte Zypern. In den aktuellen Krisenregionen Europas und der Welt stellt dies, auch wegen der geringen militärischen Bedeutung dieser Länder, kein größeres Problem dar. Die Formulierung schlüssiger gemeinschaftlicher außenpolitischer Strategien wird durch die Bündnisvielfalt allerdings sehr wohl eingeschränkt, selbst wenn seit dem Nizza-Vertrag die vorher noch zusätzlich relevante WEU an Bedeutung für strategische Entscheidungen verloren hat.

Mit dem NATO-Beitritt von fünf Neumitgliedern zu Beginn des Jahres 2004 sind – nachdem Polen, Tschechien und Ungarn bereits 1999 beigetreten waren – nun mehr alle EU-Mitglieder aus Mitteleuropa Mitglied dieser Sicherheitsorganisation (Barany 2004).[96] Dennoch schafft die Erweiterung auch bei der Vernetzung von EU und NATO ein Problem, denn weder Malta noch Zypern sind Mitglieder des NATO-Programms "Partnerschaft für den Frieden" (Jopp/Regelsberger 2003: 554). Beide Inseln liegen gewissermaßen als EU-Vorposten im Mittelmeer, auf halbem geographischen Wege zwischen Europa, dem Nahen Osten sowie dem Maghreb. In diesem Dreieck stellen "Freihandel und Demokratisierung" (Schlotter 1998) durchaus nicht

---

96 Zusätzlich traten 2004 noch Bulgarien und Rumänien der NATO bei.

die einzigen Entwicklungsszenarien der südlichen Nachbarn der EU dar. Bei der sicherheitspolitischen Absicherung im Mittelmeerraum kommt die EU jedenfalls nicht ohne die Partner des Transatlantik-Pakts aus.

Selbst innerhalb der EU-Grenzen bleibt es daher dabei, dass das Verhältnis zwischen der GASP/EU und der NATO stets von Neuem politisch definiert werden muss und damit a) durch den jeweiligen politischen Trend im größten NATO-Land USA und b) durch dessen jeweiliges Verhältnis zu einzelnen Regierungen der EU in starkem Maße berührt wird. Hier haben die beiden letzten Erweiterungen die Unübersichtlichkeit verschärft, denn mit der Norderweiterung wurde die EU "neutraler" und mit der Osterweiterung verteidigungspolitisch hochgradig inkohärent. Die Ungleichverteilung außenpolitischer Ressourcen lässt sich daran ablesen, dass die addierten Verteidigungsausgaben aller Beitrittsländer nicht mehr als einem Fünftel des französischen Verteidigungsbudgets entsprechen (Lang 2004: 456).

Insgesamt besteht innerhalb der erweiterten EU seit den Ereignissen um den Irak-Krieg eine deutliche Bruchlinie hinsichtlich der Beziehungen zu den USA. Anders als vielleicht im spanischen Fall, wo ein Regierungswechsel im Frühjahr 2004 auch eine Wende in der Irak-Politik mit sich brachte, scheint bei einigen neuen Mitgliedern die Ausrichtung auf die USA stabiler zu sein. Ländern wie Polen oder Tschechien, die stark unter der europäischen Unentschlossenheit der Vorkriegszeit sowie der deutschen Besatzungspolitik im Zweiten Weltkrieg leiden mussten, sind nicht von vornherein auf einen allein europäischen Horizont der Sicherheits- und Außenpolitik geeicht. Zu dem verständlichen historisch motivierten Negativbild Deutschlands kommt eine mindestens situative Abneigung gegenüber den von Frankreich mehrfach geäußerten Hegemonieansprüchen für das deutsch-französische Tandem. Unvergessen in den Beitrittsländern ist die Bemerkung des französischen Präsidenten Jacques Chirac, die neuen Mitgliedsstaaten hätten bei der Äußerung ihrer Präferenzen im Irak-Konflikt "eine gute Gelegenheit ausgelassen, die Klappe zu halten".[97] Dabei handelte es sich vielleicht um einen verbalen Ausrutscher. Ganz generell wurden allerdings die Beitrittsverhandlungen im Bereich der GASP als asymmetrische Veranstaltung zwischen "ungleichen Partnern" geführt (Regelsberger 2000).

Vor diesem Hintergrund ist die Sympathie vieler der jungen Demokratien Mitteleuropas für die Grundhaltung Großbritanniens und der USA zu verstehen, die Außenpolitik als Domäne nationaler Interessen ohne konstante Bedrohung durch die EU-Ebene zu definieren. Historisch kommt zudem ein Positivbild Großbritanniens und den USA in Mitteleuropa ins Spiel. Sowohl die Exilregierungen Polens wie auch der Tschechoslowakei befanden sich in der Endphase des Zweiten Weltkriegs in London und fanden dort in schwieriger Zeit Unterstützung (Belina/Cornej/Pokorný 1995: 400; Krzeminski

---

1998: 96-108). Etwa neun Millionen US-Bürger haben polnische Wurzeln,[98] und anders als etwa die deutsche Immigration in die USA sind diese Menschen überwiegend in der zweiten Hälfte des 20. Jahrhunderts in die USA eingewandert. Von polnischen Politikern ist daher manchmal die Einschätzung zu hören, ein Fünftel der polnischen Bevölkerung lebe in den USA. Aus diesen Faktoren lässt sich zwar kaum eine pauschale Dichotomie zwischen "altem" und "neuem" Europa ableiten, zumal während des Irak-Kriegs auch in Mitteleuropa gesellschaftliche Proteste gegen die Politik der USA und Großbritanniens zu vernehmen waren (Lang 2004: 456-457). Dennoch sind die unterschiedlichen Gewichte, die den USA als Garanten der Freiheit Europas und insbesondere Mitteleuropas zugemessen werden, unverkennbar. Auch dadurch steigt in der erweiterten EU die Diversität der außenpolitischen Interessen, was sich womöglich in einer Differenzierung der transatlantischen Beziehungen niederschlagen könnte.

Eine weitere durch die Osterweiterung induzierte Bruchlinie ergibt sich durch das – reale und imaginierte – Verhältnis zu Russland. Im Rahmen seiner Politik gegenüber dem "nahen Ausland" beansprucht die Russische Föderation nach wie vor eine besondere Verantwortung gegenüber ethnischen Russen in Nachbarstaaten, was die baltischen Staaten in besonderem Maße trifft (vgl. u.a. Baur 2001: 102). Aber auch Polen, Tschechen und Ungarn vergessen nicht so leicht, dass es nach den Konferenzen von Rapallo und Jalta die Sowjetunion war, die Mitteleuropa nach 1945 in den Kommunismus getrieben und ihren Führungsanspruch mit Panzern aufrecht erhalten hat. Es muss also von einem tiefen Misstrauen gegenüber Russland ausgegangen werden, das sich mit dem Bemühen insbesondere Deutschlands und Frankreichs reibt, Russland als einen Eckstein einer multipolaren Weltordnung in Wort und Tat anzuerkennen.

Während demnach in der transatlantischen Frage der vormals mitunter alleine stehende Mitgliedsstaat Großbritannien möglicherweise strategische Mitstreiter bekommen hat, hat sich in der ostwärts orientierten EU-Politik am stärksten der deutsche Standort verändert. Es fällt nicht nur ins Gewicht, dass Deutschland nunmehr durch die Erweiterung mit Ausnahme der Schweiz von EU-Staaten umgeben ist. Damit gehört das Land zum EU-Binnenterritorium und ist nur noch am Rande mit dem Schutz der EU-Außengrenze – mit Folgen für den Grenzschutz und die Einwanderungs- wie Asylpolitik (siehe Kap. 4.4) – befasst. Vor allem kann Deutschland nun nicht mehr wie vormals als einziger tonangebender Akteur der EU-Politik gegenüber Russland und den übrigen GUS-Staaten angesehen werden. Durch die direkte Grenze, die besondere historische Verflechtung mit Russland und der Sowjetunion und nicht zuletzt die Vertreibungs- und Migrationsgeschichte der zweiten Hälfte des 20. Jahrhunderts setzen sich die Positionen von Neumitgliedern wie Polen, Tschechien oder auch der baltischen Staaten wie Filter vor die deut-

---

[98]   Siehe Daten des US-Zensus von 1990; http://www.census.gov/apsd/cqc/cqc14.pdf.

sche Ostpolitik, die damit noch stärker zu einer europäischen Ostpolitik werden muss.

In der "brüsselisierten", d.h. der nach wie vor intergouvernementalen GASP könnten die hier aufgelisteten Brüche auf eine noch stärker erschwerte Entscheidungsfindung als bisher hinauslaufen. Ein anderer Aspekt der Heterogenisierung besteht jedoch in erhöhten Handlungschancen der EU nach der Erweiterung. Diese bestehen vor allem in der direkten Grenzlage zu Russland und anderen GUS-Staaten, die für eine verstärkte Strategie der Nachbarschaft genutzt werden kann. Schon lange vor dem Vollzug der Osterweiterung haben einige Neumitglieder, insbesondere Polen, im Hinblick auf die Partnerschaft zu Belarus und zur Ukraine eine aktive Rolle eingenommen (Prizel 1998; Gerhardt 2004). Dem hat auch die Kommission bereits Rechnung getragen, indem sie in dem im März 2003 veröffentlichte Strategiepapier "Wider Europe – Neighbourhood" die besondere Situation der "neuen Nachbarn" Ukraine, Moldova und Belarus hervorgehoben und damit implizit die zentrale Rolle der direkt benachbarten Nationalstaaten Polen, Slowakei, Ungarn und (später) Rumänien betont hat (Kommission 2003b: 3). Die ebenfalls an osteuropäische Nicht-EU-Staaten – Belarus und Russland – angrenzenden baltischen Staaten werden demgegenüber weniger mit der Politik der neuen Nachbarschaft assoziiert als mit einem Zwischenraum zwischen den skandinavischen Ländern einerseits und Russland anderseits (Laursen 2000).

Insgesamt bedeutet die Osterweiterung somit auch eine Neujustierung der Geopolitik Europas und verfestigt auch die Lage des Kontinents in der globalen Ordnung. Nicht mehr die bipolare Welt des Kalten Krieges, aber auch nicht mehr die latente Mittellage zwischen Atlantik und Ural prägen die internationale Lagerung Europas und der EU. Der neuen Unübersichtlichkeit lässt sich mit einer Differenzierung hinsichtlich der Ebenen internationaler Politik begegnen, die kürzlich von Joseph Nye anlässlich einer Analyse der Stellung der USA in der Weltpolitik vorgenommen wurde (Nye 2003):

a) Auf der obersten, gewissermaßen der klassischen Ebene stehen die sicherheitspolitischen Aspekte, die sich um die Frage von Krieg und Frieden drehen. Die USA können in diesem Bereich mit Fug und Recht als einzige Weltmacht bezeichnet werden. Innerhalb der EU gab und gibt es gewissermaßen zwei Linien zum Umgang mit der militärischen Weltmachtrolle der USA. Auf der einen Seite wird die dominierende Stellung der Vereinigten Staaten mit Misstrauen beäugt und bisweilen, z.B. mit den unvermittelten Atomversuchen Frankreichs Mitte der 1990er-Jahre, aktiv konterkariert. Auf der anderen Seite steht der Schulterschluss mit den USA, sei es aus historisch-kultureller Verbundenheit wie im Falle Großbritanniens oder realpolitischer Einsicht in das Fehlen von Alternativen wie im Falle der alten Bundesrepublik oder nun der mitteleuropäischen Neumitglieder.

Während sich diese Grundstruktur in den letzten Jahren nicht geändert hat, ist bei einer Reihe von Staaten die Positionierung gegenüber den beiden Haltungen fluider geworden. Das Ende des Kalten Krieges hat in Deutschland, aber auch in anderen Ländern eine größere Spannbreite von realpolitischen Positionen ermöglicht. Nach dem Wegfall der latent aggressiven Sowjetunion steht in der Transatlantik-Politik gewissermaßen nicht mehr so viel auf dem Spiel, und Oppositions- oder Regierungskräfte in den mittleren Nationalstaaten Europas verfügen über größere Spielräume gegenüber den USA. Die einstmals von den USA vollkommen abhängige Bundesrepublik kann es sich nun leisten, dem militärischen Hegemon in einzelnen Fällen nicht zu folgen. Die mitteleuropäischen Staaten sind dagegen noch nicht so weit. Zu nah erscheint noch die sowjetische Bedrohung, zu wenig herzlich die Haltung der alten Mitgliedsstaaten. Daher ist die sicherheitspolitische Ebene von zwei gegenläufigen Tendenzen gekennzeichnet. Einerseits entdecken Staaten der alten EU Möglichkeiten der Distanz zu den USA, andererseits scheint die transatlantische Achse durch die Neumitglieder gestärkt.

b) Auf der mittleren Ebene der Außenbeziehungen befinden sich zwischenstaatliche ökonomische Aspekte. Hier ist die Bindung an die transatlantische Schiene bei weitem nicht so stark. Zwar sind die USA mit etwa 24% der Ausfuhren und etwa 19% der Importe der mit Abstand wichtigste Handelspartner der EU und ihrer Staaten (Eurostat 2003: 27). Umgekehrt wickelt die EU jedoch damit mehr als drei Viertel ihrer Außenhandels nicht mit den USA ab und stellt vielmehr selbst den wichtigsten Warenexporteur (ebd.: 26) in einer multipolaren Welthandelsordnung dar.

Innerhalb der EU sind die handelspolitischen Gewichte allerdings recht ungleich verteilt. Der Beitrittsraum verfügte im Jahre 2001 mit einem kumulierten Bruttoinlandsprodukt von € 403.5 Mrd. über eine Wohlfahrt in Höhe von 4.5% des BIP der EU-15 (siehe Kap. 4.1).[99] Alle Neumitglieder zusammen führten wertmäßig geringere Waren (€ 183.7 Mio.) ein als das mittelkleine EU-Mitglied Belgien (€ 194.1 Mio.). Die Handelsverflechtung der Neumitglieder mit den Altmitgliedern war bereits vor dem Beitritt recht hoch und schwankte zwischen etwa 50% in den baltischen Staaten sowie der Slowakei und mehr als 70% im Falle von Tschechien und Slowenien (EBRD 2003: 86). Daher übertreibt selbst der Wert von € 183.7 Mio. die tatsächliche außenhandelspolitische Verflechtung, denn im Jahre 2001 wurden Importe aus der EU statistisch noch im Bereich des Außenhandels geführt. In der Gemeinsamen Handelspolitik, die gemäß ihrer Verankerung im EG-Vertrag (Art. 131-134 EGV) weitgehend unter den Prämissen des qualifizierten Mehrheitsentscheids steht, befinden sich die neuen Mitglieder damit in einem Status der Marginalisierung. Die Handelspolitik wird durch die großen Handelsmächte der Gründungsstaaten sowie Großbritannien dominiert.

c) Auf der unteren Ebene der Außenpolitik stehen transnationale Themen, die in einer wenig institutionalisierten Form zwischen staatlichen und

---

[99] Die Daten in diesem Absatz sind, soweit nicht anders angegeben, dem Eurostat-Jahrbuch 2003 entnommen (Eurostat 2003: 46, 50, 185); Berechnungen der Prozentzahlen durch den Autor.

nicht-staatlichen Akteuren verhandelt werden. Hier erscheinen die Neumitglieder ebenfalls im Nachteil, denn nach den Jahrzehnten des Sozialismus liegt die Entwicklung und Ausdifferenzierung der gesellschaftlichen Ebene gegenüber Westeuropa deutlich zurück (Merkel 2000; Howard 2002). Dadurch können gesellschaftliche Akteure – Unternehmen, Medien, Kirchen, Nichtregierungsorganisationen – in geringerem Maße gesellschaftliche Interessen aufnehmen und aggregieren; damit einher geht ein geringeres Durchsetzungsvermögen auf der internationalen Ebene. Bei "weichen" Fragen der internationalen Kooperation, in denen über die Gültigkeit und den Transport von Werten und Normen entschieden wird, sind die Regierungen der Neumitglieder daher häufig lediglich zur Reaktion gegenüber westeuropäischen Partnern in der Lage, nicht aber zu einer eigenständigen aktiven Politik. Ob in der Friedens-, der Umwelt- oder der Entwicklungspolitik: in keinem Bereich ist eine meinungsbildende Führungsrolle eines Neumitglieds in der globalen Außenpolitik der EU zu entdecken.

Insgesamt haben die Neumitglieder damit auf der Ebene der außenwirtschaftlichen sowie der transnationalen Politik einige wenige *Asssets* in die Gemeinsame Außen- und Sicherheitspolitik einzubringen, und daher liegt es geradezu auf der Hand, die Schwäche in diesen Bereichen durch gezeigte Stärke auf der sicherheitspolitischen Ebene wenigstens teilweise wettzumachen. Es macht jedenfalls wenig Sinn, die vermeintlichen außenpolitischen Brüche innerhalb der EU alleine auf der sicherheitspolitischen Ebene zu suchen. Erkennbar ist vielmehr geworden, dass sich die EU-Nationalstaaten und die EU als ganzes der Veränderung einer Reihe von wichtigen Rahmenbedingungen für ihre Außenpolitik stellen müssen. Die Heterogenisierung des Bezugsraums, die durch neue ostpolitische Positionen und Perspektiven in die EU eingeflossen ist, stellt lediglich eine Facette dar, die im größeren Kontext des Endes des Kalten Krieges, des Zustands "jenseits der Hegemonie" (Nye/Keohane/Hoffmann 1993) zu interpretieren ist.

Nach langen Jahren des Scheiterns einer Befriedungspolitik auf dem Balkan hat sich die EU seit dem Kosovo-Krieg dabei in einer Reihe von Konflikten als friedenserhaltende Kraft positioniert. In Bosnien-Hercegovina und Makedonien hat die EU gemeinsame Aktionen zum Aufbau einheimischer professioneller Polizeikräfte durchgeführt. In Makedonien kam es zur ersten Militärmission im Rahmen der Europäischen Sicherheitspolitik, als die "Mission Concordia" im März 2003 das Kommando von der NATO-Friedensmission "Allied Harmony" übernahm. Die militärische Mission endete im Dezember 2003 mit der Überführung in eine Polizeimission (FAZ, 16.12.2003).

Damit beginnt sich vor dem Hintergrund einer verstärkten Konfrontation der USA mit der nichtverbündeten Welt ein Leitbild der europäischen Außen- und Sicherheitspolitik zu etablieren, das der militärischen Auseinandersetzung weniger Gewicht beimisst als der Kooperation mit verschiedenen Polen der Weltpolitik. Die EU gilt heute nicht zuletzt als vernetzter Akteur mit zivilem Kapital und zivilisierendem Potenzial. Im Jahre 2000 gaben die Staaten der EU beispielsweise fast drei Mal soviel für Entwicklungshilfe aus wie die USA.[100] "Die Europäische Union und ihre Mitgliedsstaaten haben sich in Fragen von 'global governance' als Zivilmächte profiliert, die internationale Institutionen zur Bereitstellung von globalen Gemeinschaftsgütern fördern und eine an Multilateralismus und an der Weiterentwicklung und dem Ausbau des Völkerrechts ausgerichtete kooperative Außenpolitik betreiben" (Risse 2003: 566).

Dadurch ist letztlich auch die Frage nach dem grundsätzlichen Charakter der europäischen Außenpolitik in der Phase nach der Osterweiterung weitgehend beantwortet. In der wirtschaftlichen und gesellschaftlichen Sphäre ist es für die einzelnen Nationalstaaten und damit für die EU insgesamt zunehmend attraktiv, mit einer Stimme zu sprechen. Institutionell hat sich dies durch die Festlegung auf das supranationale Prinzip bei der Außenhandelspolitik sowie die Festschreibung der Petersberg-Aufgaben in den EU-Vertrag manifestiert. Deutlich erkennbar ist die Attraktivität dieser Seite der EU-Außenpolitik auch darin, dass die Politik gegenüber den ehemaligen Kolonien einzelner Nationalstaaten heute viel eher als gemeinsame Entwicklungspolitik denn als nationale Angelegenheit etwa Frankreichs oder Großbritanniens interpretiert und wahrgenommen wird (Maurer 2002a).

Vor diesem Hintergrund erscheint die Entwicklung der letzten Jahre, die Steigerung von Flexibilität durch Verträge und außervertragliche Maßnahmen (vgl. nochmals Jopp/Regelsberger 2003: 552-555) als rationale Strategie zur Reaktion auf eine unübersichtlichere außenpolitische Welt. Den unterschiedlichen Interessenlagen der Mitgliedsländer wird in einer abgestuften Strategie der Nachbarschaft, wie sie im zitierten Kommissionspaper "Wider Europe – Neighbourhood" formuliert wurde, Rechnung getragen. Die Ressourcen werden auf Bereiche von "soft power", also der "Fähigkeit, andere zu überzeugen und nicht zu zwingen" (Nye 2003: 66), konzentriert. Damit werden die Beziehungen der EU stark über die "mittlere" und "untere" Ebene der Nye'schen Hierarchie der Außenbeziehungen definiert und bestimmt. Gegenüber Dritten tritt die EU nicht als militärische, sondern als Zivilmacht auf (vgl. auch Mayer 2004). Gerade auf diesen beiden Ebenen stehen die Neumitglieder jedoch wie bereits im Falle der Agrar- und Strukturpolitik in keiner besonders günstigen Position, um neue Impulse in die EU zu tragen.

Im intergouvernementalen Modus verbleibt die EU vor allem in der "klassischen" außen- und sicherheitspolitischen Sphäre, wobei selbst hier im Verfassungsvertrag etwa mit der Europäischen Rüstungsagentur oder dem Europäischen Auswärtigen Dienst Schritte in Richtung Gemeinschaftlichkeit unternommen wurden. Das Beharrungsvermögen des zwischenstaatlichen

---

[100] Die EU wandten im Jahr 2000, dem letzten Jahr mit verfügbaren Daten, € 27.4 Mrd. für Entwicklungshilfe aus. Bei den USA waren es € 10.8 Mrd., im Falle Japans € 14.6 Mrd. (siehe Eurostat 2003).

Prinzips hat zweifelsohne viel mit der ungleichen Verteilung von "hard power" zwischen den Atom-Mächten Frankreich und Großbritannien und den ressourcenschwachen Zwergstaaten von Estland bis Luxemburg zu tun. Die besondere Herausforderung für die Außen- und Sicherheitspolitik nach der Osterweiterung liegt nach dieser Analyse zuallererst in der Beseitigung einer doppelten Schieflage: die latente Marginalisierung der Neumitglieder im Bereich des "soft power", der auf absehbare Zeit eigentlichen Domäne der GASP, muss überwunden werden, um die Brüche bei den sicherheitspolitischen Interessen von Neu- und Altmitgliedern mittelfristig überbrücken zu können.

4.4 Innen- und Justizpolitik: Dynamik jenseits der Osterweiterung

Die Innen- und Justizpolitik stellt das bei weitem dynamischste EU-Politikfeld der letzten Jahre dar. Noch vor fünfzehn Jahren waren fast alle Bereiche der Innen- und Justizpolitik der Nationalstaaten lediglich mittelbar von der europäischen Politik und dem daraus folgenden Gemeinschaftsrecht tangiert. Heute dagegen tritt heute der Rat der Rat Justiz und Inneres ("JI-Rat") mehrmals jährlich zusammen. Er fällt in diesem Zeitraum um die 100 meist verbindliche Entscheidungen, wodurch bis zum Jahre 2002 bereits 426 Rechtsakte zum *acquis communautaire* im Bereich Justiz und Inneres gerechnet werden können (Daten bei Müller 2003: 242-269).[101] Es ist heute keineswegs mehr nur so, dass in der Justiz und Innenpolitik hauptsächlich "weiches Recht" in Form von Empfehlungen und unverbindlichen Übereinkommen vorherrscht (so noch vor wenigen Jahren Wallace/Wallace 1999: 511).

Bekanntlich handelt es sich bei acht der zehn Beitrittsländer um ehemalige Autokratien, in denen das Rechtssystem nicht auf den Prinzipien der Demokratie beruhte. Eines der Kopenhagener Kriterien umfasste "institutionelle Stabilität als Garantie für demokratische und rechtsstaatliche Ordnung" (Kreile 2002: 810, vgl. Kap. 2); folglich befanden sich die Kandidatenländer während der Beitrittsphase in einem Aufholprozess. Die mitteleuropäischen Kandidaten verfügten nicht über eine passende Tradition, Malta und Zypern brachten nicht genug Eigengewicht ein. Daher bedeutet die Erweiterung "in der politischen Praxis eine territoriale Ausweitung der in der EU geltenden Standards für die Arbeiten von Polizei, Justiz und Verwaltung" (Knelangen 2004: 434). Die Erweiterung soll in der Darstellung demzufolge zunächst gegenüber der Dynamik in der Justiz- und Innenpolitik zurücktreten.

---

[101] Soweit nicht anders angegeben, werden die Daten des ersten Teils dieses Unterkapitels der überaus informierten Monographie von Thorsten Müller entnommen (Müller 2003).

4.4.1 Die Entwicklung der Justiz- und Innenpolitik von der EEA bis zum Verfassungsentwurf

Die Gründe für die Stärkung der Integration in den Bereichen Justiz und Inneres sind in verstärktem Problemdruck auf zwei Feldern zu sehen. Zum einen hat das internationale Verbrechen – z.b. Drogen- und Menschenschmuggel, Terrorismus, Betrügereien – den Rahmen des Nationalstaats seit langem verlassen. Nicht nur die eigentliche Bekämpfung der internationalen Kriminalität erfordert deshalb eine verstärkte Kooperation. Auch müssen Staaten versuchen, die Lücken nationaler Gesetze für international operierende Kriminelle zu schließen. So haben es beispielsweise Mitglieder der baskischen Terrorgruppe ETA jahrelang vermocht, in Frankreich und Belgien Schutz vor der Verfolgung der spanischen Justiz zu finden.

Zum anderen hat die Migration in den europäischen Raum in den letzten zwanzig Jahren stark zugenommen. Die Gruppe der politisch Verfolgten, die in allen Staaten der EU auf Grundlage der Genfer Menschenrechtskonvention schon immer Asyl beantragen konnte, stellt dabei ein überschaubares Problem dar. Von stärkerem Gewicht sind Armuts- und Arbeitsmigration, denen die Einwanderungspolitiken der Staaten Westeuropas traditionell reserviert gegenüber stehen (vgl. Geddes 2000). Nicht von ungefähr gab es hier ab der zweiten Hälfte der 1980er-Jahre einen Integrationsschub zu verzeichnen. Mit der Einheitlichen Europäischen Akte hatte sich die Kommission unter Jacques Delors die Vollendung des Binnenmarkts zum Ziel gesetzt. Seit den Römischen Verträgen waren dazu die Freizügigkeit von Arbeit, Dienstleistungen, Kapital und eben Personen als Ziele festgeschrieben. Damit stand neben dem quantitativen Anwachsen der internationalen Kriminalität und der Migrationsströme die Notwendigkeit im Raum, die Konsequenzen des neuen Integrationsschubs im Bereich der Justiz- und Innenpolitik zu verarbeiten.

Es war allerdings nicht so, dass eine integrierte Innenpolitik vollkommen aus dem Nichts geschaffen werden musste. Vielmehr existierte schon seit den 1970er-Jahren ein institutionalisierter Austausch zu den Fragen Justiz und Inneres, auf den im langen Vorfeld des Maastricht-Vertrags aufgebaut werden konnte (vgl. Forster/Wallace 1999). Seit 1975 existierte im Rahmen der EG die sogenannte Trevi-Kooperation, die zur Bekämpfung des Terrorismus, der Schwerkriminalität, Drogenkriminalität und zur Förderung der allgemeinen polizeilichen Zusammenarbeit gegründet worden war. Dabei handelte es sich natürlich um ein rein intergouvernementales Gremium ohne Entscheidungsbefugnisse, das eher dem Informationsaustausch diente. Dennoch bestanden in diesem Rahmen eine Reihe von regelmäßig tagenden Gremien, die in ihren Verästelungen einige der späteren Strukturen in der Dritten Säule des Maastrichter Vertrags vorwegnahmen.

Parallel dazu unterzeichneten Deutschland und Frankreich im Jahre 1984 das Saarbrücker Abkommen zum schrittweisen Abbau der Grenzkontrollen.

Die Benelux-Staaten traten der Übereinkunft bei und erweiterten es zum 1985 unterzeichneten ersten Schengener Abkommen. Dieses wurde in den folgenden Jahren von weiteren Staaten unterzeichnet; im Laufe der Jahre waren ihm alle Staaten der EU-15 außer Dänemark, Großbritannien und Irland beigetreten. Parallel zum Schengen-Prozess zeichnete sich in der Gesamt-EG die Verwirklichung des Ziels der Freizügigkeit für Personen ab. Im Weißbuch zur Vollendung des Binnenmarkts von 1985 schlug die Kommission die Abschaffung der Personenkontrollen bis zum Jahr 1992 vor. Bereits 1986 war dieser Vorschlag unter der Formel "Raum ohne Binnengrenzen" in Art. 8a der Einheitlichen Europäischen Akte aufgegriffen worden.

Die Aufgabe der Personenkontrollen an den Binnengrenzen zog – ganz nach den Vorstellungen des Neofunktionalismus (Haas 1968) – Regelungsbedarf in benachbarten Politikfeldern nach sich. Das zweite Schengener Abkommen (das Schengener Durchführungsabkommen, SDÜ) von 1990 umfasste damit auch Harmonisierungsregeln in den Bereichen Außengrenzkontrollen sowie Visa-, Ausländer- und Asylrecht. Bis heute bleiben die Schengener Regelungen allerdings strikt außerhalb des vertraglichen Rahmens der EG/EU (Müller 2003: 123-129). Da sich Dänemark, Großbritannien und Irland nur in – unterschiedlich – beschränktem Maße am Schengener Integrationsraum beteiligen, kann der Bereich als ein geradezu klassisches Beispiel der vertieften Integration nach Art. 43-45 EUV in der Fassung des Nizza-Vertrags gelten.[102]

Der Maastrichter Vertrag stellte den maßgeblichen Schritt zur Integration der Justiz- und Innenpolitik dar. Die beiden Politikbereiche wurden als dritte Säule des EU-Vertrags nach dem seinerzeit von der luxemburgischen Ratspräsidentschaft vorgeschlagenen Tempelmodell in der neuen Europäischen Union etabliert (Dinan 1999: 143). In den damals nach Buchstaben geordneten Artikeln K.1 bis K.9 EUV wurden dabei insgesamt neun Gegenstandsbereiche der Justiz- und Innenpolitik genannt: Asylpolitik, Überschreiten der Außengrenzen, Einwanderungspolitik, Bekämpfung der Drogenabhängigkeit, Bekämpfung von Betrügereien im internationalen Maßstab, Zusammenarbeit in Zivilsachen, Zusammenarbeit in Strafsachen, Zusammenarbeit im Zollwesen, Zusammenarbeit zwischen Polizeidienststellen.

Die vertragsrechtliche Verankerung einiger dieser Bereiche war dabei alles andere als eindeutig. Der "Raum ohne Binnengrenzen" war im EG-Vertrag geregelt, die Umsetzung aber dem EU-Vertrag überlassen. Auf der

---

[102] Müller (2003: 152) weist darauf hin, dass die Rede von der vertieften Zusammenarbeit im Bereich des freien Personenverkehrs drei Kooperationsbünde zu beachten hat. Neben dem Schengener Durchführungsabkommen besteht die Common Travel Area zwischen Großbritannien und Irland sowie die Nordische Passunion. Die von Dänemark, Großbritannien und Irland erwirkten Ausnahmeregelungen zu Schengen, denen im Art. 69 EGV in Amsterdam sogar vertragsrechtlicher Status zugestanden wurde, gehen damit nicht nur auf nationale Empfindlichkeiten, sondern auch auf eine Konkurrenz unterschiedlicher Freizügigkeitsregimes zurück. Maßgeblich sind dabei die dem Amsterdamer Vertrag angehängten Protokolle zu den Positionen Dänemarks sowie des Vereinigten Königreichs und Irlands.

einen Seite handelte es sich damit um eine gemeinschaftliche Angelegenheit, auf der anderen Seite konnte die gemeinschaftliche Aufgabe nur mit den intergouvernementalen Instrumenten des EU-Vertrags – Gemeinsame Standpunkte, Gemeinsame Maßnahmen, Übereinkommen – in Angriff genommen werden. Ähnliche Kreuzlagen bestanden bei der einheitlichen Visagestaltung, bei der Bekämpfung der Drogenabhängigkeit und bei der Einwanderung (Müller 2003: 131).

Die Lektüre der Vertragstexte brachte damit zwei Erkenntnisse. Zum einen führten – wie unter anderem die Kommission ausführte[103] – Komplexität und Kompetenzüberschneidungen zu deutlichen Effizienzverlusten in einem sowieso schon unübersichtlichen Politikfeld. Zum anderen bestand ein deutliches Missverhältnis zwischen dem hohen Regelungsbedarf und den vorgesehenen Instrumenten. Die Kommission merkte im Jahre 1995 an, dass in den ersten Jahren der Gemeinsamen Justiz- und Innenpolitik kein Gemeinsamer Standpunkt sowie nur zwei Gemeinsame Maßnahmen und ein Übereinkommen angenommen worden waren. Demgegenüber hatte es jedoch 50 Empfehlungen, Entschließungen und Schlussfolgerungen gegeben (Müller 2003: 143).

Diesen Missständen sollte mit dem Vertrag von Amsterdam begegnet werden. Die Politikfelder, die von den divergierenden Regelungen besonders stark betroffen waren – Visa, Asyl, Einwanderung – wurden vergemeinschaftet und damit in den EG-Vertrag integriert (Art. 61-69 EGV). Im Amsterdamer Vertrag tauchte in Art. 61 EGV ebenso wie in Art. 29 EUV und Art. 40 EUV auch zum ersten Mal der Begriff des "Raums der Freiheit, der Sicherheit und des Rechts" auf, der fortan Karriere machte und mit dem im Verfassungsentwurf ein eigenes Kapitel überschrieben ist (Art. III-158 bis Art. III-178 VfE). Nicht zuletzt wurde mit dieser Formulierung auch der implizite Anspruch verbunden, im Bereich der Justiz- und Innenpolitik mittelfristig zu einem vollständig in die EU (genauer: in die Gemeinschaft) integrierten Politikfeld zu kommen.

In Art. 65 EGV wurde mit der justiziellen Zusammenarbeit in Zivilsachen ein weiterer Bereich der ersten Säule zugeschlagen. Der Artikel regelt einige Verbesserungen und Vereinfachungen bei der Zusammenarbeit von Gerichten und Staatsanwaltschaften und schreibt höhere Anstrengungen bei der Vereinbarkeit von Normen, Kompetenzzuständigkeiten und zivilrechtlichen Verfahrensvorschriften vor.

In beiden Bereichen ermöglichte die Einbeziehung in den EG-Vertrag nicht unmittelbar eine höhere Entscheidungseffizienz. Dies hing mit Art. 67 EGV zusammen, der bezüglich der institutionellen Beteiligung mit der Ausnahme einiger Visaregelungen aus Art. 62 EGV für fünf Jahre Einstimmigkeit im Rat vorsah. Obwohl somit das wichtigste Einordnungsmerkmal für

---

[103] Siehe Bericht über die Funktionsweise des Vertrags über die Europäische Union, 10.5.1995, SEK (95) 731.

Intergouvernementalität nach wie vor gegeben war, gab es doch einige hybridisierende Bestimmungen. So teilte sich die Kommission für fünf Jahre das Initiativrecht mit den (einzelnen) Mitgliedsstaaten, außerdem war eine Anhörung des Parlaments vorgesehen. Die wohl wichtigste Konzession der Integrationsskeptiker bestand in Art. 68 EGV, der – wenn auch mit gewissen Einschränkungen – die Kompetenz des Europäischen Gerichtshofs bei Vorabentscheidungen nach Art. 234 EGV zuließ.

Nach dem Ablauf der fünfjährigen Übergangsfrist – die später mit dem 1.5.2004 festgesetzt wurde – stimmen die Bereiche Visa, Asyl und Einwanderung sowie die justizielle Zusammenarbeit in Zivilsachen noch weiter mit dem Regelverfahren im EG-Vertrag überein. Dann erhält nach Art. 67(2) EGV die Kommission das alleinige Initiativrecht; gleichzeitig wird im Visabereich der Übergang zur qualifizierten Mehrheitsentscheidung und zum Mitentscheidungsverfahren nach Art. 251 EGV automatisch vollzogen. Zusätzlich kann der Rat einstimmig beschließen, weitere Teilbereiche künftig ebenfalls diesem Regelverfahren zu unterziehen.

Vertragsrechtlich von den gerade genannten Bereichen zu unterscheiden sind die Zusammenarbeit von Polizei- und Zollbehörden[104], die Drogenbekämpfung und die justizielle Zusammenarbeit in Strafsachen. Hier blieb nach den Verhandlungen zu Amsterdam die dritte Säule der EU, speziell Titel VI des EU-Vertrags (Art. 29 bis 42 EUV), einschlägig. Art. 29 EUV nennt u.a. die Verhütung und Bekämpfung der Kriminalität, des Terrorismus, des Menschenhandels, des illegalen Drogen- und Waffenhandels sowie der Bestechlichkeit als Ziele, die mittels einer "engeren Zusammenarbeit" der Polizei-, Zoll- und Justizbehörden sowie einer Annäherung der Strafvorschriften der Mitgliedsstaaten erreicht werden sollen (Art. 30, 31 EUV).

Gleichzeitig schreibt Art. 30(2) EUV dem Rat vor, die europäische Polizeibehörde Europol innerhalb von fünf Jahren bei der Ermittlung und der Koordination von nationalen Polizeibehörden in einer Reihe von Betätigungsfeldern deutlich zu stärken. Da neben der – allerdings nur in "speziellen Fällen" (Art. 30(2.b) EUV) vorgesehenen – Koordination weiterhin von operativen Aktionen durch Europol die Rede ist, wird damit zu einem gewissen Grade das Prinzip der Intergouvernementalität durchbrochen, indem angestammte Souveränitätsrechte und nationalstaatliche Kompetenzen an eine Institution auf der europäischen Ebene abgegeben werden.

Die einschlägigen Artikel im EU-Vertrag halten weitere Bestimmungen in dieser Richtung bereit. Ausdrücklich wird in Art. 40 EUV eine Möglichkeit der Verstärkten Zusammenarbeit gewährt, die ihrerseits bereits mit qualifiziertem Mehrheitsentscheid, allerdings nicht gegen das ausdrückliche Veto eines Mitgliedsstaats, beschlossen werden kann. Weitere Aspekte, die die

---

[104] Hier ist zu beachten, dass weite Teile der Zollzusammenarbeit – etwas abgekürzt solche, die nicht mit dem Strafrecht in Berührung kommen – im Rahmen des Binnenmarkts natürlich im EG-Vertrag (Art. 135 EGV) geregelt sind.

Zusammenarbeit in Polizei-, Zoll- und Strafjustizsachen ein wenig in Richtung der Entscheidungsverfahren der Ersten Säule schieben, sind das thematisch uneingeschränkte Ko-Initiativrecht der Kommission (Art. 34(2) EUV), das Recht des EuGH zur Vorabentscheidung (Art. 35 EUV)[105] sowie das Anhörungsrecht des Parlaments (Art. 39 EUV). Trotz dieser Kompetenzen der Gemeinschaftsinstitutionen kann jedoch insgesamt kein Zweifel am intergouvernementalen Charakter der Bestimmungen in Säule III aufkommen; vor allem, weil die Gemeinsamen Standpunkte, Rahmenbeschlüsse, Beschlüsse und Übereinkommen nach Art. 34(2) EUV nur einstimmig angenommen werden können.

Diese Grundbestimmungen wurden in der Regierungskonferenz vor dem Vertrag von Nizza, die sich vorrangig anderen Fragen zu widmen hatte, nur unwesentlich angetastet. Für bedeutsam befunden wurden die erweiterten Möglichkeiten zur verstärkten Zusammenarbeit in den Artikeln 43 bis 45 EUV (Müller 2003: 168-169), die auf den gesamten Geltungsbereich des EU-Vertrag zielten, aber am ehesten in der Justiz- und Innenpolitik Anwendungsmöglichkeiten finden könnten. Eine weitere Neuerung des Nizza-Vertrags ist die Erwähnung der europäischen Justizbehörde Eurojust in Art. 31 EUV.

Dennoch kann der Nizza-Vertrag nicht ganz vernachlässigt werden. Eine Reihe von Regelungen, die im Amsterdamer Vertrag der Übergangsfrist von längstens fünf Jahren unterlegen hatten, kam gewissermaßen automatisch auf den Prüfstand. Für einige Bereiche wurde der 1.5.2004 als Ende der Übergangszeit definiert. Dies betrifft die Freizügigkeit von Drittstaatsangehörigen mit Kurzzeitaufenthalt, die illegale Einwanderung sowie die administrative Zusammenarbeit im freien Personenverkehr. Bei anderen endete die Übergangsfrist mit dem Inkrafttreten des Vertrags von Nizza am 1.2.2003. Mit qualifizierter Mehrheit im Rat plus Mitentscheidungsverfahren wird seitdem in den Bereichen Asyl und Flüchtlinge sowie der justiziellen Zusammenarbeit in Zivilsachen mit grenzüberschreitendem Charakter entschieden.[106] Zusammengefasst ergibt sich die Übersicht in Tabelle 4.10.

---

[105] Dabei entscheiden allerdings die Mitgliedsstaaten individuell, ob sie die Zuständigkeit des EuGH anerkennen (Art. 35(2) EUV); die Befassung des EuGH mit Polizeimaßnahmen und nationalen Maßnahmen zur Aufrechterhaltung der öffentlichen Ordnung wird dabei ausgeschlossen (Art. 35(5) EUV).

[106] Die EU wäre nicht die EU, wenn es nicht auch hier wieder eine Ausnahme gäbe: Vom Regelfahren der ersten Säule in Sachen ziviler justizieller Zusammenarbeit ist nach Art. 65 und 67 in der Fassung des Nizza-Vertrags das Familienrecht ausgeschlossen.

Tabelle 4.10: Gültigkeit und Inkrafttreten von Bestimmungen im Bereich der Innen- und Justizpolitik[107]

Vor der EU		• Gründung von Interpol (1946) • Europarat: Abkommen im Bereich der Rechtshilfe und Auslieferungsregelungen; Pompidou-Gruppe (seit 1971) • TREVI-Kooperation (seit 1975) • Schengen I (1985): Schrittweiser Abbau der Grenzkontrollen an den Binnengrenzen • Schengen II (1990): Harmonisierung in den Bereichen Außengrenzkontrollen sowie Asyl-, Visa- und Ausländerrecht	
Vertrag von Maastricht		• Dritte – intergouvernementale – Säule des Maastrichter Vertrags: Justiz- und Innenpolitik (Titel VI EUV)	

		Erste Säule (EGV)	***Dritte Säule (EUV)***
Vertrag von Amsterdam	*grundsätzlich*	• Asyl-, Visa- und Einwanderungspolitik (Art. 61-69); dabei teilweise Einbeziehung der Regelungen der Abkommen von Schengen und Dublin • Justizielle Zusammenarbeit in Zivilsachen (Art. 61, 65, 67)	• Zusammenarbeit von Polizei- und Zollbehörden, Drogenbekämpfung (Art. 29-42); dabei Stärkung von Europol (Art. 30) • Justizielle Zusammenarbeit in Strafsachen (Art. 20, 30)
	Institutionelle Regelungen	• Kommission bekommt alleiniges Initiativrecht (Art. 67) • Rat kann nach Anhörung des Europäischen Parlaments einstimmig beschließen, mit qualifizierter Mehrheit abzustimmen und das Mitentscheidungsverfahren anzuwenden (Art. 67) • Automatischer Übergang zum QMV + Art. 251 EGV im Bereich der Visapolitik (Art. 67) • Recht des EuGH zur Vorabentscheidung (Art. 68, 234)	• Beschlüsse werden einstimmig gefasst (Art. 34) • Verstärkte Zusammenarbeit kann mit qualifiziertem Mehrheitsentscheid beschlossen werden (Art. 40) • Ko-Initiativrecht der Kommission (Art. 34) • Recht des EuGH zur Vorabentscheidung (Art. 35) • Anhörungsrecht des Parlaments (Art. 39)
Vertrag von Nizza		• Protokoll zu Art. 67: einige Bereiche der Visa- und Einwanderungspolitik werden unter Frist- oder Einstimmigkeitsvorbehalt dem Verfahren QMV + Art. 251 EGV zugeordnet	• Einführung von Eurojust (Art. 31) • Weitere Möglichkeiten der verstärkten Zusammenarbeit (Art. 40, 43-45); EuGH wird zuständig (Art. 40)

* Zum Teil seit Gültigkeit des Amsterdamer Vertrages, z.T. ab 1.5.2004 wegen des Auslaufens von Übergangsbestimmungen.

In der Zusammenschau muten viele der seit Amsterdam und Nizza gültigen Regelungen in Art. 29-42 EUV und Art. 61-69 EGV, die zudem durch je-

---

[107] Eine stärker differenzierende Übersicht über sämtliche Geltungsbereiche der Justiz- und Innenpolitik findet sich bei Müller (2003: 171-176).

weils ein Protokoll und eine "Erklärung zu Artikel 67 des Vertrags zur Gründung der Europäischen Gemeinschaft"[108] ergänzt werden, als Momentaufnahmen einer Übergangsphase an. Für den Übergangscharakter spricht vor allem die große Unübersichtlichkeit bei den Entscheidungsverfahren, die von den politischen Akteuren unmöglich als befriedigend empfunden werden kann. Besonders im Bereich des EG-Vertrags besteht hier ein beträchtliches Vereinheitlichungspotenzial, das früher oder später wohl auch genutzt werden wird.

Auch für die Aufgliederung der Innen- und Justizpolitik insgesamt ist ein nicht unbeträchtlicher Anpassungsdruck zu verzeichnen. Gewiss, die Unterteilung der gemeinschaftlichen Asyl-, Visa- und Einwanderungspolitik sowie der zivilen justiziellen Zusammenarbeit auf der einen und der intergouvernementalen Zusammenarbeit von Polizei-, Zoll-, und Strafjustizbehörden sowie in der Drogenpolitik auf der anderen Seite erscheint zunächst plausibel. Die Bereiche mit der stärksten Emphase auf nationalen Traditionen bleiben auch am nächsten an der autonomen Entscheidungsgewalt der nationalstaatlichen Regierungen. Dennoch steigt durch den nun nach Mitteleuropa ausgedehnten Binnenmarkt der Bedarf an effizienten Institutionen der Strafverfolgung. Um der Vergemeinschaftung der organisierten Kriminalität zu entgehen und gleichzeitig ein integriertes Konzept der Verbrechensbekämpfung entwickeln zu können, geht an einer Angleichung der einschlägigen Rechtsvorschriften sowie der verstärkten Kooperation der Polizeiapparate kaum ein Weg vorbei. Diesem Bedarf entgegen stehen allerdings die bereits diskutierten Defizite in den Justizsystemen vieler Beitrittsstaaten und die aus einigen Staaten der EU-15 signalisierte Gegnerschaft zur Überführung dieses Bereiches in die Regelverfahren der Ersten Säule.

4.4.2 Osterweiterung und Verfassungsprozess

Wie bereits angedeutet, lassen sich im Bereich der Justiz- und Innenpolitik nur wenige Aspekte herausfiltern, die in spezifischem Zusammenhang mit der Erweiterung stehen. Der Beitritt der zehn neuen Mitgliedsstaaten hat keine einschneidenden Konsequenzen für das Politikfeld, und die Perspektive der Erweiterung hat auch nicht die alten Mitglieder zu einer beschleunigten Entscheidungsfindung gezwungen; der Anpassungsdruck kam aus dem Innern der EU-15.

In direktem Zusammenhang mit der Osterweiterung steht natürlich der Beitrittsvertrag.[109] Aus ihm und den darin enthaltenen Anpassungsbedingungen hinsichtlich des *acquis communautaire* lässt sich eine gewisse Grundskepsis der alten EU gegenüber der Reformfähigkeit der Justiz- und Polizei-

---

[108] Amtsblatt vom 10.3.2001, Nr. C 80.
[109] http://europa.eu.int/comm/enlargement/negotiations/treaty_of_accession_2003/index. htm.

behörden der neuen Mitgliedsstaaten herauslesen. Als Defizitbereiche werden die Asylpolitik, die Bekämpfung der Kriminalität und die Ausstattung von Gemeinschaftsinstitutionen wie Europol und Eurojust durch die Neumitglieder identifiziert (Knelangen 2004: 435-438). Art. 3 des Beitrittsvertrags legt fest, dass Teile der in das Unionsgefüge eingearbeiteten Bestimmungen des Schengener Abkommens erst nach einer einstimmigen Entscheidung des Rats im Beitrittsraum Gültigkeit erlangen. Dies betrifft hauptsächlich die inneren Grenzkontrollen, vor deren Wegfall für jedes Neumitglied ein detaillierter Überprüfungsprozess in Angriff genommen werden soll. Die übrigen – also nicht die inneren Grenzkontrollen betreffenden – Anwendungsbereiche des Schengener Abkommens treten unmittelbar nach Beitritt in Kraft.[110]

Möglicherweise scheint hier die Fortschreibung der Verstärkten Kooperation vorgezeichnet. Mittelfristig dürften mehr als nur die drei traditionellen Nichtteilnehmer Dänemark, Großbritannien und Irland außerhalb des Schengener Rahmens bleiben. Anders als bei den *Opt-outs* durch die alten Mitgliedsstaaten werden jedoch Ausschlussverfahren in anderer Richtung möglich. Im erweiterten Schengen-Raum droht eher eine Integrationsverweigerung von der Mehrheit der alten Mitglieder als ein freiwilliges *Opt-out* eines Neumitglieds, das im übrigen durch den bereits zitierten Art. 3 des Beitrittsvertrags ausgeschlossen wird.

Weiterhin schlägt sich die Skepsis der alten EU-Mitglieder in der Einräumung von Schutzklauseln in der Justiz- und Innenpolitik nieder. Diese beziehen sich auf die gegenseitige Anerkennung im Straf- und Zivilrecht. Ungewöhnlicherweise wird für die Schutzklauseln auf der einen Seite eine maximale Übergangszeit von drei Jahren eingeräumt, während aber gleichzeitig eine längere Laufzeit der Schutzbestimmungen möglich ist.[111] Auch dies spricht für Vorbehalte in der EU-15 gegenüber der Transformationsfähigkeit der Verwaltungs- und Justizbehörden in den neuen Mitgliedsstaaten, die sich, wie in Kap. 3.4 gesehen, auch in den Beitrittsberichten der Kommission wiederspiegeln.

In der längerfristigen Perspektive entscheidend für die Entwicklung der Justiz- und Innenpolitik ist nicht der Vertrag von Nizza, sondern die "Verfassung für Europa" in Form des Verfassungsentwurfs (VfE). In der Justiz- und Innenpolitik ging der Konvent dabei wesentlich über den ursprünglichen Auftrag hinaus, die Substanz der einzelnen Politikfelder unangetastet zu lassen (siehe Kap. 3.3). Insbesondere veränderte die Aufhebung der Säulen des EU-Vertrags die Sonderrolle der Justiz- und Innenpolitik. Die Grundsatzentscheidung des Amsterdamer Vertrags blieb zwar bestehen: Über die Visa-, Einwanderungs- und Asylpolitik sowie die justizielle Zusammenarbeit in Zivilsachen wird nach dem supranationalen Verfahren entschieden,

---

[110] Vgl. Abschlussbericht der Kommission über das Ergebnis der Beitrittsverhandlungen, http://europa.eu.int/comm/enlargement/negotiations/pdf/negotiations_report_to_ep.pdf, hier S. 50.

[111] Vgl. Nochmals den Abschlussbericht, hier S. 59.

während bei der Zusammenarbeit in Strafsachen und bei der Kooperation der Polizeibehörden das intergouvernementale Prinzip seine Bedeutung behält. Die Bereiche, in denen Einstimmigkeit erforderlich ist, werden jedoch klarer benannt und damit eingegrenzt. Insgesamt kommt es zu einem "Durchbruch des Mehrheitsprinzips auf breiter Front" (Monar 2003: 545). Weiterhin wurde die Charta der Grundrechte in die Verfassung eingegliedert, es fand eine Erweiterung der Politikziele statt, die Zuständigkeitsverteilung zwischen Union und Mitgliedsstaaten wurde revidiert, "Solidarität" wurde als neues Integrationsprinzip eingeführt und das Entscheidungssystem wurde reformiert (ebd.: 548).

Diese weiteren Innovationen spielen bis zur Unterzeichnung und der Ratifizierung der Verfassung keine Rolle in den Entscheidungsverfahren der europäischen Institutionen. Dennoch werfen sie einen Schatten der Integration auf die Zukunft der Justiz- und Innenpolitik. Mit dem Konventsentwurf haben die Regierungen der alten und neuen Mitgliedsstaaten signalisiert, dass sie die Säulenkonstruktion im Prinzip schon als überwunden ansehen und – bis auf die in den Artikeln III-170 bis III-178 VfE genannten Ausnahmen[112] – in weiten Bereichen die Anwendung des Mehrheitsprinzips als möglich ansehen.

Auch wenn die vertraglichen Grundlagen noch nicht geschaffen sind, bekommt das von den Mitgliedsstaaten für die Zukunft abgesteckte Integrationspotenzial bereits in der Gegenwart eine gewisse normative Bindungskraft. Eine Verlobung induziert (meistens) bereits die Verhaltensweisen der späteren Ehe. Analog dürften es die generell eher integrationszögerlichen Mitgliedsstaaten im Rat schwer haben, gegen bereits einmal zugestandene Vertiefungsbeschlüsse zu argumentieren. Wenngleich die Verfassung selbstverständlich noch keine rechtliche Gültigkeit beanspruchen kann, kommt ihr bei der Signalisierung von Bereitschaft zur Supranationalisierung politische Geltungskraft zu.

Dabei ist der vom traditionellen Neofunktionalismus vorhergesagte Mechanismus des *Spill over* zu neuen Ehren gekommen. Die Zusammenarbeit bei den Grenzkontrollen zog die Kooperation – und spätere Supranationalisierung – in den Bereichen Asyl und Einwanderung nach sich. In ähnlicher Weise könnte die Etablierung von Standards und Kooperationsverfahren bei der justiziellen Zusammenarbeit in Zivilsachen mittelfristig Druck erzeugen, sich auch bei Strafsachen der supranationalen justiziellen Institutionen zu bedienen, soweit sie einmal erprobt sind und funktionieren.

---

[112] In folgenden Bereichen ist die Einstimmigkeit auch im Verfassungsentwurf noch vorgesehen: Familienrecht mit grenzüberschreitenden Bezügen (Art. III-170(3) VfE), Mindestvorschriften für spezifische Aspekte des Strafverfahrens (Art. III-171(2b) VfE), Mindestvorschriften zur Festlegung von Straftaten in Bereichen besonders schwerer Kriminalität wie z.B. Terrorismus, Menschenhandel u.a. (Art. III-172(1) VfE), Einführung einer europäischen Staatsanwaltschaft (Art. III-175(1) VfE), Maßnahmen zur operativen Zusammenarbeit zwischen nationalen Polizei- und Justizbehörden (Art. III-176(3) VfE) sowie die Bedingungen des Tätigwerdens nationaler Behörden in anderen EU-Staaten (Art. III-178 VfE).

5 Fazit: Die neue Bedeutung der unionsinternen Interessengegensätze

Mit der Einigung auf die "Verfassung für Europa" am späten Abend des 18.6.2004 in Brüssel haben die Staats- und Regierungschefs der Europäischen Union einen weiteren Schritt zur Ausbildung eines vollen politischen Systems unternommen. Selbst der britische Premierminister Tony Blair feierte die Verfassung als "historischen Schritt" (FAZ, 19.6.2004), und sein Außenminister Jack Straw verteidigte das Dokument wortreich gegen Einwürfe von Kritikern (Economist, 10.7.2004). Vordergründig könnte die Verabschiedung der Verfassung Anlass zu der Vermutung geben, eine der schwereren Krisen der EU – das Zusammenspiel von Verfassungskonflikt und Irak-Krise – sei damit überwunden worden, so wie auch viele Auseinandersetzungen der Vergangenheit verarbeitet wurden und häufig sogar Anlass zu neuen Integrationsanstrengungen gegeben haben.

Die Ergebnisse der vorhangegangenen Kapitel sprechen dagegen eher für eine andere Interpretation. Die Ausbildung der EU zum politischen System impliziert nicht zuletzt, dass es nicht immer weitere Vertiefungsschritte zu einer "immer engeren Union der Völker Europas" (Präambel EUV) geben wird. Nicht mehr das Paradigma der stetigen Vertiefung, sondern das großteils verfestigte Beziehungsgeflecht der institutionellen Komponenten bestimmen das Verständnis des EU-Mehrebenensystems. Die Konflikte zwischen den Völkern, Staaten und Regierungen sind nicht mehr allein der unaufhörlichen Integrationsdynamik und dem Für und Wider um mehr oder weniger Integration zuzuschreiben. Vielmehr rückt die Regelhaftigkeit von politisch tagesüblichen Konflikten ins Blickfeld von Wissenschaftlern und Bürgern.

Im politischen System der EU, so wie es sich nun einmal entwickelt hat, ist die Produktion effektiver und legitimer Entscheidungen allerdings nicht automatisch gesichert. In der Wirtschaftspolitik droht die Verstetigung einer systematisch ineffizienten Entscheidungsstruktur (Kap. 4.1). In den EU-Politiken mit Distributionsbezug besteht die Gefahr der Entwicklung einer Union mit drei Klassen von Staaten: den reichen Mitgliedsländern der EU-15, den alten Kohäsionsstaaten, die weiterhin in hohem Maße von den Verteilungsmechanismen der Gemeinschaft profitieren und den zur Absorption von Agrar- und Strukturmitteln nur schwach gerüsteten Neumitgliedern (Kap. 4.2). In der Außen- und Sicherheitspolitik kann die Gerinnung nationalstaatlicher Befindlichkeiten trotz der "Brüsselisierung" der GASP nicht verborgen werden. Zudem haben die Neumitglieder in den für die Außenpolitik der EU charakteristischen Bereichen der Außenhandels- und Entwicklungspolitik (im weiteren Sinne) wenig Eigengewicht einzubringen (Kap. 4.3). Lediglich in der Justiz- und Innenpolitik haben es die europäischen

Staaten vermocht, den Herausforderungen von Globalisierung und Erweiterung mit einer Effizienzsteigerung des institutionellen Arrangements produktiv entgegenzutreten (Kap. 4.4). In wichtigen Teilbereichen der europäischen Politik bestehen damit – und das ist das etwas zugespitzte Ergebnis von Kapitel 4 – nur in beschränktem Ausmaß die Voraussetzungen für effiziente Politik, die nach den Grundannahmen der politischen Systemforschung das wichtigste Element für eine sich ausbildende und stabil bleibende Legitimität des Systems ist.

Wenn die EU als System verstanden wird, in dem eine – wenn auch komplexe – Beziehung zwischen Beherrschten und Herrschenden besteht, ist die Differenzierung des Legitimitätsbegriffs in Input- und Output-Legitimation hilfreich (vgl. Scharpf 1999: 17-28). Der Begriff der Input-Legitimation bezieht sich formal auf Kategorien wie Partizipation oder Konsens, enthält aber in Massendemokratien auch die Dimension des Weberschen "'Gemeinsamkeitsglaubens', (...) der sich auf präexistente geschichtliche, sprachliche, kulturelle oder ethnische Gemeinsamkeiten gründet" (ebd.: 18). Ouput-Legitimation ist dagegen an das Potenzial des Systems zur Lösung von Problemen gebunden. Befriedigende Ergebnisse des politischen Prozesses werden dabei in nationalen Demokratien von unterschiedlichen Institutionenarrangements, z.B. durch Wahl- und Parteienkonkurrenz, durch Expertenwesen oder durch korporatistische Vereinbarungen, erzielt. Scharpf, der seine Unterscheidung zwischen Input- und Outputlegitimation im übrigen schon in seiner Antrittsvorlesung an der Universität Konstanz im Jahre 1970 unternommen hat (Scharpf 1970), spitzt weiter zu, indem er von input-orientierter *Authenzität* und output-orientierter *Effektivität* spricht (Scharpf 1999: 12).

In beiden Dimensionen demokratischer Herrschaft, so ist leicht zu sehen, ist in der Europäischen Union die Erlangung systemstabilisierender Legitimität deutlich schwieriger als im Kontext von Nationalstaaten. Die Input-Seite, die sich nach der klassischen politischen Systemforschung für die Akteure über Forderungen und Unterstützung der Bevölkerung(en) bemerkbar macht, ist in Europa fast notorisch durch Heterogenität gekennzeichnet (Enzensberger 1987; Plessen 2003). Eine genuin europäische Identität existiert höchstens bei Teilen der europäischen Bevölkerungen, der europäische Raum ist durch sprachliche und kulturelle Grenzen gekennzeichnet, und daher fehlt es auch an Voraussetzungen für die an den Modus des Gemeinsamkeitsglaubens gebundene Bereitschaft der strukturellen Minderheiten zur Unterordnung unter strukturelle oder zufällige Mehrheiten (Kielmannsegg 2003). Auf Seiten der Output-Legitimation liegen nicht-konsensuale, also z.B. kontroverse oder (re)distributive politische Entscheidungen außerhalb des Verfügungsbereichs der politischen Akteure. Denn angesichts der schwachen Grundlagen auf der Input-Seite setzen die Akteure ihre Legitimität nur in Ausnahmefällen dadurch aufs Spiel, dass sie Entscheidungen jenseits der "Grenzen ihrer Legitimitätsgrundlage" treffen (Scharpf 1999: 30).

Die Ergebnisse der Kapitel 3 und 4 lassen sich nun auch dahingehend zusammenfassen, dass sich die Legitimationsprobleme in der EU nach der Osterweiterung in erheblichem Maße verschärft haben. Auf Seiten der Input-Legitimation scheinen zwar einerseits die Unterschiede bei den kulturellen Grundorientierungen zwischen Mittel- und Westeuropa nicht sehr groß zu sein, da sich die strukturellen Bindungen an regionale, nationale und europäische Gegebenheiten besonders bei den gebildeteren Schichten stark ähneln (Laitin 2002). Andererseits gehorchen jedoch die Bindungen zwischen Wählern und politischen Eliten deutlich unterschiedlichen Gesetzmäßigkeiten. Während *grosso modo* in Westeuropa die Parteibindung schwindet und damit eine wachsende Wählerfluktuation speist (Inglehart 1990; Pedersen 1990), haben sich Parteiaffinitäten in Mitteleuropa wegen der autokratischen Regimevergangenheit gar nicht erst bilden können; die programmatisch-ideologische Dimension des Parteienwettbewerbs ist wesentlich schwächer. An seine Stelle treten kurzfristigere und personenorientiertere Aspekte, die sich in vielen Ländern in einer extrem hohen Volatilität niederschlagen (Beichelt 2001a: 270).

Es mag also sein, dass sich die Einstellungsseite der Input-Dimension in der EU-25 durch die Erweiterung nicht so stark verändert hat. Entscheidender ist jedoch, dass sich die politischen Akteure in Mitteleuropa an (noch) kurzfristigeren Zeithorizonten orientieren müssen als ihre Kollegen in Westeuropa. Da sich die meisten Beitrittsländer noch in der Spätphase der Systemtransformation befinden, gewinnen damit nicht unbedingt Themen oder Aspekte an Boden, die den Gemeinsamkeitsglauben in der EU befördern. Es fällt den politischen Akteuren leicht, die Unsicherheiten der sozialen und wirtschaftlichen Modernisierung in nationalen oder – allgemeiner: – in althergebrachten kulturellen Kontexten zu verorten. Das Resultat sind nationale Europadiskurse, in denen sich das Für und Wider der europäischen Integration viel leichter und intensiver als in Westeuropa populistisch aufschaukelt.

Die EU- und euro-skeptischen Parteien, die in Kap. 3.2 behandelt wurden, entspringen so nicht zuletzt dem Wechselspiel zwischen transformationsgeschädigten Wählern und auf kurzfristige Stimmengewinne geeichten "politischen Unternehmern" (Schumpeter 1950). Auf der Input-Seite führen sie zu einem Bodensatz an EU-kritischen Haltungen in der Bevölkerung, die auch von den pro-integrativen Eliten der Neumitglieder kaum zu übergehen sind. Insofern bringen die Neumitglieder massiv etwas in die Union ein, das diese vorher nur von den radikalen Rändern kannte: einen politischen Diskurs um die vermeintlichen oder tatsächlichen Nachteile der europäischen Integration.

Auf der Output-Seite entwickeln sich die Dinge ebenfalls in eine Richtung, die vorher bekannte Schattenseiten der Integration wesentlich deutlicher zum Ausdruck bringt. Verteilungsfragen können in der EU nur unbefriedigend oder gar nicht gelöst werden (siehe Kap. 4.1 und 4.2). In der EU-15 konnte dieses Defizit durch letztlich beschränkte Mittelaufwendungen einiger besonders integrationsinteressierter Mitgliedsstaaten aufgefangen werden, indem über die Jahre Struktur- und Kohäsionsmittel vermehrfacht wurden. In der EU-25 besteht diese Option aber nicht mehr, weil zum einen der traditionelle Hauptgeldgeber in der Union – Deutschland – bis auf weiteres nicht mehr über die finanzpolitischen Spielräume verfügt und weil zum anderen durch die Verschiebung des Einkommensmedians auch solche Länder zu umfangreichen Beiträgen zum EU-Haushalt gezwungen würden, die traditionell weniger eine integrationistische als eine souveränitätsorientierte Europa-Strategie verfolgen.

Tabelle 5.1: Mehrheitsverhältnisse in der EU-25

		Entscheidungsmodus***			Stimmenanteile im Rat*
		In der Tendenz souveränitäts-orientiert	Keine eindeutige Tendenz	In der Tendenz integratio-nistisch	
Finanzielle Position**	Geberland	Dänemark Großbritannien Schweden	Deutschland Frankreich	Belgien Luxemburg Niederlande	153/321 9/25 40.5%
	Keine eindeutige Tendenz		Österreich	Finnland Italien	56/321 3/25 15.8%
	Empfängerland (EU-15)	Griechenland	Spanien	Irland Portugal	58/321 4/25 14.0%
	Empfängerland (Neumitglieder)	Estland Lettland Polen Tschechien Zypern	Malta	Litauen Slowakei Slowenien Ungarn	84/321 10/25 16.7%
Stimmenanteile im Rat		109/321 9/25 30.6%	94/321 5/25 41.8%	114/321 11/25 27.6%	

*Die Stimmenanteile im Rat beruhen unter Berücksichtigung der Stimmengewichte des Beitrittsvertrags und des Kompromisses von Ionnina (1995) auf drei Kriterien, die folgendes Verhältnis von Entscheidungsmehrheit und Blockademinderheit aufweisen (siehe auch Kap. 3.3): QMV/Rat = Mehrheit bei 232 Stimmen, Blockade bei 90 Stimmen. Anzahl der Staaten: i.d.R. 13 von 25 jeweils für Mehrheit und Blockademinderheit. Bevölkerung: Mehrheit bei 62%, Blockademinderheit bei 38,01%.
** Einordnung aufgrund der Haushaltssituation der Mitgliedsländer in den Jahren 1997-2000, siehe Tab. 4.8.
*** Einschätzung aufgrund der Ausführungen in den Kapiteln 1 und 3.

Tabelle 5.1 bestätigt auf der empirischen Ebene die Vermutung, Verteilungsfragen seien im nun erweiterten EU-System besonders schwer zu lösen. In der EU-25 haben sich nämlich die strukturellen Gewichte zwischen Nehmer-

und Geberländern in der einen sowie integrationistischen und souveränitäts-orientierten Staaten in der anderen Dimension verschoben. In der EU-15, erst recht in der EU-12, stellten Empfänger- und souveränitätsorientierte Länder Minderheiten, die sich bei einstimmigen Entscheidungen gegen Übervorteilung wehren konnten. Wann immer jedoch qualifizierte Mehrheitsentscheidungen ins Spiel kamen, bestand im Hintergrund eine strukturelle Mehrheit von Nichtempfängerstaaten mit insgesamt integrationistischer Europa-Strategie. Zahlungsempfänger und tendenziell souveränitätsorientierte Regierungen standen daher stets unter strategischem Druck zur Anpassung ihrer Positionen an die latente Mehrheit. Schließlich ist das Verhandlungssystem der EU auf Dauer angelegt, und Nicht-Kooperation kann in Politikbereichen ohne Vetoregelung leicht bestraft werden. Daher gewinnen Vetos, bzw. das Bestehen auf Einstimmigkeit, erst dann an Attraktivität, wenn eine größere Gruppe von Staaten hinter ihnen steht. Die Gruppe muss so groß und so stabil sein, dass auch eine Blockademinderheit zur Verhinderung von Entscheidungen in Politikfeldern mit qualifiziertem Mehrheitsentscheid besteht. Mit der Osterweiterung hat sich eine solche Grundkonstellation möglicherweise eingestellt.

Vordergründig scheinen die Änderungen nicht so umfassend zu sein, denn die wichtigsten distributiven Entscheidungen wie z.B. die Festlegung der Finanziellen Vorausschau werden nach wie vor (bis 2013) einstimmig entschieden. Dennoch verschiebt sich der Charakter des europäischen Entscheidungssystems, wenn die grundlegende Richtung der Integration nicht mehr von *einer* in diesem Punkt übereinstimmenden Gruppe latent steuerbar ist. Nach der Osterweiterung dürfte es sich bei Ratsverhandlungen eher um Aushandlungsprozesse zwischen *mehreren* Gruppen handeln, von denen viele groß genug zur Blockierung der Gegenseite sind, wenige jedoch zur Formung einer strategischen Mehrheit ausreichen.

In der EU-25 wird im Rat eine qualifizierte Mehrheit i.d.R. dann erreicht, wenn eine Entscheidung a) 232 von 321 Ratsstimmen auf sich vereint, die außerdem b) die einfache Mehrheit der Staaten (13 von 25) und zusätzlich c) eine Bevölkerungsmehrheit von 62% repräsentiert (vgl. Kap. 3.3). Tabelle 5.2 zeigt auf, dass diese Schwellenwerte nicht nur von Geber- und Nehmerländern, sondern auch durch eine Reihe anderer möglicher Staatengruppen mit gleichgerichteten Interessenvektoren nicht überstiegen werden, dass aber gleichzeitig die Gewichte für die Blockierung von Entscheidungen ausreichen. Dies gilt neben Nettozahlern und -empfängern für die z.T. agrarisch und von der Fischerei geprägten Mittelmeer-Anrainer genauso wie für die zwölf Mitglieder der Euro-Gruppe.

Es existiert aber, wie aus der Tabelle ebenfalls ersichtlich ist, eine Gruppe mit nicht hinreichendem Potenzial für eine Blockademinderheit: die Neumitglieder. Sie stellen nur zehn von 25 Staaten und reichen mit 84 Ratsstimmen sowie einem Bevölkerungsgewicht von 16.7% nicht an die notwendigen Schwellenwerte heran.

Aus diesem Befund ergeben sich mehrere Schlussfolgerungen. Zunächst lohnt es sich für die Neumitglieder damit im Institutionensystem der EU kaum, als gemeinsamer Block aufzutreten. In einigen Fragen mit symbolischem Gehalt dürfte sich das zwar anbieten. Letztlich werden die Neumitglieder ihre Interessen jedoch nur durch die Bildung von Allianzen mit weiteren Mitgliedsstaaten dauerhaft und strukturell vertreten können; zum Beispiel in der Agrar- oder Strukturpolitik. Generell dürfte der wahrscheinliche Pfad der Neumitglieder zur Einbindung in breitere Interessenkoalitionen führen. Dieser Teil der Nachricht schafft Zuversicht, was die Aussichten zur Integration in das Entscheidungs- und Verhandlungsgefüge der EU angeht.

Tabelle 5.2: Grundkonflikte und Mehrheitsverhältnisse im Rat in der EU-25

	QMV/Rat	Anzahl Staaten	Bevölkerung
	Mehrheit: 232	Mehrheit: 13/17* von 25	Mehrheit: 62,00%
	Blockade: 90	Blockade: 13/9* von 25	Blockade: 38,01%
Neue Mitglieder	84/321	10/25	16.7%
Mittelmeer-Anrainer	108/321	7/25	37.6%
Nettozahlerstaaten	179/321	11/25	69.2%
Nettoempfängerländer	142/321	14/25	30.7%
Mitglieder der Euro-Zone	191/321	12/25	67.0%

* Es gelten unterschiedliche Regelungen für unterschiedliche Politikfelder. Eine vollständige Liste der Entscheidungsverfahren im Hinblick auf einzelne Politikfelder – insgesamt etwa 50 an der Zahl – findet sich bei Hix (1999: 64-65). Mittelmeer-Anrainer: Frankreich, Griechenland, Italien, Malta, Slowenien, Spanien, Zypern. Nettozahler- und Nettoempfängerstaaten: siehe Tab. 5.1. Mitglieder der Euro-Zone: siehe Tab. 4.1.

Der schlechte Teil der Nachricht ist, dass – wie in Kapitel 4 gesehen – in einer Reihe von Politikfeldern eine für die Neumitglieder ungünstige Konstellation besteht. In der Wirtschaftspolitik sind die Neumitglieder durch das geringe spezifische Gewicht ihrer Volkswirtschaften stark von den wirtschaftspolitischen Entscheidungen und der wirtschaftlichen Gesamtsituation in den großen Nachbarstaaten, insbesondere in Deutschland, abhängig. Die Geldpolitik der EZB kann und wird sich nicht an ihren Belangen orientieren, da sie sich schon im Euro-Raum großen Schwierigkeiten bei der Steuerung gegenübersieht (Kap. 4.1). In der Struktur- wie der Agrarpolitik sind die Neumitglieder in den nächsten Jahren gegenüber den Empfängerländern der EU-15 deutlich benachteiligt und drohen marginalisiert zu werden (Kap. 4.2). In der Außen- und Sicherheitspolitik haben sich einige Neumitglieder im Zuge der Irak-Krise mit Großbritannien und den seinerzeit konservativ regierten EU-Staaten Italien und Spanien gegen die Kernstaaten der EU gestellt. In diesem Politikfeld haben sie noch am ehesten die Aufmerksamkeit auf ihre eigenen Belange richten können, was aber prompt den über die Irak-Frage bestehenden Bruch durch die EU noch weiter vertiefte (Kap. 4.3). Insgesamt kann damit in Zweifel gezogen werden, ob für die große Integrationsaufgabe der nächsten Jahre institutionelle Sicherungen in ausreichendem Maße geschaffen wurden. Die Aufgabe besteht darin, die deutliche Asymmetrie zugunsten der Altmitglieder nicht in eine dauerhafte Peripherisierung der Neumitglieder münden zu lassen. Es ist durchaus zu erwarten, dass die mitteleuropäischen Länder, die sich noch in der ökonomischen und vor allem sozialen Transformation nach dem Ende des Sozialismus befinden, bisweilen spezifische Interessen haben und äußern werden. In der aktuellen Struktur der EU sind sie in solchen Fällen allein auf die Solidarität der übrigen Mitglieder angewiesen, wenn sie nicht über das Geltendmachen vitaler Interessen – nach dem Prinzip des Luxemburger Kompromisses – den Entscheidungsprozess insgesamt aufhalten können. Wenn sie dieses Instrument jedoch auf Dauer anwenden, entziehen sie sich die Grundlagen für den Gemeinsamkeitsglauben, den nicht nur die Bevölkerungen, sondern auch die politischen Eliten der Neu- und Altmitglieder noch entwickeln müssen und außerdem für die Erreichung befriedigender Ergebnisse in der EU-Distributionspolitik benötigen. Solidarität lässt sich also aus Sicht der Neumitglieder nicht erzwingen, und es liegt in erster Linie am gemeinsamen Willen der Altmitglieder, die drohende Marginalisierung zu vermeiden.

Auf dieser Grundlage bestehen für die Entwicklung im Entscheidungs- und Verhandlungssystem der EU nach der Osterweiterung drei Szenarien. Das erste Szenario, das sich vielleicht bei der isolierten Betrachtung allein der Mehrheitsverhältnisse und institutionellen Regeln im Rat aufdrängt, ist das des dauerhaften strukturellen Patts in der EU-25. Das Szenario speist sich aus den Einsichten der Kap. 4.1 und 4.2, dass gerade die wirtschaftlichen, sozialen und damit auch wirtschafts- und sozialpolitischen Interessen der Mitgliedsstaaten in der erweiterten EU wenig austariert erscheinen. Es gibt kein antreibendes Zentrum der EU mehr, vielmehr ist diese auf Kompromisse und Verständnis im wichtigsten Entscheidungsgremium – dem Rat – angewiesen. Bleiben die unterschiedlichen Interessen latent, oder können sie nicht durch Verhandlungen ausgeglichen werden, dürften die Chancen für die Produktion effizienter politischer Entscheidungen selbst im Vergleich zur alten EU deutlich eingeschränkt sein.

Ein zweites Szenario besteht in einer stärkeren Konfliktaustragung, gewissermaßen einer Politisierung des europäischen Raums. Die Anerkennung innereuropäischer Interessengegensätze würde in diesem Szenario zur Tugend der europäischen Politik. Europäische Konflikte gälten ähnlich wie in den nationalen politischen Systemen als Schmiermittel für unvermeidlichen Ausgleich von Interessen und die Erlangung effizienter und akkommodierender politischer Lösungen. Dann müsste die EU nachvollziehen, "was innerhalb der offenen Gesellschaften schon längst im Gange ist: den Übergang von der Konsens- in eine Konfliktgesellschaft" (vgl. Herzinger 2003: 8). Diesem Szenario steht aber entgegen, dass das offene Austragen von Verteilungskonflikten in den nationalen Öffentlichkeiten gerne um eine symbolische Ebene erweitert wird. Das latente Bild der europäischen Integration als Friedensprojekt stünde zu einer solchen Entwicklung in deutlichem Widerspruch (Beichelt 2004c).

Ein drittes Szenario besteht in der Ausbildung einer starken – und stärker als bisher im Kreis der EU-25 erkennbaren – gemeinschaftlichen Solidarität. Ist dies der Fall, dürfte im Kreise der Altmitglieder und insbesondere der Zahlerstaaten das Bewusstsein für den indirekten Nutzen einer sozial stabilen Nachbarschaft für die Länder Kerneuropas steigen. Dann müsste auch anerkannt werden, dass der sozio-ökonomische Aufholprozess in Mitteleuropa zu sektoralen Anpassungsprozessen in den Volkswirtschaften einiger Altmitglieder führen muss. Dies wird in vielen Einlässen von prominenten nationalen und EU-Politikern auch gefordert und versprochen (Hartwig/Nicolaidis 2004). In der politischen Praxis scheint sich das Solidaritätsprojekt jedoch noch nicht soweit durchgesetzt zu haben, dass die nationalen Öffentlichkeiten auf Dauer damit belastet werden könnten.

Daher wird sich das politische System der Europäischen Union trotz aller Ähnlichkeiten mit der nationalen Ebene bis auf weiteres nicht zu einem System entwickeln, in dem die Ebene der Legitimitätsfindung in Kongruenz zur Ebene des realen Entscheidungssystems steht. Damit dürfte sich mittelfristig auch keine effiziente Politik in dem Sinne ergeben, dass sich die gewählten und nicht gewählten Akteure auf der europäischen Ebene unmittelbar an den Präferenzen in der europäischen *polity* orientieren. In den Staaten der EU verfügen die nationalen Wähler nur über begrenzte Instrumente zur Kontrolle der regierenden Akteure auf der europäischen Ebene. Statt der Kontrolle durch die Bürger besteht das rationalisierende Element in der EU in der Existenz eines Verhandlungssystems. Dieses ist zwar hochkomplex, damit wenig transparent und demokratietheoretisch bedenklich. Das Verhandlungssystem hat jedoch den großen Vorteil, dass über Stimmentausch auch vermeintlich schwächere Verhandlungteilnehmer eigene Präferenzen durchsetzen können. Solange die politischen Diskurse in den Gesellschaften der EU im Zustand der Segmentierung bleiben, wird die Effizienz der europäischen Politik dadurch nicht geschwächt, sondern gestärkt (Neyer 2004).

Demnach stehen im politischen System der EU zwei unterschiedliche Legitimierungsmechanismen auf zwei untereinander verbundenen Ebenen zur Verfügung. Auf der nationalen Ebene buhlen die Regierenden um Zustimmung für eine Politik, die sie in den meisten Bereichen nicht mehr unter Auslassung der europäischen Ebene ausführen können. Die nationale Arena wird dadurch zum Ort der symbolischen Auseinandersetzung, denn bei vielen Ergebnissen der Politik können die Politiker nur noch so tun, als ob sie autonome Lösungen erarbeiten könnten. Auf der europäischen Ebene finden sich die regierenden – es gibt keine oppositionellen – Akteure dagegen in einem Verhandlungssystem wieder, in dem die Machtressourcen relativ ungleich verteilt sind. Trotz des Luxemburger Kompromisses und aller Vertragsbestimmungen über die europäische Solidarität verfügen die großen und reichen Staaten über ein bedeutend größeres Potenzial zur Steuerung ihrer Wirtschaften, zur Akquise von Agrar- und Strukturmitteln oder zur Meinungsbildung in der Außen- und Sicherheitspolitik. Für die neuen Mitglieder, die durch diese Imbalance vielleicht am stärksten benachteiligt sind, ergibt sich daraus die Gefahr der Marginalisierung innerhalb der EU. Jedenfalls hat es im letzten Jahr vor der Erweiterung aus der französischen oder der deutschen Politik wenige Signale für eine systematische Respektierung der Eigenheiten der Neumitglieder gegeben.

Im verflochtenen System der EU kann sich die Effizienz sowohl der nationalstaatlichen wie auch der europäischen Politik allerdings nur erhöhen, wenn beide Ebenen ineinandergreifen. Verhandlungen in arkanen Brüsseler Sitzungsräumen bringen manche politische Lösung hervor, die allein im nationalen Entscheidungsraum gar nicht mehr erreichbar ist. Insofern hängt die Effizienz politischen Handelns heute in der Tat in großen Teilen von der Substanz europäischer Verhandlungsergebnisse ab. Vertreten müssen die politischen Akteure diese Lösungen jedoch in den nationalen Arenen und im dort herrschenden politischen Wettbewerb. Dort müssen Bevölkerungen und nationale Oppositionskräfte den Eindruck bekommen, dass ihre Regierungsvertreter in Brüssel gerade nicht marginalisiert werden, sondern dort die aus dem Einigungsprozess erwachsenen Vorteile in die Mitgliedsstaaten kanalisieren. Nur dann kann die Legitimität des europäischen Systems mit den wachsenden Effizienzpotenzialen des erweiterten politischen, sozialen und wirtschaftlichen Raums wachsen.

Literaturverzeichnis

Allen, David, 1999: Cohesion and the Structural Funds. In: Helen Wallace / William Wallace (Hrsg.): Policy-Making in the European Union. Oxford: Oxford University Press, S. 243-265.

Almond, Gabriel A. / Powell, G. Bingham / Mundt, Robert J., 1996: Comparative Politics. A Theoretical Framework. 2nd edition. New York: HarperCollins.

Anderson, James E., 2000: Public Policymaking. Fourth Edition. Boston: Houghton Mifflin.

Angres, Volker / Hutter, Claus-Peter / Ribbe, Lutz, 1999: Bananen für Brüssel. Von Lobbyisten, Geldvernichtern und Subventionsbetrügern. München: Droemer.

Axt, Heinz-Jürgen, 1999: Frankreich in der Europäischen Union. In: Marieluise Christadler / Henrik Uterwedde (Hrsg.): Länderbericht Frankreich. Geschichte, Politik, Wirtschaft, Gesellschaft. Bonn: Bundeszentrale für politische Bildung, S. 465-483.

Axt, Heinz-Jürgen, 2000: EU-Strukturpolitik. Einführung in die Politik des wirtschaftlichen und sozialen Zusammenhalts. Opladen: Leske + Budrich.

Bainbridge, Timothy / Teasdale, Anthony, 1995: European Union. London: Pinguin Books.

Baldwin, Richard / Berglöf, Erik / Giavazzi, Francesco u.a., 2000: EU Reforms for Tomorrow's Europe. London: Centre for Economic Policy Research, Discussion Paper 2623.

Banús, Enrique, 2002: Spain - Only Participation Counts. Lessons from 15 Years of EU Membership. In: WeltTrends, no. 34, S. 81-94.

Barany, Zoltan, 2004: NATO's Peaceful Advance. In: Journal of Democracy, vol. 15, no. 1, S. 63-76.

Bauer, Michael, 2002: Das Ende des "kalten Bürgerkriegs"? Die inhaltlich-programmatischen Orientierungen im ungarischen Parteiensystem. In: Osteuropa, vol. 52, no. 6, S. 789-805.

Baun, Michael J., 2000: A Wider Europe. The Process and Politics of European Union Enlargement. Lanham u.a.: Rowman&Littlefield.

Baur, Johannes, 2001: Zurück zur Großmacht? Ziele und Handlungsoptionen der Außenpolitik. In: Hans-Hermann Höhmann / Hans-Henning Schröder (Hrsg.): Russland unter neuer Führung. Politik, Wirtschaft

und Gesellschaft am Beginn des 21. Jahrhunderts. Bonn: Bundeszentrale für politische Bildung, S. 97-106.

Becker, Peter, 2001: Die Reformbereitschaft der Europäischen Union auf
dem Prüfstand - die Agenda 2000. In: Barbara Lippert (Hrsg.): Osterweiterung der Europäischen Union - die doppelte Reifeprüfung.
Bonn: Europa Union Verlag, S. 61-104.

Beichelt, Timm, 2001a: Demokratische Konsolidierung im postsozialistischen Europa. Die Rolle der politischen Institutionen. Opladen:
Leske+Budrich.

Beichelt, Timm, 2001b: Muster parlamentarischer Entscheidungsproduktion
in Mitteleuropa. In: Helmut Wiesenthal (Hrsg.): Gelegenheit und
Entscheidung: Politics und policies erfolgreicher Transformations-
steuerung. Opladen: Westdeutscher Verlag, S. 32-92.

Beichelt, Timm, 2003a: EU-Osterweiterung: eine Bürde für Repräsentation
und Legitimation in den Beitrittsländern? In: Zeitschrift für Parlamentsfragen, vol. 34, no. 2, S. 257-269.

Beichelt, Timm, 2003b: Minorities in New European Democracies - a source
of destabilization? In: ECMI Yearbook, vol. 2, S. 53-71.

Beichelt, Timm, 2004a: Auf die Parteien kommt es an: Parteipolitische Prä-
gung und Reformprofile in den Beitrittsländern zur Europäischen
Union. In: Jürgen Beyer / Petra Stykow (Hrsg.): Gesellschaft mit
beschränkter Hoffnung. Opladen: Westdeutscher Verlag, im Erscheinen.

Beichelt, Timm, 2004b: Euro-Skepticism in the New Member States. In:
Comparative European Politics, vol. 2, pp. 29-50.

Beichelt, Timm, 2004c: Konstellationswechsel? Politische Konflikte in der
neuen EU. In: Osteuropa, vol. 54, no. 5/6, S. 136-146.

Belina, Pavel / Cornej, Petr / Pokorný, Jirí, 1995: Histoire des Pays tchè-
ques. Paris: Seuil.

Berg, Carsten / Kampfer, Georg Kristian (Hrsg.), 2004: Verfassung für Europa. Der Taschenkommentar für Bürgerinnen und Bürger. Biele-
feld: W. Bertelsmann Verlag.

Beyme, Klaus von, 1994: Systemwechsel in Osteuropa. Frankfurt: Suhrkamp.

Bönker, Frank / Müller, Klaus / Pickel, Andreas, 2002: Cross-Disciplinary
Approaches to Postcommunist Transformation: Context and Agen-
da. In: Frank Bönker / Klaus Müller / Andreas Pickel (Hrsg.):
Postcommunist Transformation and the Social Sciences. Cross-
Disciplinary Approaches. Lanham: Rowman&Littlefield, S. 1-37.

Bornschier, Volker, 2000: Ist die Europäische Union wirtschaftlich von Vorteil und eine Quelle beschleunigter Konvergenz? Explorative Vergleiche mit 33 Ländern im Zeitraum von 1980 bis 1998. In: Maurizio Bach (Hrsg.): Die Europäisierung nationaler Gesellschaften (Sonderheft 40 der Kölner Zeitschrift für Soziologie und Sozialpsychologie). Opladen: Westdeutscher Verlag, S. 178-204.

Börzel, Tanja A., 2001: Non-Compliance in the European Union - Pathology or Statistical Artefact? In: Journal of European Public Policy, vol. 8, no. 5, S. 803-824.

Börzel, Tanja A., 2003: How the European Union Interacts with its Member States. Wien: Institut für Höhere Studien (IHS), Reihe Politikwissenschaft, Nr. 93.

Bourdouvalis, Christos, 2000: Greece. In: Desmond Dinan (Hrsg.): Encyclopedia of the European Union. Colorado: Lynne Rienner Publishers, S. 256-258.

Brewin, Christopher, 2000: The European Union and Cyprus. Huntingdon: Eothen.

Bugajski, Janusz, 2002: Political Parties of Eastern Europe. A Guide to Politics in the Post-Communist Era. Armonk, N.Y.: M.E. Sharp.

Butenschön, Marianna, 2002: Litauen. München: Beck.

Carpenter, Michael, 1997: Slovakia and the Triumph of Nationalist Populism. In: Communist and Post-Communist Studies, vol. 30, no. 2, S. 205-220.

Castle, Marjorie / Taras, Ray, 2002: Democracy in Poland. 2nd edition. Boulder Oxford: Westview Press.

Christiansen, Thomas / Jorgensen, Erik / Wiener, Antje (Hrsg.), 2001: The Social Construction of Europe. London: Sage.

Church, Clive H. / Phinnemore, David, 2002: The Penguin Guide to the European Treaties. London: Penguin Group.

Colomer, Josep M., 1991: Transitions by Agreement. Modeling the Spanish Way. In: American Political Science Review, vol. 85, S. 1283-1302.

Conzelmann, Thomas, 2004: Verteilungsspiele ohne Grenzen? Die Osterweiterung der Strukturpolitik. In: Osteuropa, vol. 54, no. 5/6, S 333-346.

Cowles, Maria G. / Caporaso, James A. / Risse, Thomas (Hrsg.), 2001: Transforming Europe. Europeanization and Domestic Political Change. Ithaca: Cornell University Press.

Dahl, Robert A., 1971: Polyarchy. Participation and Opposition. New Haven/London: Yale University Press.

Däubler, Wolfgang, 2002: Die Europäische Union als Wirtschafts- und So-
zialgemeinschaft. In: Werner Weidenfeld (Hrsg.): Europa Handbuch. Bonn: Bundeszentrale für politische Bildung, S. 477-489.

de Gaulle, Charles, 2001: Europe. In: Ronald Tiersky (Hrsg.): Europskepticism. A reader. Lanham: Rowman&Littlefield, S. 7-34.

Diez, Thomas, 1999: Die EU lesen. Diskursive Knotenpunkte in der britischen Europadebatte. Opladen: Leske+Budrich.

Dinan, Desmond, 1999: Ever closer union? An introduction to European
integration. Basingstoke, Hampshire: Macmillan.

Dinan, Desmond, 2000a: De Gaulle, Charles. In: Desmond Dinan (Hrsg.):
Encyclopedia of the European Union. Colorado: Lynne Rienner
Publishers, S. 123-124.

Dinan, Desmond, 2000b: Petersberg Declaration. In: Desmond Dinan
(Hrsg.): Encyclopedia of the European Union. Colorado: Lynne Rienner Publishers, S. 386-387.

Dinan, Desmond (Hrsg.), 2000c: Encyclopedia of the European Union. Colorado: Lynne Rienner Publishers.

Dreifelds, Juris, 1997: Latvia in Transition. Cambridge: Cambridge University Press.

Easton, David, 1965: A Systems Analysis of Political Life. New York: John
Wiley & Sons.

EBRD, 2000: Transition Report 2000. Employment, skills and transition.
London: European Bank for Reconstruction and Development.

EBRD, 2001: Transition Report 2001. Energy in Transition. London: European Bank for Reconstruction and Development.

EBRD, 2003: Transition Report 2003. Integration and regional cooperation.
London: European Bank for Reconstruction and Development.

Eglajs, Ritvars, 2003: The Referendum and Ethnicity or Measuring Integration. In: policy.lv. The public policy site, http://www.policy.lv/,
24.10.2003.

Eliason, Leslie, 2001: Denmark: Small State with a Big Voice. In: Eleanor E.
Zeff / Ellen B. Pirro (Hrsg.): The European Union and the Member
States. Cooperation, Coordination, and Compromise. Boulder:
Lynne Rienner, S. 191-214.

Elvert, Jürgen, 1997: Das politische System Irlands. In: Wolfgang Ismayr
(Hrsg.): Die politischen Systeme Westeuropas. Opladen: Leske +
Budrich, S. 249-281.

Enzensberger, Hans-Magnus, 1987: Ach Europa! Wahrnehmungen aus sieben Ländern mit einem Epilog aus dem Jahre 2006. Frankfurt:
Suhrkamp.

Eörsi, István, 2003: Zwischen Felsen. In: Kafka, no. 11/2003, S. 36-37.

Esping-Andersen, Gosta, 1990: The Three Worlds of Welfare Capitalism. Cambridge: Cambridge University Press.

Esping-Andersen, Gosta, 1998: Social Foundations of Postindustrial Economies. Oxford: Oxford University Press.

Europäische_Gemeinschaften, 2003: Vertrag über eine Verfassung für Europa. Luxemburg: Amt für Veröffentlichungen der Europäischen Gemeinschaften.

Europäischer_Konvent, 2003: Entwurf eines Vertrags über eine Verfassung für Europa. Luxemburg: Amt für amtliche Veröffentlichungen der Europäischen Gemeinschaften.

Eurostat, 2002: Eurostat Jahrbuch 2002. Der statistische Wegweiser durch Europa. Luxemburg: Europäische Kommission.

Eurostat, 2003: Eurostat Jahrbuch 2002. Der statistische Wegweiser durch Europa. Daten aus den Jahren 1991-2001. Luxemburg: Europäische Kommission.

Felderer, Bernhard / Paterson, Iain / Silárszky, Peter, 2003: The Double Majority Implies a Massive Transfer of Power to the Large Member States - Is this Intended? Wien: Insitute for Advanced Studies (http://www.ihs.ac.at/publications/lib/forum1june2003.pdf).

Finnegan, Richard B., 2001: Ireland: Brussels and the Celtic Tiger. In: Eleanor E. Zeff / Ellen B. Pirro (Hrsg.): The European Union and the Member States. Cooperation, Coordination, and Compromise. Boulder: Lynne Rienner, S. 175-190.

Fiszer, Józef M., 2003: Unia Europejska a Polska. Dziś i Jutro. Torun: Adam Marszalek.

Forster, Anthony / Wallace, William, 1999: Common Foreign and Security Policy. From Shadow to Substance. In: Helen Wallace / William Wallace (Hrsg.): Policy-Making in the European Union. Oxford: Oxford University Press, S. 461-491.

Foster, Roy F., 1989: Modern Ireland. 1600-1972. London: Penguin.

Fritsche, Ulrich / Plötz, Peter / Polkowski, Andreas, 1997: Wirtschaftslage und Reformprozesse in Mittel- und Osteuropa. Estland, Lettland, Litauen. Hamburg: HWWA-Report Nr. 166.

Galloway, David, 2001: The Treaty of Nice and Beyond. Realities and Illusions of Power in the EU. Sheffield: Sheffield Academic Press.

Gasteyger, Curt, 1997: Europa von der Spaltung zur Einigung. Bonn: Bundeszentrale für politische Bildung.

Geddes, Andrew, 2000: Immigration and European Integration. Towards a fortress Europe? Manchester: Manchester University Press.

Gehler, Michael / Pelinka, Anton / Bischof, Günter (Hrsg.), 2003: Österreich in der Europäischen Union. Bilanz seiner Mitgliedschaft. Austria in the European Union. Assessment of her Membership. Wien: Böhlau Verlag.

George, Stephen, 2000: United Kingdom. In: Desmond Dinan (Hrsg.): Encyclopedia of the European Union. Colorado: Lynne Rienner Publishers, S. 471-474.

Gerhardt, Sebastian, 2004: Polska polityka wschodnia - Die Außenpolitik der polnischen Regierung seit 1989 gegenüber den östlichen Nachbarn Polens (Russland, Litauen, Weißrussland, Ukraine). Trier: Manuskript.

Giering, Claus, 2002: Agenda 2000. In: Werner Weidenfeld / Wolfgang Wessels (Hrsg.): Europa von A bis Z. Bonn: Bundeszentrale für politische Bildung, S. 53-57.

Giering, Claus (Hrsg.), 2003: Der EU-Reformkonvent - Analyse und Dokumentation. Gütersloh: Bertelsmann Stiftung (CD-Rom).

Giering, Claus / Janning, Josef, 2001: Flexibilität als Katalysator der Finalität? Die Gestaltungskraft der "Verstärkten Zusammenarbeit" nach Nizza. In: Integration, vol. 24, no. 2, S. 146-155.

Giscard d'Estaing, Valéry, 1995: Le passage. Paris: Laffont.

Goetz, Klaus H. / Hix, Simon (Hrsg.), 2000: Europeanised Politics? European Integration and National Political Systems. London: Cass.

Haas, Ernst B., 1968: The Uniting of Europe. Political, Social and Economic Forces. 1950-1957. Stanford: Stanford University Press.

Hartmann, Jürgen, 2002: Das politische System der Europäischen Union. Eine Einführung. Frankfurt: Campus.

Hartwig, Ines / Nicolaidis, Kalypso, 2004: Ein knappes Gut? Solidarität in der erweiterten EU. In: Osteuropa, vol. 54, no. 5/6, S. 147-159.

Hausner, Jerzy / Krajewski, Stefan / Marody, Miroslawa u.a., 1999: Three Polands: The Potential for and Barriers to Integration with the European Union. Warszawa: Friedrich-Ebert-Stiftung.

Hayes-Renshaw, Fiona / Wallace, Helen, 1997: The Council of Ministers. New York: St. Martin's Press.

Heinemann, Friedrich, 2002: Haushalt und Finanzen. In: Werner Weidenfeld / Wolfgang Wessels (Hrsg.): Europa von A bis Z. Bonn: Bundeszentrale für politische Bildung, S. 241-249.

Heinisch, Reinhard, 2001: Austria: Confronting Controversy. In: Eleanor E. Zeff / Ellen B. Pirro (Hrsg.): The European Union and the Member States. Cooperation, Coordination, and Compromise. Boulder: Lynne Rienner, S. 267-284.

Heinisch, Reinhard, 2003: The Role of European Integration in Austrian Politics. Nashville: Paper Presented at the EUSA Conference, Nashville 27.-29.3.2003.

Hermann, Rainer, 2003: Wieder Anlaß zu Optimismus. In: Frankfurter Allgemeine Zeitung, no. 7.1.2003, S. 6.

Herzinger, Richard, 2003: Siamesische Zwillinge. Amerika und Europa streiten sich heftig - und gehören doch untrennbar zusammen. In: Internationale Politik, vol. 58, no. 6, S. 1-8.

Hibbs, Douglas A., 1977: Political Parties and Macroeconomic Policy. In: American Political Science Review, vol. 71, S. 1467-1487.

Hillenbrand, Olaf, 2002a: Die Wirtschafts- und Währungsunion. In: Werner Weidenfeld (Hrsg.): Europa Handbuch. Bonn: Bundeszentrale für politische Bildung, S. 454-476.

Hillenbrand, Olaf, 2002b: Wirtschafts- und Währungsunion. In: Werner Weidenfeld / Wolfgang Wessels (Hrsg.): Europa von A bis Z. Bonn: Bundeszentrale für politische Bildung, S. 364-368.

Hix, Simon, 1999: The Political System of the European Union. New York: St. Martin's Press.

Hix, Simon, 2003: Parteien, Wahlen und Demokratie in der EU. In: Markus Jachtenfuchs / Beate Kohler-Koch (Hrsg.): Europäische Integration. 2. Auflage. Opladen: Leske+Budrich, S. 151-180.

Hix, Simon, 2004: The Political System of the European Union. 2nd edition. New York: Palgrave (zitierte Fassung: http://personal.lse.ac.uk/HIX/ WorkingPapers.HTM).

Hix, Simon / Noury, Abdul / Roland, Gérard, 2004: Power to the Parties: Cohesion and Competition in the European Parliament, 1979-2001. London: Manuskript (http://personal.lse.ac.uk/HIX/).

Hoffmann, Stanley, 1966: Obstinate or Obsolete? The Fate of the Nation State and the Case of Western Europe. In: Daedalus, vol. 95, no. 3, S. 862-915.

Hölscheidt, Sven, 2001: Verfahren der Umsetzung des Gemeinschaftsrechts in den Mitgliedstaaten. In: Siegfried Magiera / Karl-Peter Sommermann (Hrsg.): Verwaltung und Governance im Mehrebenensystem der Europäischen Union. Berlin: Duncker&Humblot, S. 55-74.

Hooghe, Liesbet, 2003: Europe Divided? Elites vs. Public Opinion on European Integration. In: European Union Politics, vol. 4, no. 3, S. 281-304.

Howard, Marc Morje, 2002: The Weakness of Postcommunist Civil Society. In: Journal of Democracy, vol. 13, no. 1, S. 157-169.

Hrbek, Rudolf, 2002: Europa. In: Martin Greiffenhagen / Sylvia Greiffenhagen (Hrsg.): Handwörterbuch zur Politischen Kultur der Bundesrepublik Deutschland. 2. Auflage. Wiesbaden: Westdeutscher Verlag, S. 110-114.

Hübner, Emil / Münch, Ursula, 1998: Das politische System Großbritanniens. Eine Einführung. München: Beck.

Hummer, Waldemar / Obwexer, Waldemar, 2001: Irlands "Nein zu Nizza": Konsequenzen aus dem negativen irischen Referendum vom 7. Juni 2001. In: Integration, vol. 24, no. 3, S. 237-249.

Huntington, Samuel P., 1991: The Third Wave. Democratization in the Late Twentieth Century. Norman: University of Oklahoma Press.

Inglehart, Ronald, 1990: From Class-Based to Value-Based Politics. In: Peter Mair (Hrsg.): The West European Party System. Oxford: Oxford University Press, S. 266-282.

Janos, Andrew C., 2000: East Central Europe in the Modern World. The Politics of the Borderland from Pre- to Postcommunism. Stanford: Stanford University Press.

Jones, Rachel, 2000: Beyond the Spanish State. Central Government, Domestic Actors and the EU. Houndsmills: Palgrave.

Jopp, Matthias / Regelsberger, Elfriede, 2003: GASP und ESVP im Verfassungsvertrag - eine neue Angebotsvielfalt mit Chancen und Mängeln. In: Integration, vol. 26, no. 4, S. 550-563.

Karatnycky, Adrian, 1997: Introduction. Political and Economic Reform in East Central Europe and the New Independant States: A Progress Report. In: Adrian Karatnycky / Alexander Motyl / Boris Shor (Hrsg.): Nations in Transit 1997. Civil Society, Democracy and Markets in East Central Europe and the Newly Independent States. New Brunswick/ London: Transaction Publishers, S. 1-16.

Karatnycky, Adrian, 2004: National Income and Liberty. The 2003 Freedom House Survey. In: Journal of Democracy, vol. 15, no. 1, S. 82-93.

Keohane, Robert O., 1984: After Hegemony: Cooperation and Discord in the World Political Economy. Princeton: Princeton University Press.

Kielmannsegg, Peter Graf, 2003: Integration und Demokratie (mit Nachwort zur 2. Auflage). In: Markus Jachtenfuchs / Beate Kohler-Koch (Hrsg.): Europäische Integration. Opladen: Leske+Budrich, S. 49-83.

Kilper, Heiderose / Lhotta, Roland, 1996: Föderalismus in der Bundesrepublik Deutschland. Opladen: Leske+Budrich.

Kitschelt, Herbert, 1989: The Logics of Party Formation. Ithaca: Cornell University Press.

Klemenska, Kamila, 2003: The Polish political parties opposing EU accession. Frankfurt/Oder: Master Thesis.

Knelangen, Wilhelm, 2004: Freiheit, Sicherheit und Recht. Erweiterte Justiz- und Innenpolitik. In: Osteuropa, vol. 54, no. 5/6, S. 430-441.

Kohler-Koch, Beate, 1999: The evolution and transformation of European governance. In: Beate Kohler-Koch / Rainer Eising (Hrsg.): The Transformation of Governance in the European Union. London/ New York: Routledge, S. 14-35.

Kommission, Europäische, 2000: European Security and Defence in the Transatlantic Agenda. In: EU/US News. A Journal of Transatlantic Relations, vol. 2, no. 4, S. 1-5.

Kommission, 2001: 19. Jahresbericht über die Kontrolle der Anwendung des Gemeinschaftsrechts. Brüssel: COM (2002) 324/F.

Kommission, 2003a: Allocation of 2000 EU operating expenditure by Member State. Brüssel: http://europa.eu.int/comm/budget/agenda_2000/ reports_en.htm.

Kommission, 2003b: Wider Europe - Neighbourhood: A New Framework for Relations with our Eastern and Southern Neighbours. Brüssel: COM (2003) 104 final.

Konrád, György, 1985: Antipolitik. Mitteleuropäische Mediationen. Frankfurt: Suhrkamp.

Kopecký, Petr / Mudde, Cas, 2002: Two Sides of Euroscepticism. Party Positions on European Integration in East Central Europe. In: European Union Politics, vol. 3, no. 3, S. 297-326.

Kornai, Janos, 1995: Highways and Byways: Studies on Reform and Post- Communist Transition. Massachusetts: MIT Press.

Körösényi, András, 2002: Das politische System Ungarns. In: Wolfgang Ismayr (Hrsg.): Die politischen Systeme Osteuropas. Opladen: Leske+Budrich, S. 309-353.

Kovacs, Janos Matyas, 2001: Westerweiterung: Zur Metamorphose des Traums von Mitteleuropa. In: Transit, no. 21, S. 3-20.

Kramer, Heinz, 2003: EU-kompatibel oder nicht? Zur Debatte um die Mitgliedschaft der Türkei in der Europäischen Union. Berlin: Studie 34 der Stiftung Wissenschaft und Politik (SWS).

Kramer, Heinz, 2004: Zypern: Ein Silberstreif am Horizont? In: SWP- Aktuell, vol. 11, S. 1-8.

Krause, Joachim, 2004: Eine neue Dimension. Europa braucht eine Strategie gegen islamistischen Terror. In: Internationale Politik, vol. 59, no. 4, S. 75-83.

Kreile, Michael, 2002: Die Osterweiterung der Europäischen Union. In: Werner Weidenfeld (Hrsg.): Europa Handbuch. Bonn: Bundeszentrale für politische Bildung, S. 807-826.

Kremer, Martin / Schmalz, Uwe, 2001: Nach Nizza - Perspektiven der Gemeinsamen Europäischen Sicherheits-und Verteidigungspolitik. In: Integration, vol. 24, no. 2, S. 167-178.

Krzeminski, Adam, 1998: Polen im 20. Jahrhundert. Ein historischer Essay. München: Beck.

Laitin, David D., 2002: Culture and National Identity: 'The East' and European Integration. In: Peter Mair / Jan Zielonka (Hrsg.): The Enlarged European Union. Diversity and Adaption. London: Cass, S. 55-80.

Landfried, Christine, 2004: Das politische System der Europäischen Union. Wiesbaden: VS Verlag für Sozialwissenschaften (im Erscheinen).

Lang, Kai-Olaf, 2003: Konsequenzen des Beitritts zur Europäischen Union. In: Jochen Franzke (Hrsg.): Das moderne Polen. Staat und Gesellschaft im Wandel. Berlin: Berliner Debatte Wissenschaftsverlag, S. 144-173.

Lang, Kai-Olaf, 2004: Störenfriede oder Ideengeber? Die Neuen in der GASP. In: Osteuropa, vol. 54, no. 5/6, S. 443-458.

Läufer, Thomas, 2002: Vertrag von Nizza. Bonn: Bundeszentrale für politische Bildung.

Laursen, Finn, 2000: Baltic States. In: Desmond Dinan (Hrsg.): Encyclopedia of the European Union. Colorado: Lynne Rienner Publishers, S. 21-23.

Lee, Joseph J., 2002: Irland. In: Werner Weidenfeld (Hrsg.): Europa Handbuch. Bonn: Bundeszentrale für politische Bildung, S. 156-162.

Lewis, Paul G., 2000: Political Parties in Post-Communist Eastern Europe. London/New York: Routledge.

Lijphart, Arend, 1990: Dimensions in Ideology in European Party Systems. In: Peter Mair (Hrsg.): The West European Party System. Oxford: Oxford University Press, S. 253-265.

Lindberg, Leon / Scheingold, Stuart, 1970: Europe's Would-Be Polity: Patterns of Change in the European Community. Englewood Cliffs: Prentice Hall.

Linz, Juan / Stepan, Alfred, 1996: Problems of Democratic Transition and Consolidation. Baltimore/London: Johns Hopkins University Press.

Lippert, Barbara, 2001: Neue Zuversicht und alte Zweifel: die Europäische Union nach 'Nizza' und vor der Erweiterung. In: Integration, vol. 24, no. 2, S. 179-193.

Lippert, Barbara, 2002: Erweiterung. In: Werner Weidenfeld / Wolfgang Wessels (Hrsg.): Europa von A bis Z. Bonn: Bundeszentrale für politische Bildung, S. 122-132.

Lipset, Seymour M., 1959: Political Man. London: Heinemann.

Lukšič, Igor, 2002: Das politische System Sloweniens. In: Wolfgang Ismayr (Hrsg.): Die politischen Systeme Osteuropas. Opladen: Leske + Budrich, S. 603-638.

Magone, José M., 2000: Portugal. In: Desmond Dinan (Hrsg.): Encyclopedia of the European Union. Colorado: Lynne Rienner Publishers, S. 389-391.

Marhold, Hartmut, 2002: Der Konvent zwischen Konsens und Kontroversen: Zwischenbilanz nach der ersten Phase. In: Integration, vol. 25, no. 4, S. 251-268.

Markou, Christos / Nakos, George / Zahariadis, Nikolaos, 2001: Greece: A European Paradox. In: Eleanor E. Zeff / Ellen B. Pirro (Hrsg.): The European Union and the Member States. Cooperation, Coordination, and Compromise. Boulder: Lynne Rienner, S. 217-233.

Marks, Gary / Scharpf, Fritz W. / Schmitter, Philippe u.a. (Hrsg.), 1996: Governance in the European Union. London: Sage.

Matlary, Janne Haaland, 2000: Norway. In: Desmond Dinan (Hrsg.): Encyclopedia of the European Union. Colorado: Lynne Rienner Publishers, S. 362-364.

Mattila, Mikko / Lane, Jan-Erik, 2001: Why Unanimity in the Council? A Roll Call Analysis of Council Voting. In: European Union Politics, vol. 2, no. 1, S. 31-52.

Maurer, Andreas, 2001: Entscheidungseffizienz und Handlungsfähigkeit nach Nizza: die neuen Anwendungsfelder für Mehrheitsentscheidungen. In: Integration, vol. 24, no. 2, S. 133-145.

Maurer, Andreas, 2002a: Europäisches Parlament. In: Werner Weidenfeld / Wolfgang Wessels (Hrsg.): Europa von A bis Z. Bonn: Bundeszentrale für politische Bildung, S. 192-201.

Maurer, Andreas, 2002b: Vertrag von Nizza. In: Werner Weidenfeld / Wolfgang Wessels (Hrsg.): Europa von A bis Z. Bonn: Bundeszentrale für politische Bildung, S. 351-356.

Maurer, Andreas, 2003: Orientierungen im Verfahrensdickicht? Die neue Normenhierarchie der Europäischen Union. In: Integration, vol. 26, no. 4, S. 440-453.

Mayer, Sebastian, 2004: Die Europäische Union im Südkaukasus. Interessen und Institutionen in der Auswärtigen Politikgestaltung. Frankfurt/ Oder: Dissertation.

Mayhew, Alan, 2003: The Financial and Budgetary Impact of Enlargement and Accession. Sussex: Sussex European Institute (SEI) Working Paper Nr. 65.

McCormick, James, 2001: Policy Performance in the European Union. In: Eleanor E. Zeff / Ellen B. Pirro (Hrsg.): The European Union and the Member States. Cooperation, Coordination, and Compromise. Boulder: Lynne Rienner, S. 7-26.

McKay, David, 2002: The Political Economy of Fiscal Policy under Monetary Union. In: Kenneth Dyson (Hrsg.): European States and the Euro. Oxford: Oxford University Press, S. 78-94.

Mény, Yves, 2003: The Achievements of the Convention. In: Journal of Democracy, vol. 14, no. 4, S. 57-70.

Merkel, Wolfgang, 1999: Systemtransformation. Opladen: Leske+Budrich.

Merkel, Wolfgang (Hrsg.), 2000: Systemwechsel 5. Zivilgesellschaft und Transformation. Opladen: Leske + Budrich.

Merkel, Wolfgang / Stiehl, Volker, 1997: Das politische System Portugals. In: Wolfgang Ismayr (Hrsg.): Die politischen Systeme Westeuropas. Opladen: Leske+Budrich, S. 589-618.

Metcalfe, Les, 1992: After 1992: Can the Commission Manage Europe? In: Australian Journal of Public Administration, vol. 51, no. 1, S. 117-130.

Monar, Jörg, 2003: Der Raum der Freiheit, der Sicherheit und des Rechts im Verfassungsentwurf des Konvents. In: Integration, vol. 26, no. 4, S. 536-549.

Moravcsik, Andrew, 1991: Negotiating the Single European Act: National Interests and Coventional Statecraft in the European Community. In: International Organisation, vol. 45, no. 1, S. 19-56.

Moravcsik, Andrew, 2003: Striking a New Transatlantic Bargain. In: Foreign Affairs, vol. 82, no. 4, S. 74-89.

Müller, Thorsten, 2003: Die Innen- und Justizpolitik der Europäischen Union. Eine Analyse der Integrationsentwicklung. Opladen: Leske + Budrich.

Müller-Brandeck-Bocquet, Gisela, 2001: Frankreichs Europapolitik unter Chirac und Jospin: Abkehr von einer konstruktiven Rolle in und für Europa? In: Integration, vol. 24, no. 3, S. 159-273.

Mundell, Robert A., 1961: A theory of optimum currency areas. In: American Economic Review, vol. 51, S. 656-665.

Muns, Joaquim, 2000: Spain. In: Desmond Dinan (Hrsg.): Encyclopedia of the European Union. Colorado: Lynne Rienner Publishers, S. 430-433.

Nickel, Dietmar, 2003: Das Europäische Parlament als Legislativorgan - zum neuen institutionellen Design nach der Europäischen Verfassung. In: Integration, vol. 26, no. 4, S. 501-509.

Niess, Frank, 2001: Die europäische Idee. Aus dem Geist des Widerstands. Frankfurt: Suhrkamp.

Nohlen, Dieter, 2004: Wie wählt Europa? Das polymorphe Wahlsystem zum Europäischen Parlament. In: Aus Politik und Zeitgeschichte, vol. B17, S. 29-37.

Nordhaus, William D., 1975: The Political Business Cycle. In: Review of Economic Studies, vol. 42, S. 169-190.

Nugent, Neill (Hrsg.), 2000: At the Heart of the Union. Studies of the European Commission. Second Edition. Houndmills: Macmillan Press Ltd.

Nye, Joseph S., 2003: U.S. Power and Strategy After Iraq. In: Foreign Affairs, vol. 82, no. 4, S. 60-73.

Nye, Joseph S. / Keohane, Robert O. / Hoffmann, Stanley, 1993: After the cold war. International institutions and state strategies in Europe, 1989 - 1991. Cambridge: Harvard University Press.

OECD, 2000: OECD Historical Statistics, 1970-1999. Paris: OECD.

OPTEM, S.A.R.L., 2001: Perceptions de l'Union Européenne. Attitudes et Attentes à son égard. Bruxelles: Internet: http://europa.eu.int/comm/public_opinion/quali/ql_perceptions_fr.pdf.

Osteuropa (Hrsg.), 2004: Die Einigung Europas - Zugkraft und Kraftakt. Aachen: Sonderheft 5/6 2004 der Zeitschrift Osteuropa.

Paterson, Iain / Silárszky, Peter, 2003: Voting can be Simple and Efficient - without introducing the Massive Transfer of Power implied by the Convention's Double Majority Proposal. Wien: Insitute for Advanced Studies (http://www.ihs.ac.at/publications/lib/forum2ihsdec2003.pdf).

Pechstein, Matthias / Koenig, Christian, 2000: Die Europäische Union. Tübingen: Mohr Siebeck.

Pedersen, Mogens N., 1990: Electoral Volatility in Western Europe, 1948-1977. In: Peter Mair (Hrsg.): The West European Party System. Oxford: Oxford University Press, S. 195-207.

Pelkmans, Jacques, 2001: European Integration. Methods and Economic Analysis. Second edition. Harlow u.a.: Prentice Hall.

Peters, B. Guy, 2000: The Commission and Implementation in the EU: Is There an Implementation Deficit and Why? In: Neill Nugent (Hrsg.): At The Heart of the Union. Studies of the European Commission. New York: St. Martin's Press, S. 190-205.

Peterson, John, 1998: Conclusion: the myth of the CFSP? In: John Peterson / Helene Sjursen (Hrsg.): A Common Foreign Policy for Europe? Competing visions of the CFSP. London: Routledge, S. 169-185.

Pfetsch, Frank R., 1994: Tensions in Sovereignty: Foreign Policies of EC Members Compared. In: Walter Carlsnaes / Steve Smith (Hrsg.): European Foreign Policy. London u.a.: Sage, S. 120-137.

Pfetsch, Frank R., 1997: Die Europäische Union. Eine Einführung. München: Fink (UTB).

Pfetsch, Frank R., 2001: Die Europäische Union. Eine Einführung. München: Fink.

Philip, Allen Butt, 2000: Implementation. In: Desmond Dinan (Hrsg.): Encyclopedia of the European Union. Colorado: Lynne Rienner Publishers, S. 271-273.

Pinder, John, 2001: Der Vertrag von Nizza - Wegbereiter eines föderalen oder intergouvernementalen Europas? In: Integration, vol. 24, no. 2, S. 77-85.

Plessen, Marie-Louise (Hrsg.), 2003: Idee Europa. Entwürfe zum "Ewigen Frieden". Berlin: Deutsches Historisches Museum.

Plötz, Peter / Polkowski, Andreas, 2002: Wirtschaftslage und Reformprozesse in Estland, Lettland und Litauen. Hamburg: HWWA-Report Nr. 219.

Pollack, Detlef / Wielgohs, Jan, 2000: Politische Kultur und demokratische Konsolidierung. Kritische Anfragen an das Konzept der politischen Kulturforschung zu postsozialistischen Gesellschaften. In: Berliner Debatte Initial, vol. 11, no. 5/6, S. 65-75.

Prate, Alain, 1993: La Ve République et l'Europe. In: Dominique Chagnollaud (Hrsg.): La vie politique en France. Paris: Éditions du Seuil, S. 199-220.

Preston, Christopher, 1997: Enlargement and Integration in the European Union. London/New York: Routledge.

Prizel, Ilya (Hrsg.), 1998: National identity and foreign policy. Nationalism and leadership in Poland, Russia and Ukraine. Cambridge: Cambridge University Press.

Puślecki, Zdzisław W., 1998: Polens Wirtschaft im Wandel. In: Jochen Franzke (Hrsg.): Polen. Staat und Gesellschaft im Wandel. Berlin: Berliner Debatte, S. 105-125.

Rasmussen, Hjalte / Hoekkerup, Nick, 2000: Denmark. In: Desmond Dinan (Hrsg.): Encyclopedia of the European Union. Colorado: Lynne Rienner Publishers, S. 134-137.

Rasmussen, Jorgen, 2001: Britain: Aloof and Skeptical. In: Eleanor E. Zeff / Ellen B. Pirro (Hrsg.): The European Union and the Member States. Cooperation, Coordination, and Compromise. Boulder: Lynne Rienner, S. 145-174.

Reetz, Axel, 2002: Die dritten Parlamente der Esten, Letten und Litauer. In: Zeitschrift für Parlamentsfragen, vol. 33, no. 2, S. 290-305.

Regelsberger, Elfriede, 2000: Die schrittweise Integration der Beitrittsländer in die Außen-, Sicherheits- und Verteidigungspolitik der EU - der strukturierte Dialog ungleicher Partner. In: Barbara Lippert (Hrsg.): Osterweiterung der Europäischen Union - die doppelte Reifeprüfung. Bonn: Europa-Union-Verlag, S. 309-323.

Regelsberger, Elfriede, 2001: Die Gemeinsame Außen und Sicherheitspolitik nach 'Nizza' - begrenzter Reformeifer und außenvertragliche Dynamik. In: Integration, vol. 24, no. 2, S. 156-166.

Reiter, Erich, 2004: Die Sicherheitsstrategie der EU. In: Aus Politik und Zeitgeschichte, no. B 3-4, 2004, S. 26-31.

Richardson, Jeremy (Hrsg.), 1996: European Union: Power and Policy-Making. London: Routledge.

Rider, Jacques Le, 1994: La Mitteleuropa. Paris: Presses Universitaires de France.

Rieger, Elmar, 1999: The Common Agricultural Policy. In: Helen Wallace / William Wallace (Hrsg.): Policy-Making in the European Union. Oxford: Oxford University Press, S. 179-210.

Rieger, Elmar, 2004: Wohlfahrt für Bauern? Die Osterweiterung der Agrarpolitik. In: Osteuropa, vol. 54, no. 5/6, S. 296-315.

Risse, Thomas, 2003: Auf dem Weg zu einer gemeinsamen Außenpolitik? Der Verfassungsvertrag und die europäische Außen- und Sicherheitspolitik. In: Integration, vol. 26, no. 4, S. 564-575.

Rizzo, Saviour, 1998: Malta's Accession to the EU - A Lack of Consensus. In: South-East Europe Review, no. 4/98, S. 139-150.

Rosamond, Ben, 2000: Theories of European Integration. Houndsmills: MacMillan.

Rosenau, James N., 1992: Governance, Order, and Change in World Politics. In: James N. Rosenau / Ernst-Otto Czempiel (Hrsg.): Governance without Government: Order and Change in World Politics. Cambridge: Cambridge University Press, S. 1-29.

Roy, Jacquín / Kanner, Aimee, 2001: Spain and Portugal: Betting on Europe. In: Eleanor E. Zeff / Ellen B. Pirro (Hrsg.): The European Union and the Member States. Cooperation, Coordination, and Compromise. Boulder: Lynne Rienner, S. 235-263.

Sandholtz, Wayne / Stone Sweet, Alec (Hrsg.), 1998: European Integration and Supranational Governance. Oxford: Oxford University Press.

Sapper, Manfred (Hrsg.), 2000: Litauen, Lettland und die Europäisierung Europas. Eine Reise zur Osterweiterung des europäischen Denkens. Mannheim: FKKS an der Universität Mannheim.

Sartori, Giovanni, 1976: Parties and Party Systems. Cambridge: Cambridge University Press.

Sartori, Giovanni, 1994: Comparative Constitutional Engineering. An Inquiry into Structures, Incentives and Outcomes. Houndsmills: Basingstroke.

Scharpf, Fritz W., 1970: Demokratietheorie zwischen Utopie und Anpassung. Konstanz: Universitätsverlag.

Scharpf, Fritz W., 1985: Die Politikverflechtungsfalle. In: Politische Vierteljahresschrift, vol. 26, no. 4, S. 323-356.

Scharpf, Fritz W., 1999: Regieren in Europa: effektiv und demokratisch? Frankfurt/Main ; New York: Campus.

Scharpf, Fritz W., 2000: Interaktionsformen. Akteurszentrierter Institutionalismus in der Politikforschung. Opladen: Leske+Budrich.

Schlögel, Karl, 2002: Die Mitte liegt ostwärts. Europa im Übergang. Bonn: Bundeszentrale für politische Bildung.

Schlögel, Karl, 2003: Im Raume lesen wir die Zeit. München: Carl Hanser.

Schlotter, Peter, 1998: Freihandel + Demokratisierung = Entwicklung? Zur Maghrebpolitik der Europäischen Union. In: HSFK-Report, no. 8/1998, S.

Schmid, Josef, 2002: Wohlfahrtsstaaten im Vergleich. Opladen: Leske + Budrich.

Schmidt, Manfred G., 1982: Wohlfahrtsstaatliche Politik unter bürgerlichen und sozialdemokratischen Regierungen. Ein internationaler Vergleich. Frankfurt: Campus.

Schmitter, Philippe, 1969: Three Neo-Functional Hypotheses about European Integration. In: International Organisation, vol. 23, no. 1, S. 161-166.

Schreiber, Wolfgang, 2004: Die Wahl zum Europäischen Parlament in der Bundesrepublik Deutschland - Neue Rechtsgrundlagen im Vorfeld der Konstitutionalisierung der Europäischen Union. In: Neue Zeitschrift für Verwaltungsrecht, vol. 21, no. 1, S. 21-27.

Schumpeter, Joseph A., 1950: Kapitalismus, Sozialismus und Demokratie. München: Leo Lehnen Verlag.

Segert, Dieter / Stöss, Richard / Niedermayer, Oskar (Hrsg.), 1997: Parteiensysteme in postkommunistischen Gesellschaften Osteuropas. Opladen: Westdeutscher Verlag.

Seidel, Bernhard, 2002: Regional-, Struktur- und Kohäsionspolitik. In: Werner Weidenfeld / Wolfgang Wessels (Hrsg.): Europa von A bis Z.
Bonn: Bundeszentrale für politische Bildung, S. 321-328.

Seidelmann, Reimund, 2001: Außenpolitik. In: Dieter Nohlen (Hrsg.): Kleines Lexikon der Politik. München: Beck, S. 20-23.

Sinn, Hans-Werner, 2002: Die rote Laterne: Die Gründe für Deutschlands
Wachstumsschwäche und die notwendigen Reformen. In: ifo
Schnelldienst, vol. 55, no. 23, S. 3-32.

Steltemeier, Rolf, 1998: Utopie oder Realität? Die Europäische Union auf
dem Weg zu einer gemeinsamen Außen- und Sicherheitspolitik.
Baden-Baden: Nomos.

Stubb, Alexander C-G. / Kaila, Heidi / Ranta, Timo, 2001: Finland: An Inte-
grationist Member State. In: Eleanor E. Zeff / Ellen B. Pirro (Hrsg.):
The European Union and the Member States. Cooperation, Coordination, and Compromise. Boulder: Lynne Rienner, S. 305-316.

Sturm, Roland / Pehle, Heinrich, 2001: Das neue deutsche Regierungssys-
tem. Opladen: Leske+Budrich.

Szczerbiak, Aleks / Taggart, Paul, 2000: Opposing Europe: Party Systems
and Opposition to the Union, the Euro and Europeanisation. Sussex:
Sussex European Institute (SEI) Working Paper Nr. 36.

Taggart, Paul / Szczerbiak, Aleks, 2001: Parties, Positions and Europe: Euroscepticism in the EU Candidate States of Central and Eastern
Europe. Sussex: Sussex European Institute (SEI) Working Paper Nr.
46.

Tauber, Joachim, 2002: Das politische System Litauens. In: Wolfgang Ismayr (Hrsg.): Die politischen Systeme Osteuropas. Opladen:
Leske+Budrich, S. 149-184.

Thatcher, Margaret, 2001: The Babel Express: Relations with the European
Community, 1987-1990. In: Ronald Tiersky (Hrsg.): Europskepticism. A reader. Lanham: Rowman&Littlefield, S. 73-102.

Thiele, Carmen, 1999: Selbstbestimmung und Minderheitenschutz in Estland.
Heidelberg: Springer.

Tiersky, Ronald, 2000: France, Germany, and Post-Cold War Europe. In:
Desmond Dinan (Hrsg.): Encyclopedia of the European Union.
Colorado: Lynne Rienner Publishers, S. 240-245.

Tiersky, Ronald, 2001: Introduction: Euro-skepticism and "Europe". In: Ronald Tiersky (Hrsg.): Europskepticism. A reader. Lanham: Rowman & Littlefield, S. 1-6.

Töller, Annette Elisabeth, 1995: Europapolitik im Bundestag. Eine empirische Untersuchung zur europapolitischen Willensbildung im EG-Ausschuss des 12. Deutschen Bundestages. Frankfurt: Lang.

Transparency International, 2003: Global Corruption Report 2003. Internet: www.transparency.org.

Tsakalidis, Georgios, 1995: Die Integration Griechenlands in die Europäische Union. Münster: Lit.

Tsoukalis, Loukas, 1999: The Single Market. In: Helen Wallace / William Wallace (Hrsg.): Policy-Making in the European Union. Oxford: Oxford University Press, S. 149-178.

Typaldou, Sofia, 2004: The Political Parties in Cyprus. Frankfurt: Manuskript.

Tzermias, Pavlos, 1998: Geschichte der Republik Zypern. Tübingen: Francke.

Ugur, Mehmet, 1999: The European Union and Turkey: An Anchor/ Credibility Dilemma. Aldershot: Ashgate.

Veser, Reinhard, 2003a: Aggressiv, aber berechenbar. In: FAZ, no. 8.1.2003.

Veser, Reinhard, 2003b: Die neuen Konservativen. In: FAZ, no. 7.3.2003.

Vetter, Reinhold, 2002: Konfliktbeladene Wahlen in Ungarn. Tiefe Gräben in Politik und Gesellschaft. In: Osteuropa, vol. 52, no. 6, S. 806-821.

Wagener, Hans-Jürgen, 2002: The Welfare State in Transition Economies and Accession to the EU. In: Peter Mair / Jan Zielonka (Hrsg.): The Enlarged European Union. Diversity and Adaption. London: Cass, S. 152-174.

Wagschal, Uwe, 1996: Staatsverschuldung. Opladen: Leske+Budrich.

Wallace, Helen / Wallace, William (Hrsg.), 1999: Policy-Making in the European Union. Oxford: Oxford University Press.

Waschkuhn, Arno / Bestler, Anita, 1997: Das politische System Maltas. In: Wolfgang Ismayr (Hrsg.): Die politischen Systeme Westeuropas. Opladen: Leske+Budrich, S. 655-676.

Weidenfeld, Werner, 2002: Europa-Handbuch. Bonn: Bundeszentrale für politische Bildung.

Weidenfeld, Werner (Hrsg.), 1994: Europa '96. Reformprogramm für die Europäische Union. Strategien und Optionen für Europa. Gütersloh: Bertelsmann.

Weidenfeld, Werner / Wessels, Wolfgang (Hrsg.), 2002: Europa von A bis Z. Taschenbuch der europäischen Integration. Bonn: Bundeszentrale für politische Bildung.

Weise, Christian / Banse, Martin / Bode, Wolfgang u.a., 2001: Reformbedarf bei den EU-Politiken im Zuge der Osterweiterung der EU. Berlin/ Göttingen: Deutsches Institut für Wirtschaftsforschung Berlin / Institut für Agrarökonomie der Universität Göttingen / Institut für Europäische Politik Berlin.

Wenturis, Nikolaus, 1990: Griechenland und die EG. Tübingen: Francke.

Wessels, Wolfgang, 1996: Verwaltung im EG-Mehrebenensystem: auf dem Weg zur Megabürokratie? In: Markus Jachtenfuchs / Beate Kohler-Koch (Hrsg.): Europäische Integration. Opladen: Leske + Budrich, S. 165-192.

Wessels, Wolfgang, 2002: Das politische System der EU. In: Werner Weidenfeld (Hrsg.): Europa-Handbuch. Bonn: Bundeszentrale für politische Bildung, S. 329-347.

Wessels, Wolfgang, 2003: Der Verfassungsvertrag im Integrationstrend: Eine Zusammenschau zentraler Ergebnisse. In: Integration, vol. 26, no. 4, S. 284-300.

Wessels, Wolfgang / Linsenmann, Ingo, 2002: EMU's Impact on National Institutions: Fusion towards a 'Gouvernance Economique' or Fragmentation? In: Kenneth Dyson (Hrsg.): European States and the Euro. Oxford: Oxford University Press, S. 53-77.

Westle, Bettina, 2002: Politische Kultur. In: Hans-Joachim Lauth (Hrsg.): Vergleichende Regierungslehre. Opladen: Westdeutscher Verlag, S. 319-341.

Willms, Manfred, 1990: Währung. In: Dieter Bender / Hartmut Berg / Dieter Cassel u.a. (Hrsg.): Vahlens Kompendium der Wirtschaftstheorie und Wirtschaftspolitik. Band 1. Vierte Auflage. München: Verlag Franz Vahlen, S. 219-264.

Winiecki, Jan, 2001: Historia polskiego marginesu. In: Rzeczpospolita, no. 29.-30.12.2001, S. 11.

Woyke, Wichard, 2002: Osterweiterung - eine Erweiterung wie jede andere? In: Politische Bildung, vol. 35, no. 1, S. 8-28.

Young, Alisdair R. / Wallace, Helen, 1999: The Single Market. In: Helen Wallace / William Wallace (Hrsg.): Policy-Making in the European Union. Oxford: Oxford University Press, S. 85-114.

Zeff, Eleanor E. / Pirro, Ellen B. (Hrsg.), 2001: The European Union and the Member States. Cooperation, Coordination, and Compromise. Boulder: Lynne Rienner.

Zürn, Michael, 1998: Regieren jenseits des Nationalstaates. Frankfurt: Suhrkamp.
Zvagulis, Peter, 2002: Latvia at a Crossroads - again. In: RFE/RL Newsline,
9.10.2002.